高效推进知识产权强国战略丛书

知识产权政策汇编

国家知识产权局专利局专利审查协作广东中心◎组织编写

梁振方　刘明荷◎编

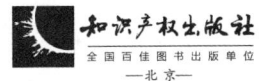

全国百佳图书出版单位

——北京——

图书在版编目（CIP）数据

知识产权政策汇编/梁振方，刘明荷编．—北京：知识产权出版社，2022.1
ISBN 978－7－5130－7926－6

Ⅰ.①知… Ⅱ.①梁… ②刘… Ⅲ.①知识产权法—汇编—中国 Ⅳ.①D923.409

中国版本图书馆CIP数据核字（2021）第241429号

内容提要

本书系统梳理了党的十八大以来我国关于知识产权工作的一系列重要决策部署以及国家知识产权局及相关部委为推进知识产权各项工作出台的各类重要文件，希望帮助读者全面了解我国知识产权政策发展历程，深入理解知识产权作为创新驱动发展刚需、国际贸易标配、社会主义市场经济基石所发挥的重要价值和积极作用。

责任编辑：李　潇　刘晓琳　　　　　　责任校对：谷　洋
封面设计：杨杨工作室·张　冀　　　　责任印制：刘译文

知识产权政策汇编

国家知识产权局专利局专利审查协作广东中心　组织编写

梁振方　刘明荷　编

出版发行：	知识产权出版社有限责任公司	网　　址：	http://www.ipph.cn	
社　　址：	北京市海淀区气象路50号院	邮　　编：	100081	
责编电话：	010－82000860转8133	责编邮箱：	3275882@qq.com	
发行电话：	010－82000860转8101/8102	发行传真：	010－82000893/82005070/82000270	
印　　刷：	三河市国英印务有限公司	经　　销：	各大网上书店、新华书店及相关专业书店	
开　　本：	787mm×1092mm 1/16	印　　张：	37.5	
版　　次：	2022年1月第1版	印　　次：	2022年1月第1次印刷	
字　　数：	594千字	定　　价：	198.00元	
ISBN 978－7－5130－7926－6				

出版权专有　侵权必究
如有印装质量问题，本社负责调换。

高效推进知识产权强国战略丛书编委会

主　任： 董　琤

副主任： 邱绛雯　郭震宇

主　编： 曲新兴

编　委： 郭晓勇　孙孟相　刘　娜　罗德明　杨隆鑫　刘宏伟
　　　　　梁振方　李慜乐　张威浩　王　舟　李冠琼　武　剑
　　　　　李　冲　张智禹　陈　栋　陈　艺

《知识产权政策汇编》分册

编写组成员： 梁振方，主要执笔第二章第二、三、四、五部分
　　　　　　　 刘明荷，主要执笔前言、第一章和第二章第一部分

审稿人员： 刘　娜

总 序

在我国进入新发展阶段的时代背景下,知识产权作为国家发展战略性资源和国际竞争力核心要素的作用更加凸显。2018年4月10日,国家主席习近平出席博鳌亚洲论坛2018年年会开幕式并发表主旨演讲,强调加强知识产权保护是完善产权保护制度最重要的内容,也是提高中国经济竞争力最大的激励。2020年11月30日,习近平总书记在十九届中央政治局第二十五次集体学习时指出,知识产权保护工作关系国家治理体系和治理能力现代化,关系高质量发展,关系人民生活幸福,关系国家对外开放大局,关系国家安全。

我国的知识产权事业经过多年发展已经取得了长足进步,特别是党的十八大以来更是加速发展,日新月异,成绩喜人,但总体而言,如习近平总书记所指出,我国正在从知识产权引进大国向知识产权创造大国转变,知识产权工作正从追求数量向提高质量转变。新时代迫切需要大作为,以早日实现上述两个转变。

中共中央、国务院在2021年9月印发的《知识产权强国建设纲要（2021—2035年）》（以下简称《纲要》）,是以习近平同志为核心的党中央面向知识产权事业未来十五年发展作出的重大顶层设计,是新时代建设知识产权强国的宏伟蓝图,是我国知识产权事业发展的重大里程碑。建设知识产权强国是建设社会主义现代化强国的必然要求,是推进国家治理体系和治理能力现代化的内在需要,是推动高质量发展的迫切需要,是推动构建新发展格局的重要支撑。《纲要》明确了6个方面18项重点任务,其中将开发一批知识产权精品课程,开展干部知识产权学习教育作为"营造更加开放、更加积极、更有活力的知识产权人才发展环境"的重要一环。

国家知识产权局专利局专利审查协作广东中心（以下简称"审协广东中心"）是经中央编办批复，于2011年9月成立的具有独立法人资格的公益二类事业单位，隶属国家知识产权局专利局。受国家知识产权局专利局委托，审协广东中心主要履行发明专利审查和知识产权服务两大职能。成立以来，审协广东中心人员队伍不断壮大，现有员工近2000名，审查员中研究生以上学历占比90%以上，已形成一支覆盖机械、电学、通信、医药、化学、光电、材料等各个专业技术领域的高素质人才队伍，为高质量专利审查和高水平创新服务提供了坚实的人才保障。截至2021年10月，审协广东中心秉持"保护创新，让创造更具价值"的使命和"开放、包容、务实、创新"的理念，累计完成了超过120万标准件发明专利的实质审查。2021年的年审查量占全国的六分之一左右，成为我国专利审查事业的一支依靠力量。此外，审协广东中心按照"立足广州、辐射华南、示范全国"的思路和追求积极开展知识产权服务工作，包括战略新兴产业导航预警、分类检测、重大项目咨询、助力科技攻关和"卡脖子"技术突破、知识产权培训等多方面知识产权服务，累计已完成数百个项目，取得丰硕成果和良好的社会效益。十年来，审协广东中心在知识产权服务方面已在华南地区乃至全国具有较大影响力。

作为规模和能力已经凸显的国家专利审查和知识产权综合性服务机构，审协广东中心有责任利用自身优势和资源在做好发明专利实质审查的同时服务区域经济，依托十年来结晶而成的智慧和经验开发一批知识产权精品课程，以利开展知识产权学习教育，增强全社会在新形势下做好知识产权工作的能力，为构建新发展格局做出有益贡献。

为此，审协广东中心遴选优秀的工作人员成立"高效推进知识产权强国战略"丛书专项工作组，并组成由中心领导班子成员牵头的编委会。工作组成员均具有较高的理论修养、丰富的实践经验以及贡献自身智慧和经验的热情，有的成员还是丛书中相关成功案例的直接参与者和重要贡献者。同时，各分册的内容均按照撰写加审稿的模式进行双重把关，以保障书籍内容的正确性和可靠性。该套丛书集审协广东中心智慧，按照"注重实效、重点突出、开阔思路、全球眼光"的原则，历时一年多，精心编撰而成。

在全国上下深入贯彻落实《纲要》的总体要求和重要部署的背景下，审协广东中心组织编写本套丛书可谓正当其时。丛书包括十个分册，分别从知识产权政策、高价值专利创造与培育、专利申请与布局、专利代理与服务、专利审查实践与专利权获取、专利文献检索、专利导航与预警分析、专利运营、专利技术转化和运用案例、知识产权保护与维权等方面对知识产权的创造、运用、保护、管理和服务等重要链条结合相关工作的最新进展进行了充分阐述，回答了如何培育高价值专利、如何对创新成果进行布局、如何从审查角度看专利代理、如何把握专利审查标准、如何进行专利文献检索、如何在产业上提前导航和预警、如何对成果进行运营和转换、如何护航创新主体"走出去"等重要问题。

本套丛书具有如下特点。一是坚持问题导向，丛书结合业界目前存在的不足给出有针对性的解决方案。二是坚持全面性原则，十个分册从不同方面涵盖了知识产权的创造、运用、保护、管理和服务等从创新到保护的全链条。三是坚持实用性原则，丛书紧扣实际案例，强化可参考性。四是坚持时效性原则，丛书将知识产权工作的最新进展纳入进来，以利于业界了解知识产权发展的最新动态。

本套丛书有助于全社会充分了解和认识知识产权在新时期的重要价值，有助于科技攻关、创新护航、政府管理和企业赋能，有助于进一步推进知识产权强国建设。期望本套丛书的出版能为来自政府、高等院校、研究机构、创新主体、知识产权服务机构等的管理、研究和从业人员提供有力参考，使得审协广东中心和业界共同谱写我国知识产权工作的辉煌新篇章。

在丛书编写过程中，工作组得到了国家知识产权局领导的热情鼓励，审协广东中心领导的大力支持和专项工作组同事的齐心付出是丛书得以问世的重要保障。知识产权出版社编辑同志精益求精的工作作风和严格把关的质量意识推动了丛书的高质量出版，在此一并表示衷心的感谢。

前　言

随着创新驱动发展战略的深入实施、知识产权强国建设和高水平对外开放的持续推进，党中央、国务院将知识产权工作摆在了更加突出的位置。党的十八大以来，习近平总书记多次对知识产权工作作出重要指示和批示，为知识产权工作提供了根本遵循和行动指南。国务院围绕知识产权工作作出了一系列重大部署，如提出"五年内将商标注册审查时间压缩到4个月以内，发明专利审查周期压减三分之一，其中高价值专利审查周期压减一半"等，为知识产权各环节工作明确了发展目标和前进方向。国家知识产权局及相关部委深入贯彻落实党中央、国务院关于知识产权工作的各项决策部署，从助力知识产权创造、强化知识产权保护、推进知识产权运用、加强知识产权管理、做好知识产权服务等方面全方位、多层次出台有关政策措施，为知识产权事业发展提供了良好政策环境。

在一系列决策部署、政策措施的保障和激励下，近年来，我国知识产权事业取得了举世瞩目的重大成就，知识产权在国家治理中的作用更加凸显，在塑造良好营商环境和创新环境方面取得新进展，更加有力地支撑了高水平对外开放。

"知之愈明，则行之愈笃。"为帮助知识产权相关从业人员和广大社会公众更加全面、深入地了解我国知识产权事业的发展历程，推动建设促进知识产权高质量发展的人文社会环境，本书对党的十八大以来我国知识产权工作的重要部署和重要举措进行了汇编。本书共分为两章，第一章从加强规划指导、统筹推进落实、聚焦重点领域三个方面系统梳理了国家层面关于知识产权工作的一系列重大决策部署，第二章详细介绍了国家知识产权局及相关部委为推进知识产权各项工作出台的各类重要政策文件，分为助力知识产权创造、强化知识产权保护、推进知识产权运用、加强知识产权管理、做好知识产权服务五个部分。

本书在成稿期间，虽对党的十八大以来知识产权相关政策举措以及发展成就进行了尽量详尽的收集梳理，但仍有不尽完善之处。不足之处，望请专家批评指正。

目 录

第一章 国家关于知识产权工作的相关重要文件 …… 1
一、加强规划指导 …… 2
知识产权强国建设纲要（2021—2035年） …… 3
"十四五"国家知识产权保护和运用规划 …… 13
深入实施国家知识产权战略行动计划（2014—2020年）…… 37
国务院关于新形势下加快知识产权强国建设的若干意见 …… 46
"十三五"国家知识产权保护和运用规划 …… 56
关于强化知识产权保护的意见 …… 77
二、统筹推进落实 …… 84
《国务院关于新形势下加快知识产权强国建设的若干意见》
　　重点任务分工方案 …… 85
知识产权综合管理改革试点总体方案 …… 97
2017年深入实施国家知识产权战略
　　加快建设知识产权强国推进计划 …… 101
《"十三五"国家知识产权保护和运用规划》
　　重点任务分工方案 …… 113
2018年深入实施国家知识产权战略
　　加快建设知识产权强国推进计划 …… 138
2019年深入实施国家知识产权战略
　　加快建设知识产权强国推进计划 …… 150
2020年深入实施国家知识产权战略
　　加快建设知识产权强国推进计划 …… 162

三、聚焦重点领域 …… 173

国务院关于新形势下加强打击侵犯知识产权和制售假冒
伪劣商品工作的意见 …… 174
关于加强知识产权审判领域改革创新若干问题的意见 …… 181
知识产权对外转让有关工作办法（试行） …… 186

第二章　国家知识产权局及相关部委
　　　　关于知识产权工作的重要文件 …… 189

一、助力知识产权创造 …… 190

国家知识产权局关于知识产权支持小微
企业发展的若干意见 …… 191
关于进一步加强知识产权运用和保护助力创新创业的意见 …… 196
关于全面组织实施中小企业知识产权战略
推进工程的指导意见 …… 202
知识产权重点支持产业目录（2018年本） …… 209
关于知识产权服务民营企业创新发展若干措施的通知 …… 223
知识产权（专利）密集型产业统计分类（2019） …… 227
关于推进中央企业知识产权工作高质量发展的指导意见 …… 241

二、推进知识产权运用 …… 248

国家知识产权局关于进一步推动
知识产权金融服务工作的意见 …… 249
加快推进知识产权强省建设工作方案（试行） …… 255
关于加快建设知识产权强市的指导意见 …… 262
国家知识产权试点、示范城市管理办法 …… 271
关于开展2019年知识产权运营服务体系建设
工作的通知 …… 289
中国银保监会　国家知识产权局　国家版权局关于进一步
加强知识产权质押融资工作的通知 …… 296
教育部　国家知识产权局　科技部关于提升高等学校专利
质量促进转化运用的若干意见 …… 300

财政部办公厅 国家知识产权局办公室关于实施专利转化
　　　　专项计划 助力中小企业创新发展的通知……………… 306

三、强化知识产权保护 …………………………………………… 314
　　关于严格专利保护的若干意见 ………………………………… 315
　　关于充分发挥检察职能依法保障和促进科技创新的意见 …… 329
　　中国知识产权司法保护纲要（2016—2020） ………………… 336
　　"互联网+"知识产权保护工作方案 …………………………… 347
　　关于对知识产权（专利）领域严重失信主体
　　　　开展联合惩戒的合作备忘录 ……………………………… 355
　　关于知识产权行政执法案例指导工作的规定（试行）……… 402
　　专利领域严重失信联合惩戒对象名单管理办法（试行）…… 405
　　关于技术调查官参与专利、集成电路布图设计
　　　　侵权纠纷行政裁决办案的若干规定（暂行）…………… 410
　　最高人民法院办公厅 国家知识产权局办公室关于
　　　　建立知识产权纠纷在线诉调对接机制的通知 ………… 413
　　关于进一步加强知识产权维权援助工作的指导意见 ………… 418

四、加强知识产权管理 …………………………………………… 423
　　国家知识产权局关于进一步提升专利申请质量的
　　　　若干意见 …………………………………………………… 424
　　关于全面推行《企业知识产权管理规范》国家标准的
　　　　指导意见 …………………………………………………… 430
　　国家知识产权局关于修改《关于规范专利申请行为的
　　　　若干规定》的决定 ………………………………………… 435
　　专利代理行业发展"十三五"规划 ……………………………… 437
　　知识产权认证管理办法 ………………………………………… 448
　　推动知识产权高质量发展年度工作指引（2019）…………… 455
　　规范商标申请注册行为若干规定 ……………………………… 470
　　国家知识产权局关于加快推进"蓝天"专项行动
　　　　集中整治工作的通知 ……………………………………… 474
　　专利代理管理办法 ……………………………………………… 484

关于深化知识产权领域"放管服"改革 营造良好

营商环境的实施意见 ……………………………………… 497

推动知识产权高质量发展年度工作指引（2020） …………… 504

国家知识产权局关于深化知识产权领域"放管服"

改革优化创新环境和营商环境的通知 ………………… 520

国家知识产权局 中国科学院 中国工程院 中国科学技术协会

关于推动科研组织知识产权高质量发展的指导意见 …… 526

国家知识产权局关于进一步严格规范专利申请行为的通知 …… 533

推动知识产权高质量发展年度工作指引（2021） …………… 539

五、做好知识产权服务 ………………………………………… 553

关于加快培育和发展知识产权服务业的指导意见 …………… 554

国家知识产权局关于加快提升知识产权服务机构

分析评议能力的指导意见 ……………………………… 561

关于知识产权服务标准体系建设的指导意见 ………………… 566

高校知识产权信息服务中心建设实施办法（修订）…………… 573

关于新形势下加快建设知识产权信息

公共服务体系的若干意见 ……………………………… 579

第一章

国家关于知识产权工作的相关重要文件

一、加强规划指导

建设中国特色、世界水平的知识产权强国

知识产权强国建设纲要[*]
（2021—2035 年）

为统筹推进知识产权强国建设，全面提升知识产权创造、运用、保护、管理和服务水平，充分发挥知识产权制度在社会主义现代化建设中的重要作用，制定本纲要。

一、战略背景

党的十八大以来，在以习近平同志为核心的党中央坚强领导下，我国知识产权事业发展取得显著成效，知识产权法规制度体系逐步完善，核心专利、知名品牌、精品版权、优良植物新品种、优质地理标志、高水平集成电路布图设计等高价值知识产权拥有量大幅增加，商业秘密保护不断加强，遗传资源、传统知识和民间文艺的利用水平稳步提升，知识产权保护效果、运用效益和国际影响力显著提升，全社会知识产权意识大幅提高，涌现出一批知识产权竞争力较强的市场主体，走出了一条中国特色知识产权发展之路，有力保障创新型国家建设和全面建成小康社会目标的实现。

进入新发展阶段，推动高质量发展是保持经济持续健康发展的必然要求，创新是引领发展的第一动力，知识产权作为国家发展战略性资源和国

---

[*] 2021 年 9 月 22 日，中共中央、国务院印发《知识产权强国建设纲要（2021—2035 年）》，本书收录其主要内容。

际竞争力核心要素的作用更加凸显。实施知识产权强国战略，回应新技术、新经济、新形势对知识产权制度变革提出的挑战，加快推进知识产权改革发展，协调好政府与市场、国内与国际，以及知识产权数量与质量、需求与供给的联动关系，全面提升我国知识产权综合实力，大力激发全社会创新活力，建设中国特色、世界水平的知识产权强国，对于提升国家核心竞争力，扩大高水平对外开放，实现更高质量、更有效率、更加公平、更可持续、更为安全的发展，满足人民日益增长的美好生活需要，具有重要意义。

二、总体要求

（一）指导思想

坚持以习近平新时代中国特色社会主义思想为指导，全面贯彻党的十九大和十九届二中、三中、四中、五中全会精神，紧紧围绕统筹推进"五位一体"总体布局和协调推进"四个全面"战略布局，坚持稳中求进工作总基调，以推动高质量发展为主题，以深化供给侧结构性改革为主线，以改革创新为根本动力，以满足人民日益增长的美好生活需要为根本目的，立足新发展阶段，贯彻新发展理念，构建新发展格局，牢牢把握加强知识产权保护是完善产权保护制度最重要的内容和提高国家经济竞争力最大的激励，打通知识产权创造、运用、保护、管理和服务全链条，更大力度加强知识产权保护国际合作，建设制度完善、保护严格、运行高效、服务便捷、文化自觉、开放共赢的知识产权强国，为建设创新型国家和社会主义现代化强国提供坚实保障。

（二）工作原则

——法治保障，严格保护。落实全面依法治国基本方略，严格依法保护知识产权，切实维护社会公平正义和权利人合法权益。

——改革驱动，质量引领。深化知识产权领域改革，构建更加完善的要素市场化配置体制机制，更好发挥知识产权制度激励创新的基本保障作用，为高质量发展提供源源不断的动力。

——聚焦重点，统筹协调。坚持战略引领、统筹规划，突出重点领域和重大需求，推动知识产权与经济、科技、文化、社会等各方面深度融合发展。

——科学治理，合作共赢。坚持人类命运共同体理念，以国际视野谋划和推动知识产权改革发展，推动构建开放包容、平衡普惠的知识产权国际规则，让创新创造更多惠及各国人民。

（三）发展目标

到2025年，知识产权强国建设取得明显成效，知识产权保护更加严格，社会满意度达到并保持较高水平，知识产权市场价值进一步凸显，品牌竞争力大幅提升，专利密集型产业增加值占GDP比重达到13%，版权产业增加值占GDP比重达到7.5%，知识产权使用费年进出口总额达到3 500亿元，每万人口高价值发明专利拥有量达到12件（上述指标均为预期性指标）。

到2035年，我国知识产权综合竞争力跻身世界前列，知识产权制度系统完备，知识产权促进创新创业蓬勃发展，全社会知识产权文化自觉基本形成，全方位、多层次参与知识产权全球治理的国际合作格局基本形成，中国特色、世界水平的知识产权强国基本建成。

三、建设面向社会主义现代化的知识产权制度

（四）构建门类齐全、结构严密、内外协调的法律体系

开展知识产权基础性法律研究，做好专门法律法规之间的衔接，增强法律法规的适用性和统一性。根据实际及时修改专利法、商标法、著作权法和植物新品种保护条例，探索制定地理标志、外观设计等专门法律法规，健全专门保护与商标保护相互协调的统一地理标志保护制度，完善集成电路布图设计法规。制定修改强化商业秘密保护方面的法律法规，完善规制知识产权滥用行为的法律制度以及与知识产权相关的反垄断、反不正当竞争等领域立法。修改科学技术进步法。结合有关诉讼法的修改及贯彻落实，研究建立健全符合知识产权审判规律的特别程序法律制度。加快大数据、人工智能、基因技术等新领域新业态知识产权立法。适应科技进步和经济社会发展形势需要，依法及时推动知识产权法律法规立改废释，适

时扩大保护客体范围，提高保护标准，全面建立并实施侵权惩罚性赔偿制度，加大损害赔偿力度。

（五）构建职责统一、科学规范、服务优良的管理体制

持续优化管理体制机制，加强中央在知识产权保护的宏观管理、区域协调和涉外事宜统筹等方面事权，不断加强机构建设，提高管理效能。围绕国家区域协调发展战略，制定实施区域知识产权战略，深化知识产权强省强市建设，促进区域知识产权协调发展。实施一流专利商标审查机构建设工程，建立专利商标审查官制度，优化专利商标审查协作机制，提高审查质量和效率。构建政府监管、社会监督、行业自律、机构自治的知识产权服务业监管体系。

（六）构建公正合理、评估科学的政策体系

坚持严格保护的政策导向，完善知识产权权益分配机制，健全以增加知识价值为导向的分配制度，促进知识产权价值实现。完善以强化保护为导向的专利商标审查政策。健全著作权登记制度、网络保护和交易规则。完善知识产权审查注册登记政策调整机制，建立审查动态管理机制。建立健全知识产权政策合法性和公平竞争审查制度。建立知识产权公共政策评估机制。

（七）构建响应及时、保护合理的新兴领域和特定领域知识产权规则体系

建立健全新技术、新产业、新业态、新模式知识产权保护规则。探索完善互联网领域知识产权保护制度。研究构建数据知识产权保护规则。完善开源知识产权和法律体系。研究完善算法、商业方法、人工智能产出物知识产权保护规则。加强遗传资源、传统知识、民间文艺等获取和惠益分享制度建设，加强非物质文化遗产的搜集整理和转化利用。推动中医药传统知识保护与现代知识产权制度有效衔接，进一步完善中医药知识产权综合保护体系，建立中医药专利特别审查和保护机制，促进中医药传承创新发展。

四、建设支撑国际一流营商环境的知识产权保护体系

（八）健全公正高效、管辖科学、权界清晰、系统完备的司法保护体制

实施高水平知识产权审判机构建设工程，加强审判基础、体制机制和智慧法院建设。健全知识产权审判组织，优化审判机构布局，完善上诉审理机制，深入推进知识产权民事、刑事、行政案件"三合一"审判机制改革，构建案件审理专门化、管辖集中化和程序集约化的审判体系。加强知识产权法官的专业化培养和职业化选拔，加强技术调查官队伍建设，确保案件审判质效。积极推进跨区域知识产权远程诉讼平台建设。统一知识产权司法裁判标准和法律适用，完善裁判规则。加大刑事打击力度，完善知识产权犯罪侦查工作制度。修改完善知识产权相关司法解释，配套制定侵犯知识产权犯罪案件立案追诉标准。加强知识产权案件检察监督机制建设，加强量刑建议指导和抗诉指导。

（九）健全便捷高效、严格公正、公开透明的行政保护体系

依法科学配置和行使有关行政部门的调查权、处罚权和强制权。建立统一协调的执法标准、证据规则和案例指导制度。大力提升行政执法人员专业化、职业化水平，探索建立行政保护技术调查官制度。建设知识产权行政执法监管平台，提升执法监管现代化、智能化水平。建立完善知识产权侵权纠纷检验鉴定工作体系。发挥专利侵权纠纷行政裁决制度作用，加大行政裁决执行力度。探索依当事人申请的知识产权纠纷行政调解协议司法确认制度。完善跨区域、跨部门执法保护协作机制。建立对外贸易知识产权保护调查机制和自由贸易试验区知识产权保护专门机制。强化知识产权海关保护，推进国际知识产权执法合作。

（十）健全统一领导、衔接顺畅、快速高效的协同保护格局

坚持党中央集中统一领导，实现政府履职尽责、执法部门严格监管、司法机关公正司法、市场主体规范管理、行业组织自律自治、社会公众诚信守法的知识产权协同保护。实施知识产权保护体系建设工程。明晰行政机关与司法机关的职责权限和管辖范围，健全知识产权行政保护与司法保护衔接机制，形成保护合力。建立完善知识产权仲裁、调解、公证、鉴定

和维权援助体系，加强相关制度建设。健全知识产权信用监管体系，加强知识产权信用监管机制和平台建设，依法依规对知识产权领域严重失信行为实施惩戒。完善著作权集体管理制度，加强对著作权集体管理组织的支持和监管。实施地理标志保护工程。建设知识产权保护中心网络和海外知识产权纠纷应对指导中心网络。建立健全海外知识产权预警和维权援助信息平台。

五、建设激励创新发展的知识产权市场运行机制

（十一）完善以企业为主体、市场为导向的高质量创造机制

以质量和价值为标准，改革完善知识产权考核评价机制。引导市场主体发挥专利、商标、版权等多种类型知识产权组合效应，培育一批知识产权竞争力强的世界一流企业。深化实施中小企业知识产权战略推进工程。优化国家科技计划项目的知识产权管理。围绕生物育种前沿技术和重点领域，加快培育一批具有知识产权的优良植物新品种，提高授权品种质量。

（十二）健全运行高效顺畅、价值充分实现的运用机制

加强专利密集型产业培育，建立专利密集型产业调查机制。积极发挥专利导航在区域发展、政府投资的重大经济科技项目中的作用，大力推动专利导航在传统优势产业、战略性新兴产业、未来产业发展中的应用。改革国有知识产权归属和权益分配机制，扩大科研机构和高校知识产权处置自主权。建立完善财政资助科研项目形成知识产权的声明制度。建立知识产权交易价格统计发布机制。推进商标品牌建设，加强驰名商标保护，发展传承好传统品牌和老字号，大力培育具有国际影响力的知名商标品牌。发挥集体商标、证明商标制度作用，打造特色鲜明、竞争力强、市场信誉好的产业集群品牌和区域品牌。推动地理标志与特色产业发展、生态文明建设、历史文化传承以及乡村振兴有机融合，提升地理标志品牌影响力和产品附加值。实施地理标志农产品保护工程。深入开展知识产权试点示范工作，推动企业、高校、科研机构健全知识产权管理体系，鼓励高校、科研机构建立专业化知识产权转移转化机构。

（十三）建立规范有序、充满活力的市场化运营机制

提高知识产权代理、法律、信息、咨询等服务水平，支持开展知识产权资产评估、交易、转化、托管、投融资等增值服务。实施知识产权运营体系建设工程，打造综合性知识产权运营服务枢纽平台，建设若干聚焦产业、带动区域的运营平台，培育国际化、市场化、专业化知识产权服务机构，开展知识产权服务业分级分类评价。完善无形资产评估制度，形成激励与监管相协调的管理机制。积极稳妥发展知识产权金融，健全知识产权质押信息平台，鼓励开展各类知识产权混合质押和保险，规范探索知识产权融资模式创新。健全版权交易和服务平台，加强作品资产评估、登记认证、质押融资等服务。开展国家版权创新发展建设试点工作。打造全国版权展会授权交易体系。

六、建设便民利民的知识产权公共服务体系

（十四）加强覆盖全面、服务规范、智能高效的公共服务供给

实施知识产权公共服务智能化建设工程，完善国家知识产权大数据中心和公共服务平台，拓展各类知识产权基础信息开放深度、广度，实现与经济、科技、金融、法律等信息的共享融合。深入推进"互联网+"政务服务，充分利用新技术建设智能化专利商标审查和管理系统，优化审查流程，实现知识产权政务服务"一网通办"和"一站式"服务。完善主干服务网络，扩大技术与创新支持中心等服务网点，构建政府引导、多元参与、互联共享的知识产权公共服务体系。加强专业便捷的知识产权公共咨询服务，健全中小企业和初创企业知识产权公共服务机制。完善国际展会知识产权服务机制。

（十五）加强公共服务标准化、规范化、网络化建设

明晰知识产权公共服务事项和范围，制定公共服务事项清单和服务标准。统筹推进分级分类的知识产权公共服务机构建设，大力发展高水平的专门化服务机构。有效利用信息技术、综合运用线上线下手段，提高知识产权公共服务效率。畅通沟通渠道，提高知识产权公共服务社会满意度。

(十六) 建立数据标准、资源整合、利用高效的信息服务模式

加强知识产权数据标准制定和数据资源供给，建立市场化、社会化的信息加工和服务机制。规范知识产权数据交易市场，推动知识产权信息开放共享，处理好数据开放与数据隐私保护的关系，提高传播利用效率，充分实现知识产权数据资源的市场价值。推动知识产权信息公共服务和市场化服务协调发展。加强国际知识产权数据交换，提升运用全球知识产权信息的能力和水平。

七、建设促进知识产权高质量发展的人文社会环境

(十七) 塑造尊重知识、崇尚创新、诚信守法、公平竞争的知识产权文化理念

加强教育引导、实践养成和制度保障，培养公民自觉尊重和保护知识产权的行为习惯，自觉抵制侵权假冒行为。倡导创新文化，弘扬诚信理念和契约精神，大力宣传锐意创新和诚信经营的典型企业，引导企业自觉履行尊重和保护知识产权的社会责任。厚植公平竞争的文化氛围，培养新时代知识产权文化自觉和文化自信，推动知识产权文化与法治文化、创新文化和公民道德修养融合共生、相互促进。

(十八) 构建内容新颖、形式多样、融合发展的知识产权文化传播矩阵

打造传统媒体和新兴媒体融合发展的知识产权文化传播平台，拓展社交媒体、短视频、客户端等新媒体渠道。创新内容、形式和手段，加强涉外知识产权宣传，形成覆盖国内外的全媒体传播格局，打造知识产权宣传品牌。大力发展国家知识产权高端智库和特色智库，深化理论和政策研究，加强国际学术交流。

(十九) 营造更加开放、更加积极、更有活力的知识产权人才发展环境

完善知识产权人才培养、评价激励、流动配置机制。支持学位授权自主审核高校自主设立知识产权一级学科。推进论证设置知识产权专业学位。实施知识产权专项人才培养计划。依托相关高校布局一批国家知识产权人才培养基地，加强相关高校二级知识产权学院建设。加强知识产权管

理部门公职律师队伍建设,做好涉外知识产权律师培养和培训工作,加强知识产权国际化人才培养。开发一批知识产权精品课程。开展干部知识产权学习教育。进一步推进中小学知识产权教育,持续提升青少年的知识产权意识。

八、深度参与全球知识产权治理

(二十)积极参与知识产权全球治理体系改革和建设

扩大知识产权领域对外开放,完善国际对话交流机制,推动完善知识产权及相关国际贸易、国际投资等国际规则和标准。积极推进与经贸相关的多双边知识产权对外谈判。建设知识产权涉外风险防控体系。加强与各国知识产权审查机构合作,推动审查信息共享。打造国际知识产权诉讼优选地。提升知识产权仲裁国际化水平。鼓励高水平外国机构来华开展知识产权服务。

(二十一)构建多边和双边协调联动的国际合作网络

积极维护和发展知识产权多边合作体系,加强在联合国、世界贸易组织等国际框架和多边机制中的合作。深化与共建"一带一路"国家和地区知识产权务实合作,打造高层次合作平台,推进信息、数据资源项目合作,向共建"一带一路"国家和地区提供专利检索、审查、培训等多样化服务。加强知识产权对外工作力量。积极发挥非政府组织在知识产权国际交流合作中的作用。拓展海外专利布局渠道。推动专利与国际标准制定有效结合。塑造中国商标品牌良好形象,推动地理标志互认互保,加强中国商标品牌和地理标志产品全球推介。

九、组织保障

(二十二)加强组织领导

全面加强党对知识产权强国建设工作的领导,充分发挥国务院知识产权战略实施工作部际联席会议作用,建立统一领导、部门协同、上下联动的工作体系,制定实施落实本纲要的年度推进计划。各地区各部门要高度重视,加强组织领导,明确任务分工,建立健全本纲要实施与国民经济和社会发展规划、重点专项规划及相关政策相协调的工作机制，结合实际统筹部署相关任务措施，逐项抓好落实。

（二十三）加强条件保障

完善中央和地方财政投入保障制度，加大对本纲要实施工作的支持。综合运用财税、投融资等相关政策，形成多元化、多渠道的资金投入体系，突出重点，优化结构，保障任务落实。按照国家有关规定，对在知识产权强国建设工作中作出突出贡献的集体和个人给予表彰。

（二十四）加强考核评估

国家知识产权局会同有关部门建立本纲要实施动态调整机制，开展年度监测和定期评估总结，对工作任务落实情况开展督促检查，纳入相关工作评价，重要情况及时按程序向党中央、国务院请示报告。在对党政领导干部和国有企业领导班子考核中，注重考核知识产权相关工作成效。地方各级政府要加大督查考核工作力度，将知识产权强国建设工作纳入督查考核范围。

> 充分发挥知识产权制度在推动构建新发展格局中的重要作用

"十四五"国家知识产权保护和运用规划[*]

为贯彻落实党中央、国务院关于知识产权工作的决策部署，全面加强知识产权保护，高效促进知识产权运用，激发全社会创新活力，推动构建新发展格局，依据《中华人民共和国国民经济和社会发展第十四个五年规划和 2035 年远景目标纲要》和《知识产权强国建设纲要（2021—2035年）》，制定本规划。

一、规划背景

"十三五"时期，党中央、国务院把知识产权保护工作摆在更加突出的位置，加强顶层设计，部署推动一系列改革，出台一系列重大政策，建立健全国务院知识产权战略实施工作部际联席会议制度，重新组建国家知识产权局，完善知识产权法律法规体系，推进知识产权领域司法改革，有效提升了知识产权领域治理能力和治理水平。五年来，各地区、各有关部门深入实施《"十三五"国家知识产权保护和运用规划》，持续推进知识产权战略实施，知识产权创造能力稳步提高，国内每万人口发明专利拥有量从"十二五"末的 6.3 件增加到 15.8 件，专利、商标、版权、植物新品种等知识产权数量位居世界前列，质量稳步提升。知识产权运用效益持续

---

[*] 2021 年 10 月 9 日，《国务院关于印发"十四五"国家知识产权保护和运用规划的通知》（国发〔2021〕20 号）印发。

提高，交易运营更加活跃，转移转化水平不断提升，专利密集型产业增加值占国内生产总值（GDP）比重超过11.6%，版权产业增加值占GDP比重超过7.39%。知识产权保护力度明显加大，保护体系不断完善，保护能力持续提升，知识产权保护社会满意度提高到80.05分。知识产权公共服务体系进一步健全，知识产权服务业加快发展。知识产权人才队伍不断壮大，全社会尊重和保护知识产权意识明显提升。知识产权国际合作不断深化，与世界知识产权组织、共建"一带一路"国家和地区、金砖国家、亚太经合组织等的知识产权合作扎实推进，形成"四边联动、协调推进"的知识产权国际合作新局面。总的看，"十三五"规划主要目标任务如期完成，知识产权事业实现了大发展、大跨越、大提升，知识产权保护工作取得了历史性成就，有效支撑了创新型国家建设和全面建成小康社会目标实现。

当今世界正经历百年未有之大变局，新一轮科技革命和产业变革深入发展，国际力量对比深刻调整，国际环境日趋复杂，不稳定性不确定性明显增加，新冠肺炎疫情影响广泛深远。我国正处于实现中华民族伟大复兴的关键时期，经济已由高速增长阶段转向高质量发展阶段，创新驱动发展战略深入实施，现代产业体系建设加快推进，高水平对外开放不断深化。创新是引领发展的第一动力，保护知识产权就是保护创新。知识产权保护工作关系国家治理体系和治理能力现代化，关系高质量发展，关系人民生活幸福，关系国家对外开放大局，关系国家安全。当前，知识产权对激励创新、打造品牌、规范市场秩序、扩大对外开放正发挥越来越重要的作用，但我国知识产权工作还面临不少问题和短板，主要表现为：关键核心技术领域高质量知识产权创造不足，行政执法和司法衔接机制不够完善，知识产权侵权易发多发和侵权易、维权难的现象仍然存在，知识产权转移转化成效有待提高，知识产权服务供给不够充分，海外知识产权纠纷应对能力不足，知识产权制度促进经济社会高质量发展的作用需要进一步发挥等。"十四五"时期，做好知识产权工作要统筹国内国际两个大局，增强机遇意识和风险意识，在危机中育先机、于变局中开新局，充分发挥知识产权制度在推动构建新发展格局中的重要作用，为全面建设社会主义现代化国家提供有力支撑。

二、总体要求

（一）指导思想

坚持以习近平新时代中国特色社会主义思想为指导，全面贯彻党的十九大和十九届二中、三中、四中、五中全会精神，统筹推进"五位一体"总体布局，协调推进"四个全面"战略布局，坚持稳中求进工作总基调，立足新发展阶段，完整、准确、全面贯彻新发展理念，构建新发展格局，坚持以推动高质量发展为主题，以全面加强知识产权保护为主线，以建设知识产权强国为目标，以改革创新为根本动力，深化知识产权保护工作体制机制改革，全面提升知识产权创造、运用、保护、管理和服务水平，深入推进知识产权国际合作，促进建设现代化经济体系，激发全社会创新活力，有力支撑经济社会高质量发展。

（二）基本原则

坚持质量优先。坚持高质量发展方向不动摇，加快推动知识产权工作由追求数量向提高质量转变，促进知识产权高质量创造、高效益运用、高标准保护、高水平服务，更好服务现代化经济体系建设。

坚持强化保护。加强知识产权全链条保护，统筹推进知识产权审查授权、行政执法、司法保护、仲裁调解、行业自律、公民诚信等工作，构建严保护、大保护、快保护、同保护的工作格局，全面提升保护能力，着力营造公平竞争的市场环境。

坚持开放合作。推动知识产权更大范围、更宽领域、更深层次对外开放，统筹推进知识产权国际合作，积极参与全球知识产权治理体系建设，加强知识产权领域多边合作，持续提升知识产权国际影响力和竞争力，服务开放型经济发展。

坚持系统协同。树立系统观念，健全知识产权工作协同推进机制，强化部门协同、上下联动、区域协作、社会共治，综合运用法律、行政、经济、技术、社会治理等手段，提高知识产权领域系统治理效能。

（三）主要目标

到2025年，知识产权强国建设阶段性目标任务如期完成，知识产权领域治理能力和治理水平显著提高,知识产权事业实现高质量发展,有效支撑创新驱动发展和高标准市场体系建设,有力促进经济社会高质量发展。

——知识产权保护迈上新台阶。知识产权保护法治化水平不断提高,知识产权保护衔接机制更加完善,知识产权侵权惩罚性赔偿制度有效实施,侵权易发多发现象得到有效遏制,知识产权保护社会满意度达到并保持较高水平,关键核心技术领域高质量知识产权更多涌现,有效提升产业链供应链现代化水平,知识产权制度激励创新的基本保障作用充分发挥。

——知识产权运用取得新成效。知识产权转移转化体制机制更加完善,知识产权归属制度更加健全,知识产权流转更加顺畅,知识产权转化效益显著提高,知识产权市场价值进一步凸显,专利密集型产业增加值和版权产业增加值占GDP比重稳步提升,推动产业转型升级和新兴产业创新发展。

——知识产权服务达到新水平。知识产权信息化、智能化基础设施建设取得显著成效,知识产权保护实现线上线下融合发展,知识产权公共服务体系进一步完善,知识产权服务业有序发展,服务机构专业化水平明显提升,进一步促进创新成果更好惠及人民。

——知识产权国际合作取得新突破。我国在全球知识产权治理体系中的作用更加凸显,知识产权国际协调更加有力,"一带一路"知识产权合作实现新进展,海外知识产权获权维权能力进一步提高,有力推进高水平对外开放。

"十四五"时期知识产权发展主要指标

指标	2020年	2025年	累计增加值	属性
1. 每万人口高价值发明专利拥有量①(件)	6.3	12	5.7	预期性
2. 海外发明专利授权量(万件)	4	9	5	预期性
3. 知识产权质押融资登记金额②(亿元)	2 180	3 200	1 020	预期性
4. 知识产权使用费年进出口总额(亿元)	3 194.4	3 500	305.6	预期性

续表

指标	2020 年	2025 年	累计增加值	属性
5. 专利密集型产业增加值占 GDP 比重（%）	11.6[③]	13.0	1.4	预期性
6. 版权产业增加值占 GDP 比重（%）	7.39[④]	7.5	0.11	预期性
7. 知识产权保护社会满意度（分）	80.05	82	1.95	预期性
8. 知识产权民事一审案件服判息诉率（%）	—	85	—	预期性

注：① "每万人口高价值发明专利拥有量"是指每万人口本国居民拥有的经国家知识产权局授权的符合下列任一条件的有效发明专利数量：1. 战略性新兴产业的发明专利；2. 在海外有同族专利权的发明专利；3. 维持年限超过 10 年的发明专利；4. 实现较高质押融资金额的发明专利；5. 获得国家科学技术奖、中国专利奖的发明专利。

② "知识产权质押融资登记金额"是指经国家知识产权局登记的知识产权质押融资金额。

③④为 2019 年值。

三、全面加强知识产权保护，激发全社会创新活力

（四）完善知识产权法律政策体系

健全知识产权法律法规。开展知识产权基础性法律研究。统筹推进专利法、商标法、著作权法、反垄断法、科学技术进步法、电子商务法等相关法律法规的修改完善。加强地理标志、商业秘密等领域立法，出台商业秘密保护规定。完善集成电路布图设计法规。推进修订植物新品种保护条例。制定中医药传统知识保护条例。完善与国防建设相衔接的知识产权法律制度。全面建立并实施知识产权侵权惩罚性赔偿制度，加大损害赔偿力度。研究建立健全符合知识产权审判规律的特别程序法律制度。适应科技进步和经济社会发展需要，依法及时推动知识产权法律法规立改废释。（中央宣传部、最高人民法院、最高人民检察院、科技部、工业和信息化部、司法部、农业农村部、商务部、国家卫生健康委、市场监管总局、国

家国防科工局、国家林草局、国家中医药局、国家知识产权局、中央军委装备发展部等按职责分工负责）

> **专栏 1　商业秘密保护工程**
>
> 　　健全商业秘密保护政策。完善行政执法程序，细化处罚标准，完善刑事司法程序，加强商业秘密行政执法与民事、刑事司法审判的联动配合，合理划定举证责任。加强商业秘密司法鉴定能力建设，提升司法鉴定水平。
>
> 　　提升市场主体商业秘密保护能力。推动行业组织加强商业秘密保护自律，指导市场主体制定并严格执行全面的商业秘密管理制度，推动有条件的地方建设国家级商业秘密保护基地。建立健全跨境商业秘密保护援助体系。开展商业秘密保护及法律风险培训，强化市场主体特别是中小企业商业秘密保护意识。（市场监管总局牵头，最高人民法院、最高人民检察院、公安部等按职责分工负责）

　　完善知识产权保护政策。健全大数据、人工智能、基因技术等新领域新业态知识产权保护制度。研究构建数据知识产权保护规则。完善开源知识产权和法律体系。完善电子商务领域知识产权保护机制。健全遗传资源获取和惠益分享制度，建立跨部门生物遗传资源获取和惠益分享信息共享制度。制定传统文化、民间文艺、传统知识等领域保护办法。建立与非物质文化遗产相关的知识产权保护制度。完善体育赛事节目、综艺节目、网络直播等领域著作权保护制度。完善红色经典等优秀舞台艺术作品的版权保护措施。完善服装设计等时尚产业知识产权保护政策。健全药品专利纠纷早期解决机制，制定相关配套措施。完善中医药领域发明专利审查和保护机制。健全绿色技术知识产权保护制度。完善高校知识产权保护管理规定。建立知识产权侵权损害评估制度。（中央宣传部、中央网信办、最高人民法院、教育部、财政部、生态环境部、文化和旅游部、市场监管总局、广电总局、国家林草局、国家中医药局、国家药监局、国家知识产权局等按职责分工负责）

> **专栏2　数据知识产权保护工程**
>
> 构建数据知识产权保护规则。深入研究数据的产权属性，探索开展数据知识产权保护相关立法研究，推动完善涉及数据知识产权保护的法律法规。完善数据知识产权保护政策，探索建立分级分类的数据知识产权保护模式。推动建立数据知识产权保护行业规范，加强数据生产、流通、利用、共享过程中的知识产权保护。研究推动数据知识产权保护国际规则制定。
>
> 促进数据资源利用和安全保护。支持有条件的地区开展数据知识产权保护和运用试点。在保护个人信息安全和国家数据安全的基础上，促进数据要素合理流动、有效保护、充分利用。积极开展数据知识产权保护国际合作与交流。（中央宣传部、中央网信办、最高人民法院、外交部、工业和信息化部、公安部、司法部、商务部、市场监管总局、国家知识产权局等按职责分工负责）

完善维护国家安全的知识产权政策。研究制定事关国家安全的关键核心技术知识产权保护规则。依法管理涉及国家安全的知识产权对外转让行为，完善知识产权对外转让审查制度。完善知识产权反垄断、公平竞争相关法律法规和政策措施。推进我国知识产权有关法律规定域外适用。研究建立针对进口贸易的知识产权境内保护制度。完善跨境电商知识产权保护规则。（中央宣传部、中央网信办、国家发展改革委、科技部、工业和信息化部、商务部、市场监管总局、国家国防科工局、国家知识产权局等按职责分工负责）

（五）加强知识产权司法保护

完善知识产权司法保护体系。加强知识产权司法资源配置，加强知识产权审判体系建设。健全知识产权案件上诉机制，完善专门法院设置。深入推进知识产权民事、刑事、行政案件"三合一"审判机制改革。完善知识产权检察体制机制。建立健全与审判机制、检察机制相适应的案件管辖制度和协调机制。完善知识产权司法案件繁简分流机制，开展适应知识产权审判特点的简易程序试点，提高审判质量和效率。探索依当事人申请的知识产权纠纷行政调解协议司法确认制度。推动建立跨行政区域知识产权

案件审理机制，充分发挥法院案件指定管辖机制作用，有效打破地方保护。（最高人民法院、最高人民检察院等按职责分工负责）

提升知识产权司法保护能力。加强司法保护与行政确权、行政执法、调解、仲裁、公证存证等环节的信息沟通和共享，促进行政执法标准和司法裁判标准统一，形成有机衔接、优势互补的运行机制。强化民事司法保护，研究制定符合知识产权案件规律的诉讼规范。完善刑事法律和司法解释，加大刑事打击力度，准确适用知识产权领域行政执法移送刑事司法标准和刑事案件立案追诉标准，规范刑罚适用。加强知识产权司法工作人员培养和选拔，加强技术调查官队伍建设。（最高人民法院、最高人民检察院、公安部等按职责分工负责）

（六）加强知识产权行政保护

健全知识产权行政保护机制。加强中央在知识产权保护的宏观管理、区域协调和涉外事宜统筹等方面事权。加强知识产权快保护机构建设。在条件成熟的地区建设国家知识产权保护试点示范区。加强知识产权行政执法指导制度建设。建立行政保护技术调查官制度。健全知识产权侵权纠纷行政裁决制度。健全跨区域、跨部门知识产权行政保护协作机制。加强商贸流通领域知识产权保护，制定商品交易市场知识产权保护国家规范，持续推进知识产权保护规范化市场建设，净化消费市场。（国家知识产权局牵头，中央宣传部、文化和旅游部、市场监管总局等按职责分工负责）

专栏3　知识产权保护机构建设工程

提升知识产权保护机构服务能力。在优势产业集聚区布局建设一批知识产权保护中心，构建知识产权快速协同保护体系，提供集快速审查、快速确权、快速维权于一体的知识产权一站式综合服务，加快提升知识产权快速协同保护运行管理能力。加强人员配备和职业化专业化建设，优化人才选聘机制和管理激励机制，加大培训力度，打造知识产权保护高素质、复合型人才队伍。

加强维权援助统筹协调。强化部门协同和区域协作。推动维权援助体系向基层延伸，完善中国知识产权维权援助线上服务平台，加强全国维权援助资源整合，实现维权援助服务全国一张网。（国家知识产权局负责）

提高知识产权行政保护效能。更好发挥全国打击侵犯知识产权和制售假冒伪劣商品工作领导小组作用，加强部门协同配合，开展关键领域、重点环节、重点区域行政执法专项行动，重点查处假冒专利、商标侵权、侵犯著作权、地理标志侵权假冒等违法行为。加大行政处罚力度，加强侵权纠纷行政裁决，有效遏制恶意侵权、重复侵权、群体侵权。完善专利、商标侵权判断标准。加强植物新品种保护体系建设。强化知识产权海关保护。加强特殊标志、官方标志、奥林匹克标志保护。加强知识产权行政执法和行政裁决队伍人员配备和能力建设，提升知识产权行政执法装备现代化、智能化水平，利用新技术手段畅通投诉举报渠道，提升打击侵权假冒行为的效率及精准度。依法规制知识产权滥用行为，不断完善防止知识产权滥用相关制度。（中央宣传部、农业农村部、文化和旅游部、海关总署、市场监管总局、国家林草局、国家知识产权局等按职责分工负责）

专栏4　植物新品种保护体系建设工程

完善植物新品种保护体制机制。推动建立实质性派生品种制度，研究加入《国际植物新品种保护公约》（UPOV）1991年文本，有效激励种业自主创新。加快国家植物品种测试徐州、三亚中心建设，探索建立品种权区域性审查协作中心和第三方测试机构。加快国家种质资源库、遗传物质保存库和无性繁殖植物保存圃等基础设施建设。加快建立国际测试报告互认机制，深度参与国际在线申请平台建设，鼓励向海外申请品种权。

提升植物新品种保护能力。大力开展维权打假专项行动，加大品种权行政执法案件查处力度，定期向全社会公布典型案例。探索建立品种保护专业审查员制度，建立国家品种保护培训基地，培养一批种业知识产权管理、新品种审查测试、行政执法、政策研究等领域的高素质专业人才。（农业农村部、国家林草局、国家知识产权局等按职责分工负责）

> **专栏 5　地理标志保护工程**
>
> 　　实施地理标志保护提升行动。推进建立地理标志统一认定和立体化保护机制。深化地理标志专用标志使用核准改革试点，强化地理标志专用标志使用监管，推动市场主体使用地理标志专用标志覆盖率达到80%以上。构建新型地理标志保护标准体系，推进地理标志保护基础通用国家标准的制定。开展地域特色农产品资源普查，建立资源目录。建成100个国家地理标志产品保护示范区。完善地理标志保护监管年度报告制度。探索建立地理标志联动保护机制，推动形成生产地、流通地、销售地联动查处地理标志侵权违法行为的工作格局。（国家知识产权局牵头，市场监管总局、农业农村部等按职责分工负责）
>
> 　　实施地理标志农产品保护工程。加强原生地种质资源和特色品种保护培育，强化特色品质保持技术集成和监测。加强生产环境保护和设施条件改善，完善地理标志农产品质量技术规程，推进全产业链标准化，打造一批地理标志农产品核心基地。推进地理标志农产品与绿色有机农产品、重要农业文化遗产等融合发展，打造区域农产品公用品牌。加强地理标志农产品质量安全监管，全面实施追溯管理。建立健全地理标志农产品培育、保护和发展机制。（农业农村部、国家知识产权局等按职责分工负责）

（七）加强知识产权协同保护

完善知识产权纠纷多元化解决机制。培育和发展知识产权调解组织、仲裁机构、公证机构。鼓励行业协会、商会建立知识产权保护自律和信息沟通机制。建立健全知识产权调解、仲裁、公证、社会监督等人才的选聘、培养、管理、激励制度。推动完善知识产权纠纷投诉受理处理、诉讼调解对接、调解仲裁对接、行政执法与调解仲裁对接等机制。探索维权援助社会共治模式，鼓励高校、社会组织等开展维权援助工作。建立完善知识产权侵权纠纷检验鉴定工作体系，加强知识产权鉴定机构专业化、规范化建设，推动建立知识产权鉴定技术标准。建立国防领域知识产权纠纷多元化处理机制。（国家知识产权局牵头，中央宣传部、最高人民法院、司

法部、国家国防科工局、中央军委装备发展部、中国贸促会等按职责分工负责）

加强知识产权领域诚信体系建设。推进建立知识产权领域以信用为基础的分级分类监管模式，积极支持地方开展工作试点。制定覆盖专利、商标、版权等领域的信用信息基础目录。推进知识产权领域信用承诺制建设。规范知识产权领域严重失信主体名单认定标准和程序，依法依规对严重失信主体实施惩戒。推进知识产权信用修复制度建设。推动全国知识产权信用信息共享平台与全国信用信息共享平台实现数据共享。（中央宣传部、国家发展改革委、农业农村部、人民银行、市场监管总局、国家林草局、国家知识产权局等按职责分工负责）

（八）加强知识产权源头保护

促进知识产权高质量创造。健全高质量创造支持政策，加强人工智能、量子信息、集成电路、基础软件、生命健康、脑科学、生物育种、空天科技、深地深海探测等领域自主知识产权创造和储备。加强国家科技计划项目的知识产权管理，在立项和组织实施各环节强化重点项目科技成果的知识产权布局和质量管理。优化专利资助奖励等激励政策和考核评价机制，突出高质量发展导向。完善无形资产评估制度，形成激励与监管相协调的管理机制。（科技部、工业和信息化部、财政部、国家知识产权局等按职责分工负责）

提高知识产权审查质量和审查效率。完善适应创新发展需求的知识产权审查管理体系，优化专利、商标审查协作机制。提升专利商标审查机构能力水平，强化专利、商标、版权、地理标志、植物新品种全流程审查质量管控，提升知识产权授权确权质量。提高专利、商标审查业务精细化管理水平，优化审查资源配置，加强智能化技术运用，提升审查效能，缩短审查周期。完善专利、商标审查模式，加强审查与产业发展的政策协同和业务联动，满足产业绿色转型和新领域新业态创新发展等社会多样化需求。（中央宣传部、工业和信息化部、农业农村部、国家林草局、国家知识产权局等按职责分工负责）

> **专栏6　一流专利商标审查机构建设工程**
>
> 　　建设高水平审查员队伍。对标国际先进水平，完善审查人才培养体系，优化队伍结构，健全保障和激励机制，增强审查人员职业荣誉感。
>
> 　　提高审查智能化便利化水平。以大数据、云计算、人工智能等技术为支撑，以智能审查和智能检索为核心，加强智能分类建设，推进专利、商标审查系统智能化建设。优化远程审查保障。完善数据资源保障，提高基础数据完整性、安全性、可靠性、适用性。
>
> 　　提升审查质量。适时修改专利审查指南，制定专利申请指南，完善商标审查审理标准。建立健全专利、商标审查质量保障和评价体系。加强审查业务指导体系协同。专利审查质量用户满意度指数保持在85以上，商标审查质量满意度保持在较高水平。
>
> 　　提高审查效率。发明专利审查周期压缩至15个月以内，专利无效结案周期控制在6个月以内。商标变更和续展首次审查周期压缩至15天以内，商标转让首次审查周期压缩至1个月以内，商标驳回复审案件平均审理周期压缩至5.5个月以内，商标异议审查周期进一步压缩。（国家知识产权局负责）

强化知识产权申请注册质量监管。完善以质量和价值为导向的知识产权统计指标体系，健全知识产权质量统计监测和反馈机制。严格规范专利申请、商标注册和版权登记行为，严厉打击不以保护创新为目的的非正常专利申请和代理行为，以及不以使用为目的的恶意商标注册和代理行为，依法依规对相关行为进行处置。加强信用监管和行业自律，严厉打击无资质专利代理等违法违规行为。（国家知识产权局牵头，中央宣传部、国家统计局等按职责分工负责）

四、提高知识产权转移转化成效，支撑实体经济创新发展

（九）完善知识产权转移转化体制机制

推进国有知识产权权益分配改革。强化国家战略科技力量，深化科技成果使用权、处置权、收益权改革，开展赋予科研人员职务科技成果所有权或

长期使用权试点。充分赋予高校和科研院所知识产权处置自主权，推动建立权利义务对等的知识产权转化收益分配机制。有效落实国有企业知识产权转化奖励和报酬制度。完善国有企事业单位知识产权转移转化决策机制。（国家发展改革委、教育部、科技部、财政部、人力资源社会保障部、国务院国资委、中科院、国家国防科工局、国家知识产权局等按职责分工负责）

优化知识产权运营服务体系。推动在重点产业领域和产业集聚区建设知识产权运营中心。培育发展综合性知识产权运营服务平台，创新服务模式，促进知识产权转化。支持高校和科研院所加强市场化知识产权运营机构建设，提升知识产权转化能力。加强知识产权运营专业化人才队伍建设。建立完善专利开放许可制度和运行机制。拓宽专利技术供给渠道，推进专利技术供需对接，促进专利技术转化实施。指导规范知识产权交易，完善知识产权质押登记和转让许可备案管理制度，加强数据采集分析和披露利用。加强知识产权转移转化状况统计调查。（中央宣传部、教育部、科技部、财政部、国家统计局、国家知识产权局等按职责分工负责）

积极稳妥发展知识产权金融。优化知识产权质押融资体系，健全知识产权质押融资风险管理机制，完善质物处置机制，建设知识产权质押信息平台。支持银行创新内部考核管理模式，推动银行业金融机构用好单列信贷计划和优化不良率考核等监管政策，在风险可控的前提下扩大知识产权质押贷款规模。鼓励知识产权保险、信用担保等金融产品创新，充分发挥金融支持知识产权转化的作用。在自由贸易试验区和自由贸易港推进知识产权金融服务创新。健全知识产权价值评估体系，鼓励开发智能化知识产权评估工具。（国家知识产权局牵头，中央宣传部、国家发展改革委、财政部、人民银行、银保监会、证监会等按职责分工负责）

促进产业知识产权协同运用。推动企业、高校、科研机构知识产权深度合作，引导开展订单式研发和投放式创新。围绕关键核心技术联合攻关加强专利布局和运用。引导建立产业专利导航决策机制，优化战略性新兴产业发展模式，增强产业集群创新引领力。推动在数字经济、智能制造、生命健康、新材料等领域组建产业知识产权联盟，构筑产业专利池。促进技术、专利与标准协同发展，研究制定标准必要专利许可指南，引导创新主体将自主知识产权转化为技术标准。健全知识产权军民双向转化工作机制。(教育部、科技部、工业和信息化部、市场监管总局、中科院、国家国防科工局、国家知识产权局、中央军委装备发展部等按职责分工负责)

专栏7　专利导航工程

完善专利导航工作体系。推动出台地方专利导航产业发展配套落实措施。引导企业、高校、科研机构、行业协会等推广实施专利导航指南国家标准，突出专利导航服务、评价、培训、组织实施标准化引领。加强专利导航理论研究、实务指导、技术支撑，推动建设专利导航业务指导中心，支持在重点区域、重点产业园区建设专利导航服务基地。开展专利导航示范项目建设，加强专利导航项目评价，引导规范专利导航市场化服务。

深化专利导航运用模式。完善以产业数据、专利数据为基础的专利导航决策机制，创新专利导航服务模式，打造专利导航深度应用场景。组织开发专利导航数据产品、分析工具、应用平台。推动实施重点领域、重点产业专利导航项目，引导关键核心技术攻关，加强产业专利布局，助力保障产业链供应链稳定和安全。(国家知识产权局牵头，教育部、科技部、工业和信息化部、中科院等按职责分工负责)

（十）提升知识产权转移转化效益

提升创新主体知识产权管理效能。推动创新主体加强知识产权管理标准化体系建设，推动实施创新过程知识产权管理国际标准。推动中央企业建立完善知识产权工作体系，打造一批具备国际竞争优势的知识产权强企。深化实施中小企业知识产权战略推进工程。分级分类开展企业、高校、科研院所知识产权优势培育和建设工作。引导创新主体建立健全知识产权资产管理制度，推动企业做好知识产权会计信息披露工作。建立健全财政资助科研项目形成知识产权的声明制度和监管机制。(教育部、科技部、工业和信息化部、财政部、国务院国资委、税务总局、市场监管总局、中科院、国家知识产权局等按职责分工负责)

> **专栏 8　中小企业知识产权战略推进工程**
>
> 　　提升知识产权管理水平。鼓励有条件的中小企业实施企业知识产权管理规范国家标准，加大中小企业知识产权托管服务力度。
>
> 　　提升知识产权运用能力。开展工业企业知识产权运用试点工作，发挥知识产权运营平台和运营基金作用，促进中小企业知识产权转移转化，鼓励国有企业通过并购等方式支持中小企业知识产权转移转化，完善中小企业知识产权维权援助工作机制。
>
> 　　拓宽中小企业知识产权融资渠道。鼓励各类金融机构创新知识产权金融服务，丰富金融产品供给，加大中小企业知识产权质押融资支持力度，完善风险分担补偿机制。（工业和信息化部牵头，中央宣传部、人民银行、国务院国资委、市场监管总局、银保监会、证监会、国家知识产权局等按职责分工负责）

　　推动知识产权融入产业创新发展。培育专利密集型产业，探索开展专利密集型产品认定工作，指导地方制定专利密集型产业培育目录，健全专利密集型产业增加值核算与发布机制，加强专利密集型产业培育监测评价。实施商标品牌战略，加强驰名商标保护，提升品牌国际影响力。实施版权创新发展工程，打造版权产业集群，强化版权发展技术支撑。推动地方建立地理标志产品产值统计制度，健全地理标志产业发展利益联结机制，发挥龙头企业带动作用，吸引更多市场主体参与地理标志产业融合发展。完善绿色知识产权统计监测，推动绿色专利技术产业化，支撑产业绿色转型。（中央宣传部、农业农村部、市场监管总局、国家统计局、国家知识产权局等按职责分工负责）

> **专栏 9　商标品牌建设工程**
>
> 　　建立健全商标品牌推进工作体系。完善产品质量监督体系，健全监督信息交流共享机制，提升商标品牌质量。引导行业协会、高校、科研机构等服务商标品牌发展，对品牌质量进行研究、评价、监测。发展区域品牌，推动新型农业、先进制造业、现代服务业等产业集群品牌商标化。推动设立商标品牌指导站，强化商标品牌培育帮扶指导。

(续)

> 推动企业实施商标品牌战略。加强商标品牌资产管理，强化商标使用导向。支持开展商标海外布局，培育具有市场竞争力、国际影响力的知名商标品牌，支持开展中国国际商标品牌节等宣传活动，加强中国商标品牌的全球推广。（国家知识产权局牵头，工业和信息化部、农业农村部、市场监管总局等按职责分工负责）

专栏10　版权创新发展工程

> 构筑版权产业发展新优势。面向省、市、县及园区持续推进版权示范工作。建设国家版权创新发展基地。建立全国版权展会授权交易体系。持续推进文化文物单位文化创意产品开发试点工作。完善版权登记体制机制。优化资源配置，打造一批符合国家战略、反映产业和区域特点的优质版权产业集群。
>
> 推进版权交易、保护、服务一体化发展。拓宽版权作品国际合作与宣传渠道。打造一批精品广播电视和网络视听版权资源。推动中国优秀作品走出去、外国优秀作品引进来。推进版权保护技术、标准的研究和应用，加强各类作品价值评估、登记认证、质押融资等服务。探索在版权确权、用权、维权中引入区块链技术。（中央宣传部牵头，文化和旅游部、广电总局等按职责分工负责）

助力区域经济协调发展。优化央地合作会商机制，持续推动知识产权强省强市建设，面向省、市、县及园区深入开展知识产权强国建设试点示范工作，探索支撑创新发展的知识产权运行机制。强化区域间合作互助，促进东、中、西部和东北地区知识产权工作共同发展。鼓励地方探索构建符合区域发展需求的知识产权政策体系。推动京津冀高端知识产权服务业集聚发展。强化长三角区域一体化知识产权保护。推动粤港澳大湾区打造知识产权国际合作高地。推动成渝地区双城经济圈建立知识产权金融生态区。支持深圳建设中国特色社会主义先行示范区，打造保护知识产权标杆城市。支持香港建设区域知识产权贸易中心。加强涉农知识产权运用，助

力乡村振兴。(国家知识产权局牵头,国家发展改革委、农业农村部、人民银行、国家林草局等按职责分工负责)

> **专栏11　知识产权助力乡村振兴工程**
>
> 推进专利技术强农。开展专利信息帮扶,提升农业专利技术成果转化应用水平。
>
> 推进商标品牌富农。开展涉农产品商标品牌培育,遴选优质地理标志产品进行扶持,加强涉农品牌宣传。
>
> 推进地理标志兴农。开展地理标志助力乡村振兴行动,推动建设地理标志特色优势园区,实施农业生产"三品一标"提升行动,推进品种培优、品质提升、品牌打造和标准化生产,打造地理标志农产品引领乡村特色产业发展的县域样板。
>
> 推进新品种惠农。加强优秀植物新品种培育和产业化,促进农作物育种创新,加快培育具有自主知识产权的优良品种,培育和转化运用一批优质林草新品种。(农业农村部、市场监管总局、国家林草局、国家知识产权局等按职责分工负责)

五、构建便民利民知识产权服务体系,促进创新成果更好惠及人民

(十一) 提高知识产权公共服务能力

加快知识产权新型基础设施建设。依托全国一体化大数据中心体系,完善国家知识产权大数据中心和公共服务平台,提升知识产权公共服务智能化水平。推进地方知识产权公共服务平台和专题数据库建设,优先支持战略性新兴产业集群所在地建设知识产权公共服务平台,推动知识产权公共服务平台与行业、产业信息服务平台互联互通,提高知识产权公共服务可及性和普惠性。加强知识产权网络安全建设,健全网络安全综合防控体系,持续增强网络安全综合保障能力。(国家知识产权局牵头,中央网信办、国家发展改革委、财政部等按职责分工负责)

> **专栏12　知识产权公共服务信息化智能化建设工程**
>
> 　　建设国家知识产权大数据中心。汇聚全球专利、商标、地理标志、集成电路布图设计等知识产权数据，实现知识产权数据与经济、科技、产业等信息融合。利用机器学习、人工智能等技术，加强对知识产权注册登记、公布公告、纠纷调解、质押许可等信息的智能监测，进行创新态势分析等主题挖掘。提供智能数据服务，实现对各类知识产权数据的智能分析，为科学决策等提供数据支撑。
>
> 　　完善国家知识产权公共服务平台。对接全国一体化政务服务平台、国家"互联网+监管"系统，优化知识产权行政执法保护支撑、行政复议、知识产权注册簿登记簿应用、电子商务领域知识产权保护、知识产权代理监管、非正常申请监管、知识产权咨询等政务服务。面向社会公众提供专利、商标、地理标志、集成电路布图设计等一站式智能查询检索服务，实现知识产权公共服务便利化、集约化、高效化。（国家知识产权局牵头，中央网信办、国家发展改革委、财政部等按职责分工负责）

　　完善知识产权公共服务体系。完善知识产权公共服务网络，健全公共服务支持创新工作机制。推动公共服务骨干节点分级分类建设，省级公共服务机构实现全覆盖，地市级公共服务机构覆盖率力争达到50%，鼓励有条件的县（市、区）设立综合性公共服务机构。支持开展跨行政区域知识产权公共服务合作。优化知识产权公共服务网点布局，提升高校、科研机构、科技社团、公共图书馆、科技情报机构、产业园区生产力促进机构等知识产权信息公共服务能力。重点支持技术与创新支持中心、高校国家知识产权信息服务中心、国家知识产权信息公共服务网点有序发展。（国家知识产权局牵头，教育部、科技部、工业和信息化部、文化和旅游部、中科院、中国科协等按职责分工负责）

　　提高知识产权公共服务供给水平。加强知识产权数据标准制定，提高数据质量，维护数据安全，完善知识产权基础数据资源管理和服务规范。加强知识产权信息传播利用，加大知识产权基础数据开放力度，促进数据资源共享。完善知识产权信息利用相关规范，开展知识产权信息利用研究分析和发布。积极参与国际知识产权数据标准制定，加强国际知识产权数据交换。加大政府购买服务力度，创新公共服务形式，丰富公共服务产品供给。加强知识产权公共服务规范化、标准化建设，明晰知识产权公共服务事项和范围，建立知识产权公共服务清单制度。（国家知识产权局负责）

（十二）促进知识产权服务业健康发展

培育发展知识产权服务业。引导知识产权代理、法律、信息、咨询、运营服务向专业化和高水平发展，拓展知识产权投融资、保险、资产评估等增值服务，促进知识产权服务业新业态新模式发展。加快制定实施知识产权服务业基础标准、支撑标准、产品标准、质量标准。深入实施专利代理机构执业许可审批告知承诺改革。引导国际高水平知识产权服务机构依规在华设立常驻代表机构。开展品牌价值提升行动，培育一批国际化、市场化、专业化知识产权服务机构。建设国家知识产权服务出口基地。全国执业专利代理师达到4万人。完善知识产权服务业统计制度。支持知识产权服务行业协会组织开展公益代理和维权援助。（国家知识产权局牵头，中央宣传部、司法部、商务部、国家统计局等按职责分工负责）

促进知识产权服务业与区域产业融合发展。聚焦重点区域、重点产业需求，优化知识产权服务业集聚区建设，引导知识产权服务链上下游优势互补、多业态协同发展。建立知识产权服务对接重点产业、重大项目工作机制，重点提供专利导航等高端服务。鼓励知识产权服务机构为创新主体提供全链条、专业化知识产权服务，支持企业创新发展和产业转型升级。（国家知识产权局牵头，工业和信息化部等按职责分工负责）

加强知识产权服务业监管。规范计划制定、名单抽取、结果公示、数据存档等各项抽查检查工作程序，实现"双随机、一公开"监管全覆盖。建立知识产权服务业监管长效机制。健全跨部门、跨区域协同监管机制。完善年度报告、经营异常名录、严重失信主体名单制度，开展信用评价并推广应用评价结果。建立知识产权服务业质量监测机制，利用新技术手段快速精准发现违法违规行为线索，提升监管效能。充分发挥知识产权服务行业协会作用，加大行业自律惩戒力度。建设知识产权服务业评价系统，及时公开服务机构和从业人员评价数据。（国家知识产权局负责）

六、推进知识产权国际合作，服务开放型经济发展

（十三）主动参与知识产权全球治理

积极参与完善知识产权国际规则体系。加强与世界知识产权组织的合作磋商，推动完善知识产权及相关国际贸易、国际投资等国际规则和标准。积极参与遗传资源、传统知识、民间文艺、非物质文化遗产、广播组织等方面的知识产权国际规则制定。积极研究和参与数字领域等新领域新业态知识产权国际规则和标准的制定。（中央宣传部、外交部、商务部、文化和旅游部、国家知识产权局等按职责分工负责）

积极推进与经贸相关的多双边知识产权谈判。妥善应对国际知识产权争端，加强与主要贸易伙伴的知识产权合作磋商。在相关谈判中合理设置知识产权议题。深入参与世界贸易组织有关知识产权谈判。积极推进同其他国家和地区自贸协定知识产权议题谈判。研究推动与更多国家和地区开展地理标志协定谈判。（中央宣传部、外交部、商务部、国家知识产权局等按职责分工负责）

（十四）提升知识产权国际合作水平

加强知识产权国际合作机制建设。巩固和完善"一带一路"知识产权合作，充分利用"一带一路"知识产权合作平台，扩大合作项目规模和储备。深度参与金砖国家、中美欧日韩、中日韩、中国—东盟等小多边知识产权合作，加强与各方政策和业务规则交流，支持产业界积极参与相关合作机制。完善跨境司法协作安排，加强防范打击侵犯知识产权犯罪国际合作。（中央宣传部、最高人民法院、最高人民检察院、外交部、公安部、商务部、海关总署、国家知识产权局等按职责分工负责）

专栏13　"一带一路"知识产权合作工程

加强"一带一路"知识产权合作机制建设。打造共建"一带一路"国家和地区知识产权高层次合作平台。将知识产权合作同"数字丝绸之路"、"创新丝绸之路"等建设协调推进。推进知识产权信息、数据资源等领域合作。

(续)

> 强化、知识产权能力提升项目实施。向共建"一带一路"国家和地区提供专利检索、审查、培训等多样化服务。开展面向共建"一带一路"国家和地区的知识产权培训。(国家知识产权局牵头,外交部、商务部、国际发展合作署等按职责分工负责)

优化知识产权国际合作环境。深化与国际和地区组织、重点国家和地区的知识产权合作,完善合作布局。加强面向周边和发展中国家的知识产权培训,支持发展中国家知识产权能力建设。加强药物及新冠病毒疫苗研发等重点领域的知识产权国际合作。与贸易对象国建立企业知识产权事务沟通协调机制。(中央宣传部、外交部、工业和信息化部、商务部、国家卫生健康委、市场监管总局、国际发展合作署、国家药监局、国家知识产权局、中国贸促会等按职责分工负责)

(十五) 加强知识产权保护国际合作

便利知识产权海外获权。强化知识产权审查业务合作,拓展"专利审查高速路"国际合作网络,重点推动相关国家共享专利、植物新品种等审查结果。引导创新主体合理利用世界知识产权组织全球服务体系等渠道,提高海外知识产权布局效率。(国家知识产权局牵头,中央宣传部、农业农村部、国家林草局等按职责分工负责)

加强知识产权海外维权援助。建立国际知识产权风险预警和应急机制,建设知识产权涉外风险防控体系。建立国际趋势跟踪研究基地,加强对商业秘密保护、互联网企业走出去等重点前沿问题的研究。提升海外知识产权信息服务能力,建立健全国外展会知识产权服务站工作机制。鼓励保险机构开展知识产权海外侵权保险业务。积极发挥贸易投资促进机构作用,不断加强知识产权海外服务保障工作。(中央宣传部、商务部、市场监管总局、银保监会、国家知识产权局、中国贸促会等按职责分工负责)

> **专栏14 对外贸易知识产权保护工程**
>
> 　　加强海外知识产权纠纷应对指导体系建设。建立与知识产权有关的贸易对象国调查报告机制。拓展打击知识产权侵权犯罪国际执法协作渠道，开展重大案件跨国联合执法行动。建立海关跨境合作机制，加强知识产权海关执法信息情报交换共享。
>
> 　　提升海外知识产权风险防范能力。制定跨境电商知识产权保护指南，引导跨境电商平台防范进出口贸易中的知识产权风险，有效支持跨境电商平台企业国际化发展。加强对海外知识产权制度环境的研究，编制发布重点国家知识产权保护国别指南。（中央宣传部、中央网信办、最高人民检察院、公安部、商务部、海关总署、国家知识产权局等按职责分工负责）

七、推进知识产权人才和文化建设，夯实事业发展基础

（十六）加强知识产权人才队伍建设

优化知识产权人才发展环境。推进知识产权学科建设，支持学位授权自主审核单位依程序设置知识产权一级学科点，支持有关单位依程序设置知识产权二级学科点，研究设置知识产权硕士专业学位。推动知识产权相关专业升级和数字化改造，开发一批知识产权精品课程。鼓励支持有条件的理工科高校开设知识产权相关专业和课程。设立一批国家知识产权人才培养基地。做好知识产权职称制度改革实施工作，完善知识产权人才评价体系。（教育部、人力资源社会保障部、国家知识产权局等按职责分工负责）

提升知识产权人才能力水平。完善知识产权人才分类培训体系，健全人才保障机制。加强知识产权理论研究，完善知识产权研究管理机制，强化智库建设，鼓励地方开展政策研究。加强知识产权行政管理、行政执法、行政裁决人员培养，分层次分区域持续开展轮训。加强企事业单位知识产权人才培养，建设理论与实务联训基地。建立知识产权服务业人才培训体系，提高服务业人才专业能力。大力培养知识产权国际化人才。（国家知识产权局牵头，中央宣传部、市场监管总局等按职责分工负责）

(十七) 加强知识产权文化建设

构建知识产权大宣传格局。围绕知识产权强国建设，统筹传统媒体与新兴媒体，用好融媒体，健全知识产权新闻发布制度。建立健全政府活动宣传、媒体传播报道、学界文章影响、国际文化交流相互促进的知识产权传播大矩阵。持续做好全国知识产权宣传周、中国知识产权年会等品牌宣传活动。讲好中国知识产权故事，展示文明大国、负责任大国形象。（国家知识产权局牵头，中央宣传部、中央网信办、广电总局等按职责分工负责）

专栏 15　知识产权普及教育工程

推动知识产权普及教育进校园。支持大中小学开展知识产权基础性普及教育。鼓励知识产权专家进校园，促进知识产权教育与学校创新实践活动相融合，持续推进全国中小学知识产权教育工作和全国大学生版权征文活动。推动技工院校普及知识产权教育，将知识产权普及教育作为全国专业技术人员继续教育的重要内容。

推动知识产权进干部培训课堂。优化知识产权课程设置，加强对党政领导干部和国有企业负责人的知识产权宣传培训。（国家知识产权局牵头，中央组织部、中央宣传部、教育部、人力资源社会保障部、中国科协等按职责分工负责）

厚植知识产权文化理念。增强全社会尊重和保护知识产权的意识，推动知识产权文化与法治文化、传统文化、创新文化、诚信文化深度融合。大力宣传锐意创新和诚信经营的典型企业，引导企业自觉履行尊重和保护知识产权的社会责任。开展贴近时代、贴近百姓、贴近生活的知识产权文化惠民活动。加强知识产权文化基础设施建设。探索建立"互联网＋"知识产权保护云博物馆。加大对中西部地区知识产权文化建设投入。开展知识产权文化建设理论和学术研究，以文化为媒，提升文化软实力。（国家知识产权局牵头，中央宣传部、司法部、文化和旅游部等按职责分工负责）

八、实施保障

（十八）加强组织领导

坚持党对知识产权工作的全面领导，充分发挥国务院知识产权战略实施工作部际联席会议作用，完善工作机制，形成工作合力，确保党中央、国务院关于知识产权工作的各项决策部署落到实处。各地区、各有关部门要强化责任意识，密切协调配合，结合实际进一步明确工作重点，落实好本规划部署的各项任务措施。国家知识产权局要加强组织协调，明确责任分工，细化目标任务，加强宣传解读，制定年度推进计划，确保规划有序推进。相关社会组织和行业协会要积极参与规划实施，主动作为，发挥作用。（国家知识产权局牵头，有关部门与地方各级人民政府按职责分工负责）

（十九）鼓励探索创新

各地要发扬基层首创精神，针对规划实施中的痛点、难点问题，主动作为、创新思路，积极探索积累务实管用、科学精准的具体举措，不断丰富完善有关政策措施。各有关部门要营造有利环境，支持有条件的地区先行先试。（地方各级人民政府与有关部门按职责分工负责）

（二十）加大投入力度

完善多渠道投入机制，推进规划重大工程项目落地，促进规划有效实施。加强对知识产权工作的政策和资源支持。鼓励社会资本积极参与，创新投入模式和机制，充分发挥市场在资源配置中的决定性作用。（有关部门与地方各级人民政府按职责分工负责）

（二十一）狠抓工作落实

国家知识产权局会同有关部门加强对规划实施情况的跟踪监测，通过第三方评估等形式开展规划实施的中期评估、总结评估，总结推广典型经验做法，发现规划实施中存在的问题并研究解决对策。强化监督检查，确保任务落实，重要情况及时报告国务院。（国家知识产权局牵头，有关部门按职责分工负责）

> 全面提升知识产权综合能力，实现创新驱动发展，推动经济提质增效升级

深入实施国家知识产权战略行动计划[*]
（2014—2020年）

知识产权局　中央宣传部　外交部　发展改革委　教育部　科技部
工业和信息化部　公安部　司法部　财政部　人力资源社会保障部
环境保护部　农业部　商务部　文化部　卫生计生委　国资委
海关总署　工商总局　质检总局　新闻出版广电总局　林业局
法制办　中科院　国防科工局　高法院　高检院　总装备部

《国家知识产权战略纲要》颁布实施以来，各地区、各有关部门认真贯彻党中央、国务院决策部署，推动知识产权战略实施工作取得新的进展和成效，基本实现了《国家知识产权战略纲要》确定的第一阶段五年目标，对促进经济社会发展发挥了重要支撑作用。随着知识经济和经济全球化深入发展，知识产权日益成为国家发展的战略性资源和国际竞争力的核心要素。深入实施知识产权战略是全面深化改革的重要支撑和保障，是推动经济结构优化升级的重要举措。为进一步贯彻落实《国家知识产权战略纲要》，全面提升知识产权综合能力，实现创新驱动发展，推动经济提质增效升级，特制定本行动计划。

---

[*] 2014年12月10日，《国务院办公厅关于转发知识产权局等单位深入实施国家知识产权战略行动计划（2014—2020年）的通知》（国办发〔2014〕64号）印发。

一、总体要求

（一）指导思想

以邓小平理论、"三个代表"重要思想、科学发展观为指导，全面贯彻党的十八大和十八届二中、三中、四中全会精神，全面落实党中央、国务院各项决策部署，实施创新驱动发展战略，按照激励创造、有效运用、依法保护、科学管理的方针，坚持中国特色知识产权发展道路，着力加强知识产权运用和保护，积极营造良好的知识产权法治环境、市场环境、文化环境，认真谋划我国建设知识产权强国的发展路径，努力建设知识产权强国，为建设创新型国家和全面建成小康社会提供有力支撑。

（二）主要目标

到 2020 年，知识产权法治环境更加完善，创造、运用、保护和管理知识产权的能力显著增强，知识产权意识深入人心，知识产权制度对经济发展、文化繁荣和社会建设的促进作用充分显现。

——知识产权创造水平显著提高。知识产权拥有量进一步提高，结构明显优化，核心专利、知名品牌、版权精品和优良植物新品种大幅增加。形成一批拥有国外专利布局和全球知名品牌的知识产权优势企业。

——知识产权运用效果显著增强。市场主体运用知识产权参与市场竞争的能力明显提升，知识产权投融资额明显增加，知识产权市场价值充分显现。知识产权密集型产业增加值占国内生产总值的比重显著提高，知识产权服务业快速发展，服务能力基本满足市场需要，对产业结构优化升级的支撑作用明显提高。

——知识产权保护状况显著改善。知识产权保护体系更加完善，司法保护主导作用充分发挥，行政执法效能和市场监管水平明显提升。反复侵权、群体侵权、恶意侵权等行为受到有效制裁，知识产权犯罪分子受到有力震慑，知识产权权利人的合法权益得到有力保障，知识产权保护社会满意度进一步提高。

——知识产权管理能力显著增强。知识产权行政管理水平明显提高，审查能力达到国际先进水平，国家科技重大专项和科技计划实现知识产权全过程管理。重点院校和科研院所普遍建立知识产权管理制度。企业知识产权管理水平大幅提升。

——知识产权基础能力全面提升。构建国家知识产权基础信息公共服务平台。知识产权人才队伍规模充足、结构优化、布局合理、素质优良。全民知识产权意识显著增强，尊重知识、崇尚创新、诚信守法的知识产权文化理念深入人心。

2014—2020 年知识产权战略实施工作主要预期指标

指标	2013 年	2015 年	2020 年
每万人口发明专利拥有量（件）	4	6	14
通过《专利合作条约》途径提交的专利申请量（万件）	2.2	3.0	7.5
国内发明专利平均维持年限（年）	5.8	6.4	9.0
作品著作权登记量（万件）	84.5	90	100
计算机软件著作权登记量（万件）	16.4	17.2	20
全国技术市场登记的技术合同交易总额（万亿元）	0.8	1.0	2.0
知识产权质押融资年度金额（亿元）	687.5	750	1 800
专有权利使用费和特许费出口收入（亿美元）	13.6	20	80
知识产权服务业营业收入年均增长率（%）	18	20	20
知识产权保护社会满意度（分）	65	70	80
发明专利申请平均实质审查周期（月）	22.3	21.7	20.2
商标注册平均审查周期（月）	10	9	9

二、主要行动

（一）促进知识产权创造运用，支撑产业转型升级

——推动知识产权密集型产业发展。更加注重知识产权质量和效益，优化产业布局，引导产业创新，促进产业提质增效升级。面向产业集聚区、行业和企业，实施专利导航试点项目，开展专利布局，在关键技术领域形成一批专利组合，构建支撑产业发展和提升企业竞争力的专利储备。加强专利协同运用，推动专利联盟建设，建立具有产业特色的全国专利运营与产业化服务平台。建立运行高效、支撑有力的专利导航产业发展工作机制。完善企业主导、多方参与的专利协同运用体系，形成资源集聚、流

转活跃的专利交易市场体系，促进专利运营业态健康发展。发布战略性新兴产业专利发展态势报告。鼓励有条件的地区发展区域特色知识产权密集型产业，构建优势互补的产业协调发展格局。建设一批知识产权密集型产业集聚区，在产业集聚区推行知识产权集群管理，构筑产业竞争优势。鼓励文化领域商业模式创新，加强文化品牌开发和建设，建立一批版权交易平台，活跃文化创意产品传播，增强文化创意产业核心竞争力。

——服务现代农业发展。加强植物新品种、农业技术专利、地理标志和农产品商标创造运用，促进农业向技术装备先进、综合效益明显的现代化方向发展。扶持新品种培育，推动育种创新成果转化为植物新品种权。以知识产权利益分享为纽带，加强种子企业与高校、科研院所的协作创新，建立品种权转让交易公共平台，提高农产品知识产权附加值。增加农业科技评价中知识产权指标权重。提高农业机械研发水平，加强农业机械专利布局，组建一批产业技术创新战略联盟。大力推进农业标准化，加快健全农业标准体系。建立地理标志联合认定机制。推广农户、基地、龙头企业、地理标志和农产品商标紧密结合的农产品经营模式。

——促进现代服务业发展。大力发展知识产权服务业，扩大服务规模、完善服务标准、提高服务质量，推动服务业向高端发展。培育知识产权服务市场，形成一批知识产权服务业集聚区。建立健全知识产权服务标准规范，加强对服务机构和从业人员的监管。发挥行业协会作用，加强知识产权服务行业自律。支持银行、证券、保险、信托等机构广泛参与知识产权金融服务，鼓励商业银行开发知识产权融资服务产品。完善知识产权投融资服务平台，引导企业拓展知识产权质押融资范围。引导和鼓励地方人民政府建立小微企业信贷风险补偿基金，对知识产权质押贷款提供重点支持。通过国家科技成果转化引导基金对科技成果转化贷款给予风险补偿。增加知识产权保险品种，扩大知识产权保险试点范围，加快培育并规范知识产权保险市场。

（二）加强知识产权保护，营造良好市场环境

——加强知识产权行政执法信息公开。贯彻落实《国务院批转全国打击侵犯知识产权和制售假冒伪劣商品工作领导小组〈关于依法公开制售假冒伪劣商品和侵犯知识产权行政处罚案件信息的意见（试行）〉的通知》（国发〔2014〕6号），扎实推进侵犯知识产权行政处罚案件信息公开，震慑违法者，同时促进执法者规范公正文明执法。将案件信息公开情况纳入打击侵权假冒工作统计通报范围并加强考核。探索建立与知识产权保护有关的信用标准，将恶意侵权行为纳入社会信用评价体系，向征信机构公开相关信息，提高知识产权保护社会信用水平。

——加强重点领域知识产权行政执法。积极开展执法专项行动，重点查办跨区域、大规模和社会反响强烈的侵权案件，加大对民生、重大项目和优势产业等领域侵犯知识产权行为的打击力度。加强执法协作、侵权判定咨询与纠纷快速调解工作。加强大型商业场所、展会知识产权保护。督促电子商务平台企业落实相关责任，督促邮政、快递企业完善并执行收寄验视制度，探索加强跨境贸易电子商务服务的知识产权监管。加强对视听节目、文学、游戏网站和网络交易平台的版权监管，规范网络作品使用，严厉打击网络侵权盗版，优化网络监管技术手段。开展国内自由贸易区知识产权保护状况调查，探索在货物生产、加工、转运中加强知识产权监管，创新并适时推广知识产权海关保护模式，依法加强国内自由贸易区知识产权执法。依法严厉打击进出口货物侵权行为。

——推进软件正版化工作。贯彻落实《国务院办公厅关于印发政府机关使用正版软件管理办法的通知》（国办发〔2013〕88号），巩固政府机关软件正版化工作成果，进一步推进国有企业软件正版化。完善软件正版化工作长效机制，推动软件资产管理、经费预算、审计监督、年度检查报告、考核和责任追究等制度落到实处，确保软件正版化工作常态化、规范化。

——加强知识产权刑事执法和司法保护。加大对侵犯知识产权犯罪案件的侦办力度，对重点案件挂牌督办。坚持打防结合，将专项打击逐步纳入常态化执法轨道。加强知识产权行政执法与刑事司法衔接，加大涉嫌犯罪案件移交工作力度。依法加强对侵犯知识产权刑事案件的审判工作，加大罚金刑适用力度，剥夺侵权人再犯罪能力和条件。加强知识产权民事和行政审判工作，营造良好的创新环境。按照关于设立知识产权法院的方案，为知识产权法院的组建与运行提供人财物等方面的保障和支持。

——推进知识产权纠纷社会预防与调解工作。探索以公证的方式保管知识产权证据及相关证明材料,加强对证明知识产权在先使用、侵权等行为的保全证据公证工作。开展知识产权纠纷诉讼与调解对接工作,依法规范知识产权纠纷调解工作,完善知识产权纠纷行业调解机制,培育一批社会调解组织,培养一批专业调解员。

(三) 强化知识产权管理,提升管理效能

——强化科技创新知识产权管理。加强国家科技重大专项和科技计划知识产权管理,促进高校和科研院所知识产权转移转化。落实国家科技重大专项和科技计划项目管理部门、项目承担单位等知识产权管理职责,明确责任主体。将知识产权管理纳入国家科技重大专项和科技计划全过程管理,建立国家科技重大专项和科技计划完成后的知识产权目标评估制度。探索建立科技重大专项承担单位和各参与单位知识产权利益分享机制。开展中央级事业单位科技成果使用、处置和收益管理改革试点,促进知识产权转化运用。完善高校和科研院所知识产权管理规范,鼓励高校和科研院所建立知识产权转移转化机构。

——加强知识产权审查。完善审查制度、加强审查管理、优化审查方式,提高知识产权审查质量和效率。完善知识产权申请与审查制度,完善专利审查快速通道,建立商标审查绿色通道和软件著作权快速登记通道。在有关考核评价中突出专利质量导向,加大专利质量指标评价权重。加强专利审查质量管理,完善专利审查标准。加强专利申请质量监测,加大对低质量专利申请的查处力度。优化专利审查方式,稳步推进专利审查协作中心建设,提升专利审查能力。优化商标审查体系,建立健全便捷高效的商标审查协作机制,完善商标审查标准,提高商标审查质量和效率。提高植物新品种测试能力,完善植物新品种权审查制度。

——实施重大经济活动知识产权评议。针对重大产业规划、政府重大投资活动等开展知识产权评议。加强知识产权主管部门和产业主管部门间的沟通协作,制定发布重大经济活动知识产权评议指导手册,提高知识产权服务机构评议服务能力。推动建立重大经济活动知识产权评议制度,明确评议内容,规范评议程序。引导企业自主开展知识产权评议工作,规避知识产权风险。

——引导企业加强知识产权管理。引导企业提高知识产权规范化管理水平，加强知识产权资产管理，促进企业提升竞争力。建立知识产权管理标准认证制度，引导企业贯彻知识产权管理规范。建立健全知识产权价值分析标准和评估方法，完善会计准则及其相关资产管理制度，推动企业在并购、股权流转、对外投资等活动中加强知识产权资产管理。制定知识产权委托管理服务规范，引导和支持知识产权服务机构为中小微企业提供知识产权委托管理服务。

——加强国防知识产权管理。强化国防知识产权战略实施组织管理，加快国防知识产权政策法规体系建设，推动知识产权管理融入国防科研生产和装备采购各环节。规范国防知识产权权利归属与利益分配，促进形成军民结合高新技术领域自主知识产权。完善国防知识产权解密制度，引导优势民用知识产权进入军品科研生产领域，促进知识产权军民双向转化实施。

（四）拓展知识产权国际合作，推动国际竞争力提升

——加强涉外知识产权工作。公平公正保护知识产权，对国内外企业和个人的知识产权一视同仁、同等保护。加强与国际组织合作，巩固和发展与主要国家和地区的多双边知识产权交流。提高专利审查国际业务承接能力，建设专利审查高速路，加强专利审查国际合作，提升我国专利审查业务国际影响力。加强驻外使领馆知识产权工作力度，跟踪研究有关国家的知识产权法规政策，加强知识产权涉外信息交流，做好涉外知识产权应对工作。建立完善多双边执法合作机制，推进国际海关间知识产权执法合作。

——完善与对外贸易有关的知识产权规则。追踪各类贸易区知识产权谈判进程，推动形成有利于公平贸易的知识产权规则。落实对外贸易法中知识产权保护相关规定，研究针对进口贸易建立知识产权境内保护制度，对进口产品侵犯中国知识产权的行为和进口贸易中其他不公平竞争行为开展调查。

——支持企业"走出去"。及时收集发布主要贸易目的地、对外投资

目的地知识产权相关信息。加强知识产权培训,支持企业在国外布局知识产权。加强政府、企业和社会资本的协作,在信息技术等重点领域探索建立公益性和市场化运作的专利运营公司。加大海外知识产权维权援助机制建设,鼓励企业建立知识产权海外维权联盟,帮助企业在当地及时获得知识产权保护。引导知识产权服务机构提高海外知识产权事务处理能力,为企业"走出去"提供专业服务。

三、基础工程

(一) 知识产权信息服务工程

推动专利、商标、版权、植物新品种、地理标志、民间文艺、遗传资源及相关传统知识等各类知识产权基础信息公共服务平台互联互通,逐步实现基础信息共享。知识产权基础信息资源免费或低成本向社会开放,基本检索工具免费供社会公众使用,提高知识产权信息利用便利度。指导有关行业建设知识产权专业信息库,鼓励社会机构对知识产权信息进行深加工,提供专业化、市场化的知识产权信息服务,满足社会多层次需求。

(二) 知识产权调查统计工程

开展知识产权统计监测,全面反映知识产权的发展状况。逐步建立知识产权产业统计制度,完善知识产权服务业统计制度,明确统计范围,统一指标口径,在新修订的国民经济核算体系中体现知识产权内容。

(三) 知识产权人才队伍建设工程

建设若干国家知识产权人才培养基地,推动建设知识产权协同创新中心。开展以党政领导干部、公务员、企事业单位管理人员、专业技术人员、文学艺术创作人员、教师等为重点的知识产权培训。将知识产权内容纳入学校教育课程体系,建立若干知识产权宣传教育示范学校。将知识产权内容全面纳入国家普法教育和全民科学素养提升工作。依托海外高层次人才引进计划引进急需的知识产权高端人才。深入开展百千万知识产权人才工程,建立面向社会的知识产权人才库。完善知识产权专业技术人才评价制度。

四、保障措施

(一) 加强组织实施

国家知识产权战略实施工作部际联席会议(以下简称联席会议)负责组织实施本行动计划,并加强对地方知识产权战略实施的指导和支持。知识产权局要发挥牵头作用,认真履行联席会议办公室职责,建立完善相互支持、密切协作、运转顺畅的工作机制,推进知识产权战略实施工作开展,并组织相关部门开展知识产权强国建设研究,提出知识产权强国建设的战略目标、思路和举措,积极推进知识产权强国建设。联席会议各成员单位要各负其责并尽快制定具体实施方案。地方各级政府要将知识产权战略实施工作纳入当地国民经济和社会发展总体规划,将本行动计划落实工作纳入重要议事日程和考核范围。

(二) 加强督促检查

联席会议要加强对战略实施状况的监测评估,对各项任务落实情况组织开展监督检查,重要情况及时报告国务院。知识产权局要会同联席会议各成员单位及相关部门加强对地方知识产权战略实施工作的监督指导。

(三) 加强财政支持

中央财政通过相关部门的部门预算渠道安排资金支持知识产权战略实施工作。引导支持国家产业发展的财政资金和基金向促进科技成果产权化、知识产权产业化方向倾斜。完善知识产权资助政策,适当降低中小微企业知识产权申请和维持费用,加大对中小微企业知识产权创造和运用的支持力度。

(四) 完善法律法规

推动专利法、著作权法及配套法规修订工作,建立健全知识产权保护长效机制,加大对侵权行为的惩处力度。适时做好遗传资源、传统知识、民间文艺和地理标志等方面的立法工作。研究修订反不正当竞争法、知识产权海关保护条例、植物新品种保护条例等法律法规。研究制定防止知识产权滥用的规范性文件。

> 深化知识产权领域改革,加快中国特色、世界水平的知识产权强国建设

国务院关于新形势下加快知识产权强国建设的若干意见[*]

各省、自治区、直辖市人民政府,国务院各部委、各直属机构:

国家知识产权战略实施以来,我国知识产权创造运用水平大幅提高,保护状况明显改善,全社会知识产权意识普遍增强,知识产权工作取得长足进步,对经济社会发展发挥了重要作用。同时,仍面临知识产权大而不强、多而不优、保护不够严格、侵权易发多发、影响创新创业热情等问题,亟待研究解决。当前,全球新一轮科技革命和产业变革蓄势待发,我国经济发展方式加快转变,创新引领发展的趋势更加明显,知识产权制度激励创新的基本保障作用更加突出。为深入实施创新驱动发展战略,深化知识产权领域改革,加快知识产权强国建设,现提出如下意见。

一、总体要求

(一) 指导思想

全面贯彻党的十八大和十八届二中、三中、四中、五中全会精神,按

---

[*] 2015年12月18日,《国务院关于新形势下加快知识产权强国建设的若干意见》(国发〔2015〕71号)印发。

照"四个全面"战略布局和党中央、国务院决策部署，深入实施国家知识产权战略，深化知识产权重点领域改革，有效促进知识产权创造运用，实行更加严格的知识产权保护，优化知识产权公共服务，促进新技术、新产业、新业态蓬勃发展，提升产业国际化发展水平，保障和激励大众创业、万众创新，为实施创新驱动发展战略提供有力支撑，为推动经济保持中高速增长、迈向中高端水平，实现"两个一百年"奋斗目标和中华民族伟大复兴的中国梦奠定更加坚实的基础。

（二）基本原则

坚持战略引领。按照创新驱动发展战略和"一带一路"等战略部署，推动提升知识产权创造、运用、保护、管理和服务能力，深化知识产权战略实施，提升知识产权质量，实现从大向强、从多向优的转变，实施新一轮高水平对外开放，促进经济持续健康发展。

坚持改革创新。加快完善中国特色知识产权制度，改革创新体制机制，破除制约知识产权事业发展的障碍，着力推进创新改革试验，强化分配制度的知识价值导向，充分发挥知识产权制度在激励创新、促进创新成果合理分享方面的关键作用，推动企业提质增效、产业转型升级。

坚持市场主导。发挥市场配置创新资源的决定性作用，强化企业创新主体地位和主导作用，促进创新要素合理流动和高效配置。加快简政放权、放管结合、优化服务，加强知识产权政策支持、公共服务和市场监管，着力构建公平公正、开放透明的知识产权法治环境和市场环境，促进大众创业、万众创新。

坚持统筹兼顾。统筹国际国内创新资源，形成若干知识产权领先发展区域，培育我国知识产权优势。加强全球开放创新协作，积极参与、推动知识产权国际规则制定和完善，构建公平合理国际经济秩序，为市场主体参与国际竞争创造有利条件，实现优进优出和互利共赢。

（三）主要目标

到 2020 年，在知识产权重要领域和关键环节改革上取得决定性成果，知识产权授权确权和执法保护体系进一步完善，基本形成权界清晰、分工合理、责权一致、运转高效、法治保障的知识产权体制机制，知识产权创造、运用、保护、管理和服务能力大幅提升，创新创业环境进一步优化，逐步形成产业参与国际竞争的知识产权新优势，基本实现知识产权治理体系和治理能力现代化，建成一批知识产权强省、强市，知识产权大国地位得到全方位巩固，为建成中国特色、世界水平的知识产权强国奠定坚实基础。

二、推进知识产权管理体制机制改革

（四）研究完善知识产权管理体制

完善国家知识产权战略实施工作部际联席会议制度，由国务院领导同志担任召集人。积极研究探索知识产权管理体制机制改革。授权地方开展知识产权改革试验。鼓励有条件的地方开展知识产权综合管理改革试点。

（五）改善知识产权服务业及社会组织管理

放宽知识产权服务业准入，促进服务业优质高效发展，加快建设知识产权服务业集聚区。扩大专利代理领域开放，放宽对专利代理机构股东或合伙人的条件限制。探索开展知识产权服务行业协会组织"一业多会"试点。完善执业信息披露制度，及时公开知识产权代理机构和从业人员信用评价等相关信息。规范著作权集体管理机构收费标准，完善收益分配制度，让著作权人获得更多许可收益。

（六）建立重大经济活动知识产权评议制度

研究制定知识产权评议政策。完善知识产权评议工作指南，规范评议范围和程序。围绕国家重大产业规划、高技术领域重大投资项目等开展知识产权评议，建立国家科技计划知识产权目标评估制度，积极探索重大科技活动知识产权评议试点，建立重点领域知识产权评议报告发布制度，提高创新效率，降低产业发展风险。

（七）建立以知识产权为重要内容的创新驱动发展评价制度

完善发展评价体系，将知识产权产品逐步纳入国民经济核算，将知识产权指标纳入国民经济和社会发展规划。发布年度知识产权发展状况报告。在对党政领导班子和领导干部进行综合考核评价时，注重鼓励发明创造、保护知识产权、加强转化运用、营造良好环境等方面的情况和成效。探索建立经营业绩、知识产权和创新并重的国有企业考评模式。按照国家有关规定设置知识产权奖励项目,加大各类国家奖励制度的知识产权评价权重。

三、实行严格的知识产权保护

(八) 加大知识产权侵权行为惩治力度

推动知识产权保护法治化,发挥司法保护的主导作用,完善行政执法和司法保护两条途径优势互补、有机衔接的知识产权保护模式。提高知识产权侵权法定赔偿上限,针对情节严重的恶意侵权行为实施惩罚性赔偿并由侵权人承担实际发生的合理开支。进一步推进侵犯知识产权行政处罚案件信息公开。完善知识产权快速维权机制。加强海关知识产权执法保护。加大国际展会、电子商务等领域知识产权执法力度。开展与相关国际组织和境外执法部门的联合执法,加强知识产权司法保护对外合作,推动我国成为知识产权国际纠纷的重要解决地,构建更有国际竞争力的开放创新环境。

(九) 加大知识产权犯罪打击力度

依法严厉打击侵犯知识产权犯罪行为,重点打击链条式、产业化知识产权犯罪网络。进一步加强知识产权行政执法与刑事司法衔接,加大涉嫌犯罪案件移交工作力度。完善涉外知识产权执法机制,加强刑事执法国际合作,加大涉外知识产权犯罪案件侦办力度。加强与有关国际组织和国家间打击知识产权犯罪行为的司法协助,加大案情通报和情报信息交换力度。

(十) 建立健全知识产权保护预警防范机制

将故意侵犯知识产权行为情况纳入企业和个人信用记录。推动完善商业秘密保护法律法规,加强人才交流和技术合作中的商业秘密保护。开展知识产权保护社会满意度调查。建立收集假冒产品来源地相关信息的工作机制,发布年度中国海关知识产权保护状况报告。加强大型专业化市场知识产权管理和保护工作。发挥行业组织在知识产权保护中的积极作用。运用大数据、云计算、物联网等信息技术，加强在线创意、研发成果的知识产权保护，提升预警防范能力。加大对小微企业知识产权保护援助力度，构建公平竞争、公平监管的创新创业和营商环境。

（十一）加强新业态新领域创新成果的知识产权保护

完善植物新品种、生物遗传资源及其相关传统知识、数据库保护和国防知识产权等相关法律制度。适时做好地理标志立法工作。研究完善商业模式知识产权保护制度和实用艺术品外观设计专利保护制度。加强互联网、电子商务、大数据等领域的知识产权保护规则研究，推动完善相关法律法规。制定众创、众包、众扶、众筹的知识产权保护政策。

（十二）规制知识产权滥用行为

完善规制知识产权滥用行为的法律制度，制定相关反垄断执法指南。完善知识产权反垄断监管机制，依法查处滥用知识产权排除和限制竞争等垄断行为。完善标准必要专利的公平、合理、无歧视许可政策和停止侵权适用规则。

四、促进知识产权创造运用

（十三）完善知识产权审查和注册机制

建立计算机软件著作权快速登记通道。优化专利和商标的审查流程与方式，实现知识产权在线登记、电子申请和无纸化审批。完善知识产权审查协作机制，建立重点优势产业专利申请的集中审查制度，建立健全涉及产业安全的专利审查工作机制。合理扩大专利确权程序依职权审查范围，完善授权后专利文件修改制度。拓展"专利审查高速路"国际合作网络，加快建设世界一流专利审查机构。

（十四）完善职务发明制度

鼓励和引导企事业单位依法建立健全发明报告、权属划分、奖励报酬、纠纷解决等职务发明管理制度。探索完善创新成果收益分配制度，提高骨干团队、主要发明人收益比重，保障职务发明人的合法权益。按照相关政策规定，鼓励国有企业赋予下属科研院所知识产权处置和收益分配权。

（十五）推动专利许可制度改革

强化专利以许可方式对外扩散。研究建立专利当然许可制度，鼓励更多专利权人对社会公开许可专利。完善专利强制许可启动、审批和实施程序。鼓励高等院校、科研院所等事业单位通过无偿许可专利的方式，支持单位员工和大学生创新创业。

（十六）加强知识产权交易平台建设

构建知识产权运营服务体系，加快建设全国知识产权运营公共服务平台。创新知识产权投融资产品，探索知识产权证券化，完善知识产权信用担保机制，推动发展投贷联动、投保联动、投债联动等新模式。在全面创新改革试验区域引导天使投资、风险投资、私募基金加强对高技术领域的投资。细化会计准则规定，推动企业科学核算和管理知识产权资产。推动高等院校、科研院所建立健全知识产权转移转化机构。支持探索知识产权创造与运营的众筹、众包模式，促进"互联网＋知识产权"融合发展。

（十七）培育知识产权密集型产业

探索制定知识产权密集型产业目录和发展规划。运用股权投资基金等市场化方式，引导社会资金投入知识产权密集型产业。加大政府采购对知识产权密集型产品的支持力度。试点建设知识产权密集型产业集聚区和知识产权密集型产业产品示范基地，推行知识产权集群管理，推动先进制造业加快发展，产业迈向中高端水平。

（十八）提升知识产权附加值和国际影响力

实施专利质量提升工程，培育一批核心专利。加大轻工、纺织、服装等产业的外观设计专利保护力度。深化商标富农工作。加强对非物质文化遗产、民间文艺、传统知识的开发利用，推进文化创意、设计服务与相关产业融合发展。支持企业运用知识产权进行海外股权投资。积极参与国际标准制定，推动有知识产权的创新技术转化为标准。支持研究机构和社会组织制定品牌评价国际标准，建立品牌价值评价体系。支持企业建立品牌管理体系，鼓励企业收购海外知名品牌。保护和传承中华老字号，大力推动中医药、中华传统餐饮、工艺美术等企业"走出去"。

（十九）加强知识产权信息开放利用

推进专利数据信息资源开放共享，增强大数据运用能力。建立财政资助项目形成的知识产权信息披露制度。加快落实上市企业知识产权信息披露制度。规范知识产权信息采集程序和内容。完善知识产权许可的信息备案和公告制度。加快建设互联互通的知识产权信息公共服务平台，实现专利、商标、版权、集成电路布图设计、植物新品种、地理标志等基础信息免费或低成本开放。依法及时公开专利审查过程信息。增加知识产权信息服务网点，完善知识产权信息公共服务网络。

五、加强重点产业知识产权海外布局和风险防控

（二十）加强重点产业知识产权海外布局规划

加大创新成果标准化和专利化工作力度，推动形成标准研制与专利布局有效衔接机制。研究制定标准必要专利布局指南。编制发布相关国家和地区专利申请实务指引。围绕战略性新兴产业等重点领域，建立专利导航产业发展工作机制，实施产业规划类和企业运营类专利导航项目，绘制服务我国产业发展的相关国家和地区专利导航图，推动我国产业深度融入全球产业链、价值链和创新链。

（二十一）拓展海外知识产权布局渠道

推动企业、科研机构、高等院校等联合开展海外专利布局工作。鼓励企业建立专利收储基金。加强企业知识产权布局指导，在产业园区和重点企业探索设立知识产权布局设计中心。分类制定知识产权跨国许可与转让指南，编制发布知识产权许可合同范本。

（二十二）完善海外知识产权风险预警体系

建立健全知识产权管理与服务等标准体系。支持行业协会、专业机构跟踪发布重点产业知识产权信息和竞争动态。制定完善与知识产权相关的贸易调查应对与风险防控国别指南。完善海外知识产权信息服务平台，发布相关国家和地区知识产权制度环境等信息。建立完善企业海外知识产权问题及案件信息提交机制，加强对重大知识产权案件的跟踪研究，及时发

布风险提示。

（二十三）提升海外知识产权风险防控能力

研究完善技术进出口管理相关制度，优化简化技术进出口审批流程。完善财政资助科技计划项目形成的知识产权对外转让和独占许可管理制度。制定并推行知识产权尽职调查规范。支持法律服务机构为企业提供全方位、高品质知识产权法律服务。探索以公证方式保管知识产权证据、证明材料。推动企业建立知识产权分析评议机制，重点针对人才引进、国际参展、产品和技术进出口等活动开展知识产权风险评估，提高企业应对知识产权国际纠纷能力。

（二十四）加强海外知识产权维权援助

制定实施应对海外产业重大知识产权纠纷的政策。研究我驻国际组织、主要国家和地区外交机构中涉知识产权事务的人力配备。发布海外和涉外知识产权服务和维权援助机构名录，推动形成海外知识产权服务网络。

六、提升知识产权对外合作水平

（二十五）推动构建更加公平合理的国际知识产权规则

积极参与联合国框架下的发展议程，推动《TRIPS协定与公共健康多哈宣言》落实和《视听表演北京条约》生效，参与《专利合作条约》、《保护广播组织条约》、《生物多样性公约》等规则修订的国际谈判，推进加入《工业品外观设计国际注册海牙协定》和《马拉喀什条约》进程，推动知识产权国际规则向普惠包容、平衡有效的方向发展。

（二十六）加强知识产权对外合作机制建设

加强与世界知识产权组织、世界贸易组织及相关国际组织的合作交流。深化同主要国家知识产权、经贸、海关等部门的合作，巩固与传统合作伙伴的友好关系。推动相关国际组织在我国设立知识产权仲裁和调解分中心。加强国内外知名地理标志产品的保护合作，促进地理标志产品国际化发展。积极推动区域全面经济伙伴关系和亚太经济合作组织框架下的知识产权合作，探索建立"一带一路"沿线国家和地区知识产权合作机制。

（二十七）加大对发展中国家知识产权援助力度

支持和援助发展中国家知识产权能力建设，鼓励向部分最不发达国家优惠许可其发展急需的专利技术。加强面向发展中国家的知识产权学历教育和短期培训。

（二十八）拓宽知识产权公共外交渠道

拓宽企业参与国际和区域性知识产权规则制修订途径。推动国内服务机构、产业联盟等加强与国外相关组织的合作交流。建立具有国际水平的知识产权智库，建立博鳌亚洲论坛知识产权研讨交流机制，积极开展具有国际影响力的知识产权研讨交流活动。

七、加强组织实施和政策保障

（二十九）加强组织领导

各地区、各有关部门要高度重视，加强组织领导，结合实际制定实施方案和配套政策，推动各项措施有效落实。国家知识产权战略实施工作部际联席会议办公室要在国务院领导下，加强统筹协调，研究提出知识产权"十三五"规划等具体政策措施，协调解决重大问题，加强对有关政策措施落实工作的指导、督促、检查。

（三十）加大财税和金融支持力度

运用财政资金引导和促进科技成果产权化、知识产权产业化。落实研究开发费用税前加计扣除政策，对符合条件的知识产权费用按规定实行加计扣除。制定专利收费减缴办法，合理降低专利申请和维持费用。积极推进知识产权海外侵权责任保险工作。深入开展知识产权质押融资风险补偿基金和重点产业知识产权运营基金试点。

（三十一）加强知识产权专业人才队伍建设

加强知识产权相关学科建设，完善产学研联合培养模式，在管理学和经济学中增设知识产权专业，加强知识产权专业学位教育。加大对各类创新人才的知识产权培训力度。鼓励我国知识产权人才获得海外相应资格证书。鼓励各地引进高端知识产权人才，并参照有关人才引进计划给予相关待遇。探索建立知识产权国际化人才储备库和利用知识产权发现人才的信息平台。进一步完善知识产权职业水平评价制度，稳定和壮大知识产权专业人才队伍。选拔培训一批知识产权创业导师，加强青年创业指导。

（三十二）加强宣传引导

各地区、各有关部门要加强知识产权文化建设，加大宣传力度，广泛开展知识产权普及型教育，加强知识产权公益宣传和咨询服务，提高全社会知识产权意识，使尊重知识、崇尚创新、诚信守法理念深入人心，为加快建设知识产权强国营造良好氛围。

国务院

2015 年 12 月 18 日

知识产权规划首次列入国家重点专项规划

"十三五"国家知识产权保护和运用规划*

为贯彻落实党中央、国务院关于知识产权工作的一系列重要部署，全面深入实施《国务院关于新形势下加快知识产权强国建设的若干意见》（国发〔2015〕71号），提升知识产权保护和运用水平，依据《中华人民共和国国民经济和社会发展第十三个五年规划纲要》，制定本规划。

一、规划背景

"十二五"时期，各地区、各相关部门深入实施国家知识产权战略，促进知识产权工作融入经济社会发展大局，为创新驱动发展提供了有力支撑，进一步巩固了我国的知识产权大国地位。发明专利申请量和商标注册量稳居世界首位。与"十一五"末相比，每万人口发明专利拥有量达到6.3件，增长了3倍；每万市场主体的平均有效商标拥有量达到1335件，增长了34.2%；通过《专利合作条约》途径提交的专利申请量（以下称PCT专利申请量）达到3万件，增长了2.4倍，跻身世界前三位；植物新品种申请量居世界第二位；全国作品登记数量和计算机软件著作权登记量分别增长95.9%和282.5%；地理标志、集成电路布图设计等注册登记数量大幅增加。知识产权制度进一步健全，知识产权创造、运用、保护、管

---

* 2016年12月30日，《国务院关于印发"十三五"国家知识产权保护和运用规划的通知》（国发〔2016〕86号）印发。

理和服务的政策措施更加完善,专业人才队伍不断壮大。市场主体知识产权综合运用能力明显提高,国际合作水平显著提升,形成了一批具有国际竞争力的知识产权优势企业。知识产权质押融资额达到 3 289 亿元,年均增长 38%。专利、商标许可备案分别达到 4 万件、14.7 万件,版权产业对国民经济增长的贡献率超过 7%。知识产权司法保护体系不断完善,在北京、上海和广州相继设立知识产权法院,民事、刑事、行政案件的"三合一"审理机制改革试点基本完成,司法裁判标准更加细致完备,司法保护能力与水平不断提升。知识产权行政保护不断加强,全国共查处专利侵权假冒案件 8.7 万件,商标权、商业秘密和其他销售假冒伪劣商品等侵权假冒案件 32.2 万件,侵权盗版案件 3.5 万件。全社会知识产权意识得到普遍增强。

同时,我国知识产权数量与质量不协调、区域发展不平衡、保护还不够严格等问题依然突出。核心专利、知名品牌、精品版权较少,布局还不合理。与经济发展融合还不够紧密,转移转化效益还不够高,影响企业知识产权竞争能力提升。侵权易发多发,维权仍面临举证难、成本高、赔偿低等问题,影响创新创业热情。管理体制机制还不够完善,国际交流合作深度与广度还有待进一步拓展。

"十三五"时期是我国由知识产权大国向知识产权强国迈进的战略机遇期。国际知识产权竞争更加激烈。我国经济发展进入速度变化、结构优化、动力转换的新常态。知识产权作为科技成果向现实生产力转化的重要桥梁和纽带,激励创新的基本保障作用更加突出。各地区、各相关部门要准确把握新形势新特点,深化知识产权领域改革,破除制约知识产权发展的障碍,全面提高知识产权治理能力,推动知识产权事业取得突破性进展,为促进经济提质增效升级提供有力支撑。

二、指导思想、基本原则和发展目标

(一)指导思想

全面贯彻党的十八大和十八届三中、四中、五中、六中全会精神,以邓小平理论、"三个代表"重要思想、科学发展观为指导,深入贯彻习近平总书记系列重要讲话精神,紧紧围绕统筹推进"五位一体"总体布局和协调推进"四个全面"战略布局，牢固树立和贯彻落实创新、协调、绿色、开放、共享的发展理念，认真落实党中央、国务院决策部署，以供给侧结构性改革为主线，深入实施国家知识产权战略，深化知识产权领域改革，打通知识产权创造、运用、保护、管理和服务的全链条，严格知识产权保护，加强知识产权运用，提升知识产权质量和效益，扩大知识产权国际影响力，加快建设中国特色、世界水平的知识产权强国，为实现"两个一百年"奋斗目标和中华民族伟大复兴的中国梦提供更加有力的支撑。

（二）基本原则

坚持创新引领。推动知识产权领域理论、制度、文化创新，探索知识产权工作新理念和新模式，厚植知识产权发展新优势，保障创新者的合法权益，激发全社会创新创造热情，培育经济发展新动能。

坚持统筹协调。加强知识产权工作统筹，推进知识产权与产业、科技、环保、金融、贸易以及军民融合等政策的衔接。做好分类指导和区域布局，坚持总体提升与重点突破相结合，推动知识产权事业全面、协调、可持续发展。

坚持绿色发展。加强知识产权资源布局，优化知识产权法律环境、政策环境、社会环境和产业生态，推进传统制造业绿色改造，促进产业低碳循环发展，推动资源利用节约高效、生态环境持续改善。

坚持开放共享。统筹国内国际两个大局，加强内外联动，增加公共产品和公共服务有效供给，强化知识产权基础信息互联互通和传播利用，积极参与知识产权全球治理，推动国际知识产权制度向普惠包容、平衡有效的方向发展，持续提升国际影响力和竞争力。

（三）发展目标

到 2020 年，知识产权战略行动计划目标如期完成，知识产权重要领域和关键环节的改革取得决定性成果，保护和运用能力得到大幅提升，建成一批知识产权强省、强市，为促进大众创业、万众创新提供有力保障，为建设知识产权强国奠定坚实基础。

——知识产权保护环境显著改善。知识产权法治环境显著优化，法律法规进一步健全，权益分配更加合理，执法保护体系更加健全，市场监管水平明显提升，保护状况社会满意度大幅提高。知识产权市场支撑环境全面优化，服务业规模和水平较好地满足市场需求，形成"尊重知识、崇尚创新、诚信守法"的文化氛围。

——知识产权运用效益充分显现。知识产权的市场价值显著提高，产业化水平全面提升，知识产权密集型产业占国内生产总值（GDP）比重明显提高，成为经济增长新动能。知识产权交易运营更加活跃，技术、资金、人才等创新要素以知识产权为纽带实现合理流动，带动社会就业岗位显著增加，知识产权国际贸易更加活跃，海外市场利益得到有效维护，形成支撑创新发展的运行机制。

——知识产权综合能力大幅提升。知识产权拥有量进一步提高，核心专利、知名品牌、精品版权、优秀集成电路布图设计、优良植物新品种等优质资源大幅增加。行政管理能力明显提升，基本形成权界清晰、分工合理、责权一致、运转高效、法治保障的知识产权体制机制。专业人才队伍数量充足、素质优良、结构合理。构建知识产权运营公共服务平台体系，建成便民利民的知识产权信息公共服务平台。知识产权运营、金融等业态发育更加成熟，资本化、商品化和产业化的渠道进一步畅通，市场竞争能力大幅提升，形成更多具有国际影响力的知识产权优势企业。国际事务处理能力不断提高，国际影响力进一步提升。

"十三五"知识产权保护和运用主要指标

指标	2015 年	2020 年	累计增加值	属性
每万人口发明专利拥有量（件）	6.3	12	5.7	预期性
PCT 专利申请量（万件）	3	6	3	预期性
植物新品种申请总量（万件）	1.7	2.5	0.8	预期性
全国作品登记数量（万件）	135	220	85	预期性
年度知识产权质押融资金额（亿元）	750	1 800	1 050	预期性
计算机软件著作权登记数量（万件）	29	44	15	预期性
规模以上制造业每亿元主营业务收入有效发明专利数（件）	0.56	0.7	0.14	预期性
知识产权使用费出口额（亿美元）	44.4	100	55.6	预期性
知识产权服务业营业收入年均增长（%）	20	20	—	预期性
知识产权保护社会满意度（分）	70	80	10	预期性

注：知识产权使用费出口额为五年累计值。

三、主要任务

贯彻落实党中央、国务院决策部署,深入实施知识产权战略,深化知识产权领域改革,完善知识产权强国政策体系,全面提升知识产权保护和运用水平,全方位多层次加快知识产权强国建设。

(一)深化知识产权领域改革

积极研究探索知识产权管理体制机制改革,努力在重点领域和关键环节取得突破性成果。支持地方开展知识产权综合管理改革试点。建立以知识产权为重要内容的创新驱动评价体系,推动知识产权产品纳入国民经济核算,将知识产权指标纳入国民经济和社会发展考核体系。推进简政放权,简化和优化知识产权审查和注册流程。放宽知识产权服务业准入,扩大代理领域开放程度,放宽对专利代理机构股东和合伙人的条件限制。加快知识产权权益分配改革,完善有利于激励创新的知识产权归属制度,构建提升创新效率和效益的知识产权导向机制。

(二)严格实行知识产权保护

加快知识产权法律、法规、司法解释的制修订,构建包括司法审判、刑事司法、行政执法、快速维权、仲裁调解、行业自律、社会监督的知识产权保护工作格局。充分发挥全国打击侵犯知识产权和制售假冒伪劣商品工作领导小组作用,调动各方积极性,形成工作合力。以充分实现知识产权的市场价值为指引,进一步加大损害赔偿力度。推进诉讼诚信建设,依法严厉打击侵犯知识产权犯罪。强化行政执法,改进执法方式,提高执法效率,加大对制假源头、重复侵权、恶意侵权、群体侵权的查处力度,为创新者提供更便利的维权渠道。加强商标品牌保护,提高消费品商标公共服务水平。规范有效保护商业秘密。持续推进政府机关和企业软件正版化工作。健全知识产权纠纷的争议仲裁和快速调解制度。充分发挥行业组织的自律作用,引导企业强化主体责任。深化知识产权保护的区域协作和国际合作。

(三)促进知识产权高效运用

突出知识产权在科技创新、新兴产业培育方面的引领作用,大力发展知识产权密集型产业，完善专利导航产业发展工作机制，深入开展知识产权评议工作。加大高技术含量知识产权转移转化力度。创新知识产权运营模式和服务产品。完善科研开发与管理机构的知识产权管理制度，探索建立知识产权专员派驻机制。建立健全知识产权服务标准，完善知识产权服务体系。完善"知识产权＋金融"服务机制，深入推进质押融资风险补偿试点。推动产业集群品牌的注册和保护，开展产业集群、品牌基地、地理标志、知识产权服务业集聚区培育试点示范工作。推动军民知识产权转移转化，促进军民融合深度发展。

四、重点工作

（一）完善知识产权法律制度

1. 加快知识产权法律法规建设

加快推动专利法、著作权法、反不正当竞争法及配套法规、植物新品种保护条例等法律法规的制修订工作。适时做好地理标志立法工作，健全遗传资源、传统知识、民间文艺、中医药、新闻作品、广播电视节目等领域法律制度。完善职务发明制度和规制知识产权滥用行为的法律制度，健全国防领域知识产权法规政策。

2. 健全知识产权相关法律制度

研究完善商业模式和实用艺术品等知识产权保护制度。研究"互联网＋"、电子商务、大数据等新业态、新领域知识产权保护规则。研究新媒体条件下的新闻作品版权保护。研究实质性派生品种保护制度。制定关于滥用知识产权的反垄断指南。完善商业秘密保护法律制度，明确商业秘密和侵权行为界定，探索建立诉前保护制度。

专栏1　知识产权法律完善工程

推动修订完善知识产权法律、法规和部门规章。配合全国人大常委会完成专利法第四次全面修改。推进著作权法第三次修改。根据专利法、著作权法修改进度适时推进专利法实施细则、专利审查指南、著作权法实施条例等配套法规和部门规章的修订。完成专利代理条例和国防专利条例修订。

(续)

> 支持开展立法研究。组织研究制定知识产权基础性法律的必要性和可行性。研究在民事基础性法律中进一步明确知识产权制度的基本原则、一般规则及重要概念。研究开展反不正当竞争法、知识产权海关保护条例、生物遗传资源获取管理条例以及中医药等领域知识产权保护相关法律法规制修订工作。

（二）提升知识产权保护水平

1. 发挥知识产权司法保护作用

推动知识产权领域的司法体制改革，构建公正高效的知识产权司法保护体系，形成资源优化、科学运行、高效权威的知识产权综合审判体系，推进知识产权民事、刑事、行政案件的"三合一"审理机制，努力为知识产权权利人提供全方位和系统有效的保护，维护知识产权司法保护的稳定性、导向性、终局性和权威性。进一步发挥司法审查和司法监督职能。加强知识产权"双轨制"保护，发挥司法保护的主导作用，完善行政执法和司法保护两条途径优势互补、有机衔接的知识产权保护模式。加大对知识产权侵权行为的惩治力度，研究提高知识产权侵权法定赔偿上限，针对情节严重的恶意侵权行为实施惩罚性赔偿并由侵权人承担实际发生的合理开支。积极开展知识产权民事侵权诉讼程序与无效程序协调的研究。及时、有效做好知识产权司法救济工作。支持开展知识产权司法保护对外合作。

2. 强化知识产权刑事保护

完善常态化打防工作格局，进一步优化全程打击策略，全链条惩治侵权假冒犯罪。深化行政执法部门间的协作配合，探索使用专业技术手段，提升信息应用能力和数据运用水平，完善与电子商务企业协作机制。加强打假专业队伍能力建设。深化国际执法合作，加大涉外知识产权犯罪案件侦办力度，围绕重点案件开展跨国联合执法行动。

3. 加强知识产权行政执法体系建设

加强知识产权行政执法能力建设，统一执法标准，完善执法程序，提高执法专业化、信息化、规范化水平。完善知识产权联合执法和跨地区执法协作机制，积极开展执法专项行动，重点查办跨区域、大规模和社会反映强烈的侵权案件。建立完善专利、版权线上执法办案系统。完善打击侵权假冒商品的举报投诉机制。创新知识产权快速维权工作机制。完善知识产权行政执法监督，加强执法维权绩效管理。加大展会知识产权保护力度。加强严格知识产权保护的绩效评价，持续开展知识产权保护社会满意度调查。建立知识产权纠纷多元解决机制，加强知识产权仲裁机构和纠纷调解机构建设。

4. 强化进出口贸易知识产权保护

落实对外贸易法中知识产权保护相关规定，适时出台与进出口贸易相关的知识产权保护政策。改进知识产权海关保护执法体系，加大对优势领域和新业态、新领域创新成果的知识产权海关保护力度。完善自由贸易试验区、海关特殊监管区内货物及过境、转运、通运货物的知识产权海关保护执法程序，在确保有效监管的前提下促进贸易便利。坚持专项整治、丰富执法手段、完善运行机制，提高打击侵权假冒执行力度，突出打击互联网领域跨境电子商务侵权假冒违法活动。加强国内、国际执法合作，完善从生产源头到流通渠道、消费终端的全链条式管理。

5. 强化传统优势领域知识产权保护

开展遗传资源、传统知识和民间文艺等知识产权资源调查。制定非物质文化遗产知识产权工作指南，加强对优秀传统知识资源的保护和运用。完善传统知识和民间文艺登记、注册机制，鼓励社会资本发起设立传统知识、民间文艺保护和发展基金。研究完善中国遗传资源保护利用制度，建立生物遗传资源获取的信息披露、事先知情同意和惠益分享制度。探索构建中医药知识产权综合保护体系，建立医药传统知识保护名录。建立民间文艺作品的使用保护制度。

6. 加强新领域新业态知识产权保护

加大宽带移动互联网、云计算、物联网、大数据、高性能计算、移动智能终端等领域的知识产权保护力度。强化在线监测，深入开展打击网络侵权假冒行为专项行动。加强对网络服务商传播影视剧、广播电视节目、音乐、文学、新闻、软件、游戏等监督管理工作，积极推进网络知识产权保护协作，将知识产权执法职责与电子商务企业的管理责任结合起来，建立信息报送、线索共享、案件研判和专业培训合作机制。

7. 加强民生领域知识产权保护

加大对食品、药品、环境等领域的知识产权保护力度，健全侵权假冒快速处理机制。建立健全创新药物、新型疫苗、先进医疗装备等领域的知识产权保护长效工作机制。加强污染治理和资源循环利用等生态环保领域的专利保护力度。开展知识产权保护进乡村专项行动，建立县域及乡镇部门协作执法机制和重大案件联合督办制度，加强农村市场知识产权行政执法条件建设。针对电子、建材、汽车配件、小五金、食品、农资等专业市场，加大对侵权假冒商品的打击力度，严堵侵权假冒商品的流通渠道。

专栏2　知识产权保护工程

开展系列专项行动。重点打击侵犯注册商标专用权、擅自使用他人知名商品特有名称包装装潢、冒用他人企业名称或姓名等仿冒侵权违法行为。针对重点领域开展打击侵权盗版专项行动，突出大案要案查处、重点行业专项治理和网络盗版监管，持续开展"红盾网剑"、"剑网"专项行动，严厉打击网络侵权假冒等违法行为。开展打击侵犯植物新品种权和制售假劣种子行为专项行动。

推进跨部门跨领域跨区域执法协作。加大涉嫌犯罪案件移交工作力度。开展与相关国际组织和境外执法部门的联合执法。加强大型商场、展会、电子商务、进出口等领域知识产权执法维权工作。

加强"12330"维权援助与举报投诉体系建设。强化"12330"平台建设，拓展维权援助服务渠道。提升平台服务质量，深入对接产业联盟、行业协会。

完善知识产权快速维权机制。加快推进知识产权快速维权中心建设，提升工作质量与效率。推进快速维权领域由单一行业向多行业扩展、类别由外观设计向实用新型专利和发明专利扩展、区域由特定地区向省域辐射，在特色产业集聚区和重点行业建立一批知识产权快速维权中心。

推进知识产权领域信用体系建设。推进侵权纠纷案件信息公示工作，严格执行公示标准。将故意侵权行为纳入社会信用评价体系，明确专利侵权等信用信息的采集规则和使用方式，向征信机构公开相关信息。积极推动建立知识产权领域信用联合惩戒机制。

(三) 提高知识产权质量效益

1. 提高专利质量效益

建立专利申请质量监管机制。深化专利代理领域改革。健全专利审查质量管理机制。优化专利审查流程与方式。完善专利审查协作机制。继续深化专利审查业务国际合作，拓展"专利审查高速路"国际合作网络。加快建设世界一流专利审查机构。加强专利活动与经济效益之间的关联评价。完善专利奖的评审与激励政策，发挥专利奖标杆引领作用。

专栏 3　专利质量提升工程

提升发明创造和专利申请质量。在知识产权强省、强市建设和有关试点示范工作中强化专利质量评价和引导。建立专利申请诚信档案，持续开展专利申请质量监测与反馈。

提升专利审查质量。加强审查业务指导体系和审查质量保障体系建设。完善绿色技术专利申请优先审查机制。做好基于审查资源的社会服务工作。构建专利审查指南修订常态化机制。改进审查周期管理，满足创新主体多样化需求。加强与行业协会、代理人、申请人的沟通，形成快捷高效的外部质量反馈机制，提高社会满意度。加大支撑专利审查的信息化基础设施建设。

提升专利代理质量。深化专利代理领域"放管服"改革，提高行业管理水平。强化竞争机制和行业自律，加大对代理机构和代理人的执业诚信信息披露力度。针对专利代理机构的代理质量构建反馈、评价、约谈、惩戒机制。

提升专利运用和保护水平。加快知识产权运营公共服务平台体系建设，为专利转移转化、收购托管、交易流转、质押融资、专利导航等提供平台支撑，提高专利运用效益。制定出台相关政策，营造良好的专利保护环境，促进高质量创造和高价值专利实施。

---

2. 实施商标战略

提升商标注册便利化水平，优化商标审查体系，建立健全便捷高效的商标审查协作机制。提升商标权保护工作效能，为商标建设营造公平竞争的市场环境。创新商标行政指导和服务监管方式，提升企业运用商标制度能力，打造知名品牌。研究建立商标价值评估体系，构建商标与国民生产总值、就业规模等经济指标相融合的指标体系。建立国家商标信息库。

3. 打造精品版权

全面完善版权社会服务体系，发挥版权社会服务机构的作用。推动版权资产管理制度建设。建立版权贸易基地、交易中心工作协调机制。充分发挥全国版权示范城市、单位、园区（基地）的示范引导作用。打造一批规模化、集约化、专业化的版权企业，带动版权产业健康快速发展。鼓励形成一批拥有精品品牌的广播影视播映和制作经营机构，打造精品影视节目版权和版权产业链。鼓励文化领域商业模式创新，大力发展版权代理和版权经纪业务，促进版权产业和市场的发展。

4. 加强地理标志、植物新品种和集成电路布图设计等领域知识产权工作

建立地理标志联合认定机制，加强我国地理标志在海外市场注册和保护工作。推动建立统筹协调的植物新品种管理机制，推进植物新品种测试体系建设，加快制定植物新品种测试指南，提高审查测试水平。加强种子企业与高校、科研机构的协作创新，建立授权植物新品种的基因图谱数据库，为维权取证和执法提供技术支撑。完善集成电路布图设计保护制度，优化集成电路布图设计的登记和撤销程序，充分发挥集成电路布图设计制度的作用，促进集成电路产业升级发展。

（四）加强知识产权强省、强市建设

1. 建成一批知识产权强省、强市

推进引领型、支撑型、特色型知识产权强省建设，发挥知识产权强省的示范带动作用。深入开展知识产权试点示范工作，可在国家知识产权示范城市、全国版权示范城市等基础上建成一批布局合理、特色明显的知识产权强市。进一步探索建设适合国情的县域知识产权工作机制。

2. 促进区域知识产权协调发展

推动开展知识产权区域布局试点，形成以知识产权资源为核心的配置导向目录，推进区域知识产权资源配置和政策优化调整。支持西部地区改善创新环境，加快知识产权发展，提升企业事业单位知识产权创造运用水

平。制定实施支持东北地区等老工业基地振兴的知识产权政策，推动东北地区等老工业基地传统制造业转型升级。提升中部地区特色优势产业的知识产权水平。支持东部地区在知识产权运用方面积极探索、率先发展，培育若干带动区域知识产权协同发展的增长极。推动京津冀知识产权保护一体、运用协同、服务共享，促进创新要素自由合理流动。推进长江经济带知识产权建设，引导产业优化布局和分工协作。

3. 做好知识产权领域扶贫工作

加大对边远地区传统知识、遗传资源、民间文艺、中医药等领域知识产权的保护与运用力度。利用知识产权人才优势、技术优势和信息优势进一步开发地理标志产品，加强植物新品种保护，引导注册地理标志商标，推广应用涉农专利技术。开展知识产权富民工作，推进实施商标富农工程，充分发挥农产品商标和地理标志在农业产业化中的作用，培育一批知识产权扶贫精品项目。支持革命老区、民族地区、边疆地区、贫困地区加强知识产权机构建设，提升知识产权数量和保护水平。

（五）加快知识产权强企建设

1. 提升企业知识产权综合能力

推行企业知识产权管理国家标准，在生产经营、科技创新中加强知识产权全过程管理。完善知识产权认证制度，探索建立知识产权管理体系认证结果的国际互认机制。推动开展知识产权协同运用，鼓励和支持大型企业开展知识产权评议工作，在重点领域合作中开展知识产权评估、收购、运营、风险预警与应对。切实增强企业知识产权意识，支持企业加大知识产权投入，提高竞争力。

2. 培育知识产权优势企业

出台知识产权优势企业建设指南，推动建立企业知识产权服务机制，引导优质服务力量助力企业形成知识产权竞争优势。出台知识产权示范企业培育指导性文件，提升企业知识产权战略管理能力、市场竞争力和行业影响力。

3. 完善知识产权强企工作支撑体系

完善知识产权资产的财务、评估等管理制度及相关会计准则，引导企业发布知识产权经营报告书。提升企业知识产权资产管理能力，推动企业在并购重组、股权激励、对外投资等活动中的知识产权资产管理。加强政府、企业和社会的协作，引导企业开展形式多样的知识产权资本化运作。

专栏4　知识产权强企工程

推行企业知识产权管理规范。建立政策引导、咨询服务和第三方认证体系。培养企业知识产权管理专业化人才队伍。

制定知识产权强企建设方案。建立分类指导的政策体系，塑造企业示范典型，培育一批具备国际竞争优势的知识产权领军企业。实施中小企业知识产权战略推进工程，加大知识产权保护援助力度，构建服务支撑体系，扶持中小企业创新发展。

鼓励企业国际化发展。引导企业开展海外知识产权布局。发挥知识产权联盟作用，鼓励企业将专利转化为国际标准。促进知识产权管理体系标准、认证国际化。

（六）推动产业升级发展

1. 推动专利导航产业发展

深入实施专利导航试点工程，引导产业创新发展，开展产业知识产权全球战略布局，助推产业提质增效升级。面向战略性新兴产业，在新材料、生物医药、物联网、新能源、高端装备制造等领域实施一批产业规划类和企业运营类专利导航项目。在全面创新改革试验区、自由贸易试验区、中外合作产业园区、知识产权试点示范园区等重点区域，推动建立专利导航产业发展工作机制。

2. 完善"中国制造"知识产权布局

围绕"中国制造2025"的重点领域和"互联网+"行动的关键环节，形成一批产业关键核心共性技术知识产权。实施制造业知识产权协同运用推进工程，在制造业创新中心建设等重大工程实施中支持骨干企业、高校、科研院所协同创新、联合研发，形成一批产业化导向的专利组合，强化创新成果转化运用。

3. 促进知识产权密集型产业发展

制定知识产权密集型产业目录和发展规划，发布知识产权密集型产的发展态势报告。运用股权投资基金等市场化方式，引导社会资金投入知识产权密集型产业。加大政府采购对知识产权密集型产品的支持力度。鼓励有条件的地区发展知识产权密集型产业集聚区，构建优势互补的产业协调发展格局。建设一批高增长、高收益的知识产权密集型产业，促进产业提质增效升级。

4. 支持产业知识产权联盟发展

鼓励组建产业知识产权联盟，开展联盟备案管理和服务，建立重点产业联盟管理库，对联盟发展状况进行评议监测和分类指导。支持成立知识产权服务联盟。属于社会组织的，依法履行登记手续。支持联盟构筑和运营产业专利池，推动形成标准必要专利，建立重点产业知识产权侵权监控和风险应对机制。鼓励社会资本设立知识产权产业化专项基金，充分发挥重点产业知识产权运营基金作用，提高产业知识产权运营水平与国际竞争力，保障产业技术安全。

5. 深化知识产权评议工作

实施知识产权评议工程，研究制定相关政策。围绕国家重大产业规划、政府重大投资项目等开展知识产权评议，积极探索重大科技经济活动知识产权评议试点。建立国家科技计划（专项、基金等）知识产权目标评估制度。加强知识产权评议专业机构建设和人才培养，积极推动评议成果运用，建立重点领域评议报告发布机制。推动制定评议服务相关标准。鼓励和支持行业骨干企业与专业机构在重点领域合作开展评议工作，提高创新效率，防范知识产权风险。

专栏5　知识产权评议工程

推进重点领域知识产权评议工作。加强知识产权主管部门与产业主管部门间的沟通协作，围绕国家科技重大专项以及战略性新兴产业，针对高端通用芯片、高档数控机床、集成电路装备、宽带移动通信、油气田、核电站、水污染治理、转基因生物新品种、新药创制、传染病防治等领域的关键核心技术深入开展知识产权评议工作，及时提供或发布评议报告。

(续)

> 提升知识产权评议能力。制定发布重大经济活动评议指导手册和分类评议实务指引,规范评议范围和程序。实施评议能力提升计划,支持开发评议工具,培养一批评议人才。
>
> 培育知识产权评议服务力量。培育知识产权评议服务示范机构,加强服务供需对接。推动评议服务行业组织建设,支持制定评议服务标准,鼓励联盟实施行业自律。加强评议服务机构国际交流,拓展服务空间。

6. 推动军民知识产权转移转化

加强国防知识产权保护,完善国防知识产权归属与利益分配机制。制定促进知识产权军民双向转化的指导意见。放开国防知识产权代理服务行业,建立和完善相应的准入退出机制。推动国防知识产权信息平台建设,分类建设国防知识产权信息资源,逐步开放检索。营造有利于军民协同创新、双向转化的国防科技工业知识产权政策环境。建设完善国防科技工业知识产权平台,完成专利信息平台建设,形成更加完善的国防科技工业专利基础数据库。

(七)促进知识产权开放合作

1. 加强知识产权国际交流合作

进一步加强涉外知识产权事务的统筹协调。加强与经贸相关的多双边知识产权对外谈判、双边知识产权合作磋商机制及国内立场的协调等工作。积极参与知识产权国际规则制定,加快推进保护广播组织条约修订,推动公共健康多哈宣言落实和视听表演北京条约尽快生效,做好我国批准马拉喀什条约相关准备工作。加强与世界知识产权组织、世界贸易组织及相关国际组织的交流合作。拓宽知识产权公共外交渠道。继续巩固发展知识产权多双边合作关系,加强与"一带一路"沿线国家、金砖国家的知识产权交流合作。加强我驻国际组织、主要国家和地区外交机构中涉知识产权事务的人才储备和人力配备。

2. 积极支持创新企业"走出去"

健全企业海外知识产权维权援助体系。鼓励社会资本设立中国企业海外知识产权维权援助服务基金。制定实施应对海外产业重大知识产权纠纷的政策。完善海外知识产权信息服务平台，发布相关国家和地区知识产权制度环境等信息。支持企业广泛开展知识产权跨国交易，推动有自主知识产权的服务和产品"走出去"。继续开展外向型企业海外知识产权保护以及纠纷应对实务培训。

专栏6　知识产权海外维权工程

健全风险预警机制。推动企业在人才引进、国际参展、产品和技术进出口、企业并购等活动中开展知识产权风险评估，提高企业应对知识产权纠纷能力。加强对知识产权案件的跟踪研究，及时发布风险提示。

建立海外维权援助机制。加强中国保护知识产权海外维权信息平台建设。发布海外知识产权服务机构和专家名录及案例数据库。建立海外展会知识产权快速维权长效机制，组建海外展会快速维权中心，建立海外展会快速维权与常规维权援助联动的工作机制。

五、重大专项

（一）加强知识产权交易运营体系建设

1. 完善知识产权运营公共服务平台

发挥中央财政资金引导作用，建设全国知识产权运营公共服务平台，依托文化产权、知识产权等无形资产交易场所开展版权交易，审慎设立版权交易平台。出台有关行业管理规则，加强对知识产权交易运营的业务指导和行业管理。以知识产权运营公共服务平台为基础，推动建立基于互联网、基础统一的知识产权质押登记平台。

2. 创新知识产权金融服务

拓展知识产权质押融资试点内容和工作范围，完善风险管理以及补偿机制，鼓励社会资本发起设立小微企业风险补偿基金。探索开展知识产权证券化和信托业务，支持以知识产权出资入股，在依法合规的前提下开展互联网知识产权金融服务，加强专利价值分析与应用效果评价工作，加快专利价值分析标准化建设。加强对知识产权质押的动态管理。

3. 加强知识产权协同运用

面向行业协会、高校和科研机构深入开展专利协同运用试点，建立订单式发明、投放式创新的专利协同运用机制。培育建设一批产业特色鲜明、优势突出，具有国际影响力的专业化知识产权运营机构。强化行业协会在知识产权联合创造、协同运用、合力保护、共同管理等方面的作用。鼓励高校和科研机构强化知识产权申请、运营权责，加大知识产权转化力度。引导高校院所、企业联合共建专利技术产业化基地。

专栏7　知识产权投融资服务工程

建设全国知识产权运营公共服务体系。推进知识产权运营交易全过程电子化，积极开展知识产权运营项目管理。加快培育国家专利运营试点企业，加快推进西安知识产权军民融合试点、珠海知识产权金融试点及华北、华南等区域知识产权运营中心建设。

深化知识产权投融资工作。优化质押融资服务机制，鼓励有条件的地区建立知识产权保险奖补机制。研究推进知识产权海外侵权责任保险工作。深入开展知识产权质押融资风险补偿基金和重点产业知识产权运营基金试点。探索知识产权证券化，完善知识产权信用担保机制，推动发展投贷联动、投保联动、投债联动等新模式。创新知识产权投融资产品。在全面创新改革试验区引导创业投资基金、股权投资基金加强对知识产权领域的投资。

创新管理运行方式。支持探索知识产权创造与运营的众包模式，鼓励金融机构在风险可控和商业可持续的前提下，基于众创、众包、众扶等新模式特点开展金融产品和服务创新，积极发展知识产权质押融资，促进"互联网+"知识产权融合发展。

（二）加强知识产权公共服务体系建设

1. 提高知识产权公共服务能力

建立健全知识产权公共服务网络，增加知识产权信息公共服务产品供给。推动知识产权基础信息与经济、法律、科技、产业运行等其他信息资源互联互通。实施产业知识产权服务能力提升行动,创新对中小微企业和初创型企业的服务方式。发展"互联网+"知识产权服务等新模式,培育规模化、专业化、市场化、国际化的知识产权服务品牌机构。

2. 建设知识产权信息公共服务平台

实现专利、商标、版权、集成电路布图设计、植物新品种、地理标志以及知识产权诉讼等基础信息资源免费或低成本开放共享。运用云计算、大数据、移动互联网等技术,实现平台知识产权信息统计、整合、推送服务。

> **专栏8　知识产权信息公共服务平台建设工程**
>
> 建设公共服务网络。制定发布知识产权公共服务事项目录和办事指南。增加知识产权信息服务网点,加强公共图书馆、高校图书馆、科技信息服务机构、行业组织等的知识产权信息服务能力建设。
>
> 创建产业服务平台。依托专业机构创建一批布局合理、开放协同、市场化运作的产业知识产权信息公共服务平台,在中心城市、自由贸易试验区、国家自主创新示范区、国家级高新区、国家级经济技术开发区等提供知识产权服务。在众创空间等创新创业平台设置知识产权服务工作站。
>
> 整合服务和数据资源。整合知识产权信息资源、创新资源和服务资源,推进实体服务与网络服务协作,促进从研发创意、知识产权化、流通化到产业化的协同创新。建设专利基础数据资源开放平台,免费或低成本扩大专利数据的推广运用。建立财政资助项目形成的知识产权信息和上市企业知识产权信息公开窗口。

3. 建设知识产权服务业集聚区

在自由贸易试验区、国家自主创新示范区、国家级高新区、中外合作产业园区、国家级经济技术开发区等建设一批国家知识产权服务业集聚区。鼓励知识产权服务机构入驻创新创业资源密集区域,提供市场化、专业化的服务,满足创新创业者多样化需求。针对不同区域,加强分类指导，引导知识产权服务资源合理流动，与区域产业深度对接，促进经济提质增效升级。

4. 加强知识产权服务业监管

完善知识产权服务业统计制度，建立服务机构名录库。成立知识产权服务标准化技术组织，推动完善服务标准体系建设，开展标准化试点示范。完善专利代理管理制度，加强事中事后监管。健全知识产权服务诚信信息管理、信用评价和失信惩戒等管理制度，及时披露相关执业信息。研究建立知识产权服务业全国性行业组织。具备条件的地方，可探索开展知识产权服务行业协会组织"一业多会"试点。

（三）加强知识产权人才培育体系建设

1. 加强知识产权人才培养

加强知识产权相关学科专业建设，支持高等学校在管理学和经济学等学科中增设知识产权专业，支持理工类高校设置知识产权专业。加强知识产权学历教育和非学历继续教育，加强知识产权专业学位教育。构建政府部门、高校和社会相结合的多元知识产权教育培训组织模式，支持行业组织与专业机构合作，加大实务人才培育力度。加强国家知识产权培训基地建设工作，完善师资、教材、远程系统等基础建设。加大对领导干部、企业家和各类创新人才的知识产权培训力度。鼓励高等学校、科研院所开展知识产权国际学术交流，鼓励我国知识产权人才获得海外相应资格证书。推动将知识产权课程纳入各级党校、行政学院培训和选学内容。

2. 优化知识产权人才成长体系

加强知识产权高层次人才队伍建设，加大知识产权管理、运营和专利信息分析等人才培养力度。统筹协调知识产权人才培训、实践和使用，加强知识产权领军人才、国际化专业人才的培养与引进。构建多层次、高水平的知识产权智库体系。探索建立行业协会和企业事业单位专利专员制度。选拔一批知识产权创业导师，加强创新创业指导。

3. 建立人才发现与评价机制

建立人才引进使用中的知识产权鉴定机制，利用知识产权信息发现人才。完善知识产权职业水平评价制度，制定知识产权专业人员能力素质标准。鼓励知识产权服务人才和创新型人才跨界交流和有序流动,防范人才流动法律风险。建立创新人才知识产权维权援助机制。

(四) 加强知识产权文化建设

1. 加大知识产权宣传普及力度

健全知识产权新闻发布制度,拓展信息发布渠道。组织开展全国知识产权宣传周、中国专利周、绿书签、中国国际商标品牌节等重大宣传活动。丰富知识产权宣传普及形式,发挥新媒体传播作用。支持优秀作品创作,推出具有影响力的知识产权题材影视文化作品,弘扬知识产权正能量。

2. 实施知识产权教育推广计划

鼓励知识产权文化和理论研究,加强普及型教育,推出优秀研究成果和普及读物。将知识产权内容全面纳入国家普法教育和全民科学素养提升工作。

专栏9　知识产权文化建设工程

加强宣传推广。利用新媒体,加强知识产权相关法律法规、典型案例的宣传。讲好中国知识产权故事,推出具有影响力的知识产权主题书籍、影视作品,挖掘报道典型人物和案例。

加强普及型教育。开展全国中小学知识产权教育试点示范工作,建立若干知识产权宣传教育示范学校。引导各类学校把知识产权文化建设与学生思想道德建设、校园文化建设、主题教育活动紧密结合,增强学生的知识产权意识和创新意识。

繁荣文化和理论研究。鼓励支持教育界、学术界广泛参与知识产权理论体系研究,支持创作兼具社会及经济效益的知识产权普及读物,增强知识产权文化传播的针对性和实效性,支撑和促进中国特色知识产权文化建设。

六、实施保障

（一）加强组织协调

各地区、各相关部门要高度重视，加强组织领导，明确责任分工，结合实际细化落实本规划提出的目标任务，制定专项规划、年度计划和配套政策，推动规划有效落实。加强统筹协调，充分发挥国务院知识产权战略实施工作部际联席会议制度作用，做好规划组织实施工作。全国打击侵犯知识产权和制售假冒伪劣商品工作领导小组要切实加强对打击侵犯知识产权和制售假冒伪劣商品工作的统一组织领导。各相关部门要依法履职，认真贯彻落实本规划要求，密切协作，形成规划实施合力。

（二）加强财力保障

加强财政预算与规划实施的相互衔接协调，各级财政按照现行经费渠道对规划实施予以合理保障，鼓励社会资金投入知识产权各项规划工作，促进知识产权事业发展。统筹各级各部门与知识产权相关的公共资源，突出投入重点，优化支出结构，切实保障重点任务、重大项目的落实。

（三）加强考核评估

各地区、各相关部门要加强对本规划实施情况的动态监测和评估工作。国务院知识产权战略实施工作部际联席会议办公室要会同相关部门按照本规划的部署和要求，建立规划实施情况的评估机制，对各项任务落实情况组织开展监督检查和绩效评估工作，重要情况及时报告国务院。

新时代强化知识产权保护的纲领性文件

关于强化知识产权保护的意见*

加强知识产权保护,是完善产权保护制度最重要的内容,也是提高我国经济竞争力的最大激励。为贯彻落实党中央、国务院关于强化知识产权保护的决策部署,进一步完善制度、优化机制,现提出如下意见。

一、总体要求

以习近平新时代中国特色社会主义思想为指导,全面贯彻党的十九大和十九届二中、三中、四中全会精神,紧紧围绕统筹推进"五位一体"总体布局和协调推进"四个全面"战略布局,牢固树立保护知识产权就是保护创新的理念,坚持严格保护、统筹协调、重点突破、同等保护,不断改革完善知识产权保护体系,综合运用法律、行政、经济、技术、社会治理手段强化保护,促进保护能力和水平整体提升。力争到2022年,侵权易发多发现象得到有效遏制,权利人维权"举证难、周期长、成本高、赔偿低"的局面明显改观。到2025年,知识产权保护社会满意度达到并保持较高水平,保护能力有效提升,保护体系更加完善,尊重知识价值的营商环境更加优化,知识产权制度激励创新的基本保障作用得到更加有效发挥。

---

* 2019年11月,中共中央办公厅、国务院办公厅印发《关于强化知识产权保护的意见》。

二、强化制度约束，确立知识产权严保护政策导向

（一）加大侵权假冒行为惩戒力度

研究制定知识产权基础性法律的必要性和可行性，加快专利法、商标法、著作权法等修改完善。完善地理标志保护相关立法。加快在专利、著作权等领域引入侵权惩罚性赔偿制度。大幅提高侵权法定赔偿额上限，加大损害赔偿力度。强化民事司法保护，有效执行惩罚性赔偿制度。研究采取没收违法所得、销毁侵权假冒商品等措施，加大行政处罚力度，开展关键领域、重点环节、重点群体行政执法专项行动。规制商标恶意注册、非正常专利申请以及恶意诉讼等行为。探索加强对商业秘密、保密商务信息及其源代码等的有效保护。加强刑事司法保护，推进刑事法律和司法解释的修订完善。加大刑事打击力度，研究降低侵犯知识产权犯罪入罪标准，提高量刑处罚力度，修改罪状表述，推动解决涉案侵权物品处置等问题。强化打击侵权假冒犯罪制度建设，探索完善数据化打假情报导侦工作机制，开展常态化专项打击行动，持续保持高压严打态势。

（二）严格规范证据标准

深入推进知识产权民事、刑事、行政案件"三合一"审判机制改革，完善知识产权案件上诉机制，统一审判标准。制定完善行政执法过程中的商标、专利侵权判断标准。规范司法、行政执法、仲裁、调解等不同渠道的证据标准。推进行政执法和刑事司法立案标准协调衔接，完善案件移送要求和证据标准，制定证据指引，顺畅行政执法和刑事司法衔接。制定知识产权民事诉讼证据规则司法解释，着力解决权利人举证难问题。探索建立侵权行为公证悬赏取证制度，减轻权利人举证责任负担。

（三）强化案件执行措施

建立健全知识产权纠纷调解协议司法确认机制。建立完善市场主体诚信档案"黑名单"制度，实施市场主体信用分类监管，建立重复侵权、故意侵权企业名录社会公布制度，健全失信联合惩戒机制。逐步建立全领域知识产权保护案例指导机制和重大案件公开审理机制。加强对案件异地执行的督促检查，推动形成统一公平的法治环境。

(四)完善新业态新领域保护制度

针对新业态新领域发展现状,研究加强专利、商标、著作权、植物新品种和集成电路布图设计等的保护。探索建立药品专利链接制度、药品专利期限补偿制度。研究加强体育赛事转播知识产权保护。加强公证电子存证技术推广应用。研究建立跨境电商知识产权保护规则,制定电商平台保护管理标准。编制发布企业知识产权保护指南,制定合同范本、维权流程等操作指引,鼓励企业加强风险防范机制建设,持续优化大众创业万众创新保护环境。研究制定传统文化、传统知识等领域保护办法,加强中医药知识产权保护。

三、加强社会监督共治,构建知识产权大保护工作格局

(五)加大执法监督力度

加强人大监督,开展知识产权执法检查。发挥政协民主监督作用,定期开展知识产权保护工作调研。建立健全奖优惩劣制度,提高执法监管效能。加强监督问责,推动落实行政执法信息公开相关规定,更大范围更大力度公开执法办案信息,接受社会和舆论监督。

(六)建立健全社会共治模式

完善知识产权仲裁、调解、公证工作机制,培育和发展仲裁机构、调解组织和公证机构。鼓励行业协会、商会建立知识产权保护自律和信息沟通机制。引导代理行业加强自律自治,全面提升代理机构监管水平。加强诚信体系建设,将知识产权出质登记、行政处罚、抽查检查结果等涉企信息,通过国家企业信用信息公示系统统一归集并依法公示。建立健全志愿者制度,调动社会力量积极参与知识产权保护治理。

(七)加强专业技术支撑

加强科技研发,通过源头追溯、实时监测、在线识别等技术手段强化知识产权保护。建设侵权假冒线索智能检测系统,提升打击侵权假冒行为效率及精准度。在知识产权行政执法案件处理和司法活动中引入技术调查官制度,协助行政执法部门、司法部门准确高效认定技术事实。探索加强

知识产权侵权鉴定能力建设，研究建立侵权损害评估制度，进一步加强司法鉴定机构专业化、程序规范化建设。

四、优化协作衔接机制，突破知识产权快保护关键环节

（八）优化授权确权维权衔接程序

加强专利、商标、植物新品种等审查能力建设，进一步压缩审查周期。重点提高实用新型和外观设计专利审查质量，强化源头保护。进一步发挥专利商标行政确权远程审理、异地审理制度在重大侵权行政执法案件处理中的作用。健全行政确权、公证存证、仲裁、调解、行政执法、司法保护之间的衔接机制，加强信息沟通和共享，形成各渠道有机衔接、优势互补的运行机制，切实提高维权效率。

（九）加强跨部门跨区域办案协作

制定跨部门案件处理规程，健全部门间重大案件联合查办和移交机制。健全行政执法部门与公安部门对涉嫌犯罪的知识产权案件查办工作衔接机制。在案件多发地区探索建立仲裁、调解优先推荐机制。建立健全知识产权案件分流制度，推进案件繁简分流机制改革。推动建立省级行政区内知识产权案件跨区域审理机制，充分发挥法院案件指定管辖机制作用，有效打破地方保护。

（十）推动简易案件和纠纷快速处理

建立重点关注市场名录，针对电商平台、展会、专业市场、进出口等关键领域和环节构建行政执法、仲裁、调解等快速处理渠道。推动电商平台建立有效运用专利权评价报告快速处置实用新型和外观设计专利侵权投诉制度。指导各类网站规范管理，删除侵权内容，屏蔽或断开盗版网站链接，停止侵权信息传播，打击利用版权诉讼进行投机性牟利等行为。

（十一）加强知识产权快保护机构建设

在优势产业集聚区布局建设一批知识产权保护中心，建立案件快速受理和科学分流机制，提供快速审查、快速确权、快速维权"一站式"纠纷解决方案。加快重点技术领域专利、商标、植物新品种审查授权、确权和

维权程序。推广利用调解方式快速解决纠纷，高效对接行政执法、司法保护、仲裁等保护渠道和环节。

五、健全涉外沟通机制，塑造知识产权同保护优越环境

（十二）更大力度加强国际合作

积极开展海外巡讲活动，举办圆桌会，与相关国家和组织加强知识产权保护合作交流。探索在重要国际展会设立专题展区，开展中国知识产权保护成就海外巡展。充分发挥知识产权制度对促进共建"一带一路"的重要作用，支持共建国家加强能力建设，推动其共享专利、植物新品种审查结果。充分利用各类多双边对话合作机制，加强知识产权保护交流合作与磋商谈判。综合利用各类国际交流合作平台，积极宣传我国知识产权保护发展成就。

（十三）健全与国内外权利人沟通渠道

通过召开驻华使领馆信息沟通会、企业座谈会等方式，加强与国内外行业协会、商会、社会团体等信息交流。组织召开知识产权保护要情通报会，及时向新闻媒体和社会公众通报重大事项和进展，增信释疑，积极回应国内外权利人关切。

（十四）加强海外维权援助服务

完善海外知识产权纠纷预警防范机制，加强重大案件跟踪研究，建立国外知识产权法律修改变化动态跟踪机制，及时发布风险预警报告。加强海外信息服务平台建设，开展海外知识产权纠纷应对指导，构建海外纠纷协调解决机制。支持各类社会组织开展知识产权涉外风险防控体系建设。鼓励保险机构开展知识产权海外侵权责任险、专利执行险、专利被侵权损失险等保险业务。建立海外维权专家顾问机制，有效推动我国权利人合法权益在海外依法得到同等保护。

（十五）健全协调和信息获取机制

完善涉外执法协作机制，加大工作协调力度，进一步加强我国驻外使领馆知识产权对外工作。选设海外知识产权观察企业和社会组织，建立信

息沟通机制。健全重大涉外知识产权纠纷信息通报和应急机制。组织开展我国企业海外知识产权保护状况调查，研究建立国别保护状况评估机制，推动改善我国企业海外知识产权保护环境。

六、加强基础条件建设，有力支撑知识产权保护工作

（十六）加强基础平台建设

建立健全全国知识产权大数据中心和保护监测信息网络，加强对注册登记、审批公告、纠纷处理、大案要案等信息的统计监测。建立知识产权执法信息报送统筹协调和信息共享机制，加大信息集成力度，提高综合研判和宏观决策水平。强化维权援助、举报投诉等公共服务平台软硬件建设，丰富平台功能，提升便民利民服务水平。

（十七）加强专业人才队伍建设

鼓励引导地方、部门、教育机构、行业协会、学会加大对知识产权保护专业人才培训力度。加强知识产权行政执法和司法队伍人员配备和职业化专业化建设，建立有效激励行政执法和司法人员积极性的机制，确保队伍稳定和有序交流。推动知识产权刑事案件办理专业化建设，提高侦查、审查逮捕、审查起诉、审判工作效率和办案质量。在有关管理部门和企事业单位，全面推行公职律师、公司律师、法律顾问制度，促进知识产权管理和保护工作法治化。充分发挥律师等法律服务队伍作用，做好知识产权纠纷调解、案件代理、普法宣传等工作。建立健全知识产权仲裁、调解、公证、社会监督等人才的选聘、管理、激励制度。加强知识产权保护专业人才岗位锻炼，充分发挥各类人才在维权实践中的作用。

（十八）加大资源投入和支持力度

各地区各部门要加大对知识产权保护资金投入力度。鼓励条件成熟的地区先行先试，率先建设知识产权保护试点示范区，形成若干保护高地。推动知识产权行政执法和司法装备现代化、智能化建设。鼓励企业加大资金投入，并通过市场化方式设立知识产权保护维权互助基金，提升自我维权能力和水平。

七、加大组织实施力度，确保工作任务落实

（十九）加强组织领导

全面加强党对知识产权保护工作的领导。各有关方面要按照职能分工，研究具体政策措施，协同推动知识产权保护体系建设。国家知识产权局要会同有关部门不断完善工作机制，加强协调指导和督促检查，确保各项工作要求有效落实，重大问题要及时按程序向党中央、国务院请示报告。

（二十）狠抓贯彻落实

地方各级党委和政府要全面贯彻党中央、国务院决策部署，落实知识产权保护属地责任，定期召开党委或政府专题会议，研究知识产权保护工作，加强体制机制建设，制定配套措施，落实人员经费。要将知识产权保护工作纳入地方党委和政府重要议事日程，定期开展评估，确保各项措施落实到位。

（二十一）强化考核评价

建立健全考核评价制度，将知识产权保护绩效纳入地方党委和政府绩效考核和营商环境评价体系。建立年度知识产权保护社会满意度调查制度和保护水平评估制度。完善通报约谈机制，督促各级党委和政府加大知识产权保护工作力度。

（二十二）加强奖励激励

按照国家有关规定，对在知识产权保护工作中作出突出贡献的集体和个人给予表彰。鼓励各级政府充分利用现有奖励制度，对知识产权保护先进工作者和优秀社会参与者加强表彰。完善侵权假冒举报奖励机制，加大对举报人员奖励力度，激发社会公众参与知识产权保护工作的积极性和主动性。

（二十三）加强宣传引导

各地区各部门要加强舆论引导，定期公开发布有社会影响力的典型案件，让强化知识产权保护的观念深入人心。加强公益宣传，开展知识产权保护进企业、进单位、进社区、进学校、进网络等活动，不断提高全社会特别是创新创业主体知识产权保护意识，推动形成新时代知识产权保护工作新局面。

二、统筹推进落实

推进知识产权管理体制机制改革

《国务院关于新形势下加快知识产权强国建设的若干意见》重点任务分工方案[*]

为落实《国务院关于新形势下加快知识产权强国建设的若干意见》(国发〔2015〕71号),根据各相关部门职责,对各项重点任务作如下分工。

一、推进知识产权管理体制机制改革

(一)研究完善知识产权管理体制

1. 完善国家知识产权战略实施工作部际联席会议制度,由国务院领导同志担任召集人。(知识产权局负责)

2. 积极研究探索知识产权管理体制机制改革。(中央编办、知识产权局、工商总局、版权局负责。列第一位者为牵头部门,下同)

3. 授权地方开展知识产权改革试验。鼓励有条件的地方开展知识产权综合管理改革试点。(知识产权局、中央编办、工商总局、版权局负责)

(二)改善知识产权服务业及社会组织管理

4. 放宽知识产权服务业准入,促进服务业优质高效发展,加快建设知识产权服务业集聚区。(知识产权局、工商总局、版权局负责)

---

[*] 2016年7月8日,《国务院办公厅印发〈国务院关于新形势下加快知识产权强国建设的若干意见〉重点任务分工方案的通知》(国办函〔2016〕66号)印发。

5. 扩大专利代理领域开放，放宽对专利代理机构股东或合伙人的条件限制。（知识产权局负责）

6. 探索开展知识产权服务行业协会组织"一业多会"试点。完善执业信息披露制度，及时公开知识产权代理机构和从业人员信用评价等相关信息。（知识产权局、工商总局、版权局负责）

7. 规范著作权集体管理机构收费标准，完善收益分配制度，让著作权人获得更多许可收益。（版权局负责）

（三）建立重大经济活动知识产权评议制度

8. 研究制定知识产权评议政策。完善知识产权评议工作指南，规范评议范围和程序。围绕国家重大产业规划、高技术领域重大投资项目等开展知识产权评议，建立国家科技计划知识产权目标评估制度，积极探索重大科技活动知识产权评议试点，建立重点领域知识产权评议报告发布制度，提高创新效率，降低产业发展风险。（知识产权局、发展改革委、科技部、工业和信息化部、工商总局负责）

（四）建立以知识产权为重要内容的创新驱动发展评价制度

9. 将知识产权产品逐步纳入国民经济核算，将知识产权指标纳入国民经济和社会发展规划。（统计局、发展改革委、知识产权局、工商总局、版权局负责）

10. 在对党政领导班子和领导干部进行综合考核评价时，注重鼓励发明创造、保护知识产权、加强转化运用、营造良好环境等方面的情况和成效。（中央组织部、知识产权局、工商总局、版权局负责）

11. 探索建立经营业绩、知识产权和创新并重的国有企业考评模式。（国资委、中央组织部、知识产权局负责）

12. 按照国家有关规定设置知识产权奖励项目，加大各类国家奖励制度的知识产权评价权重。（知识产权局、人力资源社会保障部、工商总局、版权局负责）

13. 发布年度知识产权发展状况报告。（知识产权局、农业部、工商总局、质检总局、版权局、林业局负责）

二、实行严格的知识产权保护

(一) 加大知识产权侵权行为惩治力度

14. 提高知识产权侵权法定赔偿上限,针对情节严重的恶意侵权行为实施惩罚性赔偿并由侵权人承担实际发生的合理开支。(高法院、农业部、文化部、海关总署、工商总局、质检总局、版权局、食品药品监管总局、林业局、知识产权局、法制办按职责分别负责)

15. 进一步推进侵犯知识产权行政处罚案件信息公开。(全国打击侵权假冒工作领导小组办公室、农业部、文化部、海关总署、工商总局、质检总局、版权局、食品药品监管总局、林业局、知识产权局负责)

16. 完善知识产权快速维权机制。(知识产权局负责)

17. 加大国际展会、电子商务等领域知识产权执法力度。(农业部、文化部、海关总署、工商总局、质检总局、版权局、食品药品监管总局、林业局、知识产权局按职责分别负责)

18. 开展与相关国际组织和境外执法部门的联合执法,加强知识产权司法保护对外合作。(高法院、高检院、公安部、司法部、农业部、商务部、文化部、海关总署、工商总局、质检总局、版权局、食品药品监管总局、林业局、知识产权局按职责分别负责)

(二) 加大知识产权犯罪打击力度

19. 依法严厉打击侵犯知识产权犯罪行为,重点打击链条式、产业化知识产权犯罪网络。(公安部负责)

20. 进一步加强知识产权行政执法与刑事司法衔接,加大涉嫌犯罪案件移交工作力度。(全国打击侵权假冒工作领导小组办公室、高检院牵头,高法院、公安部、农业部、文化部、海关总署、工商总局、质检总局、版权局、林业局、知识产权局负责)

21. 完善涉外知识产权执法机制,加强刑事执法国际合作,加大涉外知识产权犯罪案件侦办力度。(全国打击侵权假冒工作领导小组办公室、公安部、商务部、海关总署、工商总局、质检总局、版权局、知识产权局、贸促会负责)

22. 加强与有关国际组织和国家间打击知识产权犯罪行为的司法协助，加大案情通报和情报信息交换力度。（司法部、高法院、高检院、公安部、海关总署、工商总局、质检总局、版权局、知识产权局负责）

（三）建立健全知识产权保护预警防范机制

23. 将故意侵犯知识产权行为情况纳入企业和个人信用记录。（发展改革委、人民银行牵头，工商总局、版权局、知识产权局等负责）

24. 推动完善商业秘密保护法律法规，加强人才交流和技术合作中的商业秘密保护。（工商总局、法制办负责）

25. 加强海关知识产权执法保护。建立收集假冒产品来源地相关信息的工作机制，发布年度中国海关知识产权保护状况报告。（海关总署、工商总局、知识产权局、邮政局负责）

26. 加强大型专业化市场知识产权管理和保护工作。（工商总局、质检总局、版权局、知识产权局按职责分别负责）

27. 发挥行业组织在知识产权保护中的积极作用。（全国打击侵权假冒工作领导小组办公室负责）

28. 运用大数据、云计算、物联网等信息技术，加强在线创意、研发成果的知识产权保护，提升预警防范能力。（知识产权局、网信办负责）

29. 加大对小微企业知识产权保护援助力度，构建公平竞争、公平监管的创新创业和营商环境。（工业和信息化部、公安部、司法部、农业部、商务部、文化部、人民银行、海关总署、工商总局、质检总局、版权局、林业局、知识产权局、网信办、邮政局按职责分别负责）

30. 开展知识产权保护社会满意度调查。（中央综治办、知识产权局按职责分别负责）

（四）加强新业态新领域创新成果的知识产权保护

31. 完善植物新品种、生物遗传资源及其相关传统知识、数据库保护和国防知识产权等相关法律制度。（科技部、环境保护部、农业部、林业局、知识产权局、法制办、国防科工局、中央军委装备发展部按职责分别负责）

32. 适时做好地理标志立法工作。（农业部、工商总局、质检总局、法制办按职责分别负责）

33. 研究完善商业模式知识产权保护制度和实用艺术品外观设计专利保护制度。（知识产权局、高法院牵头负责）

34. 加强互联网、电子商务、大数据等领域的知识产权保护规则研究，推动完善相关法律法规。（全国打击侵权假冒工作领导小组办公室、中央综治办、高法院、工业和信息化部、公安部、农业部、商务部、文化部、海关总署、工商总局、质检总局、版权局、食品药品监管总局、林业局、知识产权局、法制办、网信办负责）

35. 制定众创、众包、众扶、众筹的知识产权保护政策。（知识产权局负责）

（五）规制知识产权滥用行为

36. 完善规制知识产权滥用行为的法律制度，制定相关反垄断执法指南。（发展改革委、商务部、工商总局、知识产权局、法制办按职责分别负责）

37. 完善知识产权反垄断监管机制，依法查处滥用知识产权排除和限制竞争等垄断行为。（发展改革委、商务部、工商总局按职责分别负责）

38. 完善标准必要专利的公平、合理、无歧视许可政策和停止侵权适用规则。（质检总局、知识产权局、工业和信息化部、高法院负责）

三、促进知识产权创造运用

（一）完善知识产权审查和注册机制

39. 建立计算机软件著作权快速登记通道。（版权局负责）

40. 优化专利和商标的审查流程与方式，实现知识产权在线登记、电子申请和无纸化审批。（工商总局、知识产权局按职责分别负责）

41. 完善知识产权审查协作机制。（中央编办、工商总局、知识产权局按职责分别负责）

42. 建立重点优势产业专利申请的集中审查制度，建立健全涉及产业安全的专利审查工作机制。（知识产权局、工业和信息化部负责）

43. 合理扩大专利确权程序依职权审查范围，完善授权后专利文件修改制度。（知识产权局、法制办负责）

44. 拓展"专利审查高速路"国际合作网络，加快建设世界一流专利

审查机构。(知识产权局负责)

(二) 完善职务发明制度

45. 鼓励和引导企事业单位依法建立健全发明报告、权属划分、奖励报酬、纠纷解决等职务发明管理制度。(知识产权局、教育部、科技部、工业和信息化部、农业部、国资委、林业局、中科院负责)

46. 探索完善创新成果收益分配制度，提高骨干团队、主要发明人收益比重，保障职务发明人的合法权益。按照相关政策规定，鼓励国有企业赋予下属科研院所知识产权处置和收益分配权。(知识产权局、科技部、教育部、财政部、农业部、国资委、中科院、国防科工局负责)

(三) 推动专利许可制度改革

47. 强化专利以许可方式对外扩散。研究建立专利当然许可制度，鼓励更多专利权人对社会公开许可专利。(知识产权局、法制办负责)

48. 完善专利强制许可启动、审批和实施程序。(知识产权局负责)

49. 鼓励高等院校、科研院所等事业单位通过无偿许可专利的方式，支持单位员工和大学生创新创业。(教育部、科技部、财政部、知识产权局、中科院负责)

(四) 加强知识产权交易平台建设

50. 构建知识产权运营服务体系，加快建设全国知识产权运营公共服务平台。(知识产权局、财政部、教育部、科技部、工业和信息化部、国资委、中科院、国防科工局、中央军委装备发展部负责)

51. 创新知识产权投融资产品，探索知识产权证券化，完善知识产权信用担保机制，推动发展投贷联动、投保联动、投债联动等新模式。在全面创新改革试验区域引导天使投资、风险投资、私募基金加强对高技术领域的投资。(人民银行、工商总局、版权局、知识产权局、银监会、证监会按职责分别负责)

52. 细化会计准则规定，推动企业科学核算和管理知识产权资产。(财政部、知识产权局负责)

53. 推动高等院校、科研院所建立健全知识产权转移转化机构。(知识产权局、教育部、中科院、国防科工局负责)

54. 支持探索知识产权创造与运营的众筹、众包模式，促进"互联网+知识产权"融合发展。（知识产权局、发展改革委、工业和信息化部、证监会负责）

（五）培育知识产权密集型产业

55. 探索制定知识产权密集型产业目录和发展规划。运用股权投资基金等市场化方式，引导社会资金投入知识产权密集型产业。加大政府采购对知识产权密集型产品的支持力度。（知识产权局、发展改革委、财政部负责）

56. 试点建设知识产权密集型产业集聚区和知识产权密集型产业产品示范基地，推行知识产权集群管理。（知识产权局、发展改革委负责）

（六）提升知识产权附加值和国际影响力

57. 实施专利质量提升工程，培育一批核心专利。加大轻工、纺织、服装等产业的外观设计专利保护力度。（知识产权局负责）

58. 深化商标富农工作。（工商总局、农业部负责）

59. 加强对非物质文化遗产、民间文艺、传统知识的开发利用，推进文化创意、设计服务与相关产业融合发展。（文化部、版权局、知识产权局按职责分别负责）

60. 支持企业运用知识产权进行海外股权投资。（知识产权局、工业和信息化部、国资委负责）

61. 积极参与国际标准制定，推动有知识产权的创新技术转化为标准。（质检总局、工业和信息化部、知识产权局、国防科工局负责）

62. 支持研究机构和社会组织制定品牌评价国际标准，建立品牌价值评价体系。支持企业建立品牌管理体系，鼓励企业收购海外知名品牌。（质检总局、商务部、工商总局、国资委负责）

63. 保护和传承中华老字号，大力推动中医药、中华传统餐饮、工艺美术等企业"走出去"。（商务部、文化部、卫生计生委按职责分别负责）

（七）加强知识产权信息开放利用

64. 建立财政资助项目形成的知识产权信息披露制度。（知识产权局、科技部、财政部负责）

65. 加快落实上市企业知识产权信息披露制度。（证监会、知识产权

局、工商总局负责）

66. 规范知识产权信息采集程序和内容。（知识产权局、工商总局、版权局负责）

67. 完善知识产权许可的信息备案和公告制度。（知识产权局负责）

68. 加快建设互联互通的知识产权信息公共服务平台，实现专利、商标、版权、集成电路布图设计、植物新品种、地理标志等基础信息免费或低成本开放。（知识产权局、发展改革委、农业部、工商总局、质检总局、版权局、林业局负责）

69. 增加知识产权信息服务网点，完善知识产权信息公共服务网络。（知识产权局、工商总局、版权局负责）

70. 推进专利数据信息资源开放共享，增强大数据运用能力。依法及时公开专利审查过程信息。（知识产权局、发展改革委负责）

四、加强重点产业知识产权海外布局和风险防控

（一）加强重点产业知识产权海外布局规划

71. 加大创新成果标准化和专利化工作力度，推动形成标准研制与专利布局有效衔接机制。研究制定标准必要专利布局指南。（质检总局、知识产权局、商务部负责）

72. 围绕战略性新兴产业等重点领域，建立专利导航产业发展工作机制，实施产业规划类和企业运营类专利导航项目，绘制服务我国产业发展的相关国家和地区专利导航图。（知识产权局、发展改革委、工业和信息化部负责）

73. 编制发布相关国家和地区专利申请实务指引。（知识产权局负责）

（二）拓展海外知识产权布局渠道

74. 推动企业、科研机构、高等院校等联合开展海外专利布局工作。鼓励企业建立专利收储基金。（知识产权局、教育部、工业和信息化部、财政部、商务部、国资委、中科院、国防科工局、贸促会负责）

75. 加强企业知识产权布局指导，在产业园区和重点企业探索设立知识产权布局设计中心。（知识产权局、科技部、工业和信息化部、国资委负责）

76. 分类制定知识产权跨国许可与转让指南,编制发布知识产权许可合同范本。(知识产权局、商务部负责)

(三)完善海外知识产权风险预警体系

77. 建立健全知识产权管理与服务等标准体系。(知识产权局、质检总局负责)

78. 支持行业协会、专业机构跟踪发布重点产业知识产权信息和竞争动态。制定完善与知识产权相关的贸易调查应对与风险防控国别指南。完善海外知识产权信息服务平台,发布相关国家和地区知识产权制度环境等信息。建立完善企业海外知识产权问题及案件信息提交机制,加强对重大知识产权案件的跟踪研究,及时发布风险提示。(工业和信息化部、商务部、工商总局、知识产权局、贸促会按职责分别负责)

(四)提升海外知识产权风险防控能力

79. 研究完善技术进出口管理相关制度,优化简化技术进出口审批流程。(商务部负责)

80. 完善财政资助科技计划项目形成的知识产权对外转让和独占许可管理制度。(商务部、科技部牵头,财政部、知识产权局负责)

81. 制定并推行知识产权尽职调查规范。支持法律服务机构为企业提供全方位、高品质知识产权法律服务。(司法部、工商总局、版权局、知识产权局负责)

82. 探索以公证方式保管知识产权证据、证明材料。(司法部、高法院、工商总局、版权局、知识产权局负责)

83. 推动企业建立知识产权分析评议机制,重点针对人才引进、国际参展、产品和技术进出口等活动开展知识产权风险评估,提高企业应对知识产权国际纠纷能力。(知识产权局、商务部牵头,工业和信息化部、国资委、贸促会负责)

(五)加强海外知识产权维权援助

84. 制定实施应对海外产业重大知识产权纠纷的政策。(商务部、知识产权局牵头,工业和信息化部、海关总署、工商总局、质检总局、版权局、贸促会负责)

85. 研究我驻国际组织、主要国家和地区外交机构中涉知识产权事务的人力配备。（中央编办、外交部、财政部、商务部、工商总局、知识产权局、贸促会按职责分别负责）

86. 发布海外和涉外知识产权服务和维权援助机构名录，推动形成海外知识产权服务网络。（商务部、工商总局、知识产权局、贸促会按职责分别负责）

五、提升知识产权对外合作水平

（一）推动构建更加公平合理的国际知识产权规则

87. 积极参与联合国框架下的发展议程，推动《TRIPS 协定与公共健康多哈宣言》落实和《视听表演北京条约》生效，参与《专利合作条约》、《保护广播组织条约》、《生物多样性公约》等规则修订的国际谈判，推进加入《工业品外观设计国际注册海牙协定》和《马拉喀什条约》进程。（外交部、环境保护部、农业部、商务部、海关总署、工商总局、版权局、林业局、知识产权局、贸促会按职责分别负责）

（二）加强知识产权对外合作机制建设

88. 加强与世界知识产权组织、世界贸易组织及相关国际组织的合作交流。深化同主要国家知识产权、经贸、海关等部门的合作，巩固与传统合作伙伴的友好关系。（知识产权局、商务部、外交部牵头，农业部、文化部、海关总署、工商总局、质检总局、版权局、林业局、贸促会负责）

89. 推动相关国际组织在我国设立知识产权仲裁和调解分中心。（知识产权局、外交部、司法部负责）

90. 加强国内外知名地理标志产品的保护合作，促进地理标志产品国际化发展。（农业部、商务部、海关总署、工商总局、质检总局按职责分别负责）

91. 积极推动区域全面经济伙伴关系和亚太经济合作组织框架下的知识产权合作。（商务部、知识产权局、外交部、工商总局、质检总局、版权局负责）

92. 探索建立"一带一路"沿线国家和地区知识产权合作机制。（知

识产权局、商务部牵头，外交部、发展改革委、工商总局、质检总局、版权局、贸促会负责）

（三）加大对发展中国家知识产权援助力度

93. 支持和援助发展中国家知识产权能力建设，鼓励向部分最不发达国家优惠许可其发展急需的专利技术。（知识产权局、外交部、科技部、商务部负责）

94. 加强面向发展中国家的知识产权学历教育和短期培训。（知识产权局、外交部、教育部、人力资源社会保障部、商务部负责）

（四）拓宽知识产权公共外交渠道

95. 拓宽企业参与国际和区域性知识产权规则制修订途径。推动国内服务机构、产业联盟等加强与国外相关组织的合作交流。（知识产权局、外交部、工业和信息化部、商务部、贸促会负责）

96. 建立博鳌亚洲论坛知识产权研讨交流机制，积极开展具有国际影响力的知识产权研讨交流活动。（知识产权局、商务部负责）

97. 建立具有国际水平的知识产权智库。（知识产权局负责）

六、加强政策保障

（一）加大财税和金融支持力度

98. 运用财政资金引导和促进科技成果产权化、知识产权产业化。（知识产权局、科技部、财政部负责）

99. 落实研究开发费用税前加计扣除政策，对符合条件的知识产权费用按规定实行加计扣除。（财政部、税务总局负责）

100. 制定专利收费减缴办法，合理降低专利申请和维持费用。（财政部、发展改革委、知识产权局负责）

101. 积极推进知识产权海外侵权责任保险工作。（保监会、知识产权局负责）

102. 深入开展知识产权质押融资风险补偿基金和重点产业知识产权运营基金试点。（财政部、知识产权局牵头，工业和信息化部负责）

（二）加强知识产权专业人才队伍建设

103. 加强知识产权相关学科建设，完善产学研联合培养模式，在管理学和经济学中增设知识产权专业，加强知识产权专业学位教育。加大对各类创新人才的知识产权培训力度。（教育部、知识产权局负责）

104. 鼓励各地引进高端知识产权人才，并参照有关人才引进计划给予相关待遇。探索建立知识产权国际化人才储备库和利用知识产权发现人才的信息平台。（中央组织部、知识产权局负责）

105. 鼓励我国知识产权人才获得海外相应资格证书。进一步完善知识产权职业水平评价制度，稳定和壮大知识产权专业人才队伍。选拔培训一批知识产权创业导师，加强青年创业指导。（知识产权局、人力资源社会保障部负责）

（三）加强宣传引导

106. 广泛开展知识产权普及型教育，加强知识产权公益宣传和咨询服务，提高全社会知识产权意识。（中央宣传部、知识产权局、教育部、文化部、工商总局、版权局、网信办负责）

> 推动形成权界清晰、分工合理、责权一致、运转高效、法治保障的知识产权体制机制

知识产权综合管理改革试点总体方案[*]

推进知识产权综合管理改革是深化知识产权领域改革、破解知识产权支撑创新驱动发展瓶颈制约的关键，对于切实解决地方知识产权管理体制机制不完善、保护不够严格、服务能力不强、对创新驱动发展战略缺乏强有力支撑等突出问题具有重要意义。按照《国务院关于新形势下加快知识产权强国建设的若干意见》（国发〔2015〕71号）和《中央全面深化改革领导小组2016年工作要点》要求，为充分发挥有条件的地方在知识产权综合管理改革方面的先行探索和示范带动作用，制定本方案。

一、总体要求

（一）指导思想

全面贯彻党的十八大和十八届三中、四中、五中、六中全会精神，深入贯彻习近平总书记系列重要讲话精神，围绕统筹推进"五位一体"总体布局和协调推进"四个全面"战略布局，牢固树立和贯彻落实创新、协调、绿色、开放、共享的发展理念，按照党中央、国务院决策部署，深化知识产权领域改革，依法严格保护知识产权，打通知识产权创造、运用、保护、管理、服务全链条，构建便民利民的知识产权公共服务体系，探索支撑创新发展的知识产权运行机制，有效发挥知识产权制度激励创新的基

---

[*] 2016年12月30日，《国务院办公厅关于印发知识产权综合管理改革试点总体方案的通知》（国办发〔2016〕106号）印发。

本保障作用，保障和激励大众创业、万众创新，助推经济发展提质增效和产业结构转型升级。

（二）基本原则

——问题导向。集中资源和力量破解制约知识产权支撑创新驱动发展的难题，因地制宜，实施知识产权综合管理，实行严格的知识产权保护，提升知识产权管理水平。

——紧扣发展。紧贴经济转型发展的重大需求，以改革促发展，充分发挥专利、商标、版权等知识产权的引领作用，有效发挥自主品牌消费对经济增长的拉动作用，激励创新创业，推动供需结构升级。

——统筹推进。统筹中央改革部署与地方改革需求，在有条件的地方开展知识产权综合管理改革试点，及时总结提炼，形成可复制经验，适时推广实施。

——大胆创新。注重顶层设计与基层探索相结合，突破妨碍知识产权发展的思想观念制约，尊重基层首创精神，激发全社会创新活力，允许多种类型、多种模式的改革探索和试验。

（三）试点布局和试点期限

根据国家实施创新驱动发展战略总体部署和重点区域发展战略布局，结合地方知识产权事业发展水平和创新驱动发展对知识产权综合管理改革的需求，选择若干个创新成果多、经济转型步伐快、发挥知识产权引领作用和推动供需结构升级成效显著的地方，开展知识产权综合管理改革试点。改革试点地方选择条件：（1）经济发展步入创新驱动转型窗口期，创新资源和创新活动集聚度高，专利、商标、版权等知识产权数量质量居于全国前列；（2）设有或纳入国家统筹的国家自主创新示范区、国家综合配套改革试验区、全面创新改革试验区、自由贸易试验区等各类国家级改革创新试验区和国家战略规划重点区域，或设有知识产权法院的地方；（3）知识产权战略推动地区经济发展成效显著，知识产权管理体制和市场监管体制机制改革走在前面，知识产权行政执法力量较强，知识产权行政执法效能突出。具体试点地方由国家知识产权局会同工商总局、新闻出版广电总局（国家版权局）等部门尽快研究共同确定。试点期限为1年。

(四) 工作目标

通过在试点地方深化知识产权综合管理改革，推动形成权界清晰、分工合理、责权一致、运转高效、法治保障的知识产权体制机制。通过深化简政放权、放管结合、优化服务改革，实现知识产权行政管理更加顺畅、执法保护体系进一步完善、知识产权市场监管和公共服务水平明显提升，有力促进大众创业、万众创新，加快知识产权强国建设，为全面建成小康社会提供有力支撑。

二、主要任务

（一）建立高效的知识产权综合管理体制

鼓励多种类型、多种模式的改革探索。科学划分知识产权部门政策引导、公共服务、市场监管职责，探索有效可行的知识产权管理体制机制。按照推进综合执法的要求，减少层次，提高效率，有效避免多层次多头执法。按照实行严格的知识产权保护的要求，结合综合行政执法体制改革，整合优化执法资源，统筹知识产权综合行政执法，避免出现版权执法的重复交叉。加强知识产权工作领导协调机制以及商标战略实施、软件正版化等工作机制建设，做好与知识产权司法工作特别是知识产权法院的衔接。

（二）构建便民利民的知识产权公共服务体系

坚持法定职责必须为、法无授权不可为的原则，大力推行知识产权权力清单、责任清单、负面清单制度，并实行动态管理。加大知识产权领域简政放权力度，强化依法行政，坚持放管结合，合理减少审批和管理事项。放宽专利代理机构准入条件限制，加强知识产权服务机构事中事后监管，完善执业信息披露制度。整合知识产权公共服务资源，优化知识产权公共服务供给，实现知识产权信息等各类服务的便利化、集约化、高效化。加强统筹规划和行业管理，完善知识产权交易市场。加强知识产权维权援助服务，完善知识产权维权援助机制，构建体系完备、运转高效的知识产权维权援助网络。

（三）提升综合运用知识产权促进创新驱动发展的能力

探索支撑创新发展的知识产权运行机制，构建促进市场主体创新发展的知识产权服务体系。建立健全知识产权评议、专利导航机制，完善知识产权风险预警体系，提升区域创新发展决策水平。统筹制定实施知识产权密集型产业促进政策，培育知识产权密集型产业成为新的经济增长点。指导市场主体综合运用专利、商标和版权组合策略，全方位、立体化地保护产品、技术、工业设计等的知识产权。引导市场主体综合运营知识产权，促进知识产权领域军民融合发展，加快药品等领域过期专利技术的有效应用，提升知识产权价值，加速知识产权转化运用。

三、组织实施

（一）加强组织领导

国家知识产权局要牵头会同工商总局、新闻出版广电总局（国家版权局）等部门加强对知识产权综合管理改革试点工作的指导，统筹协调改革试点中的重大政策问题。各试点地方要建立由政府主要领导负责的协调推进机制，将知识产权综合管理改革试点工作纳入重点改革任务，因地制宜研究制定改革试点具体实施方案，积极推进落实改革试点任务。各试点地方具体实施方案应于试点地方确定后两个月内印发实施。

（二）强化政策保障

针对改革试点任务部署和需求，各有关部门要积极研究制定支持改革试点的政策措施。各试点地方政府要按照改革任务要求，研究制定配套政策措施，做好与有关部门的衔接和协调，形成工作合力。

（三）做好评估推广

国家知识产权局要会同工商总局、新闻出版广电总局（国家版权局）等部门做好试点地方改革推进的督促检查和考核评估工作。根据改革试点评估情况，对取得实质效果和成功经验的改革举措，及时提出推广建议，报国务院批准后在更大范围推广。

各有关部门和地方要按照本方案精神，统一思想，密切配合，强化全局和责任意识，勇于创新，主动改革，积极作为，抓好落实，确保改革试点工作取得实效。要及时总结、宣传改革试点进展和成效，加强试点地方工作交流，强化舆论引导，营造有利于知识产权综合管理改革的良好社会环境。

深化知识产权服务业"放管服"改革

2017年深入实施国家知识产权战略加快建设知识产权强国推进计划[*]

为全面贯彻党的十八大和十八届三中、四中、五中、六中全会精神，深入贯彻习近平总书记系列重要讲话精神和治国理政新理念新思想新战略，认真落实党中央、国务院决策部署，深入实施国家知识产权战略，加快建设知识产权强国，明确2017年重点任务和工作措施，制定本计划。

一、深化知识产权领域改革

（一）推进知识产权管理体制机制改革

1. 落实《知识产权综合管理改革试点总体方案》，确定改革试点地方，加强对试点工作的指导，统筹协调改革试点中的重大政策问题，做好试点地方改革推进的督促检查和考核评估工作，及时总结推广改革的成功经验。（知识产权局、工商总局、新闻出版广电总局（版权局）负责）

2. 推进国家知识产权服务业集聚发展试验区和示范区建设，制定集聚发展示范区建设指引。（知识产权局、发展改革委负责）

3. 积极研究探索知识产权管理体制机制改革。（中央编办、工商总局、新闻出版广电总局（版权局）、知识产权局负责）

---

[*] 2017年6月23日，《国务院知识产权战略实施工作部际联席会议办公室关于印发〈2017年深入实施国家知识产权战略加快建设知识产权强国推进计划〉的通知》（国知战联办〔2017〕12号）印发。

（二）改革完善知识产权重大政策

4. 积极推进《中国国民经济核算体系（2016）》的实施，完善研发、计算机软件等知识产权产品的核算方法，探索数据库、娱乐、文学和艺术品原件等知识产权产品核算方法。（统计局负责）

5. 制定党政领导干部考核规定，体现知识产权相关内容和要求。（中央组织部、工商总局、新闻出版广电总局（版权局）、知识产权局负责）

6. 推动发布《关于妥善处理国防知识产权权利归属和利益分配问题的若干意见》。（中央军委装备发展部、财政部、国防科工局负责）

7. 推动国家科技计划和重大专项知识产权管理相关办法修订工作。（科技部、知识产权局负责）

8. 研究制定知识产权评议政策和知识产权评议服务相关标准，深入实施重大经济科技活动知识产权评议项目，发布知识产权评议报告，遴选一批知识产权评议服务示范机构。（知识产权局、发展改革委、科技部、工业和信息化部、工商总局负责）

9. 建立以知识产权为重要内容的创新驱动发展评价体系，发布年度知识产权发展状况报告。（知识产权局、科技部、农业部、工商总局、质检总局、新闻出版广电总局（版权局）、统计局、林业局负责）

（三）深化知识产权服务业"放管服"改革

10. 实施进一步放宽专利代理准入的改革措施，完善专利代理执业信息披露制度，充分利用专利代理机构经营异常名录和严重违法专利代理机构名单加强社会监督。（知识产权局负责）

11. 加强商标代理机构监管，推动出台商标代理信用管理暂行办法。（工商总局负责）

12. 加强对著作权集体管理组织及涉外著作权机构的监管，规范其开展的各项涉及版权的活动，推动版权社会组织资源进一步整合。（新闻出版广电总局（版权局）负责）

13. 制定并推行知识产权尽职调查规范。选取若干地方开展知识产权保护公证服务试点工作，遴选培育若干家知识产权保护公证服务示范机构。（司法部负责）

14. 研究国防专利代理机构准入退出机制，制定《关于加强国防专利代理工作的意见》。（中央军委装备发展部负责）

二、严格保护知识产权

（一）完善法律法规规章

15. 积极推进专利法第四次修订和《专利代理条例》的立法进程。（知识产权局、法制办负责）

16. 推进著作权法第三次修订。（新闻出版广电总局（版权局）、法制办负责）

17. 积极推动《植物新品种保护条例》修订。（农业部、林业局、知识产权局负责）

18. 推进生物遗传资源获取管理法规和《人类遗传资源管理条例》立法进程。（环境保护部、科技部、农业部、质检总局、林业局、知识产权局、法制办负责）

19. 推动修订《国防专利条例》。（中央军委装备发展部、工业和信息化部、知识产权局、国防科工局负责）

20. 参与修订《奥林匹克标志保护条例》。（工商总局负责）

21. 出台《关于审查知识产权与竞争纠纷行为保全案件适用法律若干问题的解释》。（高法院负责）

22. 出台滥用知识产权的反垄断指南，明确知识产权领域中垄断行为的判定标准，加强对滥用知识产权行为的监管。（发展改革委、商务部、工商总局、知识产权局负责）

23. 修订《农业植物新品种权侵权案件处理规定》，起草《农业植物新品种权行政执法规程》。（农业部负责）

24. 出台《军用计算机软件著作权登记工作暂行规则》。（新闻出版广电总局（版权局）、中央军委装备发展部负责）

25. 研究制定《军用集成电路布图设计登记办法》的可行性。（中央军委装备发展部、知识产权局负责）

26. 推动发布《国防专利定密解密工作规程》。（中央军委装备发展

部、知识产权局负责)

(二) 加强保护长效机制建设

27. 推进知识产权民事、行政和刑事案件审判"三合一"工作,推动南京、苏州、武汉和成都等地中级人民法院知识产权审判庭跨区域管辖部分知识产权案件,积极推动完善知识产权案件上诉机制。(高法院负责)

28. 推进政府机关软件正版化检查机关全覆盖、计算机全覆盖,推广正版软件使用管理工作指南,扩大国产软件应用试点范围。(新闻出版广电总局(版权局)牵头负责)

29. 加强检察机关办理知识产权案件专业力量建设,加强对知识产权领域新型案件办案指导,重点查办一批情节严重、影响恶劣的侵犯知识产权犯罪案件。(高检院负责)

30. 以情报导侦带动全面打击知识产权侵权假冒工作,强化集群作战攻势,对侵权假冒犯罪实施全链条打击,建立完善双边、多边合作机制,策划大案联合执法。(公安部负责)

(三) 开展重点领域专项治理

31. 落实严格专利保护的意见,围绕重点领域关键环节开展执法专项行动,加大对专利侵权行为的惩治力度,深化京津冀、长江经济带和长三角、珠三角等区域的专利联合执法。(知识产权局牵头负责)

32. 加大商标专用权保护力度。加大对驰名商标、地理标志商标、涉外商标专用权保护力度。严厉打击网络商标侵权假冒违法行为,推进线上线下一体化监管。创新商标监管方式,将查处商标侵权假冒行为的监督检查和行政处罚信息纳入国家企业信用信息公示系统,加大失信惩戒力度。(工商总局牵头负责)

33. 加强网络侵权盗版治理,开展打击网络侵权盗版专项治理"剑网行动",完善国家版权监管平台,突出对网络影视、新闻、游戏、动漫、软件等重点领域的专项整治,探索对新型网络侵权盗版行为的有效治理模式。(新闻出版广电总局(版权局)、工业和信息化部、公安部、文化部负责)

34. 深入开展中国制造海外形象维护"清风"行动,推进互联网领域侵权假冒专项治理,开展寄递渠道重点执法。(中央网信办、工业和信息化部、公安部、农业部、商务部、文化部、卫生计生委、海关总署、工商总局、质检总局、新闻出版广电总局（版权局）、食品药品监管总局、知识产权局、邮政局、贸促会按职责分工分别负责）

35. 以网络游戏、网络音乐、网络动漫、网络表演等领域为重点，大力推进知识产权保护，发布违法违规互联网文化产品和经营单位查处名单。（文化部负责）

36. 加强植物新品种保护执法体系建设，组织开展打击侵犯植物新品种权专项行动。（农业部、林业局负责）

（四）加强日常监管执法

37. 出台知识产权海关保护工作规程，健全部门间执法合作机制，上线知识产权海关保护执法系统，在自贸试验区试点推行新型执法模式，研究建立区域海关联合办案、同类型案件联合督办等大要案办理模式，推广知识产权海关保护备案移动查询系统，实现智能化执法。（海关总署负责）

38. 加强对个体专业市场的知识产权保护规范化培育工作，开展第二批知识产权保护规范化培育市场评审认定工作，推动"专业市场知识产权保护信息管理系统"在相关培育市场的应用。（知识产权局负责）

39. 研究林业植物新品种保护行政执法考核指标，推进林业遗传资源调查编目工作。（林业局负责）

40. 加强商业模式等新业态创新成果专利保护研究，研究完善实用艺术品外观设计专利保护制度，收集整理实用艺术品外观设计专利保护典型案例。（知识产权局负责）

41. 开展知识产权保护社会满意度调查，发布知识产权保护社会满意度调查报告。（知识产权局、工商总局、新闻出版广电总局（版权局）负责）

三、促进知识产权创造运用

（一）提升知识产权创造质量

42. 实施专利质量提升工程，优化专利统计指标体系和各类专利资助政策，强化质量导向，加强对非正常专利申请行为的监管，建立健全信息反馈联动机制和工作约谈机制。（知识产权局负责）

43. 开展重点优势产业专利申请集中审查试点，研究建立专利申请集中审查中涉及产业安全的沟通机制，启动制定重点优势产业专利申请的集中审查管理办法。（知识产权局负责）

44. 完善发明专利审查质量保障案例分享机制，加强质量保障体系建设和审查质量外部反馈机制，完善业务指导体系，制定《关于加强和规范审查协作中心业务指导的意见》。（知识产权局负责）

45. 试行专利复审及无效优先审查，探索实施短周期案件审查模式，探索建立涉及系列申请复审案件的集中审查机制。（知识产权局负责）

46. 加强与相关国家或地区专利审查机构的"专利审查高速路"合作，探索与"一带一路"沿线国家开展"专利审查高速路"合作的可行性，推进"一带一路"地方战略支点建设工作。（知识产权局负责）

47. 大力推进商标网上申请，将网上申请由仅对商标代理机构开放扩大至所有申请人，业务受理范围由仅受理注册申请业务，逐步扩大至续展、转让、变更、注销等。（工商总局负责）

48. 深入推进商标注册便利化改革，加强上海、重庆等地区商标审查协作工作。（工商总局负责）

49. 上线运行农业植物新品种保护在线申请系统，实现在线申请系统与办公自动化系统信息对接。（农业部负责）

50. 推动国防知识产权信息平台建设，分类建设国防知识产权信息平台，开展国防专利标准数据加工，完善国防专利申请审查系统。完成国防科技工业领域专利信息分类检索系统开发，开展国防科技工业领域专利技术分类体系研究。（中央军委装备发展部、国防科工局负责）

51. 开展中医药传统知识保护制度研究，完善中医药传统知识保护名录数据库，制定并发布中药产业专利报告。（中医药局、卫生计生委、知识产权局负责）

（二）加强知识产权综合运用

52. 完善科技成果转移转化支持机制，加快实施国家科技成果转化引导基金，设立新一批子基金，实施贷款风险补偿。（科技部、财政部负责）

53. 上线试运营全国知识产权运营公共服务平台，完善全国知识产权

运营平台体系，发挥重点产业知识产权运营基金引导作用。（知识产权局负责）

54. 研究制定知识产权跨国许可与转让指南、知识产权许可合同范本。（知识产权局负责）

55. 推动商标受理和注册商标质权登记工作便利化改革，优化设立商标受理窗口和注册商标质权登记申请受理点。（工商总局负责）

56. 举办2017中国国际商标品牌节与中国商标金奖颁奖活动，促进商标运用与保护。（工商总局负责）

57. 加强对国家版权贸易基地、国家版权交易中心的培育和管理，支持"国家版权交易中心联盟"建设。（新闻出版广电总局（版权局）负责）

58. 深入推进商标富农工作。（工商总局、农业部负责）

59. 主办世界地理标志大会。（工商总局负责）

60. 推进国家地理标志产品保护示范区建设，开展地理标志产品精准扶贫工程，重点支持西部地区申请地理标志产品保护。（质检总局负责）

61. 编制印发《国防科技工业知识产权转化目录（第三批）》。（国防科工局、知识产权局负责）

62. 推动中央企业和中央创新投资基金参与相关知识产权运营基金，加大在重点产业领域的布局和投入力度。（国资委负责）

63. 完善知识产权信用担保机制，鼓励有条件的商业银行等金融机构，在风险可控、商业可持续的前提下，开展知识产权质押融资业务，加强专利保险的险种开发、服务完善、人才培养和风险监控。推动《融资担保公司管理条例》尽快出台，完善被担保人或者第三人以知识产权质押方式向融资担保公司提供反担保的登记机制。（人民银行、工商总局、知识产权局、银监会、保监会负责）

64. 出台知识产权强企建设实施方案，继续实施中小企业知识产权战略推进工程，深入推进国家知识产权示范优势企业培育工作。（知识产权局、工业和信息化部、国资委负责）

65. 建立基于产业行业的共享专利池，加强中科院和企业的交流合作，共享专利技术。（中科院负责）

66. 正式启用国家标准制修订系统中国家标准涉及专利管理子系统，

实现统计、查询和管理功能，开展《标准必要专利布局指南》的研究和起草工作，加快专利价值分析等国家标准制定。（知识产权局、质检总局负责）

67. 推动完善知识产权认证制度建设，推动知识产权领域认证能力建设，完善知识产权认证监管体系建设。（知识产权局、质检总局负责）

68. 开展《高等学校知识产权管理规范》和《科研组织知识产权管理规范》贯标工作，指导高校和科研组织完善知识产权规范化管理制度，推行高校和科研组织的专利分级管理。（知识产权局、教育部、中科院负责）

69. 实施中小企业知识产权托管试点工程，遴选一批知识产权服务机构，面向小微企业开展知识产权运营与维权服务。（知识产权局负责）

70. 制定印发《关于促进国防知识产权向民用领域转移鼓励民用领域知识产权在国防领域运用的若干意见》。（中央军委装备发展部、工业和信息化部、知识产权局负责）

（三）强化知识产权信息利用

71. 推广实施针对区域、产业和企业的专利导航项目，构建专利导航工作体系。制定专利导航区域创新发展质量评价指标。推动构建产业知识产权联盟。（知识产权局负责）

72. 推进知识产权区域布局试点工作，发布知识产权区域布局发展报告，研究编制知识产权区域布局导向目录范本。（知识产权局负责）

73. 开展产业知识产权协同运用推进行动和行业知识产权服务能力提升行动。发布重点产业知识产权态势报告，建设知识产权信息服务类产业技术基础公共服务平台。（工业和信息化部、知识产权局负责）

74. 修订国际专利分类与战略性新兴产业对照表，完善战略性新兴产业中国专利数据库和全球专利数据库结构和内容，持续完成战略性新兴产业总体情况及七大子产业专利统计分析工作。（知识产权局负责）

75. 积极推进电子商标注册证及电子送达工作，开放商标数据库，加强内部办公平台、社会服务平台"两个平台"建设，推动网上查询、网上申请、网上缴费、网上公告系统提速升级。（工商总局负责）

76. 开展林业知识产权示范、专利产业化推进及林业重点领域专利预警分析研究工作。（林业局负责）

77. 统计监测知识产权密集型产业发展态势，发布2017年知识产权密集型产业统计报告。（知识产权局、统计局负责）

78. 完善全国专利信息公共服务体系建设，推进专利数据信息资源开放共享，全面推进"新一代地方专利信息服务中心检索与分析系统"试点工作，依法公开专利审查过程信息。（知识产权局负责）

四、深化知识产权国际交流合作

（一）加强重点产业海外布局和风险防控

79. 开展海外知识产权环境研究，及时发布主要贸易目的地、对外投资目的地知识产权制度等信息。（知识产权局负责）

80. 制定《中小企业海外经营知识产权实务指南》，探索建设中小企业知识产权工作远程培训与在线咨询服务平台。（贸促会负责）

81. 鼓励社会资本设立中国企业海外知识产权维权援助服务基金，遴选海外和涉外知识产权维权服务援助机构，推动"中华老字号"企业在外落地发展。（贸促会负责）

82. 加强海外知识产权维权援助机制建设，完善与产业、行业主管部门及商协会的沟通机制，继续在重点国际展（博）览会设立中国企业知识产权服务站，为企业"走出去"提供知识产权指引，协助解决企业在境外遇到的知识产权纠纷。（商务部、工商总局、新闻出版广电总局（版权局）、知识产权局、贸促会负责）

83. 拓展与"一带一路"沿线国家海关合作，邀请我国企业参加海关对外合作，维护我国企业海外知识产权利益，助推中国企业"走出去"。（海关总署负责）

（二）提升知识产权对外合作水平

84. 加强与世界知识产权组织、世界贸易组织及相关国际组织的合作交流，积极推动"一带一路"沿线国家、金砖国家知识产权合作。深入参与发明领域和外观设计领域中美欧日韩合作。利用知识产权海外交流活动平台扩大中国品牌国际影响，提升涉外知识产权工作成效。（外交部、商务部、知识产权局牵头，农业部、海关总署、工商总局、质检总局、新闻

出版广电总局（版权局）、林业局、贸促会按职责分工分别负责）

85. 发挥中美、中欧知识产权工作组等双边政府对话机制作用，服务中美高层交往、中国—欧盟领导人会晤等重大双边活动。推动中美、中欧知识产权合作项目延续事宜。加快中欧地理标志协定谈判进程。积极推动区域全面经济伙伴关系和亚太经合组织框架下以及金砖国家经贸合作机制下的知识产权合作。（商务部、外交部、文化部、海关总署、工商总局、质检总局、新闻出版广电总局（版权局）、知识产权局负责）

86. 设立援助发展中国家的知识产权学历教育项目，开展面向发展中国家的知识产权学历教育和短期培训。（知识产权局、教育部负责）

87. 拓展企业参与国际和区域性知识产权规则制修订途径。推动国内服务机构、产业联盟等加强与国外相关组织的合作交流。（知识产权局负责）

88. 组织召开博鳌亚洲论坛知识产权研讨会和第九届金砖国家知识产权局局长会议。（知识产权局负责）

89. 参加国际植物新品种保护联盟系列会议、东亚论坛等，借鉴优势国家经验，开展双边新品种保护合作交流，参与国际植物新品种保护联盟电子申请系统建设。（知识产权局、农业部、林业局负责）

90. 积极履行《生物多样性公约关于获取遗传资源和公正和公平分享其利用所产生惠益的名古屋议定书》，加强履约能力建设。（环境保护部负责）

91. 建立知识产权仲裁机构，完善知识产权争议解决机制。（贸促会、知识产权局负责）

五、加强组织实施和保障

（一）加强政策制定和推进落实

92. 完善国务院知识产权战略实施工作部际联席会议工作规则，修订国家知识产权战略信息工作管理办法，研究制定国家知识产权战略实施评价制度，启动《国家知识产权战略纲要》实施十年评估工作。（联席会议办公室、联席会议成员单位负责）

93. 推动出台《"十三五"国家知识产权保护和运用规划》任务分工方案，做好规划宣传解读。（知识产权局牵头负责）

94. 深入实施商标品牌战略，推动出台《关于深入实施商标品牌战略推进中国品牌建设的意见》。（工商总局、质检总局负责）

95. 印发实施《关于国防科技工业推进知识产权强国建设的指导意见》。（国防科工局、财政部、知识产权局负责）

96. 印发实施《关于支持东北老工业基地全面振兴深入实施东北地区知识产权战略的若干意见》。（知识产权局、发展改革委、科技部、工业和信息化部、农业部、文化部、海关总署、工商总局、新闻出版广电总局（版权局）负责）

97. 推进引领型、支撑型、特色型知识产权强省建设，遴选一批城市开展知识产权强市建设。深入推进知识产权试点示范城市工作，实施知识产权强县工程。（知识产权局负责）

（二）加强人才培养和宣传引导

98. 制定印发《知识产权人才"十三五"规划》，推动全国知识产权系统结合本地区工作实际，制定实施相应的知识产权人才规划或落实方案。（知识产权局负责）

99. 重点开展"五个一批"人才培养，积极推动知识产权专业技术人员评价体系建设。（知识产权局、人力资源社会保障部负责）

100. 支持高水平高校设置知识产权相关专业，推动开设知识产权本科专业的高校修订知识产权专业人才培养方案。支持有关学位授予单位自主设置知识产权二级学科和交叉学科。（教育部负责）

101. 深入实施专业技术人才知识更新工程，加大对知识产权领域专业技术人才培养培训工作的支持力度。完善知识产权专业技术人员职称评价标准。加大知识产权高层次人才引进力度，完善相关高层次人才回国优惠政策。进一步加强公务员知识产权培训。（知识产权局、人力资源社会保障部负责）

102. 加强对非物质文化遗产传承人群的知识产权培训，实施中国非物质文化遗产传承人群研修研习培训计划，提高非物质文化遗产传承人群知识产权保护意识和保护能力。（文化部负责）

103. 实施知识产权文化建设工程，组织办好世界知识产权日、全国知识产权宣传周、中国知识产权保护高层论坛等大型活动。加强知识产权普及型教育，深入推进中小学知识产权教育试点示范工作，建设命名中小学生知识产权教育社会实践基地，认真开展知识产权普法工作和公益讲座，提高全社会知识产权意识。（知识产权局、中央宣传部、中央网信办、教育部、司法部、文化部、工商总局、新闻出版广电总局（版权局）负责）

上述各项任务分工中，由多个部门负责的，列第一位的部门为牵头部门，其他为参与部门；由多个部门牵头的，牵头部门不分先后。

每万人口发明专利拥有量达到 12 件

《"十三五"国家知识产权保护和运用规划》重点任务分工方案[*]

为落实《"十三五"国家知识产权保护和运用规划》(国发〔2016〕86号),根据各相关部门职责,对各项重点任务作如下分工。

一、主要指标

到 2020 年:

1. 每万人口发明专利拥有量达到 12 件。(知识产权局负责)

2. PCT 专利申请量达到 6 万件。(知识产权局负责)

3. 植物新品种申请总量达到 2.5 万件。(农业部、林业局按职责分别负责)

4. 全国作品登记数量达到 220 万件。(新闻出版广电总局(版权局)负责)

5. 年度知识产权质押融资金额达到 1 800 亿元。(工商总局、新闻出版广电总局(版权局)、知识产权局按职责分别负责)

6. 计算机软件著作权登记数量达到 44 万件。(新闻出版广电总局(版权局)负责)

---

[*] 2017 年 8 月 17 日,《国务院知识产权战略实施工作部际联席会议办公室关于印发〈"十三五"国家知识产权保护和运用规划重点任务分工方案〉的通知》(国知战联办〔2017〕17 号)印发。

7. 规模以上制造业每亿元主营业务收入有效发明专利数达到0.7件。（工业和信息化部、知识产权局负责。列第一位者为牵头部门，下同）

8. "十三五"时期，知识产权使用费出口额达到100亿美元。（商务部、人民银行、工商总局、新闻出版广电总局（版权局）、知识产权局、外汇局按职责分别负责）

9. "十三五"时期，知识产权服务业营业收入年均增长20%。（工商总局、新闻出版广电总局（版权局）、知识产权局按职责分别负责）

10. 知识产权保护社会满意度达到80分。（中央综治办、知识产权局按职责分别负责）

二、主要任务

（一）深化知识产权领域改革

11. 积极研究探索知识产权管理体制机制改革，努力在重点领域和关键环节取得突破性成果。（中央编办、工商总局、新闻出版广电总局（版权局）、知识产权局负责）

12. 支持地方开展知识产权综合管理改革试点。（知识产权局、中央编办、工商总局、新闻出版广电总局（版权局）负责）

13. 建立以知识产权为重要内容的创新驱动评价体系，推动知识产权产品纳入国民经济核算，将知识产权指标纳入国民经济和社会发展考核体系。（科技部、工业和信息化部、人力资源社会保障部、农业部、国资委、工商总局、质检总局、新闻出版广电总局（版权局）、统计局、林业局、知识产权局按职责分别负责）

14. 推进简政放权，简化和优化知识产权审查和注册流程。放宽知识产权服务业准入，扩大代理领域开放程度，放宽对专利代理机构股东和合伙人的条件限制。（知识产权局、工商总局、新闻出版广电总局（版权局）负责）

15. 加快知识产权权益分配改革，完善有利于激励创新的知识产权归属制度，构建提升创新效率和效益的知识产权导向机制。（知识产权局、科技部、教育部、财政部、农业部、国资委、中科院、国防科工局、中央军委装备发展部负责）

(二) 严格实行知识产权保护

16. 加快知识产权法律、法规、司法解释的制修订，构建包括司法审判、刑事司法、行政执法、快速维权、仲裁调解、行业自律、社会监督的知识产权保护工作格局。（中央宣传部、外交部、教育部、科技部、工业和信息化部、公安部、司法部、环境保护部、农业部、商务部、文化部、卫生计生委、人民银行、国资委、海关总署、工商总局、质检总局、新闻出版广电总局（版权局）、统计局、林业局、知识产权局、法制办、中科院、国防科工局、贸促会、高法院、高检院、中央军委装备发展部按职责分别负责）

17. 以充分实现知识产权的市场价值为指引，进一步加大损害赔偿力度。（农业部、文化部、工商总局、质检总局、新闻出版广电总局（版权局）、林业局、知识产权局、高法院按职责分别负责）

18. 推进诉讼诚信建设，依法严厉打击侵犯知识产权犯罪。（公安部、司法部、人民银行、工商总局、新闻出版广电总局（版权局）、知识产权局、高法院、高检院按职责分别负责）

19. 强化行政执法，改进执法方式，提高执法效率，加大对制假源头、重复侵权、恶意侵权、群体侵权的查处力度，为创新者提供更便利的维权渠道。（全国打击侵权假冒工作领导小组办公室、农业部、文化部、海关总署、工商总局、质检总局、新闻出版广电总局（版权局）、食品药品监管总局、林业局、知识产权局按职责分别负责）

20. 加强商标品牌保护，提高消费品商标公共服务水平。（工商总局、质检总局按职责分别负责）

21. 规范有效保护商业秘密。（工商总局、法制办负责）

22. 持续推进政府机关和企业软件正版化工作。（新闻出版广电总局（版权局）、财政部、国资委、国管局负责）

23. 健全知识产权纠纷的争议仲裁和快速调解制度。（知识产权局、司法部、农业部、工商总局、新闻出版广电总局（版权局）、林业局、法制办、贸促会、高法院、中央军委装备发展部负责）

24. 充分发挥行业组织的自律作用，引导企业强化主体责任。（全国打

击侵权假冒工作领导小组办公室、工商总局、新闻出版广电总局（版权局）、知识产权局负责）

25. 深化知识产权保护的区域协作和国际合作。（全国打击侵权假冒工作领导小组办公室、公安部、司法部、农业部、商务部、文化部、海关总署、工商总局、质检总局、新闻出版广电总局（版权局）、食品药品监管总局、林业局、知识产权局、贸促会、高法院、高检院按职责分别负责）

（三）促进知识产权高效运用

26. 突出知识产权在科技创新、新兴产业培育方面的引领作用，大力发展知识产权密集型产业，完善专利导航产业发展工作机制，深入开展知识产权评议工作。（知识产权局、发展改革委、科技部、工业和信息化部、工商总局、新闻出版广电总局（版权局）、统计局负责）

27. 加大高技术含量知识产权转移转化力度。（知识产权局、科技部、教育部、中科院、国防科工局、中央军委装备发展部负责）

28. 创新知识产权运营模式和服务产品。（知识产权局、工业和信息化部、工商总局、证监会负责）

29. 完善科研开发与管理机构的知识产权管理制度，探索建立知识产权专员派驻机制。（科技部、教育部、质检总局、知识产权局、中科院按职责分别负责）

30. 建立健全知识产权服务标准，完善知识产权服务体系。（知识产权局、工商总局、质检总局负责）

31. 完善"知识产权+金融"服务机制，深入推进质押融资风险补偿试点。（知识产权局、工业和信息化部、文化部、人民银行、工商总局、银监会负责）

32. 推动产业集群品牌的注册和保护，开展产业集群、品牌基地、地理标志、知识产权服务业集聚区培育试点示范工作。（工业和信息化部、工商总局、质检总局、知识产权局按职责分别负责）

33. 推动军民知识产权转移转化，促进军民融合深度发展。（中央军委装备发展部、科技部、工业和信息化部、知识产权局、国防科工局负责）

三、重点工作

(一) 完善知识产权法律制度

34. 加快推动专利法、著作权法、反不正当竞争法及配套法规、植物新品种保护条例等法律法规的制修订工作。(农业部、商务部、文化部、工商总局、新闻出版广电总局(版权局)、林业局、知识产权局、法制办按职责分别负责)

35. 适时做好地理标志立法工作,健全遗传资源、传统知识、民间文艺、中医药、新闻作品、广播电视节目等领域法律制度。(科技部、环境保护部、农业部、文化部、卫生计生委、工商总局、质检总局、新闻出版广电总局(版权局)、林业局、知识产权局、法制办按职责分别负责)

36. 完善职务发明制度和规制知识产权滥用行为的法律制度,健全国防领域知识产权法规政策。(发展改革委、商务部、工商总局、知识产权局、法制办、国防科工局、中央军委装备发展部按职责分别负责)

37. 研究完善商业模式和实用艺术品等知识产权保护制度。(知识产权局、高法院牵头)

38. 研究"互联网+"、电子商务、大数据等新业态、新领域知识产权保护规则。(全国打击侵权假冒工作领导小组办公室、中央综治办、中央网信办、工业和信息化部、公安部、农业部、商务部、文化部、海关总署、工商总局、质检总局、新闻出版广电总局(版权局)、林业局、知识产权局、法制办、高法院负责)

39. 研究新媒体条件下的新闻作品版权保护。(新闻出版广电总局(版权局)负责)

40. 研究实质性派生品种保护制度。(农业部、林业局、知识产权局按职责分别负责)

41. 制定关于滥用知识产权的反垄断指南。(发展改革委、商务部、工商总局、知识产权局按职责分别负责)

42. 完善商业秘密保护法律制度,明确商业秘密和侵权行为界定,探索建立诉前保护制度。(工商总局、法制办、高法院负责)

专栏1　知识产权法律完善工程

43. 配合全国人大常委会完成专利法第四次全面修改。（知识产权局、法制办负责）

44. 推进著作权法第三次修改。（新闻出版广电总局（版权局）、法制办按职责分别负责）

45. 根据专利法、著作权法修改进度适时推进专利法实施细则、专利审查指南、著作权法实施条例等配套法规和部门规章的修订。（新闻出版广电总局（版权局）、知识产权局、法制办按职责分别负责）

46. 完成专利代理条例和国防专利条例修订。（知识产权局、法制办、国防科工局、中央军委装备发展部按职责分别负责）

47. 组织研究制定知识产权基础性法律的必要性和可行性。研究在民事基础性法律中进一步明确知识产权制度的基本原则、一般规则及重要概念。（科技部、工业和信息化部、农业部、商务部、文化部、卫生计生委、海关总署、工商总局、质检总局、新闻出版广电总局（版权局）、林业局、知识产权局、法制办、国防科工局、高法院、中央军委装备发展部按职责分别负责）

48. 研究开展反不正当竞争法、知识产权海关保护条例、生物遗传资源获取管理条例以及中医药等领域知识产权保护相关法律法规制修订工作。（科技部、环境保护部、农业部、商务部、卫生计生委、海关总署、工商总局、林业局、知识产权局、法制办按职责分别负责）

（二）提升知识产权保护水平

49. 推动知识产权领域的司法体制改革，构建公正高效的知识产权司法保护体系，形成资源优化、科学运行、高效权威的知识产权综合审判体系，推进知识产权民事、刑事、行政案件的"三合一"审理机制，努力为知识产权权利人提供全方位和系统有效的保护，维护知识产权司法保护的稳定性、导向性、终局性和权威性。进一步发挥司法审查和司法监督职能。（高法院、中央编办、公安部、高检院负责）

50. 发挥司法保护的主导作用，完善行政执法和司法保护两条途径优势互补、有机衔接的知识产权保护体系。（全国打击侵权假冒工作领导小组办公室、公安部、农业部、文化部、海关总署、工商总局、质检总局、新闻出版广电总局（版权局）、林业局、知识产权局、高法院、高检院、中央军委装备发展部按职责分别负责）

51. 加大对知识产权侵权行为的惩治力度，研究提高知识产权侵权法定赔偿上限，针对情节严重的恶意侵权行为实施惩罚性赔偿并由侵权人承担实际发生的合理开支。（高法院、农业部、文化部、海关总署、工商总局、质检总局、新闻出版广电总局（版权局）、食品药品监管总局、林业局、知识产权局、法制办按职责分别负责）

52. 积极开展知识产权民事侵权诉讼程序与无效程序协调的研究。（农业部、工商总局、林业局、知识产权局、高法院按职责分别负责）

53. 及时、有效做好知识产权司法救济工作。（司法部、高法院按职责分别负责）

54. 支持开展知识产权司法保护对外合作。（高法院、高检院、公安部、司法部、农业部、商务部、文化部、海关总署、工商总局、质检总局、新闻出版广电总局（版权局）、食品药品监管总局、林业局、知识产权局按职责分别负责）

55. 完善常态化打防工作格局，进一步优化全程打击策略，全链条惩治侵权假冒犯罪。深化行政执法部门间的协作配合，探索使用专业技术手段，提升信息应用能力和数据运用水平，完善与电子商务企业协作机制。加强打假专业队伍能力建设。（全国打击侵权假冒工作领导小组办公室、公安部、农业部、商务部、文化部、海关总署、工商总局、质检总局、新闻出版广电总局（版权局）、林业局、知识产权局按职责分别负责）

56. 深化国际执法合作，加大涉外知识产权犯罪案件侦办力度，围绕重点案件开展跨国联合执法行动。（公安部、商务部、海关总署、工商总局、质检总局、新闻出版广电总局（版权局）、知识产权局、贸促会按职责分别负责）

57. 加强知识产权行政执法能力建设，统一执法标准，完善执法程序，提高执法专业化、信息化、规范化水平。（农业部、商务部、文化部、海关总署、工商总局、质检总局、新闻出版广电总局（版权局）、林业局、知识产权局按职责分别负责）

58. 完善知识产权联合执法和跨地区执法协作机制，积极开展执法专项行动，重点查办跨区域、大规模和社会反映强烈的侵权案件。（全国打击侵权假冒工作领导小组办公室、农业部、商务部、文化部、海关总署、工商总局、质检总局、新闻出版广电总局（版权局）、林业局、知识产权局负责）

59. 建立完善专利、版权线上执法办案系统。（新闻出版广电总局（版权局）、知识产权局按职责分别负责）

60. 完善打击侵权假冒商品的举报投诉机制。（工商总局、质检总局、新闻出版广电总局（版权局）、知识产权局按职责分别负责）

61. 创新知识产权快速维权工作机制。完善知识产权行政执法监督，加强执法维权绩效管理。（新闻出版广电总局（版权局）、知识产权局按职责分别负责）

62. 加大展会知识产权保护力度。（商务部、工商总局、新闻出版广电总局（版权局）、知识产权局按职责分别负责）

63. 加强严格知识产权保护的绩效评价，持续开展知识产权保护社会满意度调查。（全国打击侵权假冒工作领导小组办公室、中央综治办、知识产权局按职责分别负责）

64. 建立知识产权纠纷多元解决机制，加强知识产权仲裁机构和纠纷调解机构建设。（知识产权局、司法部、农业部、工商总局、新闻出版广电总局（版权局）、林业局、法制办、贸促会、高法院、中央军委装备发展部负责）

65. 落实对外贸易法中知识产权保护相关规定，适时出台与进出口贸易相关的知识产权保护政策。（商务部、中央网信办、工业和信息化部、公安部、农业部、海关总署、工商总局、质检总局、食品药品监管总局、知识产权局、贸促会、中央军委装备发展部负责）

66. 改进知识产权海关保护执法体系，加大对优势领域和新业态、新领域创新成果的知识产权海关保护力度。（海关总署、工商总局、知识产权局、邮政局负责）

67. 完善自由贸易试验区、海关特殊监管区内货物及过境、转运、通运货物的知识产权海关保护执法程序，在确保有效监管的前提下促进贸易

便利。(海关总署、商务部负责)

68. 坚持专项整治、丰富执法手段、完善运行机制,提高打击侵权假冒执行力度,突出打击互联网领域跨境电子商务侵权假冒违法活动。(全国打击侵权假冒工作领导小组办公室、中央网信办、工业和信息化部、农业部、商务部、文化部、海关总署、工商总局、质检总局、新闻出版广电总局(版权局)、食品药品监管总局、林业局、知识产权局按职责分别负责)

69. 加强国内、国际执法合作,完善从生产源头到流通渠道、消费终端的全链条式管理。(全国打击侵权假冒工作领导小组办公室、商务部、海关总署、工商总局、质检总局、新闻出版广电总局(版权局)、知识产权局、贸促会按职责分别负责)

70. 开展遗传资源、传统知识和民间文艺等知识产权资源调查。(科技部、环境保护部、农业部、文化部、新闻出版广电总局(版权局)、林业局按职责分别负责)

71. 制定非物质文化遗产知识产权工作指南,加强对优秀传统知识资源的保护和运用。(文化部负责)

72. 完善传统知识和民间文艺登记、注册机制,鼓励社会资本发起设立传统知识、民间文艺保护和发展基金。(文化部、新闻出版广电总局(版权局)、财政部按职责分别负责)

73. 研究完善中国遗传资源保护利用制度,建立生物遗传资源获取的信息披露、事先知情同意和惠益分享制度。(环境保护部、科技部、农业部、卫生计生委、林业局、知识产权局负责)

74. 探索构建中医药知识产权综合保护体系,建立医药传统知识保护名录。(卫生计生委、知识产权局负责)

75. 建立民间文艺作品的使用保护制度。(文化部、新闻出版广电总局(版权局)按职责分别负责)

76. 加大宽带移动互联网、云计算、物联网、大数据、高性能计算、移动智能终端等领域的知识产权保护力度。(全国打击侵权假冒工作领导小组办公室、中央综治办、中央网信办、工业和信息化部、公安部、农业部、商务部、文化部、海关总署、工商总局、质检总局、新闻出版广电总局(版权局)、林业局、知识产权局、高法院按职责分别负责)

77. 强化在线监测，深入开展打击网络侵权假冒行为专项行动。（全国打击侵权假冒工作领导小组办公室、中央网信办、工业和信息化部、公安部、农业部、商务部、海关总署、工商总局、质检总局、新闻出版广电总局（版权局）、食品药品监管总局、知识产权局、邮政局、贸促会按职责分别负责）

78. 加强对网络服务商传播影视剧、广播电视节目、音乐、文学、新闻、软件、游戏等监督管理工作，积极推进网络知识产权保护协作，将知识产权执法职责与电子商务企业的管理责任结合起来，建立信息报送、线索共享、案件研判和专业培训合作机制。（工业和信息化部、公安部、文化部、新闻出版广电总局（版权局）按职责分别负责）

79. 加大对食品、药品、环境等领域的知识产权保护力度，健全侵权假冒快速处理机制。（环境保护部、卫生计生委、食品药品监管总局、知识产权局按职责分别负责）

80. 建立健全创新药物、新型疫苗、先进医疗装备等领域的知识产权保护长效工作机制。（卫生计生委、食品药品监管总局、知识产权局按职责分别负责）

81. 加强污染治理和资源循环利用等生态环保领域的专利保护力度。（知识产权局、环境保护部负责）

82. 开展知识产权保护进乡村专项行动，建立县域及乡镇部门协作执法机制和重大案件联合督办制度，加强农村市场知识产权行政执法条件建设。针对电子、建材、汽车配件、小五金、食品、农资等专业市场，加大对侵权假冒商品的打击力度，严堵侵权假冒商品的流通渠道。（工商总局、质检总局、新闻出版广电总局（版权局）、食品药品监管总局、知识产权局按职责分别负责）

专栏2　知识产权保护工程

83. 重点打击侵犯注册商标专用权、擅自使用他人知名商品特有名称包装装潢、冒用他人企业名称或姓名等仿冒侵权违法行为。（工商总局负责）

84. 针对重点领域开展打击侵权盗版专项行动，突出大案要案查处、重点行业专项治理和网络盗版监管，持续开展"红盾网剑"、"剑网"专项

行动，严厉打击网络侵权假冒等违法行为。（工业和信息化部、公安部、工商总局、新闻出版广电总局（版权局）按职责分别负责）

85. 开展打击侵犯植物新品种权和制售假劣种子行为专项行动。（农业部、林业局按职责分别负责）

86. 加大涉嫌犯罪案件移交工作力度。（全国打击侵权假冒工作领导小组办公室、高检院牵头，高法院、公安部、农业部、文化部、海关总署、工商总局、质检总局、新闻出版广电总局（版权局）、林业局、知识产权局负责）

87. 开展与相关国际组织和境外执法部门的联合执法。（公安部、司法部、农业部、商务部、文化部、海关总署、工商总局、质检总局、新闻出版广电总局（版权局）、食品药品监管总局、林业局、知识产权局、贸促会、高法院、高检院按职责分别负责）

88. 加强大型商场、展会、电子商务、进出口等领域知识产权执法维权工作。（农业部、商务部、文化部、海关总署、工商总局、质检总局、新闻出版广电总局（版权局）、林业局、知识产权局、中央军委装备发展部按职责分别负责）

89. 强化"12330"平台建设，拓展维权援助服务渠道。提升平台服务质量，深入对接产业联盟、行业协会。（知识产权局负责）

90. 加快推进知识产权快速维权中心建设，提升工作质量与效率。推进快速维权领域由单一行业向多行业扩展、类别由外观设计向实用新型专利和发明专利扩展、区域由特定地区向省域辐射，在特色产业集聚区和重点行业建立一批知识产权快速维权中心。（知识产权局、中央军委装备发展部负责）

91. 推进侵权纠纷案件信息公示工作，严格执行公示标准。将故意侵权行为纳入社会信用评价体系，明确专利侵权等信用信息的采集规则和使用方式，向征信机构公开相关信息。积极推动建立知识产权领域信用联合惩戒机制。（全国打击侵权假冒工作领导小组办公室、发展改革委、农业部、文化部、人民银行、海关总署、工商总局、质检总局、新闻出版广电总局（版权局）、食品药品监管总局、林业局、知识产权局、高法院、中央军委装备发展部按职责分别负责）

(三) 提高知识产权质量效益

92. 建立专利申请质量监管机制。深化专利代理领域改革。健全专利审查质量管理机制。优化专利审查流程与方式。完善专利审查协作机制。继续深化专利审查业务国际合作，拓展"专利审查高速路"国际合作网络。加快建设世界一流专利审查机构。加强专利活动与经济效益之间的关联评价。完善专利奖的评审与激励政策，发挥专利奖标杆引领作用。（知识产权局、中央军委装备发展部负责）

专栏3　专利质量提升工程

93. 在知识产权强省、强市建设和有关试点示范工作中强化专利质量评价和引导。建立专利申请诚信档案，持续开展专利申请质量监测与反馈。（知识产权局负责）

94. 加强审查业务指导体系和审查质量保障体系建设。完善绿色技术专利申请优先审查机制。做好基于审查资源的社会服务工作。构建专利审查指南修订常态化机制。改进审查周期管理，满足创新主体多样化需求。加强与行业协会、代理人、申请人的沟通，形成快捷高效的外部质量反馈机制，提高社会满意度。加大支撑专利审查的信息化基础设施建设。（知识产权局、中央军委装备发展部负责）

95. 深化专利代理领域"放管服"改革，提高行业管理水平。强化竞争机制和行业自律，加大对代理机构和代理人的执业诚信信息披露力度。针对专利代理机构的代理质量构建反馈、评价、约谈、惩戒机制。（知识产权局、中央军委装备发展部负责）

96. 加快知识产权运营公共服务平台体系建设，为专利转移转化、收购托管、交易流转、质押融资、专利导航等提供平台支撑，提高专利运用效益。制定出台相关政策，营造良好的专利保护环境，促进高质量创造和高价值专利实施。（知识产权局、财政部、国防科工局、中央军委装备发展部负责）

97. 提升商标注册便利化水平，优化商标审查体系，建立健全便捷高效的商标审查协作机制。提升商标权保护工作效能，为商标建设营造公平竞争的市场环境。创新商标行政指导和服务监管方式，提升企业运用商标制度能力，打造知名品牌。研究建立商标价值评估体系，构建商标与国民生产总值、就业规模等经济指标相融合的指标体系。建立国家商标信息库。（工商总局负责）

98. 全面完善版权社会服务体系，发挥版权社会服务机构的作用。推动版权资产管理制度建设。建立版权贸易基地、交易中心工作协调机制。充分发挥全国版权示范城市、单位、园区（基地）的示范引导作用。打造一批规模化、集约化、专业化的版权企业，带动版权产业健康快速发展。鼓励形成一批拥有精品品牌的广播影视播映和制作经营机构，打造精品影视节目版权和版权产业链。鼓励文化领域商业模式创新，大力发展版权代理和版权经纪业务，促进版权产业和市场的发展。（新闻出版广电总局（版权局）负责）

99. 建立地理标志联合认定机制，加强我国地理标志在海外市场注册和保护工作。（农业部、工商总局、质检总局按职责分别负责）

100. 推动建立统筹协调的植物新品种管理机制，推进植物新品种测试体系建设，加快制定植物新品种测试指南，提高审查测试水平。加强种子企业与高校、科研机构的协作创新，建立授权植物新品种的基因图谱数据库，为维权取证和执法提供技术支撑。（农业部、林业局按职责分别负责）

101. 完善集成电路布图设计保护制度，优化集成电路布图设计的登记和撤销程序，充分发挥集成电路布图设计制度的作用，促进集成电路产业升级发展。（知识产权局、中央军委装备发展部负责）

（四）加强知识产权强省、强市建设

102. 推进引领型、支撑型、特色型知识产权强省建设，发挥知识产权强省的示范带动作用。（知识产权局负责）

103. 深入开展知识产权试点示范工作，可在国家知识产权示范城市、全国版权示范城市等基础上建成一批布局合理、特色明显的知识产权强市。（新闻出版广电总局（版权局）、知识产权局按职责分别负责）

104. 进一步探索建设适合国情的县域知识产权工作机制。（知识产权局负责）

105. 推动开展知识产权区域布局试点，形成以知识产权资源为核心的

配置导向目录，推进区域知识产权资源配置和政策优化调整。支持西部地区改善创新环境，加快知识产权发展，提升企业事业单位知识产权创造运用水平。制定实施支持东北地区等老工业基地振兴的知识产权政策，推动东北地区等老工业基地传统制造业转型升级。提升中部地区特色优势产业的知识产权水平。支持东部地区在知识产权运用方面积极探索、率先发展，培育若干带动区域知识产权协同发展的增长极。推动京津冀知识产权保护一体、运用协同、服务共享，促进创新要素自由合理流动。推进长江经济带知识产权建设，引导产业优化布局和分工协作。（发展改革委、科技部、工业和信息化部、知识产权局按职责分别负责）

106. 加大对边远地区传统知识、遗传资源、民间文艺、中医药等领域知识产权的保护与运用力度。（科技部、环境保护部、农业部、文化部、卫生计生委、新闻出版广电总局（版权局）、林业局、知识产权局按职责分别负责）

107. 利用知识产权人才优势、技术优势和信息优势进一步开发地理标志产品，加强植物新品种保护，引导注册地理标志商标，推广应用涉农专利技术。（农业部、工商总局、质检总局、林业局、知识产权局按职责分别负责）

108. 开展知识产权富民工作，推进实施商标富农工程，充分发挥农产品商标和地理标志在农业产业化中的作用，培育一批知识产权扶贫精品项目。（农业部、工商总局、质检总局、知识产权局按职责分别负责）

109. 支持革命老区、民族地区、边疆地区、贫困地区加强知识产权机构建设，提升知识产权数量和保护水平。（知识产权局、中央编办负责）

（五）加快知识产权强企建设

110. 推行企业知识产权管理国家标准，在生产经营、科技创新中加强知识产权全过程管理。完善知识产权认证制度，探索建立知识产权管理体系认证结果的国际互认机制。（知识产权局、质检总局负责）

111. 推动开展知识产权协同运用，鼓励和支持大型企业开展知识产权评议工作，在重点领域合作中开展知识产权评估、收购、运营、风险预警与应对。切实增强企业知识产权意识，支持企业加大知识产权投入，提高

竞争力。(知识产权局、工业和信息化部、商务部、国资委、工商总局、贸促会负责)

112. 出台知识产权优势企业建设指南,推动建立企业知识产权服务机制,引导优质服务力量助力企业形成知识产权竞争优势。出台知识产权示范企业培育指导性文件,提升企业知识产权战略管理能力、市场竞争力和行业影响力。(知识产权局负责)

113. 完善知识产权资产的财务、评估等管理制度及相关会计准则,引导企业发布知识产权经营报告书。(财政部、知识产权局负责)

114. 提升企业知识产权资产管理能力,推动企业在并购重组、股权激励、对外投资等活动中的知识产权资产管理。加强政府、企业和社会的协作,引导企业开展形式多样的知识产权资本化运作。(知识产权局、财政部、人民银行、国资委、银监会、证监会、贸促会负责)

专栏4　知识产权强企工程

115. 建立政策引导、咨询服务和第三方认证体系。培养企业知识产权管理专业化人才队伍。(知识产权局、质检总局负责)

116. 建立分类指导的政策体系,塑造企业示范典型,培育一批具备国际竞争优势的知识产权领军企业。实施中小企业知识产权战略推进工程,加大知识产权保护援助力度,构建服务支撑体系,扶持中小企业创新发展。(知识产权局、工业和信息化部、国资委负责)

117. 引导企业开展海外知识产权布局。发挥知识产权联盟作用,鼓励企业将专利转化为国际标准。促进知识产权管理体系标准、认证国际化。(知识产权局、商务部、质检总局、贸促会负责)

(六) 推动产业升级发展

118. 深入实施专利导航试点工程,引导产业创新发展,开展产业知识产权全球战略布局,助推产业提质增效升级。面向战略性新兴产业,在新材料、生物医药、物联网、新能源、高端装备制造等领域实施一批产业规划类和企业运营类专利导航项目。在全面创新改革试验区、自由贸易试验区、中外合作产业园区、知识产权试点示范园区等重点区域,推动建立专利导航产业发展工作机制。(知识产权局、发展改革委、工业和信息化部、

商务部负责）

119. 围绕"中国制造2025"的重点领域和"互联网+"行动的关键环节，形成一批产业关键核心共性技术知识产权。实施制造业知识产权协同运用推进工程，在制造业创新中心建设等重大工程实施中支持骨干企业、高校、科研院所协同创新、联合研发，形成一批产业化导向的专利组合，强化创新成果转化运用。（知识产权局、工业和信息化部负责）

120. 制定知识产权密集型产业目录和发展规划，发布知识产权密集型产业的发展态势报告。运用股权投资基金等市场化方式，引导社会资金投入知识产权密集型产业。加大政府采购对知识产权密集型产品的支持力度。（知识产权局、发展改革委、财政部、工商总局、新闻出版广电总局（版权局）、统计局、证监会负责）

121. 鼓励有条件的地区发展知识产权密集型产业集聚区，构建优势互补的产业协调发展格局。建设一批高增长、高收益的知识产权密集型产业，促进产业提质增效升级。（知识产权局、发展改革委、工业和信息化部、工商总局、新闻出版广电总局（版权局）、统计局负责）

122. 支持产业知识产权联盟发展。鼓励组建产业知识产权联盟，开展联盟备案管理和服务，建立重点产业联盟管理库，对联盟发展状况进行评议监测和分类指导。支持成立知识产权服务联盟。属于社会组织的，依法履行登记手续。支持联盟构筑和运营产业专利池，推动形成标准必要专利，建立重点产业知识产权侵权监控和风险应对机制。鼓励社会资本设立知识产权产业化专项基金，充分发挥重点产业知识产权运营基金作用，提高产业知识产权运营水平与国际竞争力，保障产业技术安全。（知识产权局、发展改革委、工业和信息化部、民政部、财政部、商务部、国资委、质检总局负责）

123. 实施知识产权评议工程，研究制定相关政策。围绕国家重大产业规划、政府重大投资项目等开展知识产权评议，积极探索重大科技经济活动知识产权评议试点。建立国家科技计划（专项、基金等）知识产权目标评估制度。加强知识产权评议专业机构建设和人才培养，积极推动评议成果运用，建立重点领域评议报告发布机制。推动制定评议服务相关标准。鼓励和支持行业骨干企业与专业机构在重点领域合作开展评议工作，提高

创新效率,防范知识产权风险。(知识产权局、发展改革委、科技部、工业和信息化部、工商总局、中央军委装备发展部负责)

专栏5　知识产权评议工程

124. 加强知识产权主管部门与产业主管部门间的沟通协作,围绕国家科技重大专项以及战略性新兴产业,针对高端通用芯片、高档数控机床、集成电路装备、宽带移动通信、油气田、核电站、水污染治理、转基因生物新品种、新药创制、传染病防治等领域的关键核心技术深入开展知识产权评议工作,及时提供或发布评议报告。(知识产权局、发展改革委、科技部、工业和信息化部、环境保护部、农业部、卫生计生委负责)

125. 制定发布重大经济活动评议指导手册和分类评议实务指引,规范评议范围和程序。实施评议能力提升计划,支持开发评议工具,培养一批评议人才。(知识产权局负责)

126. 培育知识产权评议服务示范机构,加强服务供需对接。推动评议服务行业组织建设,支持制定评议服务标准,鼓励联盟实施行业自律。加强评议服务机构国际交流,拓展服务空间。(知识产权局、质检总局、贸促会负责)

127. 加强国防知识产权保护,完善国防知识产权归属与利益分配机制。制定促进知识产权军民双向转化的指导意见。放开国防知识产权代理服务行业,建立和完善相应的准入退出机制。推动国防知识产权信息平台建设,分类建设国防知识产权信息资源,逐步开放检索。(中央军委装备发展部、知识产权局、国防科工局负责)

128. 营造有利于军民协同创新、双向转化的国防科技工业知识产权政策环境。建设完善国防科技工业知识产权平台,完成专利信息平台建设,形成更加完善的国防科技工业专利基础数据库。(国防科工局负责)

(七)促进知识产权开放合作

129. 进一步加强涉外知识产权事务的统筹协调。(知识产权局负责)

130. 加强与经贸相关的多双边知识产权对外谈判、双边知识产权合作磋商机制及国内立场的协调等工作。(商务部、科技部、公安部、环境保护部、农业部、海关总署、工商总局、质检总局、新闻出版广电总局(版

权局)、食品药品监管总局、林业局、知识产权局、贸促会、高法院、高检院负责)

131. 积极参与知识产权国际规则制定,加快推进保护广播组织条约修订,推动公共健康多哈宣言落实和视听表演北京条约尽快生效,做好我国批准马拉喀什条约相关准备工作。(外交部、环境保护部、农业部、商务部、海关总署、工商总局、质检总局、新闻出版广电总局(版权局)、林业局、知识产权局、贸促会按职责分别负责)

132. 加强与世界知识产权组织、世界贸易组织及相关国际组织的交流合作。(知识产权局、商务部、外交部牵头,工业和信息化部、公安部、农业部、文化部、海关总署、工商总局、质检总局、新闻出版广电总局(版权局)、林业局、贸促会负责)

133. 拓宽知识产权公共外交渠道。(外交部、商务部、工商总局、质检总局、新闻出版广电总局(版权局)、知识产权局、贸促会按职责分别负责)

134. 继续巩固发展知识产权多双边合作关系,加强与"一带一路"沿线国家、金砖国家的知识产权交流合作。(知识产权局、商务部牵头,外交部、发展改革委、公安部、国资委、海关总署、工商总局、质检总局、新闻出版广电总局(版权局)、贸促会负责)

135. 加强我驻国际组织、主要国家和地区外交机构中涉知识产权事务的人才储备和人力配备。(外交部、财政部、商务部、海关总署、工商总局、新闻出版广电总局(版权局)、知识产权局、贸促会按职责分别负责)

136. 健全企业海外知识产权维权援助体系。(商务部、海关总署、工商总局、新闻出版广电总局(版权局)、知识产权局、贸促会按职责分别负责)

137. 鼓励社会资本设立中国企业海外知识产权维权援助服务基金。(知识产权局、商务部、贸促会负责)

138. 制定实施应对海外产业重大知识产权纠纷的政策。(商务部、知识产权局牵头,工业和信息化部、海关总署、工商总局、质检总局、新闻出版广电总局(版权局)、贸促会负责)

139. 完善海外知识产权信息服务平台,发布相关国家和地区知识产权

制度环境等信息。(商务部、工商总局、新闻出版广电总局(版权局)、知识产权局、贸促会按职责分别负责)

140. 支持企业广泛开展知识产权跨国交易,推动有自主知识产权的服务和产品"走出去"。(商务部、国资委、海关总署、工商总局、质检总局、新闻出版广电总局(版权局)、知识产权局、贸促会按职责分别负责)

141. 继续开展外向型企业海外知识产权保护以及纠纷应对实务培训。(知识产权局、贸促会负责)

专栏6 知识产权海外维权工程

142. 推动企业在人才引进、国际参展、产品和技术进出口、企业并购等活动中开展知识产权风险评估,提高企业应对知识产权纠纷能力。(商务部、知识产权局牵头,工业和信息化部、国资委、贸促会负责)

143. 加强对知识产权案件的跟踪研究,及时发布风险提示。(商务部、工商总局、新闻出版广电总局(版权局)、知识产权局、贸促会按职责分别负责)

144. 加强中国保护知识产权海外维权信息平台建设。发布海外知识产权服务机构和专家名录及案例数据库。(商务部、工商总局、新闻出版广电总局(版权局)、知识产权局、贸促会按职责分别负责)

145. 建立海外展会知识产权快速维权长效机制,组建海外展会快速维权中心,建立海外展会快速维权与常规维权援助联动的工作机制。(商务部、工业和信息化部、环境保护部、农业部、文化部、国资委、海关总署、工商总局、质检总局、新闻出版广电总局(版权局)、林业局、知识产权局、贸促会负责)

四、重大专项

(一)加强知识产权交易运营体系建设

146. 发挥中央财政资金引导作用,建设全国知识产权运营公共服务平台,依托文化产权、知识产权等无形资产交易场所开展版权交易,审慎设立版权交易平台。出台有关行业管理规则,加强对知识产权交易运营的业务指导和行业管理。(知识产权局、教育部、科技部、财政部、国资委、

新闻出版广电总局（版权局）、中科院、国防科工局、中央军委装备发展部负责）

147. 以知识产权运营公共服务平台为基础，推动建立基于互联网、基础统一的知识产权质押登记平台。（知识产权局、财政部、人民银行、银监会负责）

148. 拓展知识产权质押融资试点内容和工作范围，完善风险管理以及补偿机制，鼓励社会资本发起设立小微企业风险补偿基金。（财政部、文化部、人民银行、工商总局、新闻出版广电总局（版权局）、知识产权局、银监会按职责分别负责）

149. 探索开展知识产权证券化和信托业务，支持以知识产权出资入股，在依法合规的前提下开展互联网知识产权金融服务，加强专利价值分析与应用效果评价工作，加快专利价值分析标准化建设。（人民银行、工商总局、质检总局、新闻出版广电总局（版权局）、知识产权局、银监会、证监会按职责分别负责）

150. 加强对知识产权质押的动态管理。（人民银行、工商总局、新闻出版广电总局（版权局）、知识产权局、银监会按职责分别负责）

151. 面向行业协会、高校和科研机构深入开展专利协同运用试点，建立订单式发明、投放式创新的专利协同运用机制。培育建设一批产业特色鲜明、优势突出，具有国际影响力的专业化知识产权运营机构。强化行业协会在知识产权联合创造、协同运用、合力保护、共同管理等方面的作用。鼓励高校和科研机构强化知识产权申请、运营权责，加大知识产权转化力度。引导高校院所、企业联合共建专利技术产业化基地。（知识产权局负责）

专栏7　知识产权投融资服务工程

152. 推进知识产权运营交易全过程电子化，积极开展知识产权运营项目管理。（知识产权局负责）

153. 加快培育国家专利运营试点企业，加快推进西安知识产权军民融合试点、珠海知识产权金融试点及华北、华南等区域知识产权运营中心建设。（知识产权局、财政部、国防科工局、中央军委装备发展部负责）

154. 优化质押融资服务机制，鼓励有条件的地区建立知识产权保险奖补机制。（知识产权局、银监会、保监会负责）

155. 研究推进知识产权海外侵权责任保险工作。（保监会、知识产权局、贸促会负责）

156. 深入开展知识产权质押融资风险补偿基金和重点产业知识产权运营基金试点。（财政部、知识产权局牵头）

157. 探索知识产权证券化，完善知识产权信用担保机制，推动发展投贷联动、投保联动、投债联动等新模式。创新知识产权投融资产品。在全面创新改革试验区引导创业投资基金、股权投资基金加强对知识产权领域的投资。（人民银行、工商总局、新闻出版广电总局（版权局）、知识产权局、银监会、证监会按职责分别负责）

158. 支持探索知识产权创造与运营的众包模式，鼓励金融机构在风险可控和商业可持续的前提下，基于众创、众包、众扶等新模式特点开展金融产品和服务创新，积极发展知识产权质押融资，促进"互联网+"知识产权融合发展。（知识产权局、发展改革委、工业和信息化部、人民银行、银监会、证监会负责）

（二）加强知识产权公共服务体系建设

159. 建立健全知识产权公共服务网络，增加知识产权信息公共服务产品供给。（知识产权局、工商总局、新闻出版广电总局（版权局）、中央军委装备发展部负责）

160. 推动知识产权基础信息与经济、法律、科技、产业运行等其他信息资源互联互通。（知识产权局、发展改革委、工商总局负责）

161. 实施产业知识产权服务能力提升行动，创新对中小微企业和初创型企业的服务方式。（工业和信息化部、知识产权局负责）

162. 发展"互联网+"知识产权服务等新模式，培育规模化、专业化、市场化、国际化的知识产权服务品牌机构。（知识产权局、发展改革委负责）

163. 实现专利、商标、版权、集成电路布图设计、植物新品种、地理标志以及知识产权诉讼等基础信息资源免费或低成本开放共享。（知识产

权局、发展改革委、农业部、工商总局、质检总局、新闻出版广电总局（版权局）、林业局、高法院负责）

164. 运用云计算、大数据、移动互联网等技术，实现平台知识产权信息统计、整合、推送服务。（知识产权局、发展改革委、工商总局、新闻出版广电总局（版权局）负责）

专栏8　知识产权信息公共服务平台建设工程

165. 制定发布知识产权公共服务事项目录和办事指南。（知识产权局负责）

166. 增加知识产权信息服务网点，加强公共图书馆、高校图书馆、科技信息服务机构、行业组织等的知识产权信息服务能力建设。（知识产权局、教育部、科技部、文化部、工商总局、新闻出版广电总局（版权局）、中科院、中央军委装备发展部负责）

167. 依托专业机构创建一批布局合理、开放协同、市场化运作的产业知识产权信息公共服务平台，在中心城市、自由贸易试验区、国家自主创新示范区、国家级高新区、国家级经济技术开发区等提供知识产权服务。（发展改革委、科技部、工业和信息化部、商务部、知识产权局按职责分别负责）

168. 在众创空间等创新创业平台设置知识产权服务工作站。（知识产权局负责）

169. 整合知识产权信息资源、创新资源和服务资源，推进实体服务与网络服务协作，促进从研发创意、知识产权化、流通化到产业化的协同创新。（知识产权局、科技部、工业和信息化部负责）

170. 建设专利基础数据资源开放平台，免费或低成本扩大专利数据的推广运用。（知识产权局、发展改革委、中央军委装备发展部负责）

171. 建立财政资助项目形成的知识产权信息和上市企业知识产权信息公开窗口。（知识产权局、财政部、证监会负责）

172. 在自由贸易试验区、国家自主创新示范区、国家级高新区、中外合作产业园区、国家级经济技术开发区等建设一批国家知识产权服务业集聚区。（知识产权局、发展改革委、科技部、商务部、工商总局、新闻出

版广电总局（版权局）负责）

173. 鼓励知识产权服务机构入驻创新创业资源密集区域，提供市场化、专业化的服务，满足创新创业者多样化需求。针对不同区域，加强分类指导，引导知识产权服务资源合理流动，与区域产业深度对接，促进经济提质增效升级。（知识产权局负责）

174. 完善知识产权服务业统计制度，建立服务机构名录库。（知识产权局、工商总局、质检总局、统计局负责）

175. 成立知识产权服务标准化技术组织，推动完善服务标准体系建设，开展标准化试点示范。（知识产权局、质检总局负责）

176. 完善专利代理管理制度，加强事中事后监管。健全知识产权服务诚信信息管理、信用评价和失信惩戒等管理制度，及时披露相关执业信息。（知识产权局负责）

177. 研究建立知识产权服务业全国性行业组织。（知识产权局、民政部负责）

178. 具备条件的地方，可探索开展知识产权服务行业协会组织"一业多会"试点。（知识产权局、工商总局、新闻出版广电总局（版权局）负责）

（三）加强知识产权人才培育体系建设

179. 加强知识产权相关学科专业建设，支持高等学校在管理学和经济学等学科中增设知识产权专业，支持理工类高校设置知识产权专业。加强知识产权学历教育和非学历继续教育，加强知识产权专业学位教育。（教育部、知识产权局负责）

180. 构建政府部门、高校和社会相结合的多元知识产权教育培训组织模式，支持行业组织与专业机构合作，加大实务人才培育力度。加强国家知识产权培训基地建设工作，完善师资、教材、远程系统等基础建设。加大对领导干部、企业家和各类创新人才的知识产权培训力度。鼓励高等学校、科研院所开展知识产权国际学术交流，鼓励我国知识产权人才获得海外相应资格证书。（知识产权局、教育部、人力资源社会保障部、中科院负责）

181. 推动将知识产权课程纳入各级党校、行政学院和干部学院的教学

内容。（中央组织部、知识产权局负责）

182. 加强知识产权高层次人才队伍建设，加大知识产权管理、运营和专利信息分析等人才培养力度。（知识产权局、人力资源社会保障部负责）

183. 统筹协调知识产权人才培训、实践和使用，加强知识产权领军人才、国际化专业人才的培养与引进。（知识产权局负责）

184. 构建多层次、高水平的知识产权智库体系。（知识产权局负责）

185. 探索建立行业协会和企业事业单位专利专员制度。选拔一批知识产权创业导师，加强创新创业指导。（知识产权局负责）

186. 建立人才引进使用中的知识产权鉴定机制，利用知识产权信息发现人才。（知识产权局负责）

187. 完善知识产权职业水平评价制度，制定知识产权专业人员能力素质标准。（知识产权局、人力资源社会保障部负责）

188. 鼓励知识产权服务人才和创新型人才跨界交流和有序流动，防范人才流动法律风险。建立创新人才知识产权维权援助机制。（知识产权局负责）

（四）加强知识产权文化建设

189. 健全知识产权新闻发布制度，拓展信息发布渠道。（知识产权局、中央宣传部负责）

190. 组织开展全国知识产权宣传周、中国专利周、绿书签、中国国际商标品牌节等重大宣传活动。（知识产权局、中央宣传部、工商总局、新闻出版广电总局（版权局）负责）

191. 丰富知识产权宣传普及形式，发挥新媒体传播作用。（知识产权局、中央宣传部负责）

192. 支持优秀作品创作，推出具有影响力的知识产权题材影视文化作品，弘扬知识产权正能量。（知识产权局、中央宣传部、工商总局、新闻出版广电总局（版权局）负责）

193. 鼓励知识产权文化和理论研究，加强普及型教育，推出优秀研究成果和普及读物。（知识产权局、中央宣传部、中央网信办、教育部、文化部、工商总局、新闻出版广电总局（版权局）负责）

194. 将知识产权内容全面纳入国家普法教育和全民科学素养提升工作。(教育部、司法部、知识产权局、中国科协按职责分别负责)

专栏9　知识产权文化建设工程

195. 利用新媒体,加强知识产权相关法律法规、典型案例的宣传。(知识产权局、司法部负责)

196. 讲好中国知识产权故事,推出具有影响力的知识产权主题书籍、影视作品,挖掘报道典型人物和案例。(知识产权局、中央宣传部、新闻出版广电总局负责)

197. 开展全国中小学知识产权教育试点示范工作,建立若干知识产权宣传教育示范学校。(知识产权局、教育部负责)

198. 引导各类学校把知识产权文化建设与学生思想道德建设、校园文化建设、主题教育活动紧密结合,增强学生的知识产权意识和创新意识。(教育部、知识产权局负责)

199. 鼓励支持教育界、学术界广泛参与知识产权理论体系研究,支持创作兼具社会及经济效益的知识产权普及读物,增强知识产权文化传播的针对性和实效性,支撑和促进中国特色知识产权文化建设。(知识产权局、中央宣传部、教育部、文化部、工商总局、新闻出版广电总局(版权局)负责)

做好重新组建国家知识产权局工作

2018年深入实施国家知识产权战略
加快建设知识产权强国推进计划

为深入贯彻习近平新时代中国特色社会主义思想，全面贯彻落实党的十九大精神和党中央、国务院各项决策部署，深入实施国家知识产权战略，加快建设知识产权强国，明确2018年重点任务和工作措施，制定本计划。

一、深化知识产权领域改革

（一）推进知识产权管理体制机制改革

1. 按照《深化党和国家机构改革方案》，做好重新组建国家知识产权局工作。（知识产权局负责）

2. 完成知识产权综合管理改革首批试点工作，做好试点工作总结。（知识产权局、版权局负责）

3. 在全面创新改革试验区域深入推进知识产权保护体制机制改革。（知识产权局、发展改革委牵头，科技部、公安部负责）

4. 深化中新广州知识城知识产权运用和保护综合改革试验。（知识产权局负责）

---

* 2018年11月9日，国务院知识产权战略实施工作部际联席会议办公室印发《2018年深入实施国家知识产权战略 加快建设知识产权强国推进计划》。

5. 探索建立国家层面知识产权案件上诉审理机制，探索由北京知识产权法院集中管辖京津冀技术类案件，研究在知识产权法院实行"三合一"审判机制，增设西安、郑州等4家知识产权法庭。（高法院负责）

（二）改革完善知识产权重大政策

6. 推动完善国家科技计划知识产权管理相关制度，强化实施过程的知识产权管理，深化知识产权分析评议工作。（科技部、知识产权局负责）

7. 落实研发费用税前加计扣除政策。（财政部、税务总局、科技部负责）

8. 制定加强知识产权会计信息披露的会计处理规定。（财政部、知识产权局负责）

9. 推动出台重大经济科技活动知识产权评议相关政策文件。（知识产权局、发展改革委、科技部、工业和信息化部负责）

10. 组织实施《中国国民经济核算体系2016》，完善研发支出等知识产权产品的核算方法，探索娱乐、文学和艺术品原件等知识产权产品的核算方法。（统计局、知识产权局、版权局负责）

11. 发布知识产权年度发展状况报告、商标品牌战略年度发展报告、版权产业经济贡献报告。（知识产权局、版权局、农业农村部、统计局、林草局按职责分别负责）

（三）深化知识产权"放管服"改革

12. 推进知识产权领域军民融合改革试点，在有关试点地区委托下放国防专利申请受理、实施备案和转让审批等职能，逐步放开国防专利代理服务行业。（中央军委装备发展部、知识产权局负责）

13. 深入实施专利代理行业发展"十三五"规划，全面推进专利代理行业"双随机、一公开"监管，推动实施专利代理机构服务规范国家标准，将专利代理机构设立审批时间由20天缩短为10天。（知识产权局负责）

14. 建设商标代理机构信用监管系统，严厉打击商标代理机构不正当竞争等违法行为，着力规范商标代理行业秩序，继续增设商标申请受理窗口，推进受理点与质权登记点一体化建设。（知识产权局负责）

15. 继续推进商标注册便利化改革，推动各地从法律制度上取消著名、知名商标。（知识产权局负责）

16. 加强对著作权集体管理组织及境外著作权认证机构驻华代表处的监管。（版权局负责）

17. 扩大专利基础数据开放范围，推进商标数据向社会全部开放。（知识产权局负责）

18. 开展专利代理人担任律师事务所特别合伙人试点工作。（司法部、知识产权局负责）

二、强化知识产权创造

（一）加大高价值知识产权培育力度

19. 深入实施专利质量提升工程，大力培育高价值核心专利。突出质量导向，进一步完善专利和商标统计体系，指导和督促地方完善专利支持相关政策，改进专利奖推荐评选工作。（知识产权局负责）

20. 加大商标品牌创新创业基地建设力度，推进行业品牌和区域品牌建设，引导商标密集型产业发展，完善商标品牌价值评价机制。（知识产权局负责）

21. 推动做好中医药传统知识保护数据库、保护名录、保护制度建设工作，加强古代经典名方类中药制剂知识产权保护，推动中药产业知识产权联盟建设。（中医药局、知识产权局、工业和信息化部负责）

（二）提高知识产权审查质量和效率

22. 聚焦国家重点发展产业技术方向，加快新兴领域和业态的专利审查制度建设，进一步提升重点领域和关键环节的专利审查质量，有序推进中国专利质量系统建设。（知识产权局负责）

23. 建立《专利审查指南》常态化修订机制，继续完善专利审查质量保障和审查业务指导体系，加强"双监督双评价"质量管理。（知识产权局负责）

24. 坚持专利审查周期分类管理，发挥优先审查、巡回审查等多种审查模式效能，制定重点优势产业专利申请集中审查管理办法。（知识产权局负责）

25. 提高商标审查能力，将商标注册审查周期从8个月压缩到6个月。

（知识产权局负责）

26. 规范全国著作权登记工作，建立全国作品登记信息公示查询系统。（版权局负责）

三、强化知识产权保护

（一）完善法律法规规章

27. 推动《专利法》第四次修订和《专利代理条例》修订。（知识产权局、司法部负责）

28. 推动《著作权法》第三次修订。（版权局、司法部负责）

29. 推动《植物新品种保护条例》修订。（农业农村部、林草局、知识产权局负责）

30. 推进生物遗传资源获取管理法规和《人类遗传资源管理条例》立法进程。（生态环境部、科技部、司法部、农业农村部、林草局、知识产权局负责）

31. 推动《国防专利条例》修订。（中央军委装备发展部、工业和信息化部、国防科工局、知识产权局负责）

32. 做好《反不正当竞争法》相关配套规章的制修订工作。（市场监管总局负责）

33. 推进《奥林匹克标志保护条例》修订工作。（知识产权局、司法部负责）

34. 积极推动知识产权基础性法律制度建设，加强新领域、新业态知识产权保护政策措施研究。（知识产权局负责）

35. 推动发布《国防专利定密解密工作规程》《军用计算机软件著作权登记工作暂行规则》，推动国防知识产权有偿使用管理办法制定工作，完成《军用集成电路布图设计登记暂行办法》拟制，启动军用集成电路布图设计登记试点工作。（中央军委装备发展部、财政部、国防科工局、知识产权局、版权局负责）

36. 推动在著作权法、专利法等法律中规定惩罚性赔偿制度，提高知识产权侵权的法定赔偿额。（高法院、知识产权局、版权局负责）

37. 研究制定在商标授权确权案件中适用商标法的若干规定，细化恶意抢注行为的类型和法律适用。（知识产权局负责）

38. 探索建立证据披露、证据妨碍排除等规则，明确不同诉讼程序中证据相互采信、司法鉴定效力和证明力等问题，发挥专家辅助人的作用，适当减轻当事人的举证负担。（高法院负责）

（二）加强保护长效机制建设

39. 加快建立健全知识产权严保护、大保护、快保护、同保护工作机制。制定强化知识产权保护行动计划。（知识产权局负责）

40. 加快知识产权保护中心建设和布局，深化知识产权举报投诉和维权援助工作体系。（知识产权局负责）

41. 推进政府机关软件正版化督查全覆盖，加大企事业单位软件正版化督查力度，进一步推广《正版软件管理工作指南》，继续开展国产软件应用试点工作。（版权局负责）

42. 积极推进知识产权领域社会信用体系建设，加大对失信行为的惩戒力度。（知识产权局负责）

43. 加强知识产权纠纷仲裁调解工作，继续开展知识产权保护规范化市场培育认定。（知识产权局、贸促会负责）

44. 推进知识产权公证服务平台建设，制定公证知识产权电子证据保管服务规范和业务规则，扩大公证知识产权电子证据保管服务试点。（司法部负责）

45. 完善地理标志保护和运用机制。（知识产权局负责）

46. 完善新药创制等科技重大专项管理工作中的知识产权保护长效工作机制。（卫生健康委负责）

（三）开展重点领域专项治理

47. 深入开展"护航""雷霆"等专项行动，严厉打击展会、电商等重点领域和关键环节专利等侵权违法行为。（知识产权局负责）

48. 制定"互联网+"知识产权保护工作方案，指导开展"互联网+"知识产权保护行动。（知识产权局负责）

49. 深入开展2018年"剑网行动"，强化对重点作品、重点领域版权

专项整治。（版权局、工业和信息化部、公安部负责）

50. 深入开展出口知识产权优势企业知识产权保护"龙腾"专项行动。（海关总署负责）

51. 继续加强植物新品种保护执法体系建设，组织开展打击侵犯植物新品种权专项行动。（农业农村部、林草局负责）

52. 以网络表演、网络游戏、网络音乐、网络动漫等市场为重点，发布违法违规互联网文化产品和经营单位查处名单，依法查处违法违规经营行为。（文化和旅游部负责）

53. 实施寄递渠道安全监管"绿盾"工程，支持配合相关部门严厉打击查处寄递渠道实施的侵犯知识产权违法行为。（邮政局负责）

（四）加强日常监管执法

54. 深化京津冀、长江经济带、珠三角等区域的专利联合执法。（知识产权局负责）

55. 依法惩治侵犯知识产权犯罪，对侵犯前瞻性基础研究、引领性原创成果、颠覆性技术创新等领域知识产权构成犯罪的及其他有重大社会影响的案件，予以挂牌督办，对办理侵犯知识产权案件存在的问题和遇到的困难加强调研指导，编发保护知识产权典型案例。（高检院、公安部负责）

56. 完善数据化情报导侦建设，强化线索研判和集约打击，保持常态化严打高压态势。（公安部负责）

57. 完善并推广知识产权海关保护备案移动查询系统，上线知识产权海关保护执法系统。发挥全国海关一级、二级风险防控中心的作用，构建知识产权海关风险分析模型，加强风险信息收集加工能力及布控查缉能力。（海关总署负责）

58. 做好知识产权保护社会满意度调查，开展知识产权保护规范化市场专项监督检查工作。（知识产权局、版权局负责）

四、强化知识产权运用

（一）加强知识产权转移转化

59. 发挥国家知识产权运营公共服务平台枢纽作用，深入推进知识产

权运营服务体系建设。（知识产权局、财政部负责）

60. 加强中科院知识产权运营管理中心建设，对存量专利分析分类，组织开展专利拍卖，向社会提供高质量高价值专利。（中科院负责）

61. 开展知识产权密集型产业培育研究，推动专利密集型产业分类国家标准制定和统计监测工作。（统计局、知识产权局按职责分别负责）

62. 推广专利权质押等知识产权融资模式，加大专利保险险种开发和推广力度。探索开展知识产权证券化业务。推动知识产权出口。（知识产权局、银保监会、证监会、人民银行、外汇局负责）

63. 推动国有企事业单位建立健全知识产权资产管理制度，为科技成果专利化、创新成果产业化提供制度保障。（财政部、国资委、知识产权局按职责分别负责）

64. 深入推进商标富农工作。（知识产权局、农业农村部负责）

65. 继续开展版权示范创建工作，对全国版权示范城市、单位、园区（基地）进行核查，继续做好全国版权交易中心（贸易基地）建设工作，开展全国版权创新基地创建，举办国际版权博览会。（版权局负责）

66. 鼓励研究开发机构、高校建设专业化技术转移机构，提升服务能力和水平，培育一批具有示范带动作用的技术转移机构。持续推进高校、科研机构知识产权贯标工作，指导高校和科研机构建立科学化、规范化的知识产权管理体系。（知识产权局、科技部、教育部、中科院负责）

67. 强化与知识产权有关的标准化工作，组织研究标准必要专利布局指南。（市场监管总局、知识产权局负责）

68. 推进知识产权领域认证能力建设，推动落实《知识产权认证管理办法》。（市场监管总局、知识产权局负责）

69. 推动国防科技成果向民用领域转化应用，发布第一批国防专利脱密信息，编制印发第四批国防科技工业知识产权转化目录。（中央军委装备发展部、国防科工局、知识产权局负责）

（二）强化知识产权信息利用

70. 大力推广区域创新质量类、产业规划类和企业运营类专利导航项目，完善专利导航业务指导和项目评价。开展专利导航试点工程总结评

估,深化专利导航政策措施。(知识产权局负责)

71. 实施知识产权区域布局工程,制定知识产权区域布局导向目录范本。(知识产权局负责)

72. 制定实施知识产权服务促进产业转型升级三年行动计划。(知识产权局、发展改革委负责)

73. 继续开展"知识产权走基层 服务经济万里行"和知识产权服务品牌机构牵手区域经济发展等活动。(知识产权局负责)

74. 继续开展知识产权服务业集聚发展试验区、示范区建设,新遴选一批知识产权服务品牌培育机构,开展众创空间知识产权服务工作站建设试点。(知识产权局负责)

75. 在全国范围内建设一批商标品牌创业创新基地,有效促进产业集群、小微企业集中区、商标密集型产业集聚区、商标品牌服务业集聚区的发展。(知识产权局负责)

76. 推动开展知识产权分析评议,支持重点园区、企业和科研院所建立知识产权分析评议制度,开展知识产权评议试点工作。(知识产权局、工业和信息化部负责)

77. 针对生物技术等关键领域和技术,深入开展专利布局战略研究及预警分析。(科技部负责)

78. 指导高校知识产权信息中心的建设和运行,遴选确认一批高校国家知识产权信息服务中心。(教育部、知识产权局负责)

79. 加大农业知识产权公共信息平台建设,支持企业利用农业知识产权信息资源服务产业发展。(农业农村部负责)

80. 完善国防知识产权信息平台,完成国防专利的标准数据加工,完成国防专利电子申请系统等应用系统开发和部署,开展国防关键技术领域专利分析,分类建设国防相关领域知识产权信息资源库,建设和完善国防科技工业领域知识产权信息系统,形成国防科技工业领域专利技术分类体系。(中央军委装备发展部、国防科工局负责)

五、深化知识产权国际交流合作

(一) 提升知识产权对外合作水平

81. 加强与世界知识产权组织、世界贸易组织及相关国际组织的合作交流，积极推动"一带一路"沿线国家、金砖国家知识产权合作，办好2018年"一带一路"知识产权高级别会议、第十次金砖国家知识产权局长会议、国际工商知识产权2018峰会，深化与"一带一路"沿线国家的专利审查合作，积极扩大中国专利审查、授权结果海外注册生效范围，继续深度参与发明和工业品外观设计五局合作。加强商标品牌及版权国际交流合作，提升涉外知识产权工作成效。（知识产权局、商务部、外交部牵头，农业农村部、海关总署、版权局、林草局、贸促会按职责分工分别负责）

82. 加强多双边知识产权对话合作的协调力度，继续做好知识产权高层外交。推动第四期中欧知识产权合作项目顺利实施，加快中欧地理标志协定谈判进程。积极推动自贸协定知识产权章节谈判。统筹协调亚太经合组织和金砖国家经贸合作机制下的知识产权合作，做好知识产权相关贸易摩擦应对工作。（商务部、外交部、海关总署、版权局、知识产权局、贸促会按职责分工分别负责）

83. 继续做好"中国政府知识产权奖学金"项目，开展面向发展中国家的知识产权学历教育。（知识产权局、教育部负责）

84. 与世界知识产权组织合作开展中国专利奖、中国版权金奖评选活动。（知识产权局、版权局按职责分别负责）

85. 完成首批世界知识产权组织技术创新支持中心挂牌运行，稳步推进国家知识产权国际合作基地建设。（知识产权局负责）

86. 建立国际版权应对联动机制，推动《视听表演北京条约》早日生效。（版权局负责）

87. 积极参加国际植物新品种保护联盟系列会议，积极履行《生物多样性公约关于获取遗传资源和公正和公平分享其利用所产生惠益的名古屋议定书》，加强履约能力建设。（生态环境部、农业农村部、林草局、知识产权局按职责分别负责）

（二）加强重点产业海外布局和风险防控

88. 指导中央企业联合开展海外专利布局工作，加大主要海外市场国家或地区的知识产权战略布局和风险防控。（国资委、知识产权局负责）

89. 持续推进海外知识产权信息平台"智南针"网建设。（知识产权局负责）

90. 引导企业加快商标品牌海外布局，建立商标海外维权援助机制，建立完善商标国际注册和海外维权数据库。（知识产权局负责）

91. 建立海外知识产权问题及案件信息提交平台，推动形成海外知识产权维权援助服务网。（商务部、知识产权局、版权局、贸促会按职责分别负责）

92. 完善境外重点知名会展知识产权服务站工作机制，继续向重要国际展会派遣监管小组，为中国参展企业提供知识产权法律调解和咨询服务。（商务部、贸促会按职责分别负责）

93. 搭建企业知识产权海外维权平台，推动设立企业知识产权海外维权援助服务基金。（贸促会负责）

六、加强组织实施和保障

（一）加强政策制定和推进落实

94. 完成《国家知识产权战略纲要》实施十年评估工作。（联席会议办公室、联席会议成员单位负责）

95. 启动知识产权强国建设纲要研究制定工作。（联席会议办公室、联席会议成员单位负责）

96. 开展国家知识产权战略纲要实施十年宣传和表彰工作。（联席会议办公室、中央宣传部负责）

97. 开展"十三五"国家知识产权保护和运用规划实施中期评估。（联席会议办公室、联席会议成员单位负责）

98. 加强京津冀、长江经济带等区域的知识产权战略实施工作统筹协调，加大对中西部地区和东北老工业基地知识产权工作支持力度，促进区域协调发展。（知识产权局、发展改革委负责）

99. 加大知识产权强省、强市建设力度，印发实施知识产权强企建设方案，深入实施中小企业知识产权战略推进工程。（知识产权局负责）

100. 制定实施工业和信息化领域知识产权年度推进计划。（工业和信息化部）

101. 制定实施加快建设知识产权强国林业年度推进计划。（林草局负责）

102. 推动出台《关于贯彻落实创新驱动发展战略 加强国防知识产权工作的若干意见》。（中央军委装备发展部、财政部、国防科工局负责）

（二）加强人才培养和宣传引导

103. 深入实施知识产权人才"十三五"规划，加强知识产权国际化人才、知识产权运营、专利导航等紧缺人才培养培训。（知识产权局、教育部负责）

104. 继续支持有条件的高校自主设置知识产权相关学科，探索知识产权专业学位人才培养，加强法律硕士、工商管理硕士等专业学位知识产权人才培养。支持高水平高校根据国家和区域经济发展需要在相关学科下设置知识产权相关专业。（教育部负责）

105. 依托国家知识产权培训基地，建立产学研联合的人才培养模式。加大知识产权领军人才和高层次人才工作力度。（知识产权局负责）

106. 加快建设中国特色知识产权国家智库，加强中国特色知识产权理论研究。（知识产权局负责）

107. 深入实施专业技术人才知识更新工程，加大对知识产权领域专业技术人才培养培训工作的支持力度。完善知识产权专业技术人员职称评价标准。加大知识产权高层次人才引进力度，完善相关高层次人才回国优惠政策。加强公务员知识产权培训。（人力资源社会保障部、中央组织部、知识产权局负责）

108. 深入实施知识产权文化建设工程，大力倡导以知识产权文化为重要内容的创新文化，深入开展中小学知识产权教育试点示范工作，广泛开展知识产权普及教育，认真落实"谁执法谁普法"普法责任制，大力开展知识产权法治宣传。（知识产权局、教育部、司法部、文化和旅游部、版权局、中国科协负责）

109. 全面构建知识产权大宣传工作格局，统筹用好各类宣传载体，做好知识产权重大选题宣传。办好全国知识产权宣传周、中国专利周、中国专利年会、中国版权年会、专利技术和产品交易会、知识产权保护高层论坛、中国国际商标品牌节等大型活动。（知识产权局、中央宣传部、中央网信办、教育部、司法部、文化和旅游部、版权局负责）

上述各项任务分工中，由多个部门负责的，列第一位的部门为牵头部门，其他为参与部门；由多个部门牵头的，牵头部门不分先后。

制定出台新时代强化知识产权保护政策文件

2019年深入实施国家知识产权战略加快建设知识产权强国推进计划[*]

一、深化知识产权领域改革

(一) 推进知识产权管理体制机制改革

1. 推进全面创新改革试验区知识产权保护体制机制改革成果复制推广。(发展改革委、科技部、公安部、知识产权局负责)

2. 探索建立地理标志统一认定制度,优化地理标志登记注册和行政裁决程序。(知识产权局负责)

3. 整合专利、商标和地理标志政策、项目和平台,推动重大政策互联互通,统一服务窗口和办事流程,推动实现知识产权业务申请"一网通办"。(知识产权局负责)

4. 推进知识产权军民融合试点工作,在部分省市设置国防专利受理代办点,遴选一批机构从事国防专利代理业务,开展军民知识产权转化运用特色服务,建立国防知识产权军地协调保护中心。(中央军委装备发展部、知识产权局、国防科工局负责)

(二) 改革完善知识产权重大政策

5. 出台知识产权强企建设工作方案,全面落实知识产权服务民营企业

---

[*] 2019年6月17日,国务院知识产权战略实施工作部际联席会议办公室印发《2019年深入实施国家知识产权战略 加快建设知识产权强国推进计划》。

创新发展的若干措施。（知识产权局负责）

6. 研究出台中央企业知识产权工作指导意见。（国资委、知识产权局负责）

7. 推动制定知识产权（专利）密集型产业统计分类国家标准。（统计局、知识产权局负责）

8. 制定促进知识产权服务业发展的政策措施，培育一批品牌服务机构。继续扶持一批知识产权创业创新基地。（知识产权局负责）

9. 编制《创新过程知识产权管理》国家标准草案。（知识产权局负责）

10. 加强国家科技计划全流程的知识产权管理，研究推动科技创新知识产权工作发展新举措。（科技部负责）

11. 修订出台卫生健康领域科技计划知识产权管理办法。（卫生健康委负责）

12. 推动出台《关于加强新形势下国防知识产权工作的意见》。（中央军委装备发展部、财政部、国防科工局负责）

13. 按程序报批《国防专利定密解密工作规程》《军用计算机软件著作权登记工作暂行规则》，完成《国防专利行政执法办法》《国防专利代理管理办法》起草工作。（中央军委装备发展部、知识产权局、中央宣传部、国防科工局负责）

（三）深化知识产权"放管服"改革

14. 研究制定进一步深化知识产权领域"放管服"改革的指导意见。（知识产权局负责）

15. 落实研发费用税前加计扣除政策。（财政部、税务总局、科技部负责）

16. 推动知识产权认证体系建设。（市场监管总局、知识产权局负责）

17. 对专利商标代理机构实施"双随机、一公开"监管。（知识产权局、市场监管总局负责）

18. 依法对有关著作权集体管理组织和涉外著作权认证机构代表处加强监管。（中央宣传部负责）

19. 开展地理标志产品专用标志审核批准改革试点。开通地理标志电子申请系统。推进地理标志产品保护示范区建设。（知识产权局负责）

二、加大知识产权保护力度

（一）完善法律法规规章

20. 配合做好《专利法修正案（草案）》审议工作，推进《专利法实施细则》修改，修订《专利审查指南》《专利代理管理办法》，制定《专利代理师资格考试办法》。（市场监管总局、知识产权局负责）

21. 推进《商标法》第四次修改，出台《关于规范商标申请注册行为的若干规定》《商标代理监管暂行办法》《商标电子申请和电子送达规定》，推进制定《官方标志备案保护办法》。（市场监管总局、知识产权局负责）

22. 配合做好《著作权法》修订工作。（中央宣传部、广电总局负责）

23. 推进有关不正当竞争行为配套规章的制修订工作。发布《关于知识产权领域的反垄断指南》。（市场监管总局负责）

24. 推进《人类遗传资源管理条例》立法进程，组织编制配套实施细则。（科技部、司法部按职责分别负责）

25. 修改完善《生物遗传资源获取与惠益分享管理条例（草案）》，推动立法进程。（生态环境部负责）

26. 推进《植物新品种保护条例》及其实施细则的修订。（农业农村部、林草局、知识产权局负责）

27. 推动《国防专利条例》修订工作。（中央军委装备发展部、国防科工局、知识产权局负责）

28. 推进《最高人民法院关于审理专利授权确权行政案件若干问题的规定（一）》《最高人民法院关于知识产权民事诉讼证据规则的若干规定》《最高人民法院关于技术调查官参与诉讼活动的若干规定》等司法解释的起草制定工作。（高法院负责）

（二）加强保护长效机制建设

29. 制定出台新时代强化知识产权保护政策文件。加强知识产权基础性法律制度和新领域新业态创新成果知识产权保护研究。（知识产权局牵头负责）

30. 推动知识产权保护体系建设，探索建立相应运行机制和工作平台，健全严保护、大保护、快保护、同保护工作体系。继续推进知识产权保护中心建设布局，开展建立国家知识产权保护中心的可行性研究。（知识产权局负责）

31. 深入推进"互联网+"知识产权保护。鼓励电商平台为执法办案提供数据信息，发挥权利人企业在侵权调查和商品鉴别、鉴定中的作用。（知识产权局、市场监管总局、中央宣传部按职责分别负责）

32. 推动知识产权纠纷仲裁、调解工作开展，完善知识产权仲裁、调解工作规程。支持行业协会和业内专家开展知识产权纠纷化解工作，指导行业组织制定行业规范。支持律师事务所发展知识产权业务，加强知识产权领域律师调解工作。加强知识产权公证服务，遴选第二批知识产权公证服务示范机构。（知识产权局、司法部、市场监管总局、贸促会负责）

33. 加快推进知识产权诚信体系建设，严格实施《关于对知识产权（专利）领域严重失信主体开展联合惩戒的合作备忘录》，针对知识产权（专利）领域严重失信主体开展联合惩戒工作。规范互联网市场竞争秩序，建立健全企业主体信息库和企业违法不良记录数据库为核心的基础数据库。进一步优化国家企业信用信息公示系统。（发展改革委、人民银行、知识产权局、工业和信息化部、市场监管总局负责）

34. 推动有条件的版权园区、基地设立版权维权工作站，建立创新创业人才版权维权绿色通道。（中央宣传部负责）

35. 持续推进全国知识产权保护社会满意度调查，探索开展中国企业海外知识产权保护满意度调查。（知识产权局、中央政法委负责）

36. 提高非物质文化遗产传承人的知识产权保护意识和能力，加强传统工艺相关资源的挖掘整理，支持各地开展非物质文化遗产知识产权保护研究。（文化和旅游部负责）

37. 进一步健全在新药创制等科技重大专项管理工作中的知识产权保护长效工作机制。（卫生健康委、科技部负责）

38. 完善软件正版化工作机制，推进党政机关督查全覆盖，加强企事业单位督查。完善国家版权监管平台，加强主动监管，加快"互联网+"与版权监管的深度融合。扩大软件协议供货招标范围和软件联合采购范

围，构建全国统一的正版软件采购网，推动软件正版化工作开展。（中央宣传部、国管局按职责分别负责）

39. 加快建设中医药传统知识保护数据库，发布保护名录，建立保护档案。推进中医药传统知识保护条例立法进程。开展古代经典名方产品知识产权保护研究。（中医药局负责）

40. 编制印发年度中国知识产权保护状况白皮书，发布专利、商标、版权等行政执法典型案例和专利复审、打击侵权盗版年度十大案件，加大知识产权保护成效宣传力度。（知识产权局、市场监管总局、中央宣传部按职责分别负责）

（三）强化知识产权行政保护

41. 组织开展针对商标、专利、地理标志等领域侵权假冒问题的专项执法行动，加强对重点区域、重点产品的整治。开展网络市场监管专项行动，继续开展反不正当竞争专项执法行动。加强重大案件的督查督办和跨部门跨区域的执法协作。推进打击侵权假冒行政执法与刑事司法衔接。指导推进电子商务、大型展会等领域专项整治。（市场监管总局、知识产权局负责）

42. 研究制定完善商标权、专利权侵权判断标准。制定出台《集成电路布图设计审查与执法指南》。实施《专利标识标注不规范案件办理指南（试行）》。开展商标专利执法检验、鉴定等相关标准及纠纷证据认定方法和标准研究工作。探索开展商标专利执法检验、鉴定地方试点工作。（知识产权局负责）

43. 开展打击网络侵权盗版"剑网2019"专项行动。（中央宣传部、中央网信办、工业和信息化部、公安部负责）

44. 严厉打击侵犯知识产权犯罪，将涉外、民生和公共安全案件作为主攻方向，围绕重大恶性案件组织专案打击行动。（公安部负责）

45. 组织开展打击侵犯林业植物新品种权专项行动。（林草局负责）

46. 继续开展出口知识产权优势企业知识产权保护"龙腾"行动，继续加强外商投资企业知识产权保护工作。（海关总署负责）

47. 依法打击寄递企业违规收寄侵犯知识产权物品的行为。（邮政局负责）

(四) 加强知识产权司法保护

48. 完善案件管辖、证据规则、审理方式、法律适用等知识产权诉讼制度，加强知识产权法院建设。（高法院负责）

49. 加强对重大敏感、涉民族品牌、涉外侵犯知识产权案件批捕、起诉工作指导，对严重侵犯科技创新和知识产权的犯罪案件予以挂牌督办。加强对知识产权领域新类型案件的研究和办案指导，发布2018年检察机关保护知识产权十大典型案例。针对知识产权犯罪案件中发现的薄弱环节、管理漏洞等，及时发出检察建议，开展个案预防和行业预防。在全国检察机关推行建立专门的知识产权犯罪案件办案组，培养一批专家型知识产权检察人才。（高检院负责）

三、促进知识产权创造运用

(一) 提高知识产权审查质量和效率

50. 健全专利审查质量保障体系和业务指导体系，完善"双监督、双评价"质量管理，协同运用优先审查、集中审查、专利审查高速路等多种审查模式。（知识产权局负责）

51. 开展"商标审查质量提升年"行动，完善商标审查质量管理，优化审查质量评价指标体系。全面深化商标注册便利化改革，上线图形商标智能检索系统，推进业务电子化，提高商标信息化基础支撑能力和信息安全水平。（知识产权局负责）

52. 修订《农业植物品种权申请审查指南》。初步建立我国植物新品种保护质量管理制度，重点开展测试机构考核评估和飞行检查。探索建立新技术辅助品种权审查机制。（农业农村部负责）

(二) 强化知识产权创造质量导向

53. 严厉打击非正常专利申请和商标囤积、恶意注册行为，实施非正常申请筛查监管前置，依法依规予以处理。开展闲置商标摸排工作，探索制定规制措施。（知识产权局负责）

54. 研究制定推动知识产权高质量发展的年度工作指引，设置区域差异化的评价指标，分类引导地方知识产权事业发展。（知识产权局负责）

55. 分类制定以科技创新质量和贡献为导向的国家科学技术奖评审标准和评价指标体系，加大对重大科技创新成果的奖励力度。（科技部负责）

56. 完善中央企业专利评价体系，逐步引导企业专利工作重点由数量向质量转变。（国资委负责）

（三）加强知识产权综合运用

57. 统筹推进专利导航、知识产权区域布局和分析评议工作，大力推进国家知识产权试点示范园区建设。（知识产权局负责）

58. 做好各类知识产权运营平台建设布局，加快重点城市知识产权运营服务体系建设。研究制定促进知识产权质押融资业务良性发展的政策，完善知识产权质押融资风险补偿及分担机制，推动专利商标混合质押，建立知识产权质押融资统计制度。鼓励保险机构开发设计满足企业需求的专利保险产品。（知识产权局、财政部、人民银行、银保监会按职责分别负责）

59. 鼓励海南自由贸易试验区探索知识产权证券化，鼓励雄安新区开展知识产权证券化融资。（证监会、知识产权局负责）

60. 做好中国国际进口博览会知识产权相关工作，举办第十五届中国（无锡）国际设计博览会。（商务部、科技部、知识产权局、贸促会负责）

61. 鼓励信托公司综合运用股权、债权、投贷联动、产业基金、知识产权信托等方式开展知识产权投融资业务。鼓励融资担保公司开发适合知识产权的信用担保产品，加大对小微企业知识产权融资的支持力度。（银保监会、知识产权局负责）

62. 开展全国版权创新发展基地创建工作。开展中国版权产业经济贡献专题研究。（中央宣传部负责）

63. 实施地理标志运用促进工程，大力开展地理标志精准扶贫、商标品牌富农工作。（知识产权局负责）

64. 推进林业知识产权试点示范建设，组织实施林业知识产权转化运用项目。（林草局负责）

65. 加强制造业重点领域知识产权分析评估，编制发布2018年国防科技工业专利统计分析报告。（工业和信息化部、国防科工局按职责分别负责）

66. 推进实施中小企业知识产权战略推进工程。（知识产权局、工业和

信息化部负责)

(四) 促进知识产权转移转化

67. 做好企业、高校、科研组织、专利代理机构贯标工作。(知识产权局负责)

68. 继续实施国家科技成果转化引导基金,设立一批创业投资子基金。启动"科技成果转化贷款风险补偿试点"。(科技部、财政部负责)

69. 支持工业和信息化部部属高校、科研院所等加强技术转移专业机构建设,支持地方工业和信息化主管部门开展知识产权成果应用推广。(工业和信息化部负责)

70. 编制"军转民""民参军"目录,组织第四届中国军民两用技术创新应用大赛。(工业和信息化部、财政部、国防科工局、中央军委装备发展部负责)

71. 研究国防科技成果转化政策措施,实施军工技术推广专项奖励性后补助,编制印发《国防科技工业知识产权转化目录(第五批)》。(国防科工局、知识产权局负责)

72. 开展农产品地理标志品牌价值评价工作。筹备第十七届中国国际农产品交易会农产品地理标志专展和推介会。(知识产权局、农业农村部负责)

73. 推进中科院所属单位贯标工作,培育一批示范单位。探索适合中科院的知识产权全过程管理模式。加强中科院知识产权运营管理中心建设。(中科院、知识产权局负责)

(五) 完善知识产权信息服务

74. 整合基础数据,推动知识产权数据免费或低成本开放。推进开放共享的国家知识产权大数据中心和知识产权信息公共服务平台立项,研究制定全国知识产权信息公共服务体系建设方案。制定知识产权信息公共服务年度报告。(知识产权局负责)

75. 推进高校国家知识产权信息服务中心建设,完善知识产权信息公共服务网络,提升高校创新能力。(知识产权局、教育部负责)

76. 建立全国著作权登记信息查询公示系统,完善著作权登记数据统

计、报送和公示制度，适时发布 2018 年全国著作权登记情况的通报。（中央宣传部负责）

77. 推进林业植物新品种网站平台升级，简化申请和受理程序，提高林业植物新品种申请效率。（林草局负责）

78. 完善国防知识产权信息平台及资源，完成国防专利网上查询、国防专利电子申请等应用系统开发和部署，实时向公众发布国防专利解密信息，运行完善国防科技工业领域知识产权信息系统，支撑国防科技工业知识产权信息报送、信息服务等工作。（中央军委装备发展部、国防科工局负责）

79. 加强中科院知识产权信息化服务平台建设，继续推行知识产权专员制度，逐步建立知识产权专员服务网络。（中科院负责）

80. 建设国外专利信息在线共享平台，提供科技公共服务产品。（中国科协负责）

四、深化知识产权国际交流合作

（一）提升知识产权国际合作水平

81. 积极参与世界知识产权组织、世界贸易组织等多边框架下的全球治理和规则制定，继续大力推广马德里商标国际注册体系和专利合作条约的运用，继续推动《外观设计法条约》外交大会尽早召开，做好加入外观设计国际注册海牙协定相关准备工作。推动《视听表演北京条约》早日生效，启动批准《马拉喀什条约》程序。积极参与并推动保护广播组织条约制定磋商进程。（知识产权局、商务部、外交部、中央宣传部、广电总局负责）

82. 积极推动二十国集团、金砖国家、亚太经合组织、共建"一带一路"国家知识产权合作。（商务部、知识产权局、外交部、中央宣传部按职责分别负责）

83. 在中欧知识产权合作项目项下加强与欧方合作，积极推进中欧地理标志协定谈判。积极推进区域全面经济伙伴关系协定、中日韩、中挪（威）、中摩（尔多瓦）等自贸区知识产权章节的谈判。（商务部、知识产

权局、中央宣传部按职责分别负责）

84. 与世界知识产权组织签署技术创新支持中心合作文件，扩大技术创新支持中心建设试点。（知识产权局负责）

85. 落实"一带一路"知识产权高级别会议成果，推动沿线国家对我国专利审查结果认可和登记生效。（知识产权局负责）

86. 继续开展"中国政府知识产权奖学金"项目，支持"一带一路"沿线国家能力建设。（知识产权局、教育部负责）

87. 积极履行《生物多样性公约》《名古屋遗传资源议定书》，推进生物遗传资源获取与惠益分享信息交换平台建设，加强生物遗传资源跨境转移和利用的追踪监测。（生态环境部、农业农村部、林草局、知识产权局负责）

88. 继续参与海牙国际私法会议《承认和执行外国民商事判决公约》涉及的知识产权谈判。（外交部、中央宣传部、高法院、知识产权局负责）

89. 深入推进多双边国际执法合作，积极参与世界海关组织、国际刑警组织、世界知识产权组织等有关国际组织的知识产权国际事务。（公安部、海关总署、知识产权局按职责分别负责）

（二）加强海外风险防控

90. 探索在重要国际展会上设立中国企业知识产权服务站。研究建立海外知识产权维权援助机制，推动建设国家层面的海外知识产权纠纷应对指导中心。建立海外知识产权问题及案件信息提交平台，推动形成海外知识产权维权援助服务网。推动成立中国企业知识产权海外维权联盟，设立维权互助基金。继续开展面向贸促机构和外向型企业的知识产权培训。（商务部、知识产权局、贸促会按职责分别负责）

91. 做好经贸领域的知识产权工作。充分利用现有多双边知识产权对话合作机制，加强知识产权合作交流，推动化解贸易摩擦。继续做好中美经贸磋商工作，推进知识产权相关议题的解决。加强对知识产权国际领域最新动态和重大知识产权案件的跟踪研判，完善知识产权风险预警反馈机制，发布重点产业知识产权信息和竞争动态，及时发布风险提示。（商务部、知识产权局、贸促会按职责分别负责）

92. 开展海外林业知识产权动态分析研究，针对容易遭到国外专利壁垒的重点林产品领域进行动态跟踪调查，提升知识产权预警能力。鼓励林业知识产权保护联盟加大海外关键生产技术、发展态势及维权援助机制研究。（林草局负责）

五、加强组织实施和保障

（一）加强知识产权战略谋划和实施

93. 做好知识产权强国战略纲要制定工作。推动地方完善知识产权战略实施统筹协调机制。（联席会议办公室、联席会议成员单位负责）

94. 深入推进《"十三五"国家知识产权保护和运用规划》实施。启动"十四五"知识产权规划编制工作前期研究。（知识产权局负责）

95. 巩固局省市联动、点线面结合的工作格局，加快推进知识产权强省、强市、强企建设。（知识产权局负责）

96. 制定实施工业和信息化领域知识产权年度推进计划。（工业和信息化部负责）

97. 组织实施加快建设知识产权强国林业年度推进计划。（林草局负责）

98. 编制中国知识产权发展状况评价报告。编制工业和通信业知识产权发展情况报告。（联席会议办公室、工业和信息化部按职责分别负责）

（二）夯实知识产权事业发展基础

99. 深入实施专业技术人才知识更新工程，加大对知识产权领域专业技术人才培养培训工作的支持力度。研究完善知识产权专业技术人员职称评价工作。（人力资源社会保障部、知识产权局负责）

100. 支持高水平高校设置知识产权相关专业，完善知识产权相关专业职业教育国家教学标准。推动高校修订知识产权专业人才培养方案。推出一批一流知识产权专业建设点和一批一流知识产权金课。（教育部负责）

101. 加大知识产权类人才引进培养支持力度。加大留学回国人员的知识产权保护力度，促进留学回国人员知识产权运用转化，支持和服务留学回国人员创新创业。（中央组织部、人力资源社会保障部、知识产权局按职责分别负责）

102. 在党政领导干部和中管企业领导班子考核中，注重知识产权相关工作成效。把知识产权作为干部教育培训重要内容，继续指导有关部门加强干部知识产权培训工作。（中央组织部负责）

103. 协调推动中国特色知识产权新型国家智库建设。发挥好知识产权培训基地作用，引导社会开展更多知识产权培训工作。（知识产权局负责）

（三）大力倡导知识产权文化

104. 加强知识产权对外宣传，利用多双边场合积极宣传展示我国知识产权保护工作成效。继续组织好全国知识产权宣传周等大型活动，支持办好中国知识产权年会和中国国际商标品牌节。举办第十一届全国大学生版权征文活动暨大学生版权论坛。（知识产权局、中央宣传部负责）

105. 开展知识产权教育普及和普法，深化中小学知识产权教育试点示范工作，培育一批优秀师资，编写一批优秀教材，打造若干精品课程。（教育部、司法部、知识产权局负责）

106. 依托全国科技活动周、全国科普日等重点科普活动，推进知识产权科普工作。在各类知识竞赛中纳入知识产权相关内容。（科技部、中国科协负责）

上述各项任务分工中，由多个部门负责的，列第一位的部门为牵头部门，其他为参与部门。

> 强化知识产权质量导向，加强知识产权综合运用

2020 年深入实施国家知识产权战略加快建设知识产权强国推进计划[*]

一、深化知识产权领域改革

（一）改革完善知识产权政策

1. 制定出台促进知识产权服务业高质量发展的政策文件，高标准推进知识产权服务业集聚区建设，打造服务业品牌机构。（知识产权局负责）

2. 复制推广全面创新改革试验中的知识产权保护举措，在 8 个改革试验区推广"建立跨区域的知识产权远程诉讼平台""建立提供全方位证据服务的知识产权公证服务平台"等改革。（最高人民法院、司法部、知识产权局、中央宣传部按职责分别负责）

3. 出台《提升高等学校专利质量促进转化运用的若干意见》。（教育部、知识产权局、科技部负责）

4. 出台《组织开展国家知识产权试点示范高校建设工作的通知》。（知识产权局、教育部负责）

5. 出台《推进中央企业知识产权工作高质量发展的指导意见》。（国资委、知识产权局负责）

---

[*] 2020 年 5 月 13 日，《国务院知识产权战略实施工作部际联席会议办公室关于印发〈2020 年深入实施国家知识产权战略加快建设知识产权强国推进计划〉的通知》（国知战联办〔2020〕5 号）印发。

6. 推动建立知识产权（专利）密集型产业增加值核算与发布机制。完善知识产权产品核算方法，完善知识产权产品统计制度。（统计局、知识产权局负责）

7. 推进知识产权军民融合试点工作，加快国防知识产权代理受理、转移转化、维权保护等军民融合工作机制落地。建立知识产权双向转化工作机制。（中央军委装备发展部、知识产权局负责）

8. 出台《加强新形势下国防知识产权工作的意见》。（中央军委装备发展部、知识产权局、财政部、国防科工局负责）

9. 出台《国防知识产权管理规定》《军用计算机软件著作权登记工作暂行规则》，制定《国防专利定密解密工作规程》《国防专利行政执法办法》《国防专利代理管理办法》。（中央军委装备发展部、知识产权局、财政部、国防科工局、中央宣传部负责）

10. 建立国防科技工业重大科研项目知识产权评议和报告制度。（国防科工局、知识产权局负责）

11. 持续深化企业名称登记管理改革，推进《企业名称登记管理规定》修订，强化企业名称规范管理，对驰名商标、知名企业字号、中华老字号等商业标识加强保护。（市场监管总局负责）

12. 出台《中国科学院院属单位知识产权管理办法》。（中科院负责）

（二）深化知识产权领域"放管服"改革

13. 研究启动制定适当加强知识产权保护中央事权政策文件相关工作。（财政部、知识产权局负责）

14. 落实《关于深化知识产权领域"放管服"改革 营造良好营商环境的实施意见》，配合开展国内营商环境评价。（知识产权局负责）

15. 保障知识产权公共服务网有效运行，推进业务服务、政务服务和信息服务"一网通办"。（知识产权局负责）

16. 加强知识产权信息公共服务主干网络建设，新建 30 家技术与创新支持中心（TISC）和一批高校国家知识产权信息服务中心。推进知识产权大数据中心和公共服务平台立项工作。推动知识产权基础信息和资源平台整合利用，促进基础数据开放和共享，指导支持社会机构开展信息资源深

度开发。(知识产权局、教育部负责)

17. 深入推进"蓝天"专项整治行动，打击知识产权非法代理。(知识产权局负责)

18. 清理著作权登记事项，提升便利化程度，优化计算机软件著作权登记，探索建立全国统一的著作权登记信息公示查询系统。(中央宣传部负责)

19. 规范对著作权集体管理组织和境外著作权认证机构的管理。(中央宣传部负责)

20. 严格实施认证领域"双随机、一公开"监管工作，加大对知识产权认证的监管力度。(知识产权局、市场监管总局负责)

21. 继续推行进出口货物知识产权状况预确认制度，在处理出口货物专利纠纷担保放行过程中，允许第三方机构为收发货人提供反担保服务。(海关总署负责)

二、加大知识产权保护力度

(一) 完善法律法规规章

22. 配合做好《专利法》修改，推进《专利法实施细则》修订，修订《专利审查指南》，完善相关领域审查标准。加快商标、地理标志相关规章、规范性文件的制修订工作。加强知识产权基本法研究。(市场监管总局、知识产权局负责)

23. 配合做好《著作权法》修订工作。(中央宣传部、广电总局负责)

24. 推进专利、商标、商业秘密、反不正当竞争等领域的知识产权民事和刑事诉讼司法解释的起草工作。制定《关于办理侵犯知识产权刑事案件具体应用法律若干问题的解释（三）》，修订《关于办理侵犯知识产权刑事案件适用法律若干问题的意见》《关于公安机关管辖的刑事案件立案追诉标准的规定》（一）（二）。(最高人民法院、最高人民检察院、公安部负责)

25. 加快修订《国防专利条例》，推动制定国防专利纠纷司法解释。(中央军委装备发展部、国防科工局、知识产权局、最高人民法院负责)

26. 推动修订《植物新品种保护条例》《植物新品种保护条例实施细则》。（农业农村部、林草局负责）

27. 推进《生物遗传资源获取与惠益分享管理条例》立法工作。（生态环境部负责）

（二）加强保护长效机制建设

28. 制定实施 2020—2021 年贯彻落实《关于强化知识产权保护的意见》推进计划，完善工作机制，加强统筹协调，强化督促指导和绩效考核。（知识产权局负责）

29. 优化知识产权保护中心建设布局。加强知识产权维权援助公共服务平台建设。（知识产权局负责）

30. 深入推进"互联网＋"知识产权保护，加强信息技术手段运用。（知识产权局负责）

31. 大力培育知识产权仲裁机构和调解组织，完善调解制度规范。推进成立中国贸促会调解中心知识产权分中心。（知识产权局、司法部、贸促会负责）

32. 继续开展知识产权保护社会满意度调查。（知识产权局、中央政法委负责）

33. 探索建立新业态新领域版权案件查办方式，依法及时公开侵权盗版行政处罚案件信息，建立社会化网络版权保护监测机制。（中央宣传部、广电总局负责）

34. 完善软件正版化工作机制和检查考核制度，巩固政府机关软件正版化工作成果，推动重要行业和重点领域使用正版软件，加强软件正版化工作督促检查。（中央宣传部、工业和信息化部、国管局负责）

35. 建立健全与司法机关信息共享、案情通报、案件移送制度，完善案件移送标准和程序，强化对侵权假冒的追踪溯源和链条式治理。（中央宣传部、公安部、海关总署按职责分别负责）

36. 完善生物多样性保护监管平台和生物遗传资源相关传统知识数据库。（生态环境部负责）

37. 依托中国非遗传承人群研修研习培训计划、传统工艺振兴计划等

工作，继续加强对非遗传承人群知识产权培训，提高保护意识。（文化和旅游部负责）

38. 加快建设中医药传统知识保护数据库和保护名录，推动制定中医药传统知识保护条例。（中医药局、卫生健康委负责）

（三）强化知识产权行政保护

39. 加快出台商标侵权判断标准。健全知识产权行政执法保护业务指导体系，推进专利侵权纠纷行政裁决示范建设和知识产权侵权纠纷检验鉴定技术支撑体系试点工作。开展知识产权行政执法典型案例评选发布工作。建立专利侵权纠纷行政裁决与专利确权程序联动机制。（知识产权局负责）

40. 推进地理标志专用标志换标工作，推进地理标志产品保护示范区建设。加强特殊标志、官方标志的保护，做好北京冬奥会、冬残奥会的知识产权立体化保护。（知识产权局负责）

41. 继续开展打击网络侵权盗版治理"剑网"专项行动。（中央宣传部、中央网信办、工业和信息化部、公安部负责）

42. 针对商标专利侵权假冒等违法行为持续开展集中执法保护行动，聚焦重点市场、重点领域和重点产品，加大案件指导督查督办力度。（市场监管总局、知识产权局负责）

43. 继续开展网络市场监管专项行动，加强线上线下一体化监管，落实平台主体责任，维护网上交易秩序和跨境电子商务健康发展。（市场监管总局、海关总署负责）

44. 严厉打击不正当竞争行为，加大对市场混淆、侵犯商业秘密等行为的监管执法力度，加大对处理跨区域市场混淆等重大案件的统一部署，探索商业秘密等知识产权保护新模式。（市场监管总局负责）

45. 构建以信用为基础的文化和旅游市场监管机制，深入开展网络表演、网络音乐、网络动漫市场知识产权执法行动。（文化和旅游部负责）

46. 组织开展知识产权海关保护"龙腾2020"专项行动，组织开展"一带一路"沿线国家和地区出口侵权商品专项整治。完善知识产权海关保护案例指导工作体系，发布《2019年中国海关知识产权保护典型案例》。

（海关总署负责）

47. 逐步建立健全国家、省、市、县四级农业、林草植物新品种保护执法体系。（农业农村部、林草局按职责分别负责）

48. 加快推进快递业信用体系建设。依法打击寄递企业违规收寄侵犯知识产权物品的行为。（邮政局负责）

（四）加强知识产权司法保护

49. 深入推进知识产权审判"三合一"工作，制定"三合一"工作指导意见。（最高人民法院负责）

50. 强化知识产权案件审判指导，促进裁判标准统一。开展知识产权民事诉讼程序繁简分流改革试点。（最高人民法院负责）

51. 完善知识产权案件监督机制，在生效裁判监督、审判违法监督和执行监督中实现对专门法院的无缝衔接。探索建立知识产权刑事案件集中管辖制度。加大对侵犯知识产权刑事案件权利人权利义务告知试点工作指导。（最高人民检察院负责）

52. 研究制定《侵犯知识产权犯罪案件公诉工作证据审查指引》，适时发布检察机关保护知识产权案件典型案例或指导性案例。（最高人民检察院负责）

53. 加大知识产权刑事执法力度，组织开展"昆仑2020"专项行动。（公安部负责）

54. 完善规范知识产权犯罪侦查制度，推进基础支撑体系建设。（公安部负责）

三、促进知识产权创造运用

（一）提高知识产权审查质量和效率

55. 加强专利审查能力建设，完善质量评价机制，高价值专利审查周期压减至16个月以内。完善集中审查、优先审查、专利审查高速路、延迟审查等模式。（知识产权局负责）

56. 优化商标审查质量评价指标体系，完善审查质量管理，将商标注册平均审查周期压减至4个月。深化商标注册便利化改革，推进商标评审、

异议、撤销等业务的电子化。加快智能审查系统开发，加大人工智能技术在审查中的运用。（知识产权局负责）

57. 探索改进林草植物新品种审批授权机制，扩大保护名录和新品种测试范围，逐步建立健全保护测试机构，加快测试指南编制，建立并推广电子申报系统，推动林草植物新品种审批智能化便利化改革，加快新品种测试机构和保藏机构建设。（林草局负责）

58. 加快修订农业植物品种复审规定，完善品种权保护及复审案件审理程序，健全复审工作机制，提升审查质量与效率。（农业农村部负责）

（二）强化知识产权质量导向

59. 形成打击非正常专利申请和商标恶意注册、囤积行为的长效机制。推动地方全面取消实用新型、外观设计和商标申请注册环节的资助与奖励。（知识产权局负责）

60. 逐步建立高校职务科技成果披露制度和专利申请前评估制度，停止对专利申请的资助奖励，大幅减少并逐步取消对专利授权的奖励，可通过提高转化收益比例等"后补助"方式对发明人或团队予以奖励，在职称晋升、绩效考核、岗位聘任、项目结题、人才评价和奖学金评定等政策中，坚决杜绝简单以专利申请量、授权量为考核内容，增加专利转化运用绩效的权重。（教育部、知识产权局、科技部负责）

61. 深化对国家科技重大专项相关领域的重大技术专利分析和预警。（科技部、知识产权局负责）

（三）加强知识产权综合运用

62. 出台专利导航实施指南，协调推进重点产业、重点产业集群专利导航工作。建立以产业数据、专利数据为基础的新兴产业专利导航决策机制。编制产业知识产权发展状况报告。（知识产权局、发展改革委、科技部负责）

63. 开展商标、地理标志区域品牌培育行动，大力实施地理标志运用促进工程，深入开展地理标志助力精准扶贫和商标品牌培育工作。（知识产权局负责）

64. 完善集体商标、证明商标注册管理制度，加强区域品牌建设，促

进区域经济发展。（知识产权局负责）

65. 探索开展专利与技术标准融合试点。（知识产权局、市场监管总局负责）

66. 推动建立财政资助科研项目专利信息披露制度。推动国有企事业单位建立健全知识产权资产管理制度，完善知识产权价值评估机制。（知识产权局、科技部、国资委负责）

67. 开展知识产权金融服务综合示范，完善知识产权质押融资业务模式。鼓励保险公司开发知识产权保险产品。完善知识产权担保和风险补偿机制，鼓励融资担保公司开发适合知识产权的担保产品。（知识产权局、人民银行、银保监会按职责分别负责）

68. 深入实施中小企业知识产权战略推进工程。（知识产权局、工业和信息化部负责）

69. 全面落实知识产权服务民营企业创新发展的若干措施，开展优势示范企业培育工作。（知识产权局负责）

70. 启动知识产权质押信息平台第一阶段系统建设。（发展改革委、知识产权局、中央宣传部、银保监会负责）

71. 积极引导企业做好知识产权会计信息披露工作。督促上市公司严格执行知识产权信息披露相关规定。加快推进知识产权证券化试点，推动上海、深圳证券交易所等相关单位开展知识产权证券化工作。（财政部、知识产权局、证监会按职责分别负责）

72. 积极探索非物质文化遗产合理开发利用，推进文化创意、设计服务与相关产业融合发展。（文化和旅游部负责）

73. 聚焦重大疾病和罕见病、特殊人群等市场动力不足的临床用药需求，遴选公布第二批鼓励仿制药品目录。（卫生健康委负责）

（四）促进知识产权转移转化

74. 做好知识产权运营平台分类管理，加快重点城市知识产权运营服务体系建设。（财政部、知识产权局按职责分别负责）

75. 编制《创新过程知识产权管理规范》国家标准草案，修订《企业知识产权管理规范》国家标准，规范和优化企业、高校、科研组织、专利

代理机构贯标工作。（知识产权局、市场监管总局负责）

76. 搭建国际版权保护交易平台。（中央宣传部、广电总局负责）

77. 依托高校、科研院所，建设一批专业化技术转移与知识产权管理运营为一体的机构，探索开展技术经理人培养。鼓励高校与第三方知识产权运营服务平台合作，支持高校根据岗位设置管理有关规定自主设置技术转移转化系列技术类和管理类岗位。（教育部、知识产权局、科技部、工业和信息化部、中科院按职责分别负责）

78. 启动赋予科研人员职务科技成果所有权或长期使用权试点工作。继续实施国家科技成果转化引导基金。（科技部负责）

79. 推动中科院院属单位开展贯标工作，推行知识产权全过程管理模式。完善知识产权服务网络，挖掘存量专利价值，依托中科院科技成果转化基金促进科技成果转移转化。（中科院、知识产权局负责）

80. 实施军工技术推广专项奖励性后补助，出台《国防科技工业知识产权转化目录（第六批）》，开展前五批《国防科技工业知识产权转化目录》效果调查工作。编制2019年国防科技工业专利年度报告。（国防科工局、知识产权局负责）

81. 开展中国数字版权保护技术的国家标准立项研究，推进专利、技术和标准国际化，建立产业生态体系，促进人工智能、区块链等新技术在广播电视和网络视听版权保护领域的应用。（广电总局负责）

四、深化知识产权国际交流合作

82. 维护多边主义，稳步推进与重点国家、地区和国际组织知识产权交流与合作。积极参与世界知识产权组织、世界贸易组织等多边框架下全球治理和规则制定。积极参与自贸协定知识产权章节谈判。积极参与并推动保护广播组织条约制定磋商进程。（知识产权局、外交部、商务部、中央宣传部、最高人民法院、市场监管总局、广电总局、林草局、贸促会按职责分别负责）

83. 认真落实中美第一阶段经贸协议知识产权章节相关工作。做好中欧地理标志协定生效的技术准备。（商务部、外交部、知识产权局按职责分别负责）

84. 办好2020年"一带一路"知识产权高级别会议。（知识产权局、中央宣传部、外交部、商务部负责）

85. 继续面向发展中国家开展知识产权学位教育培训。（知识产权局、教育部负责）

86. 促进国家海外知识产权纠纷应对指导中心高效运行，建设布局一批地方和海外分中心。继续完善海外展会知识产权综合服务机制。（知识产权局、贸促会负责）

87. 推进国际执法交流与合作，开展中欧知识产权保护重点行动。加强与美国、欧盟、俄罗斯、日本、韩国等海关执法合作机制建设，重点拓展与"一带一路"沿线国家海关合作。加强与国际刑警组织、各国执法部门交流合作，围绕重点案件开展联合执法行动。（最高人民检察院、公安部、海关总署按职责分别负责）

五、加强顶层设计和组织实施

（一）加强知识产权战略谋划和实施

88. 加快制定知识产权强国战略纲要。继续推动地方完善知识产权战略实施统筹协调机制。（联席会议办公室、联席会议成员单位负责）

89. 开展《"十三五"国家知识产权保护和运用规划》实施总结评估，做好"十四五"规划编制工作。（知识产权局负责）

90. 制定实施知识产权高质量发展工作指引，深化知识产权强省、强市、强企建设。（知识产权局负责）

91. 落实《制造业知识产权行动计划（2018—2020年）》，出台并实施《工业和信息化部2020年知识产权推进计划》。（工业和信息化部负责）

92. 制定《林业和草原知识产权"十四五"规划》，组织实施加快建设知识产权强国林业和草原推进计划，编辑出版《2019中国林业和草原知识产权年度报告》。（林草局负责）

93. 编制《中国科学院"十四五"知识产权发展规划纲要》。（中科院负责）

（二）夯实知识产权事业发展基础

94. 依托实施专业技术人才知识更新工程，加大对知识产权领域专业技术人才培养培训工作的支持力度。做好知识产权专业职称工作。做好知识产权行政管理人员轮训工作。(人力资源社会保障部、知识产权局负责)

95. 加快推进知识产权特色智库建设。(知识产权局负责)

96. 支持有条件的高校设置知识产权本科专业,推出一批知识产权一流专业建设点,打造一批知识产权"金课",引导有条件的高职院校开设知识产权管理相关专业。(教育部负责)

97. 进一步加大知识产权人才引进培育支持力度。在党政领导干部和中管企业领导班子考核中,注重了解知识产权相关工作成效。继续指导加强干部知识产权培训工作。(中央组织部负责)

(三)大力倡导知识产权文化

98. 组织办好世界知识产权日、全国知识产权宣传周、中国专利周、版权宣传周、中国知识产权年会、中国知识产权保护高层论坛、中国网络版权保护与发展大会、中国国际专利技术与产品交易会、中国国际设计博览会、中国国际版权博览会、2020 年国际版权论坛、2020 国际保护知识产权协会(AIPPI)世界知识产权大会,支持办好上海知识产权国际论坛等活动。探索组织中国知识产权保护成就海外展。(知识产权局、中央宣传部、林草局、海关总署、贸促会负责)

99. 拓展知识产权知识普及教育,深化中小学知识产权教育工作,继续开展全国大学生版权征文活动。(知识产权局、教育部、中央宣传部负责)

100. 依托全国科技活动周、全国科普日等重点科普活动,推进知识产权科普工作。在各类知识竞赛中纳入知识产权相关内容。(科技部、中国科协负责)

上述各项任务分工中,由多个部门负责的,列第一位的部门为牵头部门,其他为参与部门。

三、聚焦重点领域

推进市场监管体系和监管能力现代化

国务院关于新形势下加强打击侵犯知识产权和制售假冒伪劣商品工作的意见[*]

各省、自治区、直辖市人民政府,国务院各部委、各直属机构:

为进一步加强打击侵犯知识产权和制售假冒伪劣商品(以下简称侵权假冒)工作,保障国家知识产权战略深入实施,维护公平竞争的市场秩序,完善法治化、国际化、便利化的营商环境,现提出以下意见:

一、总体要求

(一)指导思想

全面贯彻党的十八大和十八届三中、四中、五中、六中全会精神,深入贯彻习近平总书记系列重要讲话精神和治国理政新理念新思想新战略,认真落实党中央、国务院决策部署,统筹推进"五位一体"总体布局和协调推进"四个全面"战略布局,牢固树立和贯彻落实创新、协调、绿色、开放、共享的发展理念,大力弘扬和践行社会主义核心价值观,着力推进市场监管体系和监管能力现代化,修订完善相关法规和标准,改革创新监管制度和机制,加强信息技术等新技术新手段运用,强化事中事后监管,全面提高打击侵权假冒工作水平,加快建设知识产权强国,为实现全面建

---

[*] 2017年3月9日,《国务院关于新形势下加强打击侵犯知识产权和制售假冒伪劣商品工作的意见》(国发〔2017〕14号)印发。

成小康社会奋斗目标提供有力支撑。

(二) 基本原则

依法治理。加强打击侵权假冒法规制度建设，严格规范公正文明执法，推进公正司法和全民守法，保障打击侵权假冒工作始终沿着法治轨道前进。

打建结合。创新监管方式和手段，针对影响人民群众生命财产安全的突出问题开展集中整治，坚决遏制侵权假冒高发多发势头；加强机制建设，提高综合治理能力，努力铲除侵权假冒滋生的土壤。

统筹协作。加强对打击侵权假冒工作的统筹协调，密切部门间、区域间协作配合，由区域内、单个环节监管向跨区域、跨部门和全链条监管转变。

社会共治。发挥行业组织的行业自律和协调管理作用，鼓励媒体和公众参与监督，充分调动各方面积极性，形成政府、企业、社会组织和公众共同参与的工作局面。

(三) 工作目标

到 2020 年，侵权假冒高发多发的势头得到有效遏制，市场监管体系和监管能力现代化水平明显提升，法规体系更加健全，工作机制更加完善，营商环境更加规范，行政执法、刑事执法、司法审判、快速维权、仲裁调解、行业自律、社会监督协调运作的打击侵权假冒工作体系基本形成。

二、推进跨部门跨区域综合治理

(四) 强化重点领域集中整治

坚持专项整治与日常监管相结合，以关系生命健康、财产安全和环境保护的商品以及知识产权领域的突出问题为重点，定期组织开展专项整治，严厉打击侵权假冒违法犯罪行为。完善以随机抽查为重点的日常监督检查制度，强化对互联网、农村市场和城乡结合部等侵权假冒高发多发领域和地区的监管，坚持线上线下治理相结合，深挖违法犯罪活动的组织者、策划者、实施者，清理生产源头，铲除销售网络，依法取缔无证照生产经营的"黑作坊"、"黑窝点"，维护公平竞争的市场秩序。

（五）加强部门间执法协作

执法监管部门、行业主管部门等要充分发挥各自优势，加强打击侵权假冒执法协作，促进执法监管和行业管理等信息共享，在执法检查、检验检测、鉴定认定等方面互相提供支持。执法监管部门发现违法行为涉及其他部门职责的，要及时通报相关部门采取措施，对于重大案件线索，必要时要共同研究案情，开展联合执法。加强对基层综合执法部门的指导，厘清监管职责，明确权力清单，堵塞监管漏洞，确保综合执法机构权威高效、运转协调，提高执法效能。

（六）推进区域间执法协调联动

针对侵权假冒行为跨区域、链条化的特点，加强区域间执法协作，探索建立跨区域联席会议、线索通报、证据移转、案件协查、联合办案以及检验鉴定结果互认等制度，完善线索发现、源头追溯、属地查处机制，推动执法程序和标准统一化，加强交界区域基层执法协作，消除监管空白地带，对侵权假冒商品的生产、流通、销售形成全链条打击。结合实施国家区域发展战略，在京津冀、长江经济带、泛珠三角区域等深入开展打击侵权假冒区域合作，总结经验，适时向全国推广。

（七）健全行政执法与刑事司法衔接机制

建立健全行政执法部门与司法机关信息共享、案情通报、案件移送制度，完善案件移送标准和程序，坚决克服有案不移、有案难移、以罚代刑现象。完善行政执法部门与司法机关间有关案件咨询、督查督办等工作机制，规范行政执法证据的固定和移送，实现行政执法与刑事司法无缝衔接。完善涉嫌犯罪案件移送中有关涉案物品处置制度，探索建立涉案物品保管"公物仓"和有毒有害物品统一销毁处理制度。建成中央、省、市、县四级联网的行政执法与刑事司法衔接信息共享系统，提高衔接工作效率和规范化水平。

三、提高市场监管和预警防范能力

（八）加强执法监管信息化建设

加强大数据、云计算、物联网、移动互联网等新技术在执法监管中的研发运用，强化对违法犯罪线索的发现、收集、甄别、挖掘、预警，做到事前防范、精准打击。大力推进不同部门间执法监管平台的开放共享，打破"信息孤岛"，加强对相关数据信息的整合、分析和研判，形成执法监管合力。建立电子商务平台企业向执法监管部门提供执法办案相关数据信息的制度，加强政企协作，用好用活数据信息资源，为开展执法工作提供支撑。

（九）加快推进信用体系建设

全面实施统一社会信用代码制度，完善全国信用信息共享平台，构建覆盖全部信用主体、所有信用信息类别、全国所有区域的一体化信用信息体系，推动信用信息跨部门交换共享。加强信用信息的征集、存储和应用，健全守信联合激励和失信联合惩戒机制，提高违法失信成本。进一步推进行政处罚案件信息公开和应用，健全信息公开的内部审核、档案管理、抽查考评等制度。建立完善生产经营主体诚信档案和"黑名单"制度，相关信息纳入全国信用信息共享平台和企业信用信息公示系统，实施市场主体信用分类监管。积极推进企业信用信息公示系统信息化工程建设，实现统一归集、依法公示、联合惩戒、社会监督。依法规范信用服务市场，培育和发展社会信用服务机构，鼓励第三方利用信用信息为社会公众提供增值服务。

四、推动完善法规标准和司法保护体系

（十）加快法规和标准制修订

推动制修订著作权法、专利法、反不正当竞争法以及电子商务、商业秘密保护等方面的法律法规，研究修订知识产权海关保护条例、植物新品种保护条例，增强法律法规的适用性和统一性。推动修订完善刑法或相关司法解释有关知识产权犯罪的条款，加大处罚力度，完善定罪量刑标准，加强刑法与其他法律之间的有效衔接。制定防止滥用知识产权的反垄断执法指南。完善电子商务产品监督抽查管理办法，制订电子商务领域相关标准。完善执法工作的程序规范，细化、量化行政裁量标准，规范裁量范围、种类、幅度，严格限定和规范行使裁量权。

（十一）充分发挥司法保护的作用

支持法院、检察院依法独立公正行使职权，构建权威高效的知识产权司法保护体系。加强刑事司法保护，严厉打击侵权假冒犯罪，增强刑罚的威慑力。强化民事司法保护，完善技术专家咨询机制，依法减轻权利人举证负担，有效执行惩罚性赔偿制度，提高侵犯知识产权违法成本。推进民事、刑事、行政案件审判"三合一"改革，完善知识产权审判体系，提升审判效率和专业水平。研究建立知识产权纠纷人民调解协议司法确认制度。

五、构建多方参与的共治格局

（十二）强化社会组织的自治功能

建立健全社会组织参与政府打击侵权假冒政策研究、维护企业和公众合法权益、预防侵权假冒违法犯罪的工作机制，探索建立社会组织调解处理知识产权纠纷制度。支持行业协会商会类组织强化行业自律和专业服务功能，发挥其对成员的行为导引、规则约束、权益维护作用，加强行业数据统计、促进行业自律、开展自主维权，引导行业健康发展。培育发展知识产权服务业，支持知识产权信息咨询、培训、法律代理等新业态发展。

（十三）落实企业的主体责任

指导生产经营企业加强产品质量控制和知识产权管理，自觉守法诚信经营，建立完善权利人企业参与涉案物品鉴定的制度。督促电子商务平台企业加强对网络经营者的资格审查，建立健全对网络交易、广告推广等业务和网络经营者信用评级的内部监控制度。坚持堵疏结合、打扶并举，结合推进供给侧结构性改革和发展"互联网＋"，引导和帮助企业利用电子商务拓展营销渠道、培育自主品牌。深入开展优质产品生产企业质量承诺活动，鼓励企业承诺采用严于国家标准、行业标准的企业产品质量标准。对企业履行承诺情况开展"双随机"执法检查，通过网络平台向社会公开承诺企业、产品及检查信息，培育"重质量、守承诺"企业，促进"中国制造"技术进步和转型升级。

（十四）加强舆论监督和宣传教育

发挥新闻媒体的正面引导和舆论监督作用，积极运用传统媒体和新兴媒体解读政策措施、宣传先进典型、曝光反面案例。组织开展宣传教育活动，普及知识产权和识假辨假知识，鼓励企业和公众举报投诉侵权假冒违法行为，营造抵制侵权假冒的良好社会氛围。创新知识产权人才培养机制，将保护知识产权等内容纳入中小学有关课程和高等院校就业创业指导课程，培养尊重创造、崇尚创新的意识。

六、提升国际交流合作水平

（十五）完善知识产权国际战略

把握国际知识产权制度演进趋势，结合我国国情完善知识产权保护制度，提高知识产权保护的国际化水平。深化与经贸相关的多双边知识产权谈判与磋商，加强部门间信息沟通和协调配合。加强传统知识、遗传资源、民间艺术等领域知识产权保护。依据相关法律法规，研究构建我国与对外贸易有关的知识产权保护制度，防范和查处进出口环节侵犯知识产权、危害对外贸易秩序等违法行为，积极开展知识产权海外维权。

（十六）深化和拓展国际交流合作

强化中美、中欧、中日等知识产权工作组对话机制，妥善处理好各方关切问题。加快实施自由贸易区战略，协调推进经贸领域知识产权合作，为企业"走出去"营造更加公平的知识产权保护环境。加强与"一带一路"沿线国家和地区的知识产权保护交流合作，优化贸易和投资环境。拓宽与发展中国家打击侵权假冒合作领域，发挥好驻外经商机构和中资商会的作用，利用对外援助、培训等方式，支持受援方打击侵权假冒工作能力建设。加强和扩大公安、海关、质检等部门执法办案的国际交流协作，联合打击跨境制售侵权假冒商品行为。

七、加强组织领导

（十七）加强统筹协调工作

全国打击侵犯知识产权和制售假冒伪劣商品工作领导小组要加强组织领导，切实抓好政策制定、执法协调、宣传教育、涉外交流等工作，统筹协调各成员单位形成更加有效的治理模式。积极发挥国务院知识产权战略实施工作部际联席会议制度的作用,加强机制间的沟通协调,调动各方积极性,形成工作合力。

(十八) 落实地方政府责任

地方各级人民政府要落实打击侵权假冒属地责任,健全打击侵权假冒工作统筹协调机制,落实人员和工作经费,推动打击侵权假冒工作有效开展。要将打击侵权假冒工作纳入地方政府绩效考核体系,科学设定考核指标,完善考核评价机制,定期开展评估,确保各项任务落实到位。

(十九) 加强执法能力建设

严格实行行政执法人员资格管理和持证上岗制度,依法确定不同岗位执法人员执法责任,全面落实执法责任制,完善激励约束制度。调整充实基层执法力量,加强业务培训,提高办案技能和依法行政水平。加强对打击侵权假冒执法经费和涉案物品环境无害化处理经费的财政保障,改善执法装备和检验检测技术条件,提高执法监管能力。

国务院
2017 年 3 月 9 日

> 党中央出台的第一个专门面向知识产权审判的里程碑式的纲领性文件

关于加强知识产权审判领域改革创新若干问题的意见*

知识产权保护是激励创新的基本手段,是创新原动力的基本保障,是国际竞争力的核心要素。人民法院知识产权审判工作,事关创新驱动发展战略实施,事关经济社会文化发展繁荣,事关国内国际两个大局,对于建设知识产权强国和世界科技强国具有重要意义。为深入贯彻实施创新驱动发展战略和国家知识产权战略,强化知识产权创造、保护、运用,破解制约知识产权审判发展的体制机制障碍,充分发挥知识产权审判激励和保护创新、促进科技进步和社会发展的职能作用,提出以下意见。

一、总体要求

(一)指导思想

全面贯彻落实党的十九大精神,以习近平新时代中国特色社会主义思想为指导,牢固树立"四个意识",按照统筹推进"五位一体"总体布局和协调推进"四个全面"战略布局要求,紧紧围绕"努力让人民群众在每一个司法案件中感受到公平正义"目标,坚持司法为民、公正司法,不断深化知识产权审判领域改革,充分发挥知识产权司法保护主导作用,树立

---

* 2018年2月,中共中央办公厅、国务院办公厅印发《关于加强知识产权审判领域改革创新若干问题的意见》。

保护知识产权就是保护创新的理念，优化科技创新法治环境，推动实施创新驱动发展战略，为实现"两个一百年"奋斗目标和建设知识产权强国、世界科技强国提供有力司法保障。

（二）基本原则

——坚持高点定位。立足国家战略层面，紧紧围绕党和国家发展大局，积极适应国际形势新变化，加强事关知识产权审判长远发展的全局性、体制性、根本性问题的顶层设计，改革完善知识产权司法保护体制机制。

——坚持问题导向。紧扣人民群众司法需求，针对影响和制约知识产权审判发展的关键领域和薄弱环节，研究对策措施，着力破解难题、补齐短板，进一步提升知识产权司法保护水平。

——坚持改革创新。解放思想，实事求是，遵循审判规律，以创新的方法激励创新，以创新的方式保护创新，以改革的思维解决知识产权审判领域改革中面临的问题和困难，使改革创新成为知识产权审判持续健康发展的动力源泉。

——坚持开放发展。既立足我国国情，又尊重国际规则，借鉴国际上知识产权司法保护的成功经验，积极构建中国特色知识产权司法保护新模式，不断增强我国在知识产权国际治理规则中的引领力。

（三）改革目标

以完善知识产权诉讼制度为基础，以加强知识产权法院体系建设为重点，以加强知识产权审判队伍建设为保障，不断提高知识产权审判质量效率，加大知识产权司法保护力度，有效遏制侵犯知识产权行为，进一步提升知识产权领域司法公信力和国际影响力，加快推进知识产权审判体系和审判能力向现代化迈进。

二、完善知识产权诉讼制度

（一）建立符合知识产权案件特点的诉讼证据规则

根据知识产权无形性、时间性和地域性等特点，完善证据保全制度，发挥专家辅助人作用，适当加大人民法院依职权调查取证力度，建立激励当事人积极、主动提供证据的诉讼机制。通过多种方式充分发挥公证在知识产权案件中固定证据的作用。加强知识产权领域的诉讼诚信体系建设，探索建立证据披露、证据妨碍排除等规则，合理分配举证责任，适当减轻权利人举证负担，着力破解知识产权权利人"举证难"问题。

（二）建立体现知识产权价值的侵权损害赔偿制度

1. 坚持知识产权创造价值、权利人理应享有利益回报的价值导向。充分发挥社会组织、中介机构在知识产权价值评估中的作用，建立以尊重知识产权、鼓励创新运用为导向，以实现知识产权市场价值为指引，以补偿为主、惩罚为辅的侵权损害司法认定机制，着力破解知识产权侵权诉讼"赔偿低"问题。

2. 加大知识产权侵权违法行为惩治力度，降低维权成本。对于具有重复侵权、恶意侵权以及其他严重侵权情节的，依法加大赔偿力度，提高赔偿数额，由败诉方承担维权成本，让侵权者付出沉重代价，有效遏制和威慑侵犯知识产权行为。努力营造不敢侵权、不愿侵权的法律氛围，实现向知识产权严格保护的历史性转变。

（三）推进符合知识产权诉讼规律的裁判方式改革

进一步发挥知识产权司法保护的主导作用，依法加强对知识产权行政行为的司法审查，促进知识产权行政执法标准与司法裁判标准的统一。加强司法大数据的研究应用，完善知识产权案例指导制度，改进裁判方式，推进知识产权案件繁简分流，切实增强知识产权司法救济的便民性和时效性，着力破解知识产权案件审理"周期长"问题。

三、加强知识产权法院体系建设

（一）建立健全知识产权专门化审判体系

1. 按照《国家知识产权战略纲要》要求，从推动建成知识产权强国和世界科技强国的战略高度，认真总结知识产权审判基本规律和经验，加强现状分析和对国际趋势的研判，研究建立国家层面知识产权案件上诉审理机制，实现有关知识产权案件审理专门化、管辖集中化、程序集约化和人员专业化，从根本上解决知识产权裁判尺度不统一、诉讼程序复杂等制约科技创新的体制性难题。

2. 全面总结北京、上海、广州知识产权法院设立、运行、建设、发展的经验，提出可复制、可推广的意见，依照法定程序实施；进一步健全符合知识产权司法保护规律的专门化审判体系，有效满足科技创新对知识产权专门化审判的司法需求。

（二）探索跨地区知识产权案件异地审理机制

充分整合京津冀三地法院审判优势资源，探索北京知识产权法院集中管辖京津冀地区技术类知识产权案件，充分发挥知识产权专门化审判在推动京津冀创新驱动发展方面的独特作用，为京津冀形成协调创新共同体、实现经济转型和科学发展提供有力司法支持。

（三）完善知识产权法院人财物保障制度

1. 建立分类管理、定向培养、跟踪考核、适时调整相结合的知识产权法院法官员额动态调整机制。根据案件的受理数量、增长趋势、难易程度等，动态调整法官员额，化解人案矛盾，提升司法效率。

2. 根据知识产权法院隶属关系和工作实际，完善经费保障机制，明确知识产权法院购买社会服务的依据，促进知识产权法院财务工作规范化。

四、加强知识产权审判队伍建设

（一）加大知识产权审判人才培养选拔力度

1. 在保持知识产权审判队伍稳定的前提下，建立知识产权法院之间、知识产权专门审判机构之间、上下级法院之间形式多样的人员交流机制，有计划地选派综合素质高、专业能力强、有培养潜力的知识产权法官到有关党政机关等任职、挂职，可以从立法工作者、律师、法学专家中公开选拔知识产权法官，进一步激发知识产权审判队伍的积极性、主动性和创造性。

2. 增强培训的针对性和有效性，提高知识产权审判队伍的思想政治素质、职业素养和专业水平，加强对外交流与合作，努力造就一批政治坚定、顾全大局、精通法律、熟悉技术并具有国际视野的知识产权审判人才。

(二) 加强技术调查官队伍建设

探索在编制内按照聘任等方式选任、管理技术调查官，细化选任条件、任职类型、职责范围、管理模式和培养机制，规范技术审查意见的采信机制，充分发挥技术调查官对有效查明技术事实、提高知识产权审判质量效率的积极作用，增强技术事实认定的中立性、客观性和科学性。

五、加强组织领导

(一) 加强组织实施

有关地区和部门要高度重视人民法院知识产权审判工作，将其作为推进全面深化改革、全面依法治国和深入贯彻实施创新驱动发展战略、国家知识产权战略的重要内容，切实加强组织领导。要抓紧制定实施细则，明确责任部门，确定时间表、路线图，确保各项工作要求及时有效落实。

(二) 强化工作保障

有关地区和部门要认真贯彻落实党中央关于充分发挥知识产权司法保护主导作用的要求，统筹调配人民法院现有司法资源和相关审判力量，在经费保障、物资装备等方面做好对人民法院知识产权审判工作的保障和支持，大力推进知识产权审判队伍正规化、专业化、职业化、国际化建设。

(三) 完善相关法律规定

积极推进人民法院组织法、专利法、著作权法、有关诉讼法等相关法律的修订工作，研究制定符合知识产权审判规律的特别程序法，加强知识产权案件专门审判组织、诉讼管辖、证据规则、审理程序和裁判方式的法律化、制度化。

> 规范知识产权对外转让秩序，维护国家安全和重大公共利益

知识产权对外转让有关工作办法（试行）*

为贯彻落实总体国家安全观，完善国家安全制度体系，维护国家安全和重大公共利益，规范知识产权对外转让秩序，依据国家安全、对外贸易、知识产权等相关法律法规，制定本办法。

一、审查范围

（一）技术出口、外国投资者并购境内企业等活动中涉及本办法规定的专利权、集成电路布图设计专有权、计算机软件著作权、植物新品种权等知识产权对外转让的，需要按照本办法进行审查。所述知识产权包括其申请权。

（二）本办法所述知识产权对外转让，是指中国单位或者个人将其境内知识产权转让给外国企业、个人或者其他组织，包括权利人的变更、知识产权实际控制人的变更和知识产权的独占实施许可。

二、审查内容

（一）知识产权对外转让对我国国家安全的影响。

（二）知识产权对外转让对我国重要领域核心关键技术创新发展能力

---

* 2018 年 3 月 18 日，《国务院办公厅关于印发〈知识产权对外转让有关工作办法（试行）〉的通知》（国办发〔2018〕19 号）印发。

的影响。

三、审查机制

(一)技术出口中涉及的知识产权对外转让审查

1. 在技术出口活动中,出口技术为我国政府明确的禁止出口限制出口技术目录中限制出口的技术时,涉及专利权、集成电路布图设计专有权、计算机软件著作权等知识产权的,应当进行审查。

2. 地方贸易主管部门收到技术出口经营者提交的中国限制出口技术申请书后,涉及专利权、集成电路布图设计专有权等知识产权对外转让的,应将相关材料转至地方知识产权管理部门。地方知识产权管理部门收到相关材料后,应对拟转让的知识产权进行审查并出具书面意见书,反馈至地方贸易主管部门,同时报国务院知识产权主管部门备案。

3. 地方贸易主管部门应当依据地方知识产权管理部门出具的书面意见书,并按照《中华人民共和国技术进出口管理条例》等有关规定作出审查决定。

4. 涉及计算机软件著作权对外转让的,由地方贸易主管部门和科技主管部门按照《中华人民共和国技术进出口管理条例》、《计算机软件保护条例》等有关规定进行审查。对外转让的计算机软件著作权已经在计算机软件登记机构登记的,地方贸易主管部门应当将审查结果及时通知计算机软件登记机构。经审查不得转让的,计算机软件登记机构在接到通知后,不得办理权属变更登记手续。

5. 涉及植物新品种权对外转让的,由农业主管部门和林业主管部门根据《中华人民共和国植物新品种保护条例》等有关规定,按照职责进行审查,重点审查内容为拟转让的植物新品种权对我国农业安全特别是粮食安全和种业安全的影响。

(二)外国投资者并购境内企业安全审查中涉及的知识产权对外转让审查

1. 外国投资安全审查机构在对外国投资者并购境内企业进行安全审查时,对属于并购安全审查范围并且涉及知识产权对外转让的,应当根据拟转让知识产权的类别,将有关材料转至相关主管部门征求意见。涉及专利权、集成电路布图设计专有权的,由国务院知识产权主管部门负责;涉及计算机软件著作权的,由国家版权主管部门负责;涉及植物新品种权的,由国务院农业主管部门和林业主管部门按职责分别负责。

2. 相关主管部门应及时进行审查并出具书面意见书,反馈至外国投资安全审查机构。外国投资安全审查机构应当参考相关主管部门出具的书面意见书,按照有关规定作出审查决定。

四、其他事项

(一)相关主管部门应当制定审查细则,明确审查材料、审查流程、审查时限、工作责任等。

(二)在知识产权对外转让审查最终决定作出后,涉及知识产权权属变更的,转让双方应当按照相关法律法规办理变更手续。

(三)相关主管部门工作人员应当保守知识产权对外转让双方的商业秘密。

(四)知识产权对外转让涉及国防安全的,按照国家有关规定办理,不适用本办法。

(五)本办法自印发之日起试行。

第二章

国家知识产权局及相关部委关于知识产权工作的重要文件

一、助力知识产权创造

> 激发小微企业创造活力，用知识产权促进小微企业健康发展

国家知识产权局关于知识产权支持小微企业发展的若干意见[*]

各省、自治区、直辖市、新疆生产建设兵团知识产权局：

为贯彻落实《中共中央关于全面深化改革若干重大问题的决定》、《国务院关于进一步支持小型微型企业健康发展的意见》（国发〔2012〕14号）精神，深入实施国家知识产权战略，切实做好《国家中长期人才发展规划纲要（2010—2020年）》中实施知识产权保护政策相关工作，激发小微企业（系指《中小企业划型标准规定》（工信部联企业〔2011〕300号）中的小型、微型企业）创造活力，全力支持小微企业创业创新发展，提出以下意见。

一、扶持小微企业创新发展

（一）支持创新成果在国内外及时获权

完善专利审查快速通道，对小微企业亟需获得授权的核心专利申请予以优先审查，并按照《发明专利申请优先审查办法》规定的程序办理。充分利用电话讨论、远程会晤等方式指导小微企业合理缩短实质审查时间。开展小微企业专利审查高速路（PPH）推广帮扶项目，编制针对小微企业

---

[*] 2014年10月8日，《国家知识产权局关于知识产权支持小微企业发展的若干意见》（国知发管字〔2014〕57号）印发。

的海外获权指导手册,建立小微企业国外专利申请—获权援助渠道,支持小微企业在海外快速获得专利权。

(二) 完善专利资助政策

积极探索推进小微企业专利费用减免政策,支持小微企业知识产权创造和运用。加大对小微企业专利申请资助力度,推动专利一般资助向小微企业倾斜。结合科技型中小企业专利申请"消零"行动,对小微企业申请获权的首件发明专利予以奖励。鼓励小微企业通过实施专利提高专利产品种类和产值,对小微企业通过独占许可和排他许可方式引进实施专利给予专项资助。

(三) 创新知识产权金融服务

建立小微企业知识产权金融服务需求调查制度,深入开展专利价值分析服务和政策宣讲,鼓励小微企业以质押融资、许可转让、出资入股等方式拓展知识产权价值实现渠道。加强与商业银行的知识产权金融服务战略合作,进一步推动开发符合小微企业创新特点的知识产权金融产品,引导各类金融机构为小微企业提供知识产权金融服务。鼓励建立小微企业信贷风险补偿基金,对知识产权质押贷款提供重点支持。加快推动知识产权保险服务纳入小微企业产业引导政策,完善小微企业风险补偿机制。充分发挥支持性财税政策的引导作用,通过财政补贴和风险补偿等方式合理降低贷款、担保和保险等费率。

二、完善小微企业知识产权社会化服务

(四) 加快知识产权公共服务体系建设

深入推进中小企业知识产权战略推进工程,建立健全省、市、县三级知识产权服务网络,完善对小微企业创业辅导、管理咨询、投资融资、人才培训、技术创新等方面的知识产权服务功能。在小微企业集聚的创业基地、孵化器、产业园等逐步建立知识产权联络员制度和专家服务试点,吸纳专利代理人及其他服务机构人员深入参与,并提供必要财政支持,逐步形成小微企业知识产权服务长效机制。

（五）发挥知识产权社团组织作用

鼓励知识产权行业协会吸收小微企业入会，充分发挥行业协会在制定行业标准、开展行业自律、调解知识产权纠纷、规范市场秩序等方面的积极作用，切实维护小微企业合法权益。支持知识产权行业协会创新服务模式，利用互联网等新技术搭建小微企业会员交流平台，积极开展企业间专利信息共享、协同运用、联合维权、管理咨询等活动。

（六）调动和优化配置知识产权服务资源

建立健全知识产权服务规范、服务评价和激励机制，引导各类知识产权服务机构为小微企业提供质优价惠的专业服务。鼓励每名专利代理人每年为小微企业免费代理一件以上的专利申请，对服务小微企业绩效突出的知识产权服务机构给予奖励和项目优先委托。可采取"专利服务券"等政府购买服务方式满足小微企业服务需求。

三、提高小微企业知识产权运用能力

（七）提升知识产权管理水平

实施小微企业知识产权管理能力提升计划，建立联系、辅导工作机制，引导小微企业建立与发展阶段和发展目标相适应的知识产权管理制度。鼓励科技型小微企业贯彻实施《企业知识产权管理规范》国家标准，组织专家团队对有需求的小微企业对标诊断，并指导制定贯标工作方案。对通过知识产权管理体系认证的小微企业可予以合理资助和奖励。

（八）做好知识产权优势培育工作

建立符合小微企业特点的知识产权优势培育体系，制定培育措施，并围绕小微企业发展定位进行个性化培育。对研发投入和专利成果达到一定水平，产品市场占有率较高的小微企业，集中优势资源重点培育。支持科技型小微企业申报国家级知识产权优势企业。

（九）加强专利信息利用

充分发挥专利信息导航作用，在小微企业集聚区开展专利导航公共服务平台建设，为政府部门分类、分级培育小微企业提供决策支撑。加强专利信息传播利用基地建设，深入开展专利信息利用帮扶促进工作，开展专利信息助推小微企业创新发展试点。依托各类服务平台向小微企业免费或低成本提供专利查新检索服务，广泛开展知识产权信息订制推送服务。

（十）提升知识产权实务技能

将小微企业的业务骨干培养纳入年度全国知识产权人才培训计划，加强小微企业研发人员专利撰写、专利分析等实务能力的培养。加强国家中小微企业知识产权培训基地建设，建立小微企业管理团队知识产权业务技能培养机制，每年培训 1 万名小微企业经理人、研发负责人和创业者。

（十一）鼓励专利创业创新

引导高校院所、科研组织与小微企业开展知识产权合作互助，建立订单式专利技术研发体系，帮助小微企业进行专利创业和专利二次开发。鼓励国有企事业单位将闲置专利向小微企业许可转让，引导国家级知识产权示范企业履行社会责任，向小微企业低成本或免费实施专利许可。积极组织拥有知识产权项目的小微企业参加境内外展览展销活动，在名额、费用等方面适当倾斜。

四、优化小微企业知识产权发展环境

（十二）扶持知识产权服务业小微企业发展

实施知识产权服务引导项目，培育知识产权服务品牌机构，支持和引导民营知识产权服务机构健康发展。有序开放知识产权基础信息资源，增强小微型知识产权服务机构市场服务供给能力。完善行业信用评价、诚信公示和失信惩戒等机制。鼓励服务机构成立区域性服务联盟，实现优势互补、资源共享。通过政府投入引导资金或购买服务等方式，支持小微型知识产权服务机构参与知识产权公共服务。支持有条件的地区探索制定项目补贴、定向资助等具体措施。

（十三）加大专利行政执法力度

积极开展电子商务领域、展会、重点行业和市场执法维权工作，着力打击专利侵权假冒行为，切实维护小微企业产品开发、生产、销售等各环节的合法权益。结合小微企业技术创新周期短、实用新型和外观设计专利较多、涉案金额相对较低等特点，加快推进建立专利侵权纠纷快速调解机制，帮助小微企业及时获得有效保护。

（十四）推进知识产权维权援助工作

加强知识产权保护法律法规、典型案例的宣传和培训，增强小微企业知识产权保护意识。鼓励各维权援助中心在小微企业聚集区设立分中心、工作站等，帮助被侵权小微企业制定完善的维权方案，提高确权效率，降低维权成本。积极主动提供维权服务，对于小微企业符合立案条件的举报投诉线索，及时移送行政执法部门。针对经济困难的专利权利主体，推动建立小微企业维权援助工作机制。

（十五）营造良好舆论氛围

加强小微企业知识产权扶持政策宣讲和典型宣传，发挥新闻媒体优势，采用专题、专栏、专版等形式，广泛报道小微企业创新发展的扶持政策和典型案例，深入挖掘小微企业运用知识产权创新发展的典型经验。面向小微企业组织召开相关政策宣讲会，编制并发放知识产权政策宣传册（页）。

各省（区、市）知识产权局要结合本地区发展实际，研究制定具体落实措施，帮助小微企业解决现实难题。国家知识产权局将加强政策解读和任务细化，建立有利于小微企业发展的知识产权考核评价机制，推动有关政策尽快"落地"。从2015年开始，各省（区、市）知识产权局要将本地区上一年度小微企业知识产权工作的情况、成效、问题、下一步打算及政策建议，于每年1月底前专题报我局。

国家知识产权局

2014年10月8日

充分发挥知识产权促进创新创业的重要作用

关于进一步加强知识产权运用和保护助力创新创业的意见*

知识产权是联结创新与市场之间的桥梁和纽带。知识产权制度是保障创新创业成功的重要制度，是激发创新创业热情、保护创新创业成果的有效支撑。为深入实施创新驱动发展战略和国家知识产权战略，进一步加强知识产权运用和保护，助力创新创业，现提出以下意见。

一、总体要求

（一）指导思想

全面贯彻落实党的十八大和十八届二中、三中、四中全会精神，认真落实党中央、国务院决策部署，充分发挥市场在资源配置中的决定性作用，更好发挥政府作用，创新知识产权管理机制，健全知识产权公共服务体系，引领创新创业模式变革，优化市场竞争环境，释放全社会创造活力，催生更多的创新创业机会，让创新创业根植知识产权沃土。

（二）基本原则

一是市场导向。发挥知识产权对创新创业活动的激励作用，充分调动市场力量，形成创新创业知识产权激励和利益分配机制，促进创新创业要

---

* 2015年9月7日，《知识产权局 财政部 人力资源社会保障部 中华全国总工会 共青团中央关于印发〈关于进一步加强知识产权运用和保护 助力创新创业的意见〉的通知》印发。

素合理流动和高效配置。

二是加强引导。突出知识产权对创新创业活动的导向作用，更多采用专利导航等有效手段，创新服务模式和流程，提升创新创业发展水平。

三是积极推动。坚持政策协同、主动作为、开放合作，建立政府引导、市场驱动、社会参与的知识产权创新支持政策和创业服务体系，全力营造大众创业、万众创新的良好氛围。

四是注重实效。紧贴创新创业活动的实际需求，建立横向协调、纵向联动的工作机制，强化政策落实中的评估和反馈，不断完善和深化政策环境、制度环境和公共服务体系，形成利于创新、便于创业的格局。

二、完善知识产权政策体系降低创新创业门槛

（三）综合运用知识产权政策手段

引导广大创新创业者创造和运用知识产权，健全面向高校院所科技创新人才、海外留学回国人员等高端人才和高素质技术工人创新创业的知识产权扶持政策，对优秀创业项目的知识产权申请、转化运用给予资金和项目支持。进一步细化降低中小微企业知识产权申请和维持费用的措施。充分发挥和落实各项财税扶持政策作用，支持在校大学生和高校毕业生、退役军人、登记失业人员、残疾人等重点群体运用专利创新创业。在各地专利代办处设立专门服务窗口，为创新创业者提供便捷、专业的专利事务和政策咨询服务。

（四）拓宽知识产权价值实现渠道

深化事业单位科技成果使用、处置和收益管理改革试点，调动单位和人员运用知识产权的积极性。支持互联网知识产权金融发展，鼓励金融机构为创新创业者提供知识产权资产证券化、专利保险等新型金融产品和服务。完善知识产权估值、质押、流转体系，推进知识产权质押融资服务实现普遍化、常态化和规模化，引导银行与投资机构开展投贷联动，积极探索专利许可收益权质押融资等新模式，积极协助符合条件的创新创业者办理知识产权质押贷款。支持符合条件的省份设立重点产业知识产权运营基金，扶持重点领域知识产权联盟建设，通过加强知识产权协同运用助推创业成功。

三、强化知识产权激励政策释放创新创业活力

（五）鼓励利用发明创造在职和离岗创业

完善职务发明与非职务发明法律制度，合理界定单位与职务发明人的权利义务，切实保障发明人合法权益，使创新人才分享成果收益。支持企业、高校、科研院所、研发中心等专业技术人员和技术工人进行非职务发明创造，提供相应的公益培训和咨询服务，充分发挥企事业单位教育培训费用的作用，加强对一线职工进行创新创造开发教育培训和开阔眼界提高技能的培训，鼓励职工积极参与创新活动，鼓励企事业单位设立职工小发明小创造专项扶持资金，健全困难群体创业知识产权服务帮扶机制。

（六）提供优质知识产权公共服务

建立健全具有针对性的知识产权公共服务机制，推动引进海外优秀人才。加大对青年为主体的创业群体知识产权扶持，建立健全创业知识产权辅导制度，促进高质量创业。积极打造专利创业孵化链，鼓励和支持青年以创业带动就业。组织开展创业知识产权培训进高校活动，支持高校开发开设创新创业知识产权实务技能课程。从优秀知识产权研究人员、专利审查实务专家、资深知识产权代理人、知名企业知识产权经理人中选拔一批创业知识产权导师，积极指导青年创业训练和实践。

四、推进知识产权运营工作引导创新创业方向

（七）推广运用专利分析工作成果

实施一批宏观专利导航项目，发布产业规划类专利导航项目成果，更大范围地优化各类创业活动中的资源配置。实施一批微观专利导航项目，引导有条件的创业活动向高端产业发展。建立实用专利技术筛选机制，为创新创业者提供技术支撑。推动建立产业知识产权联盟，完善企业主导、创新创业者积极参与的专利协同运用体系，构建具有产业特色的低成本、便利化、全要素、开放式的知识产权创新创业基地。

（八）完善知识产权运营服务体系

充分运用社区网络、大数据、云计算，加快推进全国知识产权运营公

共服务平台建设，构建新型开放创新创业平台，促进更多创业者加入和集聚。积极构建知识产权运营服务体系，通过公益性与市场化相结合的方式，为创新创业者提供高端专业的知识产权运营服务。探索通过发放创新券的方式，支持创业企业向知识产权运营机构购买专利运营服务。

五、完善知识产权服务体系支撑创新创业活动

（九）提升知识产权信息获取效率

进一步提高知识产权公共服务水平，在众创空间等新型创业服务平台建立知识产权联络员制度，开展知识产权专家服务试点，实施精细化服务，做到基础服务全覆盖。加强创新创业专利信息服务，鼓励开展高水平创业活动。完善专利基础数据服务实验系统，扩大专利基础数据开放范围，开展专利信息推送服务。

（十）发展综合性知识产权服务

发挥行业社团的组织引领作用，推动知识产权服务机构通过市场化机制、专业化服务和资本化途径，为创新创业者提供知识产权全链条服务。鼓励知识产权服务机构以参股入股的新型合作模式直接参与创新创业，带动青年创业活动。在国家知识产权试点示范城市广泛开展知识产权促进高校毕业生就业试点工作，强化知识产权实务技能培训，提供高质量就业岗位。

六、加强知识产权培训条件建设提升创新创业能力

（十一）加强创业知识产权培训

切实加强创业知识产权培训师资队伍和培训机构建设，积极推行知识产权创业模块培训、创业案例教学和创业实务训练。鼓励各类知识产权协会社团积极承担创新创业训练任务，为创业者提供技术、场地、政策、管理等支持和创业孵化服务。以有创业愿望的技能人才为重点，优先安排培训资源，使有创业愿望和培训需求的青年都有机会获得知识产权培训。

（十二）引导各类知识产权优势主体提供专业实训

综合运用政府购买服务、无偿资助、业务奖励等方式，在国家知识产

权培训基地、国家中小微企业知识产权培训基地、国家知识产权优势和示范企业、知识产权服务品牌机构建立创新创业知识产权实训体系。引导国家知识产权优势和示范企业、科研组织向创业青年免费提供实验场地和实验仪器设备。

七、强化知识产权执法维权保护创新创业成果

（十三）加大专利行政执法力度

健全知识产权保护措施，加强行政执法机制和能力建设，切实保护创新创业者知识产权合法权益。深化维权援助机制建设，完善知识产权维权援助中心布局，在创新创业最活跃的地区优先进行快速维权援助中心布点，推动行政执法与司法联动，缩短确权审查、侵权处理周期，提高维权效率。

（十四）完善知识产权维权援助体系

构建网络化知识产权维权援助体系，为创新创业者提供有效服务。健全电子商务领域专利执法维权机制，快速调解、处理电子商务平台上的专利侵权纠纷，及时查处假冒专利行为，制订符合创新创业特点的知识产权纠纷解决方案，完善行政调解等非诉讼纠纷解决途径。建立互联网电子商务知识产权信用体系，指导支持电商平台加强知识产权保护工作，强化专业市场知识产权保护。

八、推进知识产权文化建设营造创新创业氛围

（十五）加强知识产权舆论引导

广泛开展专利技术宣传、展示、推广等活动，宣扬创新精神，激发创业热情，带动更多劳动者积极投身创新创业活动，努力在全社会逐渐形成"创新创业依靠知识产权，知识产权面向创新创业"的良好氛围。依托国家专利技术展示交易中心，搭建知识产权创新创业交流平台，组织开展创业专利推介对接，鼓励社会力量围绕大众创业、万众创新组织开展各类知识产权公益活动。

(十六)积极举办各类专题活动

积极举办面向青年的创业知识产权公开课,提高创业能力,助推成功创业。鼓励社会力量举办各类知识产权服务创新创业大赛,推动有条件的地方积极搭建知识产权创新创业实体平台。加强创业知识产权辅导,支持"创青春"中国青年创新创业大赛、"挑战杯"全国大学生课外学术科技作品竞赛等活动。鼓励表现优秀的创新创业项目团队参加各类大型知识产权展会。在各类知识产权重点展会上设置服务专区,为创新创业提供交流经验、展示成果、共享资源的机会。

国家知识产权局会同财政部、人力资源和社会保障部、中华全国总工会、共青团中央等有关部门和单位建立创新创业知识产权工作长效推进机制,统筹协调并指导落实相关工作。各地要建立相应协调机制,结合地方实际制定具体实施方案,明确工作部署,切实加大资金投入、政策支持和条件保障力度。各地和有关部门要结合创新创业特点、需要和工作实际,发挥市场主体作用,不断完善创新创业知识产权政策体系和服务体系,确保各项政策措施贯彻落实。各地要做好有关政策落实情况调研、发展情况统计汇总等工作,及时报告工作进展情况。

提高中小企业知识产权创造、运用、保护和管理能力

关于全面组织实施中小企业知识产权战略推进工程的指导意见[*]

2009年,国家知识产权局与工业和信息化部联合实施中小企业知识产权战略推进工程,2014年对中小企业知识产权战略推进工程实施城市的工作进行了验收总结和绩效评估。结果表明,这项工作取得了积极成效,中小企业的知识产权创造能力和创新能力显著增强,全国32个实施城市的中小企业集聚区专利结构不断优化,发明专利授权量持续增长,创新活力不断迸发。

"十三五"期间,随着"大众创业、万众创新"、《中国制造2025》、"互联网+"、"一带一路"等重大战略举措的加速实施,为中小企业提供了广阔的创新发展空间,亟需发挥知识产权激励创新的基本保障作用,激发创新活力,释放创新热情。为深入贯彻《国务院关于新形势下加快知识产权强国建设的若干意见》(国发〔2015〕71号)、《国务院关于扶持小型微型企业健康发展的意见》(国发〔2014〕52号),落实国家实施创新驱动发展战略和知识产权战略的部署,提高中小企业知识产权创造、运用、保护和管理能力,现就全面组织实施中小企业知识产权战略推进工程(以下简称"推进工程")提出以下意见。

---

[*] 2016年12月22日,《知识产权局 工业和信息化部印发〈关于全面组织实施中小企业知识产权战略推进工程的指导意见〉的通知》(国知发管字〔2016〕101号)印发。

一、总体要求

（一）指导思想

按照党的十八大和十八届三中、四中、五中全会关于加强知识产权运用和保护、健全技术创新激励机制的总体要求，以全面组织实施推进工程为抓手，以增强中小企业核心竞争力，促进企业创新发展为目标，以引导中小企业实施知识产权战略，提升知识产权创造、运用、保护和管理能力为主线，通过政策引导和强化服务，大幅提高中小企业知识产权的质量和效益，加快培育一批具有知识产权优势和市场竞争力的中小企业，促进大众创业万众创新，为我国转变经济发展方式、优化产业结构、建设创新型国家奠定坚实的基础。

（二）基本原则

——坚持市场主导与政府推动相结合。发挥市场在资源配置中的决定性作用，健全市场导向机制，不断完善专业化服务，打造中小企业知识产权优势，增强市场竞争能力。发挥政府在战略规划、政策制定、行业管理、公共服务和环境营造方面的作用，有效整合和聚集社会资源，推动和支持中小企业实施知识产权战略。

——坚持统筹规划与协调发展相结合。发挥重点产业政策的引领和带动作用，构建系统性和基础性的支撑体系，推动创新资源合理配置，实现知识产权科学管理，提升知识产权质量。建立国家和地方各级有关部门共同实施推进工程的工作机制，做好统筹规划，分工负责、合力推进，形成横向协调、纵向联动的工作局面。

——坚持有序推进与探索创新相结合。推动中小企业创新机制和平台建设，不断优化中小企业的知识产权管理体系。改革中小企业知识产权管理体制机制，发挥知识产权制度在激励创新、促进创新成果合理分享方面的关键作用，不断提高创新的质量和效率。

——坚持分类指导与重点突出相结合。综合考虑行业特征和企业规模的差异，强化推进工程实施过程中的分类指导，促进创新要素的合理和高效配置。突出区域产业发展与知识产权要素资源的匹配，培育区域和企业的知识产权优势,务实促进推进工程的全面实施。

(三)主要目标

到 2020 年,推进工程的实施范围在全国各省、市全面展开,中小企业知识产权创造、运用、保护和管理能力大幅提升,对中小企业转方式、调结构、上水平的贡献率明显提高,形成一批拥有知识产权、在产业链中具有竞争优势的中小企业,支撑知识产权密集型产业的培育和发展,为我国进入创新型国家行列提供强有力支持。

——中小企业知识产权创造数量和质量显著提升。到 2020 年,中小企业发明专利授权量占全国发明授权总量的比例大幅度提高。

——中小企业知识产权管理水平显著提升。力争五年内,培训 100 万名中小企业知识产权工作者和经营管理人员,提高中小企业知识产权管理人员专业水平和综合素质;鼓励和引导中小企业设立专职知识产权管理岗位,推动一批中小企业贯彻实施《企业知识产权管理规范》国家标准。

——中小企业知识产权服务能力进一步提升。建立更加完善的中小企业知识产权专业服务体系,实现知识产权信息资源有效共享,营造更加健全的知识产权保护和维权环境。有效利用社会资源服务小微企业,支持开展知识产权托管工作。

二、重点任务

(一)实施专利导航,支撑中小企业创新发展

建立专利导航产业发展工作机制。发挥专利信息资源对产业运行决策的引导作用,依托各类平台探索建立专利导航研究推广中心,实施产业规划类专利导航项目,为中小企业定期推送高水平、高质量、低成本的产业知识产权信息。建立通畅的知识产权预警机制,加强对区域、行业和企业预警信息的收集发布,指导中小企业加强知识产权保护。

推动建立专利导航企业发展工作机制。发挥专利制度在产业竞争市场的控制作用,鼓励和支持中小企业实施企业运营类专利导航项目,帮助中小企业加强产业核心技术与关键环节的专利布局,提升企业应对竞争的主动权。

(二) 建立激励机制，激发中小企业知识产权创造活力

促进高价值专利培育。鼓励中小企业加大知识产权创造投入力度，引导中小企业建立知识产权激励和利益分配制度。推进产学研合作，引导高校、科研组织与中小企业建立健全订单式的专利技术研发机制。

优化知识产权考核评价体系。将中小企业知识产权申请、注册登记的数量和质量、增幅和实施情况纳入相关引导政策考核指标体系，将知识产权的数量与质量作为对科技人员和相关管理人员绩效考核的重要内容。

(三) 坚持多措并举，提升中小企业知识产权运营能力

创新知识产权转移转化方式。充分发挥全国知识产权运营平台体系作用，设立专业化的服务模块，促进中小企业知识产权转移转化。鼓励国有企事业单位将闲置专利低价向小微企业许可或转让，引导国有企事业单位支持中小企业知识产权转移转化活动。倡导社会资本参与中小企业知识产权转移转化，鼓励开展知识产权流转储备、转移转化风险补偿等活动。

完善支撑中小企业知识产权运营的融资渠道。完善知识产权间接融资渠道，鼓励商业银行、保险公司、担保公司、众筹平台公司等金融机构参与知识产权质押融资活动；推动各类金融机构创新知识产权金融服务，为中小企业提供知识产权资产证券化、专利保险等新型金融产品。发展知识产权直接融资渠道，引导和鼓励重点产业知识产权运营基金、相关政府性投资基金、天使基金、创业投资基金等，参与中小微企业开展知识产权运营活动。

(四) 夯实工作基础，加强中小企业知识产权保护力度

完善中小企业维权援助工作机制。整合现有社会资源，建立和完善中小企业知识产权保护和维权援助工作机制。指导中小企业运用专利、商标、版权、商业秘密等知识产权手段，构筑知识产权保护网，提高知识产权保护能力。围绕重点产业、展会、电子商务等重点领域，探索国家、省、市三级联动的知识产权维权援助工作体系，有序推进知识产权快速维权援助中心和知识产权保护中心建设。

加大知识产权执法力度。开展有针对性的专项行动，加大对中小企业知识产权保护的执法力度。畅通中小企业知识产权违法举报渠道，鼓励权

利人和社会各界积极举报专利违法行为。推进建立相应层级的专利侵权纠纷快速调解机制，及时妥善化解知识产权纠纷。持续推进知识产权系统社会信用体系建设工作，加强事中事后监管。

（五）加强科学指导，提升中小企业知识产权管理水平

优化中小企业知识产权管理体系。推动中小企业建立知识产权管理体系，引导有条件的中小企业加强知识产权管理机构、管理制度和人才队伍建设，将知识产权管理贯穿研发、生产和经营全过程。鼓励科技型中小企业实施《企业知识产权管理规范》国家标准，并对通过知识产权管理体系认证的中小企业予以合理的资助和奖励。

加强中小企业知识产权资产管理。完善知识产权评估方法，研究制定中小企业知识产权价值分析工作指引，引导中小企业建立专利分级管理制度，建立核心专利、高价值专利管理台账。推动中小企业在并购重组、股权流转、对外投资等活动中科学核算知识产权资产，加强知识产权资产管理。

实施中小企业知识产权托管工程。因地制宜，在政府引导下，探索建立行业性组织、知识产权服务机构、中小企业共同参与的知识产权托管工作体系。制定工作指引和业务规范，引导和支持知识产权服务机构为中小微企业提供知识产权委托管理服务；推动中小微企业充分利用社会资源，与知识产权服务机构对接，实现专业化管理，提升知识产权管理水平。

（六）深化对外交流，开展中小企业知识产权跨境合作

支持中小企业"走出去"。推动中小企业、科研机构、高等学校等联合开展海外专利布局工作。加强国际合作中的知识产权工作，强化技术合作与技术进出口中的知识产权管理。开展专利审查高速公路推广帮扶项目，制定海外专利布局实务指引等，指导中小企业海外获权。

加强涉外知识产权风险防范。加强海外知识产权法律研究，发布推广国外特别是"一带一路"沿线各国的知识产权环境报告。加强对海外遭遇知识产权诉讼风险的中小企业的指导和保护，鼓励中小企业加强知识产权海外维权，积极开展知识产权的国际研讨和交流活动。

（七）转变政府职能，优化中小企业知识产权公共服务

完善中小企业知识产权公共服务体系。支持各省市集聚现有服务资源，建设多功能、综合性的中小企业知识产权公共服务平台，与国家知识产权运营公共服务平台体系融合发展，为中小微企业提供全方位知识产权服务。对于服务中小企业业绩突出的知识产权服务机构给予奖励和项目优先委托。鼓励在众创空间等新型创业服务平台中建立中小企业知识产权服务等相关模块。实施知识产权特派员制度，为中小企业提供专业化服务。

发挥行业性组织提供知识产权服务的作用。引入竞争机制，探索行业性组织提供的知识产权服务的有效模式，激发服务热情，真正成为提供服务、反映诉求和规范行为的主体。倡导专利代理人为中小企业开展专利申请的公益服务。鼓励知识产权行业协会吸收中小企业入会，适当降低中小企业入会门槛及减免入会费用。引导建立以中小企业为主体的产业知识产权联盟，合理分配出资权、使用权和收益权，进一步推动知识产权在中小企业、研发机构等之间利益共享和风险共担。

三、保障措施

（一）组织领导

国家知识产权局、工业和信息化部将会同有关部门加强对推进工程的宏观指导和工作协调，协调解决重大问题，加强对推进工程实施和中小企业知识产权发展情况的监测、统计和评估，逐步完善统计监测体系，建立推进工程的监测和信息发布机制。各省（区、市）要结合行业和地方发展实际，制定工作方案和配套政策措施，对中小企业知识产权服务平台给予引导和扶持，积极运用互联网和信息技术，组织社会服务资源，做到信息公开透明，推动持续发展。

（二）人才培养

继续将中小企业知识产权专题培训作为国家中小企业银河培训工程的重点内容，形成多层次、多渠道，包括远程教育在内的培训网络，为中小企业培训知识产权专业人才。依托国家知识产权培训基地，开展面向中小企业的创业创新知识产权培训。分别针对中小企业的经营管理者和专业技

术研发人员开展不同类型的知识产权培训，培养一批善于运用知识产权进行发展和经营的中小企业高级管理人才和企业家。面向中小企业知识产权运用的需求，开展分行业、分领域的知识产权实务培训，全面提高中小企业知识产权管理水平和运用能力。

（三）财税支持

充分发挥各类促进中小企业发展资金的作用，积极探索采用多渠道、多种方式资金支持推进工程实施工作。国家支持产业发展的资金和基金向促进科技成果产权化、知识产权产业化方向倾斜。鼓励设立知识产权质押融资风险补偿基金，建立市场化的重点产业知识产权运营基金。落实《专利收费减缓办法》有关规定，加大对中小微企业知识产权创造和运用的支持力度。完善会计准则及其相关资产管理制度，为企业科学核算知识产权资产提供依据。落实研究开发费用税前加计扣除政策，对符合条件的知识产权费用按规定实行加计扣除。

（四）重点推进

选择一批产业集聚度高、创新能力强、知识产权运用基础扎实的中小企业集聚区作为实施推进工程的载体，制定实施工作规划，全面落实重点任务。支持建设具有产业特色的低成本、便利化、全要素、开放式的知识产权创新创业基地或创客空间等；选择具有一定知识产权和品牌创造力的中小企业，实施重点培育计划。优先支持科技型中小企业申报国家知识产权优势企业和示范企业；优先进行知识产权快速维权援助中心和知识产权保护中心布点；优先支持开展知识产权托管工作等。鼓励各地区、各部门和各类主体积极探索支持中小企业知识产权战略实施的新举措、新机制和新模式，先行先试，做出示范。

（五）宣传推广

加强知识产权法律法规宣传，增强中小企业知识产权意识。交流推动中小企业实施知识产权战略的做法和经验，总结中小企业实施知识产权战略的典型案例，宣传推广中小企业知识产权服务的模式和绩效，充分利用各种媒体加大宣传报道力度，营造良好的舆论氛围。

推动产业转型升级和创新发展

知识产权重点支持产业目录
（2018年本）*

编制说明

为全面贯彻落实党的十九大精神，深入实施创新驱动发展战略，认真落实《国务院关于新形势下加快知识产权强国建设的若干意见》决策部署，推动产业提升知识产权附加值，国家知识产权局在广泛征求部门、地方、相关研究机构、行业协会和专家学者意见建议的基础上，起草了《知识产权重点支持产业目录（2018年本）》（以下简称《目录》）。

《目录》中的产业主要是根据《国家创新驱动发展战略纲要》《国家信息化发展战略纲要》《"十三五"国家科技创新发展规划》《中国制造2025》《"十三五"国家战略性新兴产业发展规划》《"十三五"旅游业发展规划》《"健康中国2030"规划纲要》等党中央、国务院文件明确的重点发展方向确定。

《目录》确定了10个重点产业，细化为62项细分领域，明确了国家重点发展和亟需知识产权支持的重点产业，有利于各部门、地区找准知识产权支撑产业发展中的发力点、高效配置知识产权资源、协同推进产业转型升级和创新发展。

产业发展是一个动态过程，各产业面临的知识产权形势也在不断变化之中，《目录》将根据国家政策导向、产业发展变化及社会需求，适时进

---

* 2018年1月17日，国家知识产权局印发《知识产权重点支持产业目录（2018年本）》。

行调整更新。欢迎社会各界对《目录》提出修改意见，修改意见可发送邮件至 hangyezhanluechu@sipo.gov.cn。

目　录

1. 现代农业产业
2. 新一代信息技术产业
3. 智能制造产业
4. 新材料产业
5. 清洁能源和生态环保产业
6. 现代交通技术与装备产业
7. 海洋和空间先进适用技术产业
8. 先进生物产业
9. 健康产业
10. 文化产业

1. 现代农业产业
　1.1　生物育种研发
　　1.1.1　种质资源挖掘
　　1.1.2　工程化育种
　　1.1.3　新品种创制
　　1.1.4　良种繁育
　　1.1.5　种子加工
　　1.1.6　规模化测试
　　1.1.7　生物技术育种
　1.2　畜禽水产养殖与草牧业
　　1.2.1　主要动物疫病检测与防控
　　1.2.2　主要畜禽安全健康养殖工艺与环境控制
　　1.2.3　畜禽养殖设施设备
　　1.2.4　养殖废弃物无害化处理与资源化利用
　　1.2.5　新型饲料与制备技术

1.2.6　草食畜牧业

1.2.7　淡水与海水健康养殖

1.3　智能高效农机装备与设施

1.3.1　设施精简装配化

1.3.2　作业全程机械化

1.3.3　水肥管理一体化

1.3.4　温室节能蓄能

1.4　农产品生产和加工

1.4.1　农产品产地初加工与精深加工

1.4.2　绿色储运关键技术与装备

1.4.3　传统食品工业化关键技术与装备

1.4.4　全产业链质量安全与品质控制技术

1.5　农业资源环境可持续发展利用

1.5.1　化肥农药减施增效

1.5.2　生态保护与修复

1.5.3　农业用水控量增效

1.5.4　病虫害防控技术

1.5.5　盐碱地等低产田改良

1.5.6　渔业环境保护

1.5.7　农用地膜污染综合防控

1.5.8　农业废弃物综合利用

1.6　智慧农业

1.6.1　农林动植物生命信息获取与解析

1.6.2　主要作业过程精准实施

1.6.3　农业人工智能

2. 新一代信息技术产业

2.1　微纳电子与光电子

2.1.1　极低功耗器件

2.1.2　7纳米以下新器件及系统集成工艺

2.1.3　下一代非易失性存储器

2.1.4 下一代射频芯片

2.1.5 硅基太赫兹技术

2.1.6 新原理计算芯片

2.1.7 硅基光电子、混合光电子、微波光电子

2.2 集成电路

2.2.1 集成电路设计

2.2.2 集成电路制备

2.2.3 新型、高密度集成电路封装、测试技术

2.2.4 集成电路关键装备和材料

2.2.5 MEMS 技术

2.3 高端通用芯片

2.3.1 神经网络与深度学习芯片

2.3.2 概率芯片

2.3.3 通用 CPU

2.3.4 智能终端嵌入式 CPU

2.3.5 神经拟态芯片

2.4 工业软件

2.4.1 工业操作系统

2.4.2 工业大数据平台

2.4.3 工业云与制造业核心软件

2.4.4 工业应用软件

2.5 新一代宽带移动通信网

2.5.1 一体化融合网络组网

2.5.2 超高速和超宽带通信与网络支撑

2.5.3 超大容量路由交换

2.5.4 大规模资源管理调度和数据处理

2.6 高性能计算

2.6.1 E 级计算机

2.6.2 生物计算机

2.7 云计算及大数据

2.7.1 新一代虚拟化

2.7.2 云存储

2.7.3 云系统平台

2.7.4 云服务

2.7.5 云安全

2.7.6 区块链

2.8 人工智能

2.8.1 大数据智能

2.8.2 跨媒体智能

2.8.3 群体智能

2.8.4 混合增强智能

2.8.5 自主智能

2.8.6 类脑计算

2.8.7 新型人机交互

2.8.8 虚拟现实与增强现实

2.9 物联网

2.9.1 智能硬件

2.9.2 物联网低功耗可信泛在接入

2.9.3 传感器网络

2.9.4 智能分析

3. 智能制造产业

3.1 智能绿色制造

3.1.1 绿色化设计

3.1.2 基础制造工艺

3.1.3 机电产品绿色开发

3.1.4 再制造与再资源化

3.2 智能制造装备与先进工艺

3.2.1 智能测控装置

3.2.2 关键智能基础零部件

3.2.3 智能加工、先进工艺和重大智能成套装备

3.3 光电子制造关键装备
 3.3.1 新型光通信器件制备
 3.3.2 半导体照明制备
 3.3.3 高效光伏电池制备
 3.3.4 微机电系统传感器制备
3.4 智能机器人
 3.4.1 高精度减速器
 3.4.2 高性能控制器
 3.4.3 精密测量
 3.4.4 机器人学习与认知
 3.4.5 人机自然交互与协作共融
3.5 高档数控机床
 3.5.1 智能数控系统
 3.5.2 高性能功能部件
3.6 增材制造
 3.6.1 增材制造控形控性技术
 3.6.2 激光增材制造熔覆喷头等核心部件
 3.6.3 金属、非金属及生物打印典型工艺装备
3.7 激光制造
 3.7.1 激光器核心功能部件
 3.7.2 先进激光器及高端激光制造工艺装备
 3.7.3 先进激光制造应用技术和装备
3.8 工业传感器
 3.8.1 工业传感器核心部件
 3.8.2 智能仪器仪表
 3.8.3 传感器集成应用
3.9 互联网＋制造
 3.9.1 智慧工厂建设
 3.9.2 工业云服务与工业大数据平台
 3.9.3 工业互联网

4. 新材料产业
　4.1　先进基础材料
　　4.1.1　钢铁材料
　　4.1.2　有色金属材料
　　4.1.3　化工材料
　　4.1.4　建筑材料
　　4.1.5　轻纺材料
　4.2　先进电子材料
　　4.2.1　半导体材料
　　4.2.2　显示材料
　　4.2.3　大功率激光材料
　　4.2.4　光电子与微电子材料
　4.3　先进结构材料
　　4.3.1　高性能纤维及复合材料
　　4.3.2　金属基和陶瓷基复合材料
　　4.3.3　高温合金
　　4.3.4　轻质高强材料
　　4.3.5　3D打印材料
　4.4　先进功能材料
　　4.4.1　稀土功能材料
　　4.4.2　先进能源材料
　　4.4.3　高性能膜材料
　　4.4.4　功能陶瓷材料
　　4.4.5　特种玻璃材料
　　4.4.6　先进碳材料
　　4.4.7　超导材料
　　4.4.8　智能/仿生/超材料
　　4.4.9　极端环境材料
　4.5　纳米材料与器件
　　4.5.1　纳米功能材料

4.5.2 纳米光电器件及集成系统

4.5.3 纳米药物

4.5.4 纳米能源材料与器件

4.5.5 纳米安全与检测技术

4.6 材料基因工程

4.6.1 多层次跨尺度设计

4.6.2 高通量制备

4.6.3 高通量表征与服役评价

4.6.4 材料大数据

5. 清洁能源和生态环保产业

5.1 煤炭安全清洁高效开发利用

5.1.1 燃煤发电

5.1.2 煤制清洁燃气

5.1.3 煤炭污染控制

5.2 可再生能源与氢能

5.2.1 太阳能光伏与热利用

5.2.2 风能、生物质能、地热能、海洋能

5.2.3 氢能

5.2.4 可再生能源综合利用

5.3 先进核电装备与核能

5.3.1 先进核电堆型装备

5.3.2 先进核燃料和乏燃料处理技术装备

5.3.3 三代核电装备

5.4 智能电网

5.4.1 大规模可再生能源并网关键技术装备

5.4.2 大容量输电技术装备

5.4.3 智能电网先进技术装备

5.4.4 电力储能及新型大功率电力电子器件和材料

5.5 建筑节能

5.5.1 节能集成技术

5.5.2 高效冷却技术

5.5.3 主动式/被动式多能源协调高效利用系统

5.5.4 新型采光与高效照明

5.6 大气污染防治

5.6.1 脱硫、脱硝

5.6.2 高效除尘

5.6.3 挥发性有机物控制

5.6.4 柴油机（车）排放净化

5.6.5 大气环境污染监测

5.7 土壤污染防治

5.7.1 土壤污染诊断

5.7.2 土壤污染风险管控

5.7.3 土壤污染治理与修复

5.8 水污染防治

5.8.1 废水深度处理

5.8.2 工业高盐废水脱盐

5.8.3 生活污水处理

5.8.4 饮用水微量有毒污染物处理

5.8.5 地下水污染修复

5.9 资源高效循环利用

5.9.1 水资源高效开发利用

5.9.2 煤炭资源绿色开发

5.9.3 油气与非常规油气资源开发

5.9.4 金属/非金属资源清洁开发与利用

5.9.5 废物循环利用

6. 现代交通技术与装备产业

6.1 新能源汽车

6.1.1 下一代动力电池

6.1.2 电池管理

6.1.3 电机驱动与电力电子

6.1.4　电动汽车智能化技术

6.1.5　燃料电池动力系统

6.1.6　插电/增程式混合动力系统

6.1.7　纯电动力系统

6.1.8　整车安全性和结构轻量化设计

6.2　轨道交通

6.2.1　高速城际动车组

6.2.2　高速和中速磁浮列车

6.2.3　城市轨道车辆

6.2.4　高速重载列车

6.2.5　关键零部件和绿色智能化集成技术

6.3　高技术船舶

6.3.1　绿色智能船舶

6.3.2　船舶运维智能化

6.3.3　高效通用配套产品

6.4　航空运输装备

6.4.1　大型飞机

6.4.2　新型涡桨/涡扇支线飞机及先进通用航空器

6.4.3　航空发动机及燃气轮机

6.4.4　基础元器件

6.4.5　通信、导航和控制系统

6.5　综合交通运输与智能交通

6.5.1　交通信息精准感知与可靠交互

6.5.2　交通系统协同式互操作

6.5.3　泛在智能化交通服务

6.5.4　旅客联程联运和货物多式联运

7. 海洋和空间先进适用技术产业

7.1　海洋资源开发利用

7.1.1　深海探测

7.1.2　海洋环境安全保障

7.1.3 海洋生物资源可持续开发利用

7.1.4 海水淡化与综合利用

7.1.5 海洋工程装备

7.2 空天探测、开发和利用

7.2.1 空间科学卫星

7.2.2 深空探测

7.2.3 新型航天器

7.2.4 重型运载火箭

7.2.5 空间飞行器在轨服务与维护

7.3 深地极地资源勘探

7.3.1 深地探测

7.3.2 极地探测

7.4 空间基础设施

7.4.1 卫星遥感系统

7.4.2 卫星通信广播

7.4.3 卫星导航定位

8. 先进生物产业

8.1 前沿共性生物技术

8.1.1 基因组学新技术

8.1.2 合成生物技术

8.1.3 生物大数据

8.1.4 3D生物打印

8.1.5 基因编辑

8.1.6 结构生物学

8.2 绿色生物制造

8.2.1 重大化工产品生物制造

8.2.2 新型生物能源开发

8.2.3 有机废弃物及气态碳氧化物资源的生物转化

8.2.4 重污染行业生物过程替代

8.3 生物资源利用

8.4 生物安全保障

8.4.1 生物威胁风险评估、监测预警和检测溯源

8.4.2 生物威胁预防控制和应急处置

9. 健康产业

9.1 重大新药创制

9.1.1 生物药、化学药新品种

9.1.2 重大疫苗、抗体药物

9.1.3 长效、缓控释、靶向等新型制剂

9.1.4 新型辅料包材和制药设备

9.1.5 手性合成、酶催化、结晶控制等化学药制备技术

9.1.6 大规模细胞培养及纯化、抗体偶联、无血清无蛋白培养基培养等生物技术

9.2 重要疾病防控与精准医学

9.2.1 新一代基因测序

9.2.2 免疫治疗、基因治疗、细胞治疗

9.2.3 组学研究与大数据融合分析

9.2.4 干细胞与再生医学

9.2.5 人体微生物组解析及调控

9.3 高端医疗器械

9.3.1 数字诊疗装备

9.3.2 体外诊断产品

9.3.3 康复辅助器具

9.3.4 组织工程产品

9.3.5 新一代植介入医疗器械

9.3.6 人工器官

9.4 中医药现代化

9.4.1 现代中药提取纯化技术

9.4.2 粘膜给药等制剂技术

9.5 智慧医疗

9.5.1 无创检测

9.5.2　穿戴式监测

9.5.3　生物传感

9.5.4　健康物联网

9.5.5　虚拟人技术

10. 文化产业

10.1　传统文化产品

10.1.1　艺术品及工艺美术品

10.1.2　文化文物单位文化创意产品

10.1.3　文化授权及衍生产品

10.2　数字文化内容产品

10.2.1　动漫产品

10.2.2　游戏产品

10.2.3　网络视频

10.2.4　网络音乐

10.2.5　网络文学

10.3　数字文化技术服务

10.3.1　数字内容加工处理软件

10.3.2　虚拟现实处理软件

10.3.3　动漫游戏制作引擎软件和开发系统

10.3.4　家庭娱乐产品软件

10.3.5　其他体现交互式、虚拟化、数字化、网络化特征的文艺创作、文化创意设计和产品制作软件

10.3.6　数字化艺术展演展陈技术服务

10.3.7　文物数字化保护和传承技术服务等

10.4　高端文化装备制造

10.4.1　演艺展演展陈产品和装备

10.4.2　虚拟现实、增强现实设备

10.4.3　文化资源数字化处理装备

10.4.4　互动影视、超感影院装备

10.4.5　数据手套、游戏控制器等动作感知、追踪定位和人机交

　　　　互装置
10.4.6　数字化艺术展演展陈装备
10.4.7　移动电子书等内容显示终端
10.4.8　文物和艺术品展陈、保护、修复设备
10.5　文化创意和设计服务
10.5.1　广告服务
10.5.2　建筑设计服务
10.5.3　工业设计服务
10.5.4　其他专业设计服务

大力支持民营经济提质增效、创新发展

关于知识产权服务民营企业创新发展若干措施的通知[*]

各省、自治区、直辖市、新疆生产建设兵团知识产权局,国家知识产权局机关各部门、专利局有关部门、局直属有关单位:

为深入贯彻习近平总书记关于民营经济发展的重要指示和党中央、国务院决策部署,发挥知识产权在创新驱动发展中的基本保障作用,大力支持民营经济提质增效、创新发展,现将知识产权服务民营企业创新发展有关事宜通知如下:

一、依法严格保护民营企业知识产权

采取多种方式加强民营企业知识产权保护,会同有关方面深入开展专项行动,集中查办一批侵害民营企业知识产权的案件,形成知识产权保护高压态势。运用互联网、大数据等手段,通过源头追溯、实时监测、在线识别等,着力提升打击知识产权侵权假冒行为力度和精准度。深入调研民营企业在知识产权执法保护方面遇到的困难和问题。加快建立知识产权领域信用联合惩戒机制。

二、加强民营企业知识产权快速协同保护

各知识产权保护中心要在服务企业名录中,进一步扩大民营企业占

---

[*] 2018年12月7日,国家知识产权局印发《关于知识产权服务民营企业创新发展若干措施的通知》(国知发管字〔2018〕32号)。

比，完善快速授权、确权、维权一站式服务机制，大幅提升重点产业民营企业知识产权创造和保护效率。各知识产权维权援助中心要主动作为、上门服务，实施首问负责制，每月至少开展一次民营企业上门服务活动，提供快速反应、快速处理、快速反馈的知识产权维权援助服务。

三、扩大民营企业知识产权质押融资覆盖面

充分发挥知识产权增信增贷作用，推动风险补偿、补贴贴息等各类知识产权质押融资扶持政策向民营企业倾斜，降低融资成本。完善银行、保险、担保、基金等多方参与的知识产权质押融资风险分担机制，分担融资风险。认真了解民营企业知识产权融资需求，以项目推介会、银企对接会等形式搭建银企对接平台，畅通融资渠道。2018年底前，各省（区、市）和副省级城市至少举办1场知识产权质押融资对接活动。各知识产权运营服务体系建设重点城市2018年知识产权质押融资额增幅应超过20%，其中中小民营企业项目数占比超过50%。

四、引导知识产权运营基金服务民营企业创新发展

中央财政引导支持的各重点产业知识产权运营基金要加快投资进度，2018年新增投资超过2亿元。将民营企业投资比例纳入基金绩效评价指标，投向民营企业占比应超过80%。各类知识产权运营基金要发挥专业优势，加强投后管理和服务，推动民营企业知识产权提质增效。

五、深入实施中小企业知识产权战略推进工程

各中小企业知识产权战略推进工程试点城市知识产权局要完善行业性组织、知识产权服务机构、企业共同参与的知识产权托管工作体系，加大政府购买服务力度，面向民营企业推广知识产权托管服务。各地方知识产权局组织专利代理援助服务，鼓励专利代理机构为困难民营小微企业提供免费专利代理服务，2018年援助企业数增幅20%以上。面向民营企业加大知识产权优势示范企业培育力度，提高国家知识产权优势示范企业中民营企业占比。推动知识产权贯标辅导、认证等支持政策向民营企业倾斜，引导更多民营企业贯彻实施GB/T 29490－2013《企业知识产权管理规范》，

优化完善知识产权管理体系。积极推进专利导航、商标品牌培育、地理标志精准扶贫等工作，支持民营企业发展壮大。

六、支持知识产权服务业发展

营造良好的公平竞争环境，激发知识产权服务行业的民营经济活力，在市场准入、审批许可、行业监管等方面，对国有、民营知识产权服务机构一视同仁。压减专利代理机构审批时间至10天，加强专利代理事中事后监管。各知识产权服务业集聚区要着力推进知识产权服务品牌培育工作，打造一批规模化、国际化、品牌化的知识产权服务机构，促进知识产权服务业高质量发展。

七、推进知识产权便利化服务

各专利代办处受理窗口要面向民营企业组织专利收费减缓及相关申请政策宣讲会。每年至少组织2场政策宣讲活动，让专利收费减缓、专利优先审查绿色通道、专利审查高速路等政策更多惠及民营企业。各有关地方知识产权局要协调专利审查协作中心、商标审查协作中心开展"千家民企面对面"活动，组织审查员走访民营企业。各专利审查协作中心分别派出审查员100人次以上，各商标审查协作中心分别派出审查员20人次以上，围绕专利商标获权维权用权等专业问题，面对面答疑解惑，问计于企，问需于企，助推民营企业提高知识产权质量效益。建设海外知识产权纠纷应对机制，持续完善海外知识产权信息平台，编制发布海外知识产权维权实务指引，支持民营企业"走出去"。

八、加强知识产权信息公共服务

完善专利数据服务试验系统，扩大专利基础数据开放范围，推进商标数据库逐步开放，便利企业获取知识产权信息。发挥知识产权信息服务平台作用，提高民营企业专利信息获取利用能力，开展民营企业帮扶行动。

九、加大民营企业知识产权人才培养力度

积极开展民营企业知识产权培训。支持国家知识产权培训基地大力培

养民营企业知识产权人才。各地方知识产权局要加强民营企业知识产权人才培训，面向民营企业领军人才、管理人才、实务人才和创新创业人才开展多层次、精准化知识产权培训。2018年底前，各省（区、市）面向民营企业培训100人次以上，各知识产权强省试点省、示范城市面向民营企业培训200人次以上。

十、提高民营企业知识产权意识

积极倡导创新文化，将民营和中小微企业作为重点群体，加大知识产权宣传力度。利用纪念改革开放40周年等重大活动契机，面向民营和中小微企业组织开展培训、研讨等宣传活动，宣传知识产权法律法规及方针政策。加强民营企业扶持政策宣讲，以开辟专题、专栏、专版等形式，通过传统媒体和新媒体开展广泛宣传报道，营造良好知识产权舆论氛围。做好典型案例宣传报道，开展"知识产权、竞争未来"等主题采访活动，组织中央媒体对民营和中小微企业运用知识产权提升企业竞争能力的典型案例进行专题报道，讲好民营和中小微企业的知识产权故事。

各地方知识产权局要高度重视，加大政策落实力度，着力解决民营企业知识产权难点、痛点问题。国家知识产权局将加强政策执行考核评价，将其纳入知识产权强省、强市、强县建设等年度重点考核内容。各省（区、市）知识产权局要将采取的工作措施、取得成效、存在问题、下一步工作计划以及有关意见建议等，于年底前报国家知识产权局。

国家知识产权局

2018年12月7日

促进知识产权密集型产业发展

知识产权（专利）密集型产业统计分类（2019）

一、分类目的

为科学界定知识产权（专利）密集型产业统计范围，建立知识产权（专利）密集型产业统计监测体系，更好地服务于知识产权强国建设，根据《"十三五"国家知识产权保护和运用规划》（国发〔2016〕86号）、《国务院关于新形势下加快知识产权强国建设的若干意见》（国发〔2015〕71号）和《深入实施国家知识产权战略行动计划（2014—2020年）》（国办发〔2014〕64号）中有关知识产权密集型产业的发展要求，以《国民经济行业分类》（GB/T 4754—2017）为基础，制定本分类。

二、分类定义和范围

本分类规定的知识产权（专利）密集型产业是指发明专利密集度、规模达到规定的标准，依靠知识产权参与市场竞争，符合创新发展导向的产业集合。知识产权（专利）密集型产业的范围包括信息通信技术制造业，信息通信技术服务业，新装备制造业，新材料制造业，医药医疗产业，环保产业，研发、设计和技术服务业等七大类。

---

* 2019年4月1日，国家统计局发布《知识产权（专利）密集型产业统计分类（2019）》（国家统计局令第25号）。

三、编制原则

（一）以国务院有关文件为指导

本分类主要以《"十三五"国家知识产权保护和运用规划》《国务院关于新形势下加快知识产权强国建设的若干意见》和《深入实施国家知识产权战略行动计划（2014—2020年)》等国务院有关文件为指导，界定知识产权（专利）密集型产业分类范围。

（二）以《国民经济行业分类》为基础

本分类依据《国民经济行业分类》（GB/T 4754—2017），对其中符合知识产权（专利）密集型产业特征的有关活动进行再分类。

（三）以推动创新发展为导向

本分类范围限定于经国务院专利行政部门实质审查、创新水平更高的发明专利，未纳入实用新型专利和外观设计专利。同时参考《战略性新兴产业分类（2018）》《高技术产业（制造业）分类（2017）》和《高技术产业（服务业）分类（2018）》，将R&D投入强度高的行业纳入本分类范围。

（四）以国际通行的分类方法为参考

本分类借鉴了美国、欧盟等关于知识产权（专利）密集型产业的测算方法，聚焦发明专利，依据统计数据测算结果，确定产业范围和对应的行业类别。

四、分类方法

知识产权（专利）密集型产业至少应当具备下列条件之一：
1. 行业发明专利规模①和密集度②均高于全国平均水平；

---

① 发明专利规模，指连续5年期间发明专利授权量之和。
② 发明专利密集度，指单位就业人员连续5年期间获得的发明专利授权量，即发明专利规模与同一时期年平均就业人员数之比。

2. 行业发明专利规模和 R&D 投入强度①高于全国平均水平，且属于战略性新兴产业、高技术制造业、高技术服务业；

3. 行业发明专利密集度和 R&D 投入强度高于全国平均水平，且属于战略性新兴产业、高技术制造业、高技术服务业。

对于工业行业，上述条件中的全国平均水平是指全国工业平均水平。

五、结构和编码

本分类采用线分类法和分层次编码方法，将知识产权（专利）密集型产业划分为两层，分别用阿拉伯数字编码表示。第一层为大类，用 2 位数字表示，共有 7 个大类；第二层为中类，用 4 位数字表示，前两位为大类代码，共有 31 个中类。

本分类代码结构：

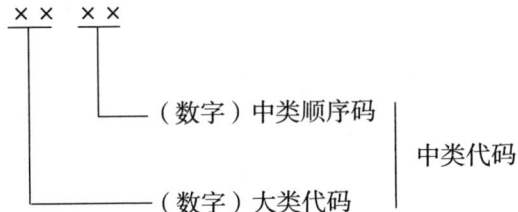

六、有关说明

（一）本分类建立了与《国民经济行业分类》（GB/T 4754—2017）的对应关系，共对应国民经济行业小类 188 个。

（二）本分类对应《国民经济行业分类》（GB/T 4754—2017）的具体范围和说明，参见《2017 国民经济行业分类注释》。

---

① R&D 投入强度，指企业 R&D 经费支出与主营业务收入之比。R&D 是指为增加知识存量（也包括有关人类、文化和社会的知识）以及设计已有知识的新应用而进行的创造性、系统性工作。

七、知识产权（专利）密集型产业统计分类表

大类	中类	分类名称	国民经济行业代码（2017）	国民经济行业名称
01				信息通信技术制造业
	0101	通信设备、雷达及配套设备制造	3921	通信系统设备制造
			3922	通信终端设备制造
			3940	雷达及配套设备制造
	0102	计算机制造	3913	计算机外围设备制造
			3914	工业控制计算机及系统制造
			3915	信息安全设备制造
			3919	其他计算机制造
	0103	广播电视设备制造	3931	广播电视节目制作及发射设备制造
			3932	广播电视接收设备制造
			3933	广播电视专用配件制造
			3934	专业音响设备制造
	0104	电子器件制造	3971	电子真空器件制造
			3972	半导体分立器件制造
			3973	集成电路制造
			3974	显示器件制造
			3975	半导体照明器件制造
			3976	光电子器件制造
			3979	其他电子器件制造
	0105	电子元件及电子专用材料制造	3981	电阻电容电感元件制造
			3982	电子电路制造
			3983	敏感元件及传感器制造
			3984	电声器件及零件制造
			3985	电子专用材料制造
			3989	其他电子元件制造
	0106	电子专用设备制造	3562	半导体器件专用设备制造
			3563	电子元器件与机电组件设备制造
			3569	其他电子专用设备制造

续表

大类	中类	分类名称	国民经济行业代码（2017）	国民经济行业名称
01	0107	智能消费设备制造	3961	可穿戴智能设备制造
			3962	智能车载设备制造
			3963	智能无人飞行器制造
			3964	服务消费机器人制造
			3969	其他智能消费设备制造
	0108	其他电子设备制造	3990	其他电子设备制造
		信息通信技术服务业		
02	0201	通信和卫星传输	6312	移动电信服务
			6331	广播电视卫星传输服务
			6339	其他卫星传输服务
	0202	互联网服务	6421	互联网搜索服务
			6422	互联网游戏服务
			6429	互联网其他信息服务
			6431	互联网生产服务平台
			6432	互联网生活服务平台
			6433	互联网科技创新平台
			6434	互联网公共服务平台
			6439	其他互联网平台
			6440	互联网安全服务
			6450	互联网数据服务
	0203	软件开发	6511	基础软件开发
			6512	支撑软件开发
			6513	应用软件开发
			6519	其他软件开发
	0204	信息技术服务	6550	信息处理和存储支持服务
			6571	地理遥感信息服务
			6572	动漫、游戏数字内容服务
			6579	其他数字内容服务

续表

大类	中类	分类名称	国民经济行业代码（2017）	国民经济行业名称
			新装备制造业	
03	0301	通用设备制造	3411	锅炉及辅助设备制造
			3412	内燃机及配件制造
			3419	其他原动设备制造
			3421	金属切削机床制造
			3422	金属成形机床制造
			3423	铸造机械制造
			3424	金属切割及焊接设备制造
			3425	机床功能部件及附件制造
			3429	其他金属加工机械制造
			3431	轻小型起重设备制造
			3432	生产专用起重机制造
			3434	连续搬运设备制造
			3441	泵及真空设备制造
			3442	气体压缩机械制造
			3443	阀门和旋塞制造
			3444	液压动力机械及元件制造
			3445	液力动力机械及元件制造
			3446	气压动力机械及元件制造
			3459	其他传动部件制造
			3461	烘炉、熔炉及电炉制造
			3463	气体、液体分离及纯净设备制造
			3464	制冷、空调设备制造
			3466	喷枪及类似器具制造
			3467	包装专用设备制造
			3474	复印和胶印设备制造
			3491	工业机器人制造
			3492	特殊作业机器人制造
			3493	增材制造装备制造
			3499	其他未列明通用设备制造业

续表

大类	中类	分类名称	国民经济行业代码（2017）	国民经济行业名称
03	0302	专用设备制造	3511	矿山机械制造
			3515	建筑材料生产专用机械制造
			3516	冶金专用设备制造
			3521	炼油、化工生产专用设备制造
			3523	塑料加工专用设备制造
			3529	其他非金属加工专用设备制造
			3531	食品、酒、饮料及茶生产专用设备制造
			3532	农副食品加工专用设备制造
			3542	印刷专用设备制造
			3544	制药专用设备制造
			3551	纺织专用设备制造
			3572	机械化农业及园艺机具制造
			3596	交通安全、管制及类似专用设备制造
			3597	水资源专用机械制造
			3599	其他专用设备制造
	0303	航空、航天器及设备制造	3741	飞机制造
			3742	航天器及运载火箭制造
			3743	航天相关设备制造
			3744	航空相关设备制造
			3749	其他航空航天器制造
	0304	汽车与轨道设备制造	3630	改装汽车制造
			3670	汽车零部件及配件制造
			3714	高铁设备、配件制造
			3716	铁路专用设备及器材、配件制造
	0305	电气设备制造	3812	电动机制造
			3821	变压器、整流器和电感器制造
			3823	配电开关控制设备制造
			3824	电力电子元器件制造
			3825	光伏设备及元器件制造
			3829	其他输配电及控制设备制造

续表

大类	中类	分类名称	国民经济行业代码（2017）	国民经济行业名称
03	0305	电气设备制造	3832	光纤制造
			3833	光缆制造
			3841	锂离子电池制造
			3844	锌锰电池制造
			3849	其他电池制造
			3871	电光源制造
			3874	智能照明器具制造
			3879	灯用电器附件及其他照明器具制造
			3891	电气信号设备装置制造
	0306	仪器仪表设备制造	4011	工业自动控制系统装置制造
			4012	电工仪器仪表制造
			4013	绘图、计算及测量仪器制造
			4014	实验分析仪器制造
			4015	试验机制造
			4023	导航、测绘、气象及海洋专用仪器制造
			4025	地质勘探和地震专用仪器制造
			4026	教学专用仪器制造
			4028	电子测量仪器制造
			4029	其他专用仪器制造
			4040	光学仪器制造
	0307	其他装备制造	3351	建筑、家具用金属配件制造
			3737	海洋工程装备制造
		新材料制造业		
04	0401	金属材料制造	3240	有色金属合金制造
	0402	非金属材料制造	3051	技术玻璃制品制造
			3073	特种陶瓷制品制造
	0403	化学原料及化学制品制造	2612	无机碱制造
			2613	无机盐制造
			2614	有机化学原料制造
			2619	其他基础化学原料制造

续表

大类	中类	分类名称	国民经济行业代码（2017）	国民经济行业名称
04	0403	化学原料及化学制品制造	2624	复混肥料制造
			2631	化学农药制造
			2632	生物化学农药及微生物农药制造
			2641	涂料制造
			2642	油墨及类似产品制造
			2645	染料制造
			2651	初级形态塑料及合成树脂制造
			2659	其他合成材料制造
			2661	化学试剂和助剂制造
			2662	专项化学用品制造
			2663	林产化学产品制造
			2669	其他专用化学产品制造
			2682	化妆品制造
			2684	香料、香精制造
	0404	化学纤维制造	2829	其他合成纤维制造
医药医疗产业				
05	0501	医药制造业	2710	化学药品原料药制造
			2720	化学药品制剂制造
			2730	中药饮片加工
			2740	中成药生产
			2750	兽用药品制造
			2761	生物药品制造
			2762	基因工程药物和疫苗制造
			2770	卫生材料及医药用品制造
			2780	药用辅料及包装材料制造
	0502	医疗设备制造	3581	医疗诊断、监护及治疗设备制造
			3584	医疗、外科及兽医用器械制造
			3585	机械治疗及病房护理设备制造
			3586	康复辅具制造
			3589	其他医疗设备及器械制造

续表

大类	中类	分类名称	国民经济行业代码（2017）	国民经济行业名称
06		环保产业		
	0601	环保专用设备仪器制造业	3591	环境保护专用设备制造
			4021	环境监测专用仪器仪表制造
	0602	环境污染处理专用药剂材料制造	2666	环境污染处理专用药剂材料制造
	0603	环保相关活动	3360	金属表面处理及热处理加工
			4620	污水处理及其再生利用
07		研发、设计和技术服务业		
	0701	研究和试验发展服务	7310	自然科学研究和试验发展
			7320	工程和技术研究和试验发展
			7340	医学研究和试验发展
	0702	专业化设计服务	7491	工业设计服务
			7492	专业设计服务
	0703	技术推广服务	7512	生物技术推广服务
			7513	新材料技术推广服务
			7514	节能技术推广服务
			7515	新能源技术推广服务
			7516	环保技术推广服务
			7517	三维（3D）打印技术推广服务
			7519	其他技术推广服务

附件

《知识产权（专利）密集型产业统计分类（2019）》编制说明

一、编制依据

为科学界定知识产权（专利）密集型产业统计范围，完善知识产权密集型产业统计监测工作，更好服务于知识产权强国建设，根据《"十三五"国家知识产权保护和运用规划》（国发〔2016〕86号）、《国务院关于新形势下加快知识产权强国建设的若干意见》（国发〔2015〕71号）和《深入实施国家知识产权战略行动计划（2014—2020年）》（国办发〔2014〕64号）中关于发展知识产权密集型产业的要求，研制《知识产权（专利）密集型产业统计分类》（以下简称《分类》）。

二、编制过程

国家统计局于2017年底启动了《分类》的研制工作。经与国家知识产权局协商，委托其开展知识产权（专利）密集型产业分类标准的前期基础研究工作。国家知识产权局于2018年年初成立了项目组，委托机械工业信息中心开展分类标准的研制工作。项目组以国家知识产权局2016年出台的《专利密集型产业目录（2016）》为基础，对美欧知识产权密集型产业进行了梳理，并结合前期研究及地方试点经验，确定选用发明专利授权数据和外观设计专利授权数据进行测算。2018年5月，根据国家知识产权局的申请，国家统计局组织局内各相关司级单位提供了开展知识产权（专利）密集型产业分类所需的统计数据。

6—7月，国家知识产权局根据专利授权数据和国家统计局提供的相关统计数据，按照2011版《国民经济行业分类》，对各行业小类专利授权规模和密集度进行测算，并参考战略性新兴产业分类、高技术制造业分类和高技术服务业分类对数据进行分析研究，在认真吸纳相关单位和专家学者意见建议基础上，形成《分类》初稿。国家知识产权局征求了局内各单位及31个地方知识产权局意见，修改形成报送稿报国家统计局。

8月，国家统计局在报送稿的基础上，根据标准制定的基本原则，修改形成征求意见稿。9月，征求25个国家部委、各地方统计部门和局内相关专业司的意见。在充分吸纳相关意见建议的基础上，委托知识产权局对发明专利规模和密集度进行再测算，修改完善形成专家评审稿。

11月16日，国家统计局组织召开专家评审会。会议对专家评审稿进行了认真审查，会后，根据评审专家的意见，国家统计局对专家评审稿进一步完善，形成讨论稿。

2019年1月3日，国家统计局召开专题会，对修订工作提出要求。会后,根据专题会要求,进一步修改完善讨论稿,形成送审稿。3月13日,国家统计局第4次局常务会议讨论通过送审稿。

三、编制原则

(一)以国务院有关文件为指导

本分类主要以《"十三五"国家知识产权保护和运用规划》(国发〔2016〕86号)、《国务院关于新形势下加快知识产权强国建设的若干意见》(国发〔2015〕71号)、《深入实施国家知识产权战略行动计划(2014—2020年)》(国办发〔2014〕64号)等国务院有关文件为指导,界定知识产权(专利)密集型产业分类范围。

(二)以《国民经济行业分类》为基础

本分类依据《国民经济行业分类》(GB/T 4754—2017),对其中符合知识产权(专利)密集型产业特征的有关活动进行再分类。

(三)以推动创新发展为导向

本分类范围限定于经国务院专利行政部门实质审查、创新水平更高的发明专利,未纳入实用新型专利和外观设计专利。同时参考《战略性新兴产业分类(2018)》、《高技术产业(制造业)分类(2017)》和《高技术产业(服务业)分类(2018)》,将R&D投入强度高的行业纳入本分类范围。

(四)以国际通行的分类方法为参考

本分类借鉴了美国、欧盟等关于知识产权(专利)密集型产业的测算方法,聚焦发明专利,依据统计数据测算结果,确定产业范围和对应的行业类别。

四、分类方法

知识产权(专利)密集型产业分类的划分借鉴美国和欧盟等国际上通行的方法,以发明专利密集度为基本依据,同时兼顾我国行业发展特色,综合考量R&D投入强度、行业发明专利规模、战略性新兴产业分类、高技术制造业分类和高技术服务业分类,提出划分知识产权(专利)密集型产业的条件。

知识产权(专利)密集型产业至少应当具备下列条件之一:

1. 行业发明专利规模和密集度均高于全国平均水平;

2. 行业发明专利规模和 R&D 投入强度高于全国平均水平,且属于战略性新兴产业、高技术制造业、高技术服务业;

3. 行业发明专利密集度和 R&D 投入强度高于全国平均水平,且属于战略性新兴产业、高技术制造业、高技术服务业。

对于工业行业,上述条件中的全国平均水平是指全国工业平均水平。

(一) 发明专利规模

发明专利规模指连续 5 年期间发明专利授权量之和。知识产权(专利)密集型产业所属行业小类发明专利规模须高于全国所有产业平均水平。其中,工业行业小类须高于全国工业平均水平。经测算,2013—2017 年全国所有产业行业小类平均发明专利规模为 1059 件,其中工业行业小类平均发明专利规模为 1776 件。

(二) 发明专利密集度

发明专利密集度指单位就业人员连续 5 年期间获得的发明专利授权量,即发明专利规模与同一时期年平均就业人员数之比:

$$发明专利密集度 = \frac{某行业五年发明专利授权量之和}{该行业五年年平均就业人员数} （件/万人）$$

知识产权(专利)密集型产业所属行业小类发明专利密集度须高于全国所有产业平均水平。其中,工业行业小类须高于全国工业平均水平。经测算,2013—2017 年全国所有产业平均发明专利密集度为 15.0 件/万人,其中工业平均发明专利密集度为 62.7 件/万人。

(三) R&D 投入强度

R&D 投入强度,指企业 R&D 经费支出与主营业务收入之比。R&D 是指为增加知识存量(也包括有关人类、文化和社会的知识)以及设计已有知识的新应用而进行的创造性、系统性工作。

经专家评议,将部分具备高成长性、符合创新发展政策导向的战略性新兴产业、高技术制造业和高技术服务业所属小类,参考发明专利密集度、规模、R&D 投入强度指标,归入知识产权(专利)密集型产业分类。即,该行业小类须属于战略性新兴产业,高技术制造业或高技术服务业,满足行业发明专利密集度或规模高于全国平均水平,同时研发投入强度高于全国平均水平。其中,对于工业行业,上述条件中的全国平均水平是指全国工业平均水平。

五、分类内容

考虑统计数据的可获得性,本分类首先基于 2011 版国民经济行业分类,对统计数据进行定量测算,然后依据《国民经济行业分类新旧结构对照表》,将 2011 版的行业类别对应转换为 2017 版的行业类别。

依据知识产权(专利)密集型产业分类方法,符合上述条件 1 的 2011 版国民经济行业小类共计 113 个。依据《国民经济行业分类新旧结构对照表》转换为 2017 年版后,共计包含 152 个国民经济行业小类,采纳专家建议将"铅蓄电池制造"小类予以剔除,即符合上述条件 1 的 2017 版国民经济行业小类共计 151 个。

在此基础上,参考战略性新兴产业、高技术制造业和高技术服务业,经征求相关部门、地方、专家意见建议,按照满足行业发明专利密集度或规模高于全国平均水平(工业行业还应高于全国工业平均水平),同时 R&D 投入强度高于全国平均水平的方法进行筛选,增加 2011 版国民经济行业小类共 26 个。依据《国民经济行业分类新旧结构对照表》转换为 2017 版后,符合上述条件 2 或者条件 3 的国民经济行业小类共计 37 个。

将上述两方面合在一起,形成包含 188 个行业小类的知识产权(专利)密集型产业统计分类标准。按照行业内在逻辑,将这些行业小类归并为 7 个大类,31 个中类。

> 全面提升中央企业知识产权工作水平,进一步增强中央企业自主创新能力

关于推进中央企业知识产权工作高质量发展的指导意见[*]

为全面贯彻党的十九大和十九届二中、三中、四中全会精神,落实《关于强化知识产权保护的意见》(中办发〔2019〕56号),深入实施创新驱动发展战略,全面推进中央企业知识产权工作高质量发展,推动中央企业自主创新能力持续提升,加快培育具有全球竞争力的世界一流企业,增强国有经济竞争力、创新力、控制力、影响力和抗风险能力,提出以下意见。

一、总体要求

(一)指导思想

以习近平新时代中国特色社会主义思想为指导,坚定不移贯彻新发展理念,以高质量发展为主线,以提升自主创新能力为根本,以保护企业合法权益为基础,以促进科技成果转化为重点,以激发企业家和科研人员创新创造活力为导向,巩固和增强中央企业知识产权创造、运用、管理能力,不断完善知识产权保护体系,健全体制机制,更好发挥知识产权对中央企业创新发展的支撑作用,为建设知识产权强国作出积极贡献。

---

[*] 2020年2月26日,《国资委 国家知识产权局关于印发〈关于推进中央企业知识产权工作高质量发展的指导意见〉的通知》(国资发科创规〔2020〕15号)印发。

（二）基本原则

——坚持战略引领。贯彻知识产权强国战略纲要，主动对接高质量发展重大需求，紧密结合企业自身发展需要，总体谋划、统筹实施企业知识产权工作。

——聚焦核心技术。在关系国家安全和国民经济命脉的重要行业和关键领域、战略性新兴产业，围绕中央企业主责主业，加快关键核心技术知识产权培育，增强企业竞争力。

——遵循市场规律。在知识产权创造、布局、定价、运用、风险防范、国际合作等方面，按照市场规则，依法合规组织开展，充分发挥市场在资源配置中的决定性作用。

——突出问题导向。找准知识产权工作薄弱环节，克服体制机制障碍，夯实工作基础，着重解决专利质量不高、运用不足等问题，强化专业化人才队伍建设。

——加强统筹兼顾。根据企业所处行业和知识产权工作发展阶段，组织协调各类资源，突出重点、上下结合、内外联动，分类分领域推进知识产权能力建设，促进知识产权工作与企业高质量发展深度融合。

（三）总体目标

到 2025 年，基本建立适应高质量发展需要的中央企业知识产权工作体系，中央企业知识产权创造、运用、保护、管理能力显著增强，有效专利拥有量持续增长，在关键核心技术领域实现重点专利布局，工作模式更加成熟，体制机制更加完善，打造一支规模合理、结构优化的高水平人才队伍，对中央企业创新发展的引领支撑作用进一步提升，中央企业有效发明专利拥有量占有效专利拥有量的比重达到 50% 以上，中国专利奖获奖数量占全部奖项数量 20% 以上。与 2019 年初相比，中央企业美日欧有效专利拥有量翻一番，专利质量评价优秀企业数量翻一番，马德里商标国际注册量增长 50% 以上，中央企业集团层面国家知识产权示范企业数量增长 50% 以上。

二、加强知识产权高质量创造

（四）坚持知识产权战略引领

针对有关重点领域、重要产业的知识产权特点和发展趋势，加强专利分析与产业运行决策深度融合，建立专利导航工作机制，制定本企业知识产权战略，进一步明确知识产权工作的目标、方向和重点任务。着眼企业长远发展需要，对标世界一流，制定和完善企业知识产权工作相关意见和办法，编制重大关键核心技术专项知识产权规划。

（五）培育一批高价值专利

聚焦重要行业和关键领域，依托重大科研项目和企业研发平台，培育一批创新程度高、市场竞争力强的原创型、基础型高价值专利。在项目立项、研发过程、试验验证、推广应用等技术全生命周期，挖掘和培育高价值专利。积极参与标准制定，将自身先进专利技术纳入行业、国家或国际标准，形成标准必要专利。

（六）加强海外知识产权布局

综合企业发展需求、国际维权能力、竞争对手布局等因素，制定海外知识产权策略，绘制专利导航图。优先在符合技术发展趋势、具有领先水平和市场应用前景的领域申请海外专利，加强海外布局，提升国际竞争能力。

（七）提升知识产权创造能力

加强国际商标注册，培育知名品牌，对科技创新成果、核心竞争优势、商业模式等进行商标品牌化建设。针对新业态新领域发展趋势，加强版权、植物新品种、集成电路布图设计等方面知识产权工作，提升知识产权综合实力。

三、促进知识产权高效运用

（八）加大知识产权实施力度

鼓励建立内部技术市场和知识产权有偿使用机制，提高知识产权实施率。制定企业对外知识产权许可、转让相关程序和技术推广目录，开展分级管理，盘活现有资源。加强与其他企业之间的知识产权合作，提升运用效益。建立健全科技成果转化机制，充分利用工资总额、股权激励、分红权激励等分配激励政策，促进知识产权实施。

（九）加强知识产权合规使用

在知识产权许可、转让、收购时，通过评估、协议、挂牌交易、拍卖等市场化方式确定价格。在新技术、新工艺、新材料、新产品等投放市场前，开展知识产权法律风险分析，有效防范法律风险。尊重他人知识产权，严格按照约定的范围使用。

（十）拓宽知识产权价值实现渠道

通过质押融资、作价入股、证券化、构建专利池等市场化方式，挖掘和提升企业知识产权价值。鼓励企业运用知识产权开展海外股权投资，支撑国际业务拓展。积极发展知识产权金融，提升资本化运作水平。

（十一）建立知识产权运营平台

建立服务于科技成果转移转化的知识产权运营服务平台，为企业知识产权提供咨询、评估、经纪、交易、信息、代理等服务。制定技术转移服务制度，建立信用与评价机制。在中央企业"双创"工作中探索知识产权运营新模式。

四、提升知识产权保护能力

（十二）强化知识产权风险防范

将知识产权风险防范意识贯穿科研生产经营活动全过程，防范知识产权流失和侵权。涉及国家安全和国计民生的关键核心技术，在对外转让、许可时要加强知识产权风险审议。在高端人才引进、技术合作、企业并购等重大经营活动中全面开展知识产权尽职调查。

（十三）加强技术秘密保护

实施技术秘密与专利的组合保护策略。重视技术秘密的登记与认定，加强对涉密人员、载体、场所等全方位管理。加强人才交流和技术合作中的技术秘密保护，强化对掌握关键技术秘密离职人员的竞业限制。规范涉及技术秘密的合同管理，防范不当使用或泄密。

（十四）加大知识产权保护力度

加强在线监测和市场巡视，及时发现知识产权侵权行为。完善知识产权快速维权机制，有效运用行政、刑事、民事、仲裁、调解等多种形式维护企业合法权益。积极应对国内外知识产权滥用和滥诉行为，切实维护自身权益。

（十五）提升海外知识产权保护能力

完善海外知识产权纠纷预警防范机制，加强重大案件跟踪研究。建立海外知识产权法律修改变化动态跟踪机制，及时进行风险提示。建立信息沟通机制，加大工作协调力度，提高知识产权纠纷应对处理能力。

五、完善知识产权管理体系

（十六）强化知识产权机构和制度建设

中央企业集团要明确负责知识产权管理工作的部门。中央企业所属科研单位和重要生产制造企业要明确知识产权管理归口部门，配备与知识产权业务规模相适应、满足工作实际需要的专职管理人员。完善知识产权管理制度，夯实工作基础，推动专利、技术秘密等集中管理。在关键核心技术研发、重要成果转移转化过程中，配备知识产权专员。鼓励有条件的企业贯彻实施《企业知识产权管理规范》（GB/T 29490—2013），优化知识产权管理体系。

（十七）实施知识产权分级管理

综合技术、法律、市场等因素，制定符合本行业特点的知识产权质量评价办法。根据对主营业务影响程度，对专利、技术秘密进行分级管理并动态调整。定期梳理存量专利，及时合规处置低价值专利和闲置商标。

（十八）加强知识产权服务机构管理

中央企业集团公司要加强对知识产权服务机构的准入、考核、淘汰等方面管理，完善服务机构评级体系，优化资源配置和使用。具备条件的中央企业可在内部组建知识产权服务机构，实行市场化薪酬，提高服务质量和效率。

（十九）提高知识产权管理信息化水平

搭建信息化管理平台，实现知识产权业务流程化和规范化。建立专业化数据库，加大信息集成力度，提高综合研判能力。建立竞争情报分析和信息共享机制，支撑经营决策、技术研发和市场开拓。

六、组织实施和措施保障

（二十）加强组织领导

进一步强化对知识产权工作的重视，企业主要负责同志要亲自研究部署，领导班子中明确专人分管。科技、规划、财务、人力资源、法律等部门要加强协同联动，按照本意见目标任务要求，制定实施方案及配套措施，不断完善工作机制，保障知识产权各项工作的落实。

（二十一）加大投入力度

不断提高企业知识产权投入，设立专项资金预算，组织开展高价值专利培育、专利导航、知识产权尽职调查、管理信息系统建设、专利数据库建设、知识产权保护与维权、风险评估等重点工作。探索设立企业知识产权相关基金，拓宽资金投入渠道。

（二十二）加强人才队伍建设

健全知识产权人才工作体系，建设一支数量充足、结构合理、素质优良的人才队伍，培养和引进知识产权领军人才、国际化专业人才。鼓励申报知识产权专业职称，设置高层级专家职（岗）位。加强对研发人员、知识产权管理人员、运营人员、专员的多层次、精准化系统培训。建立企业知识产权专家库。具备条件的企业研究组建专业化检索分析团队。

（二十三）加强考核激励

将知识产权工作纳入所属企业绩效考核评价体系，作为各级领导班子综合考评的重要内容。对在知识产权工作中作出重要贡献的单位和人员给予表彰和奖励。

(二十四)进一步加强对中央企业知识产权工作的指导

国资委加强对中央企业知识产权工作的总体统筹和顶层设计,指导企业编制实施知识产权战略。推动中央企业提升对于知识产权密集型产业发展的贡献度。对中央企业知识产权实施科技成果转化所涉及工资总额,结合工资总额特殊事项清单相关规定予以单列管理,加大中长期激励范围及力度。持续开展中央企业专利质量评价工作,进一步强化专利质量导向,组织中央企业高质量专利申报中国专利奖。鼓励中央企业牵头推动知识产权联盟建设,研究建设中央企业知识产权运营平台,指导企业加强对所属知识产权中介服务机构的管理。建立中央企业知识产权专家库,促进中央企业知识产权工作交流,宣传推广先进经验和典型模式,定期组织开展多层次知识产权培训。

(二十五)进一步加强对中央企业知识产权工作的政策支持

增强与中央企业联系互动,建立定期沟通交流机制,帮助解决知识产权痛点、难点问题。指导中央企业开展知识产权贯标和申报国家知识产权优势企业、示范企业。指导支持中央企业开展专利导航、建立产业知识产权运营中心、技术与创新支持中心等。支持中央企业申报中国专利奖。支持中央企业将战略性高价值专利组合纳入国家知识产权运营公共服务平台项目库,开展高价值专利运营。支持中央企业在相关知识产权保护中心备案,提升中央企业知识产权创造和保护效率。

二、推进知识产权运用

加快完善知识产权金融服务体系

国家知识产权局关于进一步推动知识产权金融服务工作的意见[*]

各省、自治区、直辖市、新疆生产建设兵团知识产权局，各有关单位：

为深入贯彻党的十八大和十八届三中、四中全会精神，积极落实《中共中央 国务院关于深化体制机制改革加快实施创新驱动发展战略的若干意见》有关战略部署，加快促进知识产权与金融资源融合，更好地发挥知识产权对经济发展的支撑作用，现就进一步推动识产权金融服务工作提出如下意见：

一、充分认识知识产权与金融结合的重要意义

知识产权是国家发展的战略性资源和国际竞争力的核心要素，金融是现代经济的核心。加强知识产权金融服务是贯彻落实党中央国务院关于加强知识产权运用和保护战略部署的积极举措，是知识产权工作服务经济社会创新发展、支撑创新型国家建设的重要手段。促进知识产权与金融资源的有效融合，有助于拓宽中小微企业融资渠道，改善市场主体创新发展环境，促进创新资源良性循环；有助于建立基于知识产权价值实现的多元资本投入机制，通过增值的专业化金融服务扩散技术创新成果，全

---

[*] 2015年3月30日，《国家知识产权局关于进一步推动知识产权金融服务工作的意见》（国知发管函字〔2015〕38号）印发。

面促进知识产权转移转化；有助于引导金融资本向高新技术产业转移，促进传统产业的转型升级和战略性新兴产业的培育发展，提升经济质量和效益。

各地知识产权管理部门应站在全局和战略高度，积极会同有关部门，深化和拓展知识产权金融服务工作，引导和促进银行业、证券业、保险业、创业投资等各类金融资本与知识产权资源有效对接，加快完善知识产权金融服务体系，切实落实国家对中小微企业发展金融扶持政策，为深入实施创新驱动发展战略和知识产权战略提供有力保障。

二、工作目标和方式

（一）工作目标

推动完善落实知识产权金融扶持政策措施，优化知识产权金融发展环境，建立与投资、信贷、担保、典当、证券、保险等工作相结合的多元化多层次的知识产权金融服务机制，知识产权金融服务对促进企业创新发展的作用显著提升。力争到2020年，全国专利权质押融资金额超过1 000亿元，专利保险社会认可度和满意度显著提高，业务开展范围至少覆盖50个中心城市和园区；全国东部地区和中西部地区中心城市的知识产权金融服务实现普遍化、常态化和规模化开展。

（二）工作方式

政府引导与市场化运作相结合。充分发挥政府引导和组织协调作用，强化知识产权金融扶持政策与区域、产业政策相结合，鼓励和支持各类金融机构和中介机构参与知识产权金融服务工作，通过市场化运作，构建知识产权金融服务工作机制和服务体系。

深化试点与整体推进相结合。全国知识产权系统要在现有工作基础上，深化试点工作，创新实践，探索有效工作模式，推动工作向纵深发展；要总结推广各地的经验做法，以服务地区经济和企业创新发展为导向，扩展工作覆盖面，整体推进知识产权金融服务工作。

三、工作重点

(一) 深化和拓展知识产权质押融资工作

1. 加强对企业知识产权质押融资的指导和服务

引导企业通过提高知识产权质量，加强核心技术专利布局，提升知识产权质物价值的市场认可度；开展针对企业知识产权质押融资的政策宣讲和实务培训，使企业深入了解相关扶持政策、融资渠道、办理流程等信息；加强专利权质押登记业务培训，规范服务流程，为企业提供高效、便捷、优质的服务；建立质押项目审核及跟踪服务机制，对拟质押的知识产权项目，开展法律状态和专利与产品关联度审查，对在质押知识产权项目进行动态跟踪和管理，强化知识产权保护。

2. 鼓励和支持金融机构广泛开展知识产权质押融资业务

推动并支持银行业金融机构开发和完善知识产权质押融资产品，适当提高对中小微企业贷款不良率的容忍度；鼓励各类金融机构利用互联网等新技术、新工具，丰富和创新知识产权融资方式。

3. 完善知识产权质押融资风险管理机制

引导和支持各类担保机构为知识产权质押融资提供担保服务，鼓励开展同业担保、供应链担保等业务，探索建立多元化知识产权担保机制；利用专利执行保险加强质押项目风险保障，开展知识产权质押融资保证保险，缓释金融机构风险；促进银行与投资机构合作，建立投贷联动的服务模式，提升企业融资规模和效率。

4. 探索完善知识产权质物处置机制

结合知识产权质押融资产品和担保方式创新，研究采用质权转股权、反向许可等形式，或借助各类产权交易平台，通过定向推荐、对接洽谈、拍卖等形式进行质物处置，保障金融机构对质权的实现，提高知识产权使用效益。

(二) 加快培育和规范专利保险市场

1. 支持保险机构深入开展专利保险业务

推动保险机构规范服务流程，简化投保和理赔程序，重点推进专利执行保险、侵犯专利权责任保险、知识产权质押融资保险、知识产权综合责任保险等业务运营。

2. 鼓励和支持保险机构加强运营模式创新

探索专利保险与其他险种组合投保模式，实践以核心专利、专利包以及产品、企业、园区整体专利为投保对象的多种运营模式；支持保险机构开发设计符合企业需求且可市场化运作的专利保险险种，不断拓宽专利保险服务范围。

3. 加大对投保企业的服务保障

结合地区产业政策，联合有关部门，利用专利保险重点加强对出口企业和高新技术企业创新发展优势的服务和保障；加强对企业专利纠纷和维权事务的指导，对于投保专利发生法律纠纷的，要按照高效、便捷的原则及时调处。

4. 完善专利保险服务体系

加大工作力度，引导和支持专利代理、保险经纪、专利资产评估与价值分析、维权援助等机构参与专利保险工作，充分发挥中介机构在投保专利评估审核、保险方案设计、企业风险管理、保险产品宣传推广、保单维护和保险理赔服务等方面的重要作用。

（三）积极实践知识产权资本化新模式

1. 研究建立促进知识产权出资服务机制

开展本地区知识产权出资情况调查，了解有关知识产权和企业发展现状，会同工商等部门建立项目资料库；开展对出资知识产权的评估评价服务，对于出资比例高、金额大的知识产权项目加强跟踪和保护；将知识产权出资与本地区招商引资工作相结合，加强跨地区优质知识产权项目引进，加快提升地区经济发展质量。

2. 推动知识产权金融产品创新

鼓励各地建立知识产权金融服务研究基地，为产品及服务模式创新提供支持；鼓励金融机构开展知识产权资产证券化，发行企业知识产权集合债券，探索专利许可收益权质押融资模式等，为市场主体提供多样化的知识产权金融服务。

（四）加强知识产权金融服务能力建设

1. 推进开展专利应用效果检测及评价服务

依托企业建立专利应用效果检测分析服务平台，为拟投融资、转让、许可的项目提供检测分析支持；推进专利价值分析指标体系运用，结合知识产权资产评估方法，对专利项目进行科学合理评价，支持专利投融资工作有效开展。

2. 组织中介机构积极参与知识产权金融服务

引导知识产权评估、交易、担保、典当、拍卖、代理、法律及信息服务等机构进入知识产权金融服务市场，支持社会资本创办知识产权投融资经营和服务机构，加快形成多方参与的知识产权金融服务体系。

3. 完善企业和金融机构需求对接机制

开展知识产权金融服务需求调查，建立企业知识产权投融资项目数据库，搭建企业、金融机构和中介服务机构对接平台，定期举办知识产权项目推介会。

4. 加强知识产权金融服务专业机构及人才队伍建设

加大中介服务机构培育和人才培养工作力度，加快形成一批专业化、规范化、规模化的知识产权金融服务中介机构，造就一支具有较高专业素质的知识产权金融服务人才队伍，满足各地知识产权金融服务工作需求。

5. 加强经验交流和工作宣传

认真做好本地区工作总结，加强地区间经验交流，不断优化工作模式；积极发挥舆论宣传的导向作用，组织媒体对知识产权质押融资、投融资、专利保险等工作进行报道，并通过召开新闻发布会和宣讲会、政府网站设置专栏等形式，推广知识产权金融服务的政策、经验、成效及典型案例。

（五）强化知识产权金融服务工作保障机制

1. 完善工作协调机制

各地知识产权管理部门应加强与金融、财政、银监、保监等部门的沟通合作，建立工作协调机制，将知识产权系统在政策、信息、项目以及知识产权保护和服务等方面的优势与相关部门的资源优势有机结合，促进知识产权金融服务工作有效开展。

2. 加强政策落实和绩效评估

各地知识产权管理部门应会同相关部门对出台的政策措施落实情况及实施效果进行跟踪评估，切实发挥政策的导向作用。

3. 加强经费保障

各地要积极推动建立小微企业信贷风险补偿基金，对知识产权质押贷款提供重点支持；要加大经费投入，通过贴息、保费补贴、担保补贴、购买中介服务等多种形式，深入推动知识产权金融服务工作健康快速发展。

各地要根据本意见要求，制定实施方案，明确目标任务，扎实推进本地区知识产权金融服务工作，并定期向我局报送工作进展情况。

国家知识产权局

2015 年 3 月 30 日

> 到 2030 年，基本形成布局合理、科学发展、支撑有力的知识产权强省建设战略格局

加快推进知识产权强省建设工作方案（试行）[*]

为深入实施国家知识产权战略，加快推进知识产权强省建设，为建设知识产权强国提供有力支撑，制定工作方案如下。

一、总体思路

（一）指导思想

全面贯彻落实党的十八大和十八届三中、四中全会精神，按照"四个全面"战略布局，以加强知识产权运用和保护为主线，以深化知识产权领域改革为重点，着力提升区域创新驱动发展能力，大幅提升知识产权对经济社会发展的贡献度，推动形成与国家重大区域发展战略相匹配、与地方发展实际相适应的知识产权强省建设战略格局，努力探索具有区域特色、符合时代要求的知识产权强省建设之路，加快实现知识产权强国建设目标。

（二）工作方针

按照"试点探索、分类推进、分步实施、动态调整、整体升级"的工作方针，科学规划并推进形成知识产权强省建设的总体布局，有力支撑知识产权强国建设。

---

[*] 2015 年 10 月 21 日，《国家知识产权局关于印发〈加快推进知识产权强省建设工作方案（试行）〉的通知》（国知发管字〔2015〕59 号）印发。

——试点探索。坚持顶层设计与基层探索相促进、理论研究与实证研究相结合,将知识产权强省建设试点工作作为知识产权强国建设理论研究和基层实践的试验平台,为知识产权强国建设顶层设计提供实践支撑。鼓励有条件的省份先行推进知识产权强省建设,大胆探索实践知识产权强省建设路径和举措。

——分类推进。结合各省发展实际,推动若干省份建设引领型知识产权强省,全面提升知识产权综合实力,率先达到国际一流水平;推动部分省份建设支撑型知识产权强省,推进知识产权重点环节突破发展,带动知识产权综合实力显著增强;推动一批省份建设特色型知识产权强省,聚焦区域特色领域,培育形成知识产权新优势。

——分步实施。结合知识产权强国建设进度安排,分三个阶段推进知识产权强省建设。分批布局知识产权强省建设试点省,着力探索路径,总结经验;对试点省进行考核评价,确定一批知识产权强省建设示范省,着力推广经验,深化发展;确定一批知识产权强省,着力引领带动,全面推进。

——动态调整。各知识产权强省建设试点、示范省均可根据工作进展情况,申请调整知识产权强省建设的类型。试点、示范阶段未达到考核评价标准的省份,调整知识产权强省建设的类型或退出知识产权强省建设试点、示范行列。暂未列入知识产权强省建设试点、示范行列的省份,应结合工作实际,参照知识产权强省建设的目标和任务要求,积极推进知识产权综合实力的整体提升,待条件成熟时可申请进入知识产权强省建设试点、示范行列。

——整体升级。结合西部开发、东北振兴、中部崛起和东部率先等区域发展重点,围绕"一带一路"、京津冀协同发展、长江经济带等战略实施,发挥引领型、支撑型和特色型知识产权强省示范带动作用,引导周边省份探索实践适合自身发展特点的知识产权强省建设路径模式,逐步构建形成以知识产权强省为主要支撑,以知识产权强市为发展极,以知识产权强企为重要支点的环渤海、长三角、珠三角和丝绸之路四大知识产权发展隆起带,推动各省知识产权综合实力升级,有力支撑知识产权强国建设。

(三) 主要目标

到 2030 年，基本形成布局合理、科学发展、支撑有力的知识产权强省建设战略格局，加快推进知识产权强国建设进程。

——建成 3—4 个引领型知识产权强省。以运用知识产权提升区域经济发展国际竞争力为重点，对标西方主要国家知识产权发达区域，大幅提升知识产权对经济社会发展的贡献度，推动知识产权创造、运用、保护、管理和服务能力全面提升。每万人口有效发明专利拥有量、美日欧三方专利数量、PCT 国际专利申请量、知识产权密集型产业产值占 GDP 的比重、知识产权许可费收入等指标达到国际一流水平，行政区域内 60% 地级市成为知识产权示范城市，建成一批知识产权执法强局，形成一批知识产权强企，知识产权在经济社会发展中的引领带动作用显现。

——建成 5—6 个支撑型知识产权强省。以增强知识产权支撑创新驱动发展能力为重点，结合知识产权事业发展阶段和相对优势，推动知识产权创造、运用、保护、管理或服务等某几个重点环节突破发展，引领带动其他环节加速发展，实现知识产权与区域经济、科技有效融合。每万人口有效发明专利拥有量、PCT 国际专利申请量、知识产权密集型产业产值占 GDP 的比重、知识产权许可费收入等指标大幅提升，行政区域内 40% 地级市成为知识产权示范城市，建成一批知识产权执法强局，培育形成一批知识产权强企，知识产权成为经济社会发展的有力支撑。

——建成 4—5 个特色型知识产权强省。以夯实知识产权基础、优化知识产权环境为重点，聚焦区位优势和特色产业，统筹知识产权资源布局，在知识产权支撑特色产业升级发展、加强与周边国家知识产权合作交流等方面培育形成特色优势。每万人口有效发明专利拥有量等指标实现突破，行政区域内 2—3 个地级市成为知识产权示范城市，建成若干知识产权执法强局，培育一批知识产权强企，发展形成知识产权特色优势。

二、试点任务

(一) 引领型知识产权强省建设试点省主要任务

1. 构建知识产权驱动型创新生态体系

构建以市场为主导、以知识产权利益分享为纽带、市场主体平等参与的知识产权驱动型创新生态体系，使知识产权制度成为实现市场化配置各类创新资源的基本制度。

2. 推进中国特色知识产权制度的地方实践

积极探索实践各具特色的地方知识产权工作，推动形成与中国特色社会主义市场经济体制相适应的知识产权制度体系，推动知识产权制度高效运转，为完善中国特色知识产权制度提供地方实践。

3. 全面深化知识产权领域综合改革

围绕全面深化体制机制改革，加快实施创新驱动发展战略的需求，以知识产权权益分配改革为核心，以严格保护和高效监管为重点，以放开和搞活市场为突破口，破除制约知识产权创造、运用、保护和管理的体制机制障碍。

4. 培育发展知识产权密集型产业

出台培育发展知识产权密集型产业的政策，引导财政、税收等政策向知识产权密集型产业倾斜。建立专利导航产业创新发展机制，优化产业发展决策，提升产业发展层次。创新知识产权服务模式和服务业态，促进知识产权服务与产业融合发展。

5. 提升区域知识产权国际竞争力

支持引导相关企业加强重点产业和技术领域知识产权国际布局。推动提升货物贸易中的知识产权竞争优势，利用财政、税收、金融、贸易便利化等政策，加大知识产权密集型商品出口。促进知识产权服务贸易发展，提升知识产权服务机构的国际竞争力，鼓励从事服务外包的企业加强知识产权储备。建立有效应对国际知识产权风险的维权援助机制。

（二）支撑型知识产权强省建设试点省主要任务

1. 提升知识产权支撑创新驱动发展能力

优化调整国家、单位、发明人、权利人与社会公众之间的创新利益分配机制，构建有利于技术扩散和市场价值实现的知识产权转移转化机制。推动创新主体建立科学规范的知识产权管理机制，提升知识产权制度运用能力，培育一批核心专利。

2. 健全知识产权制度实施体系

构建与科技、经济、贸易、金融等政策有效融合的知识产权政策体系。建立体系完备、纵向联动、执行有力的知识产权行政管理体系。推动构建司法审判、综合行政执法、维权援助、仲裁调解和诚信评价等为一体的知识产权保护体系。构建公益性与市场化互补互促的知识产权运营体系，推动知识产权金融创新。

3. 推进知识产权重点环节专项改革试验

结合区域知识产权事业发展阶段和优势特色，着力推进知识产权专项改革试验，促进知识产权运用、保护或管理等重点环节率先发展，并以率先发展的重点环节为核心和驱动力，带动知识产权链条上的其他环节深化发展，形成可复制推广的知识产权强省建设经验。

4. 支撑优势产业转型升级

面向区域重点产业，实施一批专利导航项目，明晰创新方向和重点，优化创新资源配置，提高产业发展决策科学化水平。引导扶持传统优势制造业企业通过引进、消化、吸收、再创新专利技术，增强市场竞争能力，加快实现转型升级。

（三）特色型知识产权强省建设试点省主要任务

1. 营造激发创新活力的知识产权环境

建立与区域经济社会发展相适应、较为完备的知识产权政策法规体系。强化知识产权行政执法能力建设。建立主动监管与行业自律相结合的知识产权保护体系。建设产业特色突出的知识产权运营服务网络。

2. 强化知识产权基础能力建设

巩固知识产权工作基础，健全知识产权行政管理体系。持续增加知识产权工作投入。优化专利申请激励政策，鼓励引导创新主体加强知识产权布局。建设知识产权公共服务平台。加强各类知识产权人才的培养和储备。

3. 培育知识产权特色优势

挖掘利用知识产权优势资源，探索形成知识产权支撑区域创新发展、知识产权国际交流合作、知识产权人才培养等方面的新措施新路径，培育形成特色鲜明、亮点突出的知识产权优势领域。

4. 助推特色产业做大做强

积极发挥专利等各类知识产权作用，提升农业产品知识产权附加值，促进现代农业升级发展。综合运用知识产权手段，培育生产性服务业品牌企业，促进工业设计向高端综合设计服务转变。打造一批从事服务外包的品牌企业，提升传统服务业发展水平。

三、实施步骤

按照知识产权强省建设总体思路和目标要求，制定知识产权强省建设时间表路线图如下：

（一）第一阶段：试点探索、积累经验（2015—2020年）

1. 选择试点，完成试点省整体布局

组织各省自主选择申报引领型、支撑型或特色型知识产权强省建设试点省。引领型、支撑型和特色型知识产权强省建设试点省原则上分别不超过5个、7个和6个。

2. 制定方案，分类推进试点工作

试点启动实施阶段，各省需根据确定的试点省份类别，并结合自身发展阶段和区位优势，研究制定知识产权强省建设试点工作实施方案，并报送国家知识产权局审核。实施方案经审核通过后，由国家知识产权局对各试点省的试点任务实施进行分类指导。

3. 积累经验，形成分类建设知识产权强省工作指引

各试点省率先推进知识产权制度与政策改革实践，探索知识产权强省建设路径与模式，及时形成可复制推广的政策措施。2019—2020年期间，编制"分类建设知识产权强省工作指引"，进一步细化知识产权强省建设指标、任务和措施。

（二）第二阶段：示范引领、深化发展（2020—2025年）

将通过考核评价的知识产权强省建设试点省，列为知识产权强省建设示范省，按照"分类建设知识产权强省工作指引"，推动知识产权工作持续深化发展，加快创建知识产权强省，引领其他省份知识产权工作加速发展。

（三）第三阶段：整体升级、全面支撑（2025—2030年）

按照知识产权强国建设总体要求，集成中央和地方知识产权资源，建

成一批知识产权强省，不断强化知识产权强省的引领带动作用，推动各地知识产权综合实力整体升级，在省级层面构建起知识产权强国建设支撑体系，加快推动我国迈入世界知识产权强国行列。

四、保障条件

（一）加强组织领导

国家知识产权局将知识产权强省建设纳入年度重点工作，建立组织统筹和协调推进机制，全面、系统、深入地指导知识产权强省建设。各地要高度重视知识产权强省建设工作，建立健全省级层面的统筹协调机制和省市县各级工作推进机制，推进知识产权强省建设各项任务落实。

（二）强化督导落实

研究构建知识产权强省建设试点、示范工作评价指标体系，强化知识产权强省建设试点示范工作的过程督导与阶段评价。将各地督导评价结果纳入年度专利战略推进绩效评价，并与国家各类知识产权项目的立项评价挂钩。

（三）实行重点支持

国家知识产权局在政策、项目、资金等方面全力支持知识产权强省建设，将建设知识产权强省作为开展知识产权合作会商的必要条件，并与知识产权示范城市评定、快速维权中心设立、专利代理行业区域协调发展政策、干部挂职交流政策、地方专利审查协作中心跨省帮扶以及其他重点项目布局和政策倾斜等挂钩。将委托项目经费向知识产权强省建设工作倾斜。充分发挥国家知识产权战略实施工作部际联席会议作用，协调相关部门加大对知识产权强省建设的支持力度。开展知识产权强省建设的省份要持续强化知识产权管理、执法和经费投入等基础条件。

（四）推进整体提升

未进入知识产权强省建设试点、示范行列的省份，应结合本省知识产权事业发展现状和特点，参照知识产权强省建设任务和目标要求，制定本省知识产权综合实力提升计划。国家知识产权局将加强工作指导、支持和考核，推动各地知识产权综合实力整体升级，加快推进知识产权强国建设。

> 建设一批创新活力足、质量效益好、可持续发展能力强的知识产权强市

关于加快建设知识产权强市的指导意见[*]

各省、自治区、直辖市和新疆生产建设兵团知识产权局，局机关各部门，专利局各部门，局直属各单位、各社会团体：

我国城市发展已经进入新的发展时期，知识产权正在成为城市创新驱动发展的新引擎。深入推进知识产权在城市经济发展、产业规划、综合治理、公共服务等领域的全面运用和聚合发展，推动形成先进的城市发展理念和城市治理模式，是支撑知识产权强国建设、加快推进供给侧结构性改革、全面提升城市核心竞争力的必然要求。为贯彻落实《国务院关于新形势下加快知识产权强国建设的若干意见》（国发〔2015〕71号），进一步深化城市知识产权试点示范工作，建设国内一流、国际有影响力的知识产权强市，现提出如下指导意见。

一、总体要求

（一）指导思想

全面贯彻党的十八大和十八届三中、四中、五中、六中全会精神，深入贯彻习近平总书记系列重要讲话精神，按照党中央、国务院决策部署，

---

[*] 2016年11月9日，国家知识产权局印发《关于加快建设知识产权强市的指导意见》（国知发管字〔2016〕86号）。

紧紧围绕"五位一体"总体布局和"四个全面"战略布局，牢固树立创新、协调、绿色、开放、共享的发展理念，深入实施创新驱动发展战略和国家知识产权战略，以知识产权与城市创新发展深度融合为主线，以加强知识产权保护和运用为主题，以改革和创新为动力，以知识产权强县（区）、强局、强企建设为抓手，建设一批创新活力足、质量效益好、可持续发展能力强的知识产权强市，为建成中国特色、世界水平的知识产权强国奠定坚实基础。

（二）基本原则

凝聚改革动力。以知识产权管理体制机制改革为突破口，促进知识产权保护和运用等重点领域改革，提升城市知识产权治理水平；坚持规划引领，充分发挥市场在资源配置中的决定性作用和更好地发挥政府的作用，增强城市持续发展能力。

深化创新引领。实行全面从严的知识产权保护，激发城市创新活力，营造良好的城市创新发展环境；注重知识产权发展质量，提升知识产权运用的综合效益，畅通创新价值实现渠道，让创新成为城市发展的主动力，释放城市发展新动能。

聚合发展优势。结合城市资源禀赋和区位优势，促进创新资源开放共享，引导创新资源向城市主导产业和特色产业集聚；以知识产权协同创新促进产业转型升级，培育具有产业特色优势的现代化城市，提升城市发展竞争力。

坚持统筹布局。结合实施"一带一路"建设、京津冀协同发展、长江经济带建设等战略，以国家重点规划发展城市群为主体，以国家知识产权示范城市群为基础，科学规划知识产权强市建设空间布局，打造具有引领示范效应的区域知识产权发展极。

（三）发展目标

按照"对标国际、领跑全国、支撑区域"的要求，采取"工程式建设、体系化推进、项目式管理、责任制落实"的方式推进知识产权强市建设。到2020年，在长三角、珠三角、环渤海及其他国家重点发展区域建成20个左右具备下列特征的知识产权引领型创新驱动发展之城：

——建成内容全面、链条完整、环节畅通、职责健全、服务多元的城市知识产权综合管理体系。顺应国际知识产权管理体制发展趋势，适应城市创新发展需求，知识产权政策与产业、科技、金融等政策高效融合，城市知识产权治理能力达到国内一流水平。

——建成覆盖创造获权、用权维权等知识产权全链条，集成授权确权、司法审判、刑事执法、行政执法、仲裁调解、行业自律、社会监督的知识产权大保护体系。城市知识产权执法水平和能力国际广泛认可，创新权益充分保护，创新活力全面激发，城市知识产权保护环境达到国内一流水平。

——建成开放创新、集聚融合、绿色低碳、可持续的知识产权产业发展体系。形成若干具备国际竞争力的知识产权领军企业和产业集群，打造形成市场主导的城市知识产权创新生态链，促进新业态、新商业模式不断涌现，知识产权对城市经济发展的贡献度达到国内一流水平。

——建成引领区域、均衡发展、互动协作、资源共享的知识产权协调发展机制。知识产权制度对经济发展、文化繁荣和社会建设的促进作用充分显现，区域发展带动能力更加突出。建成运用知识产权国际先进经验的先行地，知识产权国际国内协同创新资源高度集聚，城市知识产权对外合作交流达到国内一流水平。

到2030年，在国家主要城市群中全面形成特色鲜明、体制顺畅、集聚融合、充满活力、更加开放的知识产权强市建设发展格局。

二、重点任务和重大工程

（一）实施知识产权管理能力提升工程，适应创新需求

1. 推进知识产权管理体制机制改革

积极开展知识产权综合管理改革，加强市、县（区）两级知识产权管理机构建设和工作队伍建设。建立集中高效的城市知识产权综合管理体系，打通创造、运用、保护和服务等制度运行关键环节，服务企事业单位、行业组织、服务机构、社会公众等多元主体。持续开展县域知识产权试点示范工作，积极培育国家知识产权强县。研究建立科技创新、知识产

权与产业发展相结合的创新驱动发展指标，并纳入国民经济和社会发展规划。在对党政领导班子和领导干部进行综合考核评价时突出知识产权绩效评价导向。按照有关规定设置知识产权奖励项目，加大各类奖励制度的知识产权评价权重。

2. 建立专利导航城市创新发展决策机制

开展专利导航城市创新发展质量评价工作，优化知识产权区域布局，提升区域创新发展层次。以专利数据为信息获取主体，综合运用专利信息分析和市场价值分析手段，结合经济数据的分析和挖掘，准确把握知识产权在城市创新发展中的引领支撑作用，厘清知识产权资源与创新资源、产业资源、经济资源的匹配关系，通过专利导航促进创新链、产业链、资金链、政策链深度融合，逐步建立以专利导航支撑行政决策的创新决策机制，提高城市创新宏观管理能力和资源配置效率。

3. 建立知识产权促进创新创业服务机制

打造知识产权特色小镇，对各类知识产权创客项目给予资金扶持，打造专利创业孵化链。制定面向知识产权创客人才的专项扶持政策，加强集聚知识产权创客人才。建立健全创业知识产权辅导制度，为创客提供知识产权创业导师服务。加强专利布局、专利挖掘等实务培训，推广专利信息分析成果利用。在双创示范基地、重点园区推进知识产权公共服务点对点对接。面向创新创业主体推行知识产权服务券模式，加大财政扶持力度。

4. 完善知识产权公共服务和政策体系

提升城市知识产权公共服务能力和服务水平，增加高校、科研机构专利信息服务网点，实现区县专利信息服务网点全覆盖。制定发布知识产权公共服务事项目录和办事指南，建设线上线下相结合的"一站式"知识产权综合服务平台。运用云计算、大数据、移动互联等技术，完善各类知识产权管理在线服务，提升知识产权信息获取效率。建立完善激励创造、促进运用、严格保护、规范服务等方面的知识产权政策，推动知识产权政策与产业、经济、科技、贸易、金融、财税等政策融合支撑。建设城市知识产权智库，支持设立市长知识产权顾问，邀请国内外知识产权领域知名专家，为知识产权引领城市创新发展建言献策。

(二)实施知识产权大保护工程,营造创新创业环境

1. 完善知识产权执法维权体系

建立市、县(区)主要领导知识产权保护负责制。建立统一、高效的市、县(区)知识产权行政执法体系,开展知识产权综合行政执法,积极创建知识产权执法强局。强化电商、民生等重点领域和展会、进出口等关键环节的知识产权保护机制。完善跨区域、跨部门知识产权协作执法、联合执法机制。扩大知识产权快速维权区域和产业覆盖面,加强海外知识产权维权援助。引导行业协会、中介组织等第三方机构参与解决海外知识产权纠纷,建立涉外知识产权争端联合应对机制。

2. 拓宽知识产权纠纷多元解决渠道

充分发挥产业知识产权联盟、行业协会等社会组织作用,针对不同类型知识产权纠纷的特点,鼓励引导创新主体通过调解、仲裁等渠道,低成本解决知识产权纠纷。建立知识产权纠纷技术鉴定、专家顾问制度,为知识产权维权提供专业支撑。试点建立专利无效确权与侵权仲裁的对接机制。开展知识产权纠纷诉讼与调解对接工作,推动建立知识产权纠纷调解协议的司法确认制度。探索仲裁与调解有机衔接、相互协调的知识产权纠纷非诉讼解决机制。

3. 建立知识产权保护社会监督网络体系

积极开展知识产权系统社会信用体系建设,依法将行政处罚案件相关信息以及不配合调查取证行为、不执行行政决定行为等纳入诚信体系。运用大数据先进理念、技术和资源,建设全面响应、全面公开、全程管理的知识产权监管网络平台,实现网络巡查、线上举报和投诉办案一体化。推动建立知识产权失信主体联合惩戒机制,制定知识产权失信主体联合惩戒备忘录。

4. 提升创新主体知识产权保护能力

积极探索开展重大科技活动知识产权评议试点。全面推行高校和科研机构知识产权管理国家标准,提升创新主体专利挖掘和布局能力。推动设立专利远程会晤接待站和复审巡回审理庭,为中小微企业提供便利化服务。依托国家专利审查资源,建立知识产权特派员制度,指导城市重大科

研项目实施全过程知识产权管理。加强知识产权保护规范化市场培育工作,提升市场主办方知识产权保护管理能力。

(三) 实施知识产权运用促进工程,推进产业转型升级

1. 完善城市知识产权投融资服务体系

发挥金融与财政的联动效应,引导金融机构发挥专业优势和渠道优势,建立系统化、流程化、专业化的知识产权金融服务机制。建立完善城市知识产权质押风险补偿基金等风险分担机制,推进知识产权质押融资续贷服务,加大对首贷客户、初创企业的知识产权质押融资支持力度。开展知识产权金融创新试点,充分利用资本市场,鼓励企业利用知识产权开展直接融资。加快培育和规范专利保险市场,优化险种运营模式,支持保险机构深入开展专利保险业务,完善专利保险服务体系。

2. 完善城市专利导航产业创新发展工作体系

结合城市产业特点带动城市升级,研究开展知识产权密集型产业培育工作。围绕城市主导产业和特色产业,在各类产业园区推广建立专利导航产业发展工作机制。开展国家专利导航产业发展实验区建设,深入实施专利导航试点工程,推广实施产业规划类和企业运营类专利导航项目,实施一批专利储备运营项目,支撑产业创新发展。支持企业组建产业知识产权联盟,推动市场化主体开展知识产权协同运用。

3. 构建城市知识产权运营生态体系

建设城市知识产权运营交易中心,全面对接全国知识产权运营服务体系,链接国际一流知识产权创新主体、服务机构和产业资本。培育若干产业特色突出、运营模式领先的知识产权运营机构,以专利池、专利组合为主开展知识产权运营。推动高等院校、科研院所建立独立运行的知识产权运营机构,促进产业创新与市场需求有机对接。推动安排知识产权运营专项资金,鼓励带动社会资本共同设立产业知识产权运营基金,促进知识产权产业化。

(四) 实施知识产权质量提升工程,增强发展后劲

1. 建立城市知识产权创造质量提升体系

开展形成核心专利的促进工作,进一步提高优质知识产权拥有量。强化城市发明、实用新型、外观设计专利的评价、资助和奖励的质量导向，探索建立政策优化专家问诊机制，将资助重点转向高价值专利培育。改革完善知识产权考核政策，在技术研发类科技计划中增加专利质量、效益指标。加强对知识产权服务机构的指导、监督和奖惩。采取多种形式开展提升专利申请质量的实务培训，提升创新主体专利创造能力。

2. 完善城市知识产权强企建设体系

推行知识产权管理规范国家标准，指导企业建立标准化知识产权管理体系，推广第三方审核认证。支持国家知识产权示范企业、优势企业建设高价值知识产权培育中心，运用专利导航理念，聚焦产业重点领域和关键环节，支持开展知识产权订单式研发、投放式创新，创造一批技术创新水平高、权利状态稳定、市场竞争力强的专利，构建高价值专利池和专利组合。鼓励企业在关键技术、核心领域、新兴产业方面进行专利布局，以知识产权优势掌握国内外市场话语权。支持企业加强知识产权运营，全面推进知识产权跨国并购，积极谋求市场主动权、资本主导权和技术制高点，加快开放发展，推动市场链高端化。

3. 建立城市产业集聚高端发展体系

遵循区域城市间产业链布局和创新资源配置规律，加快建设知识产权服务业集聚区。强化知识产权特色打造战略引领产业，围绕战略性新兴产业部署知识产权服务链。促进创新资源开放共享，建立城市间产业知识产权协同创新机制，培育城市产业特色优势。加强产业知识产权集群管理，培育一批先进制造产业增长极。加强专利与标准的融合，形成一批具有自主知识产权、体现重点产业优势、反映国际先进水平、引领国内产业发展的技术标准。推广绿色低碳专利技术，推进产业可持续发展。

（五）实施知识产权发展环境建设工程，扩大开放合作

1. 健全城市知识产权人才支撑体系

以促进知识产权服务业"智力集聚"为重点，加快构建以高层次知识产权人才、高水平管理人才和高素质实务人才为主体的知识产权人才队伍。统筹推进知识产权行政管理和执法人才、企业、服务业、高校和科研机构知识产权人才等各级各类专业人才队伍全面发展。加强对领导干部、

企业家和各类创新人才的知识产权培训,加大知识产权管理、运营等重点领域急需人才的培养力度。建立人才引进使用中的知识产权鉴定机制,有效利用知识产权信息发现人才,积极探索产学研用相结合的知识产权人才引进培养模式。强化知识产权实务人才培养平台建设,支持企业与服务机构、高校等共同打造专利导航实训基地。

2. 构建城市知识产权文化环境体系

创新城市知识产权文化载体,探索建立城市标志性的知识产权街或文化长廊,定期举办知识产权公益讲座。在电视台、主流报纸等媒体开办知识产权栏目,宣传知识产权典型案例和先进人物。利用全国知识产权宣传周、中国专利周等宣传活动开展内容丰富的知识产权社会宣传教育,提高城市居民知识产权认知度。积极开展中小学校知识产权教育试点示范工作,引导各类学校把知识产权与学生思想道德建设、校园文化建设等紧密结合,增强学生的知识产权意识和创新意识。

3. 提升城市知识产权对外合作水平

加强与国外有关城市和机构合作交流,建立稳定友好、对等互利的合作关系,以互访交流、会议研讨等形式打造城市国际化知识产权交流合作平台,积极宣传城市知识产权保护进展和工作成就,营造国际一流的招商引资、对外贸易和开放创新环境。以"请进来"与"走出去"相结合的方式,开展面向海外的知识产权培训,为企业提供知识产权海外布局和风险预警服务。

三、组织实施

(一)加强组织领导和工作支持

各城市人民政府作为知识产权强市建设的责任主体,要健全强市建设工作领导机制,明确责任分工,加大工作投入,制定具体实施方案,落实各项改革举措。各省知识产权局要认真谋划本省强市建设工作,指导相关城市编制建设方案,统筹省内各类资源,优先支持强市建设工作,督促检查强市建设进展情况。各知识产权强省建设试点省要将知识产权强市建设作为强省建设的战略支撑和工作重点,在项目安排、政策倾斜等方面给予切实有力的支持。国家知识产权局将建立强市建设统筹协调机制，加强局省市联动，全面、系统、深入地指导知识产权强市建设。优先布局知识产权管理体制机制创新、专利导航产业发展、知识产权市场化运营、知识产权金融服务创新、严格知识产权保护、知识产权服务业发展等方面的相关政策、重大工程和试点示范项目。安排专门工作经费用于支持知识产权强市建设工作的顶层设计研究、专家咨询、宣传推动、绩效评估等。

（二）做好申报组织和方案编制

按照"响应式布局、滚动式推进、累积式发展"的工作思路，面向国家知识产权示范城市启动国家知识产权强市的申报、评定、指导和批复工作。符合申报条件的城市自愿申报、国家知识产权局组织集中评定，按照"成熟一个，批复一个"的原则，批复确定一批基础条件突出、工作业绩显著、方案具体可行的城市率先开展国家知识产权强市建设。各有关城市要按照本意见的要求，聚焦五大工程编制知识产权强市建设方案，按照体系化推进要求设立对应的工作项目予以落实推进。国家知识产权局将对各有关城市申报的知识产权强市建设方案组织专家进行论证评价，并予以具体指导。各有关城市须对照要求，制定完善知识产权强市建设方案后由各有关城市人民政府印发实施。

（三）强化督促考核和经验交流

国家知识产权局建立知识产权强市建设评价指标体系，每年对各城市建设推进情况进行考核评价，并将考核评价结果作为知识产权强省建设考核评价的重要依据。建立激励、扩容和退出机制，每三年期开展一轮第三方评估，对水平领先、实绩突出的向全国推广，并逐步扩大知识产权强市建设范围；对推进力度不大、工作成效不明显的，进行督促整改，直至取消资格。加强对知识产权强市建设工作的跟踪研究和宣传报道，促进城市间的相互交流，积极探索知识产权强市建设的有效模式，为全国其他城市提供示范和参考。

国家知识产权局
2016 年 11 月 9 日

> 充分发挥知识产权在城市创新驱动发展和经济提质增效升级中的重要作用

国家知识产权试点、示范城市管理办法[*]

第一章 总则

第一条 为深入实施创新驱动发展战略和知识产权战略，认真落实《国务院关于新形势下加快知识产权强国建设的若干意见》，扎实推进知识产权强国建设，充分发挥知识产权在城市创新驱动发展和经济提质增效升级中的重要作用，根据《国家知识产权战略纲要》深入开展各类知识产权试点、示范工作的要求，进一步加强国家知识产权试点、示范城市的评定和管理工作，制定本办法。

第二条 国家知识产权试点、示范城市评定管理工作按照"统筹推进、分类指导、择优培育、动态管理"的原则开展。

第三条 国家知识产权试点、示范城市的申报主体为：符合条件的计划单列市、副省级城市、地级城市（州、盟）、直辖市所辖的区。

第四条 城市开展知识产权试点、示范工作的称号分别为：国家知识产权试点城市（城区）、国家知识产权示范城市（城区）。

第二章 试点城市的评定

第五条 试点城市的申报条件：

---

[*] 2016年11月18日，国家知识产权局印发《关于修订印发〈国家知识产权试点、示范城市管理办法〉的通知》（国知发管字〔2016〕87号）。

（一）城市领导重视知识产权工作，将知识产权纳入议事日程，工作条件保障不断加强。

（二）城市知识产权管理能力和水平在省（区、市）内位于中等以上水平。

（三）开展专利质量提升工作，取得明显成效。

（四）开展城市知识产权运营工作，在专利质押融资、专利导航等方面取得一定成效。

（五）申报前一年专利行政执法和维权绩效考核结果在省（区、市）内排名前50%。

第六条 试点城市的申报程序：

（一）制定初步方案。符合申报条件的城市，根据试点城市工作要求，结合城市工作实际，确定试点工作特色主题，制定试点城市建设工作方案（3年期），经城市政府原则同意后报省（区、市）知识产权局（以下简称省知识产权局）。

（二）考察推荐。省知识产权局依据试点城市申报条件和申报城市提交的有关材料，组织人员对申报城市进行考察，并结合本地区城市知识产权工作开展情况，择优向国家知识产权局推荐。对于拟推荐的城市，省知识产权局组织专家对试点特色主题、试点城市建设工作方案进行论证，指导城市进行修改完善。

（三）提出申报。由省知识产权局对省（区、市）内有关申请统一提出申报。申报时提交省知识产权局推荐函、申报城市人民政府向省知识产权局提出的申报函、试点城市建设工作方案、城市知识产权工作基本状况表（见附件1），以及本办法第五条所述条件的相关证明材料。

第七条 国家知识产权局原则上每年开展一次试点城市集中评定工作，确定试点城市名单，印发通知并授牌。

第八条 试点城市获批2个月内，应由城市人民政府正式印发试点城市建设工作方案，建立试点城市建设领导和协调机制，并将有关文件报省知识产权局备案。

第三章 试点城市的管理

第九条 省知识产权局在国家知识产权局指导下负责试点城市的日常管理。省知识产权局应明确试点城市管理责任处室，指派专人加强与试点城市的业务联系，安排专门资金予以支持，每年对试点城市工作开展情况进行考核。

第十条 试点城市人民政府是城市试点工作的责任主体。试点城市人民政府应将城市试点工作纳入重要议事日程，强化组织领导、体系建设、条件保障、制度创新，确保试点工作取得实效。

第十一条 试点城市建设的主要任务是：完善知识产权行政管理体制机制，着力培育企业知识产权竞争能力，加大专利行政执法和维权援助工作力度，加强知识产权文化建设和人才队伍建设，积极探索试点特色主题方面的有关工作。

第十二条 试点城市应于每年1月31日前向省知识产权局报送上年度工作总结和当年工作计划。试点城市建设过程中作出的重大工作安排和遇到的突出问题，应及时向省知识产权局请示和报告。

第十三条 试点城市工作期限为3年，自批复通知印发之日起计算。期满4个月内，由省知识产权局对试点城市组织考核验收，并于验收结束2周内将考核有关材料（主要包括验收情况、验收结果及城市总结材料）报国家知识产权局。考核验收评价指标体系采用评定示范城市指标体系（见附件2）。

第十四条 考核验收成绩60分以下的城市，取消国家知识产权试点城市称号，并且2年之内不得再次申报。考核验收成绩60—70分的城市，可以申请进入新一轮试点工作。考核验收成绩70分以上的城市，可以申请进入示范培育阶段。

第十五条 进入示范培育阶段的程序是：试点城市期满6个月内，在省知识产权局指导下，城市人民政府制定印发示范培育工作方案。示范培育阶段的周期是3年，自示范培育方案印发之日起计算，可以进行多轮示范培育工作。

第十六条 进入新一轮试点工作的程序是：试点城市期满6个月内，

在省知识产权局指导下，城市人民政府选择试点特色主题，制定印发试点工作方案。新一轮试点自试点工作方案印发之日起计算，可以进行多轮试点工作。

第十七条　试点城市期满6个月内未完成进入示范培育阶段或新一轮试点的备案工作的，视为退出试点城市工作序列，且3年内不得再次申报。

第四章　示范城市的评定

第十八条　示范城市的申报条件：

（一）进入示范培育阶段，培育时间满1年，且工作成效显著。

（二）将知识产权工作作为政府工作的重要内容，纳入对区县政府的考核体系。

（三）城市知识产权管理能力和工作保障条件居全国同类城市前列。

（四）申报前一年专利行政执法和维权援助工作评价结果在试点城市中位于前30%。

（五）城市专利资助政策突出质量和效益导向，试点及示范培育期间专利质量提升工作取得显著成效。

（六）开展城市知识产权运营体系化建设工作，申报前一年专利质押融资额在试点城市中位于前30%。

（七）近3年省知识产权局对试点城市、示范培育阶段城市年度考核中，至少有两次考核成绩优秀。

（八）近两年未发生过重大群体性、反复、恶意知识产权侵权事件、未出现较大数量的非正常专利申请。

（九）评定示范城市指标体系（见附件2）中客观实力指标监测结果达到60分，指标体系总体得分加权折算之后达到80分。

第十九条　示范城市的申报程序：

（一）启动申报。国家知识产权局每年印发示范城市申报通知，并支持有关省知识产权局开展针对拟申报城市的客观实力指标监测。各省知识产权局按照通知要求组织和指导省（区、市）内相关城市做好申报工作。

（二）测评推荐。省知识产权局依据评定示范城市指标体系（见附件2）对省（区、市）内申报城市进行测评，对符合条件的城市进行排序，统一向国家知识产权局推荐。

（三）提出申报。由省知识产权局对省（区、市）内有关申请统一提出申报。申报时提交省知识产权局推荐函、城市人民政府向省知识产权局提交的书面申报函、城市知识产权工作基本状况表（见附件1）、省知识产权局测评后的评定示范城市指标体系得分表（见附件2），以及本办法第十八条所述条件的相关证明材料。

第二十条　国家知识产权局原则上每年开展一次示范城市评定工作，确定示范城市名单，印发通知并授牌。

第二十一条　示范城市获批4个月内，应在国家知识产权局的指导下，建立健全示范城市建设领导和协调机制，制定示范城市建设工作方案，并由城市人民政府印发。

第五章　示范城市的管理

第二十二条　示范城市的管理主要由国家知识产权局负责，相关省知识产权局配合对省（区、市）内示范城市的管理。

第二十三条　国家知识产权局加强对示范城市的管理和指导，每年对示范城市工作开展情况进行考核，对示范城市专利实力进行监测，至少组织一次针对示范城市的工作会议或工作培训。相关省知识产权局应配合做好省（区、市）内示范城市的管理工作，设立配套资金，在各项工作中对示范城市给予政策倾斜。

第二十四条　示范城市人民政府是城市示范工作的责任主体。示范城市人民政府应将知识产权工作提升到城市发展战略层面，融入城市经济社会发展大局，强化战略谋划、能力建设、政策融合，确保示范城市工作取得实效。

第二十五条　示范城市建设的主要任务是：制定实施城市知识产权战略，加强城市知识产权管理和服务能力建设，健全城市知识产权政策体系，加强知识产权政策实施的力度、深度以及与相关政策的协调性，提升城市知识产权创造能力，提升城市知识产权运用的经济效益，提升城市知识产权执法保护的效果，提升知识产权服务业发展水平。

第二十六条　示范城市应于每年1月31日前向国家知识产权局报送上

年度工作总结和当年工作计划。示范城市建设过程中作出的重大工作安排和遇到的突出问题，应及时通过省知识产权局向国家知识产权局请示和报告。

第二十七条 示范城市工作期限为 3 年，自批复通知印发之日起计算。期满 4 个月内，由城市人民政府通过省知识产权局提交书面申请复核函，国家知识产权局组织有关专家对示范城市进行复核。逾期未提出复核的城市，视为退出示范城市工作序列，且 3 年内不得再次申报。

第二十八条 示范城市复核原则上采取书面考核的方式，必要时进行实地考核。复核的主要内容包括：

（一）审核有关城市当前的状况是否符合本办法第十八条规定的示范城市申报条件，不符合申报条件的取消示范城市资格；

（二）该示范城市建设周期中的年度考核结果、专利实力监测情况以及示范城市建设方案确定的各项任务目标的完成情况，作为主要考核依据。

第二十九条 通过复核的城市，继续保留国家知识产权示范城市称号，制定并印发新的示范城市建设工作方案，开展新一轮示范城市建设工作。未通过复核的城市，取消国家知识产权示范城市称号，并且 2 年内不得再次申报示范城市。

第六章 附则

第三十条 各省知识产权局应将试点示范城市工作作为推动本地区知识产权工作的重要抓手，加大投入，扎实推进。国家知识产权局每年对省知识产权局试点示范城市管理工作进行考核。

第三十一条 以不当方法影响验收、评定、复核结果或在申报材料中弄虚作假的，经调查确认后，取消其申报资格；已取得试点和示范城市称号的，予以取消。

第三十二条 出现下列情形的取消国家知识产权试点或示范城市称号：发生重大群体性、反复、恶意知识产权侵权事件或出现较大数量的非正常专利申请，在全国范围内造成恶劣影响，未能采取有效措施及时遏制的城市；专利行政执法工作评价结果不合格的城市；连续 2 年工作考核结果为本类别城市中最后一名的示范城市。

第三十三条 本办法由国家知识产权局专利管理司负责解释。本办法自发布之日起施行。《国家知识产权试点、示范城市（城区）评定和管理办法》（国知发管字〔2014〕34号）自本办法施行之日起废止。本办法施行前发布的其他有关文件与本办法不一致的，按照本办法执行。

附件：1. 国家知识产权试点城市、示范城市申报时城市基本工作状况表
   2. 评定示范城市指标体系

附件 1

编号：_____

国家知识产权试点城市、示范城市
申报时城市基本工作状况表

申报城市名称：_____（加盖政府章）
申　报　类　型：_____（试点、示范）
填　表　单　位：_____（盖　　章）

联　系　人：_____
单位及职务：_____
固　定　电　话：_____
移　动　电　话：_____
传　真　电　话：_____

中华人民共和国国家知识产权局　编制

一、城市基本情况

序号	指标	单位	上一年度数据	备注
1	面积	平方公里		
2	户籍人口	万人		
3	常住人口	万人		
4	GDP总量	亿元		
5	年财政收入	亿元		
6	年财政支出	亿元		
7	市本级财政一般预算（公共财政）支出	亿元		
8	全社会研发投入	亿元		
9	研发人员数量	人		
10	规模以上工业企业数量	家		
11	上市企业数量	家		
12	高新技术企业数量	家		
13	区域主导产业情况（500字以内）			

二、知识产权工作体系建设情况

序号	类别	指标名称	单位	数据	备注
1	知识产权局情况	隶属关系			
		级别			
		性质			行政、参公或事业
		专职从事知识产权工作机关人员数量	人		列表说明（编制数量、当前实用人数）
		专项经费	万元		列表说明（上一年度数据）

续表

序号	类别	指标名称	单位	数据	备注
1	知识产权局情况	下属单位情况及其专职从事知识产权工作人员数量	人		列表说明（当前数据）
		下辖县市区、开发区知识产权局建立情况			列表说明（当前数据）
		国家知识产权试点示范县数量	个		列表说明（当前数据）
		国家专利导航产业发展实验区数量	个		列表说明（当前数据）
		国家知识产权试点示范园区数量	个		列表说明（当前数据）
2	知识产权服务机构情况	本地专利代理机构数量	家		当前数据
		本地专利代理机构代理人数量	人		当前数据
		外地专利代理机构分支机构数量	家		当前数据
		分支机构专利代理人数量	人		当前数据
		专利运营机构数量	家		列表说明（当前数据）
3	企业情况（相关数据不可重复计算，多个称号的应以最高级别为准）	国家级示范企业数量	家		提供相关企业名单
		国家级优势企业数量	家		提供相关企业名单
		知识产权管理国家标准达标企业	家		提供相关企业名单
		省级示范企业数量	家		当前数据
		省级试点企业数量	家		当前数据
		市级示范企业数量	家		当前数据
		市级试点企业数量	家		当前数据

三、知识产权工作指标情况

序号	指　　标	单　位	上一年度数据	备　注
1	发明专利申请量	件		
2	实用新型专利申请量	件		
3	外观设计专利申请量	件		
4	发明专利授权量	件		
5	每万人口发明专利拥有量	件/万人		
6	PCT 国际专利申请量	件		
7	专利许可登记合同数量	件		
8	专利质押融资金额及笔数	万元		
9	专利保险投保金额及笔数	万元		
10	专利运营基金规模	万元		
11	获得中国专利奖数量	个		应注明奖励等级
12	获得省级专利奖数量	个		应注明奖励等级

附件 2

评定示范城市指标体系

一、客观实力评价指标

一级指标	序号	二级指标	分值（总100分）
创造 （20分）	1	每万人口发明专利拥有量	5
	2	（每亿元地区生产总值）发明专利授权量	3
	3	专利授权量	2
	4	PCT国际专利申请量	2
	5	专利质量指数	8
运用 （20分）	6	（每百家规模以上工业企业）专利许可合同登记数量	4
	7	专利质押融资金额和笔数	4
	8	专利保险投保金额和笔数	2
	9	专利运营指数	3
	10	（每百家规模以上工业企业）知识产权管理国家标准达标企业数量	4
	11	国家知识产权优势企业、示范企业数量	3
保护 （20分）	12	（每百家规模以上工业企业）受理专利侵权纠纷案件数量	10
	13	（每百家规模以上工业企业）查处假冒专利结案数量	5
	14	（每百家规模以上工业企业）拥有专职执法人员数量	5
管理 （30分）	15	（每百件中国发明专利申请·百家规模以上工业企业）知识产权专门经费投入数量	4
	16	知识产权专项经费投入占比	6
	17	知识产权管理能力	8
	18	（每百家规模以上工业企业）拥有专职行政管理人员数量	8
	19	国家知识产权试点示范县、专利导航实验区及试点示范园区数量	4

续表

一级指标	序号	二级指标	分值（总100分）
服务 （10分）	20	（每百件中国发明专利申请）本地专利执业代理人数量	4
	21	专利申请代理率	3
	22	专利公共服务指数	3

二、试点城市建设及示范培育主要任务考核指标

一级指标	二级指标	序号	三级指标	分值 总计 100分	指标说明 （状态类指标的时间节点为示范城市申报日；行为类指标的时间段为上一年度1月1日至示范城市申报日；政策类指标的时间段为试点城市批复日至示范城市申报日）
一、知识产权行政管理体制机制和能力建设（35分）	政府重视（7分）	1	政府定期研究、部署知识产权工作	2	政府定期研究、部署知识产权工作的情况以及解决知识产权工作实际问题的效果等。
		2	城市领导就知识产权主题集体学习	2	城市领导就知识产权主题进行集体学习的情况。
		3	知识产权工作纳入政府年度考核指标体系	1	是否将知识产权工作纳入市政府年度工作考核目标。
		4	知识产权统筹协调机制	2	政府知识产权统筹协调机制建立及运行情况。
	法规建设（5分）	5	知识产权法规建设	5	制订、修订有关知识产权方面的地方法规、政府规章及政府发文、政府办公室发文、领导小组发文的数量、名称、内容、力度等情况，上报文件全文。

续表

一级指标	二级指标	序号	三级指标	分值 总计 100分	指标说明（状态类指标的时间节点为示范城市申报日；行为类指标的时间段为上一年度1月1日至示范城市申报日；政策类指标的时间段为试点城市批复日至示范城市申报日）
一、知识产权行政管理体制机制和能力建设（35分）	工作体系（13分）	6	行政管理和执法能力	8	知识产权局行政管理能力和执法能力方面的情况。
		7	直属单位状况	2	知识产权局直属单位数量及专职从事专利工作的人员编制状况。
		8	所辖县级知识产权管理机构情况	3	所辖城区、开发区、县（市）设立知识产权管理机构的情况。
	经费投入（10分）	9	政府财政知识产权投入占一般预算支出的比重	5	上一年度本级财政直接划拨给知识产权局使用的专门资金占本级财政一般预算支出的比重。
		10	政府财政知识产权投入数量	2	上一年度本级财政直接划拨给知识产权局使用的专门资金数量。
		11	政府财政知识产权投入结构	3	上一年度本级财政直接划拨给知识产权局使用的专门资金中用于专利资助工作、企事业工作、执法维权工作的比例。
二、知识产权文化、人才建设（12分）	宣传工作（6分）	12	专门负责宣传和政务信息工作岗位情况	0.5	有无专门负责宣传和政务信息工作的人员及人数等情况。
		13	大型宣传活动	1.5	围绕知识产权战略实施及当地中心工作，开展宣传活动的情况，特别是4·26宣传周、专利周等大型宣传活动开展情况。

续表

一级指标	二级指标	序号	三级指标	分值 总计 100分	指标说明（状态类指标的时间节点为示范城市申报日；行为类指标的时间段为上一年度1月1日至示范城市申报日；政策类指标的时间段为试点城市批复日至示范城市申报日）
二、知识产权文化、人才建设（12分）	宣传工作（6分）	14	新闻报道数量	1.5	在中央主要媒体，当地报纸、政府网站、广播、电视等媒体上进行宣传报道的情况。
		15	网站建设情况	1.5	建立和维护知识产权局门户网站的情况，运用微博、微信等新媒体开展宣传的情况。
		16	宣传工作年度经费投入	1	上一年度本级财政直接划拨给知识产权局使用的专门资金中用于宣传工作的经费数量。
	人才工作（6分）	17	知识产权教育培训开展情况	2	学校知识产权教育开展情况；面向企事业单位研发人员、项目管理人员、服务机构人员等专业技术人员开展知识产权培训的规模及数量；面向党政领导、系统内管理人员、企业领导开展培训的情况。
		18	知识产权人才培养、引进机制、政策、措施、活动	2	知识产权人才引进、培育政策措施及实施效果。
		19	知识产权人才数量	1	全市专利执业代理人数量；全市具有专利代理人资格的人员数量；全市知识产权从业人员数量。
		20	人才工作年度经费投入	1	上一年度本级财政直接划拨给知识产权局使用的专门资金中用于人才工作的经费数量。

续表

一级指标	二级指标	序号	三级指标	分值 总计 100 分	指标说明 （状态类指标的时间节点为示范城市申报日；行为类指标的时间段为上一年度1月1日至示范城市申报日；政策类指标的时间段为试点城市批复日至示范城市申报日）
三、企业知识产权意识和能力建设（20分）	政策文件（3分）	21	出台指导支持企业工作的政策情况	3	出台指导支持企业知识产权工作的政策文件数量、文件名称。
	试点示范或优势企业工作（7分）	22	国家级示范企业、优势企业数量	1	有关企业数量及清单。
		23	省级试点示范或优势企业数量	1	有关企业数量及清单。
		24	本级试点示范或优势企业数量	1	有关企业数量及清单。
		25	试点示范或优势企业工作有关措施或活动	2	推动试点示范或优势企业工作采取的具体措施、开展的有关活动以及工作效果等情况。
		26	试点示范或优势企业工作年度经费投入	2	上一年度本级财政直接划拨给知识产权局使用的专门资金中用于试点示范或优势企业工作的经费数量。
	贯标工作（6分）	27	国家标准达标企业数量	1	有关企业数量及清单。
		28	参与国家标准贯标企业数量	1	有关企业数量及清单。
		29	贯标工作有关措施或活动	2	推动贯标工作采取的具体措施、开展的有关活动以及工作效果等情况。
		30	贯标工作年度经费投入	2	上一年度本级财政直接划拨给知识产权局使用的专门资金中用于贯标工作的经费数量。

续表

一级指标	二级指标	序号	三级指标	分值总计100分	指标说明（状态类指标的时间节点为示范城市申报日；行为类指标的时间段为上一年度1月1日至示范城市申报日；政策类指标的时间段为试点城市批复日至示范城市申报日）
三、企业知识产权意识和能力建设（20分）	托管工作（4分）	31	参与托管工作工业企业数量	1	有关企业数量及清单。
		32	托管工作有关措施或活动	2	推动托管工作采取的具体措施、开展的有关活动以及工作效果等情况。
		33	托管工作年度经费投入	1	上一年度本级财政直接划拨给知识产权局使用的专门资金中用于托管工作的经费数量。
四、执法维权工作（17分）【无执法权城市维权援助14分，行政执法3分】	行政执法（10分）	34	专利行政执法工作状况	8	直接采用国知局上一年度专利行政执法工作评价结果。不在评价范围内的城市，根据执法案件数量、执法工作投入等测评。（无执法权城市主要考察协助上级知识产权局在本地开展执法工作情况）
		35	专利行政执法工作年度经费投入	2	上一年度本级财政直接划拨给知识产权局使用的专门资金中用于专利执法工作的经费数量。
	维权援助与举报投诉（7分）	36	维权援助能力建设情况	2	维权援助中心数量、能力建设、人才队伍、政策创新等方面的情况。
		37	维权援助开展情况	2	开展维权援助工作的数量、模式、效果等情况。
		38	举报投诉开展情况	1	12330电话接听及案件办理状况。
		39	维权援助与举报投诉工作年度经费投入	2	上一年度本级财政直接划拨给知识产权局使用的专门资金中用于维权援助与举报投诉工作的经费数量。

续表

一级指标	二级指标	序号	三级指标	分值 总计 100 分	指标说明（状态类指标的时间节点为示范城市申报日；行为类指标的时间段为上一年度1月1日至示范城市申报日；政策类指标的时间段为试点城市批复日至示范城市申报日）
五、试点特色主题方面工作（11分）	特色主题（11分）	40	出台政策	3	出台有关政策的情况，上报有关文件全文。
		41	推动工作的措施或活动	5	具体措施、开展的有关活动以及工作效果等情况。
		42	年度经费投入	3	上一年度本级财政直接划拨给知识产权局使用的专门资金中用于该项工作的经费数量。
六、其他工作（5分）【涉及多块工作的，可增加表格】	上述所有工作之外的有关工作	43	出台政策情况	2	出台该项工作政策文件的情况，上报有关文件全文。
		44	推动工作的措施或活动	2	推动该项工作采取的具体措施、开展的有关活动以及工作效果等情况。
		45	年度经费投入	1	上一年度本级财政直接划拨给知识产权局使用的专门资金中用于该项工作的经费数量。

三、工作创新指标

一级指标	二级指标	序号	三级指标	分值（总计10分）	指标简要说明（时间段为试点城市批复日至示范城市申报日）
工作创新（10分）	创新举措与突出成效	1	创新举措	5分	思路、制度（体制、机制）、措施等方面的创新。
		2	突出成效	5分	知识产权某方面工作取得在全国范围具有影响力的突出成效。

加快构建知识产权运营服务体系

关于开展2019年知识产权运营服务体系建设工作的通知[*]

各省、自治区、直辖市、计划单列市财政厅（局），知识产权局（知识产权管理部门）：

为贯彻落实《国务院关于新形势下加快知识产权强国建设的若干意见》（国发〔2015〕71号）和《国务院关于印发"十三五"国家知识产权保护和运用规划的通知》（国发〔2016〕86号）有关部署，加快构建知识产权运营服务体系，充分释放知识产权综合运用效应，促进经济创新力和竞争力不断提高，服务高质量发展，2019年，财政部、国家知识产权局继续在全国选择若干创新资源集聚度高、辐射带动作用强、知识产权支撑区域发展需求迫切的重点城市（含直辖市所属区、县，下同），支持开展知识产权运营服务体系建设。现将有关事项通知如下：

一、总体要求

（一）工作思路

以习近平新时代中国特色社会主义思想及党的十九大和十九届二中、

---

[*] 2019年5月7日，财政部办公厅、国家知识产权局办公室《关于开展2019年知识产权运营服务体系建设工作的通知》（财办建〔2019〕70号）印发。

三中全会精神为指导，牢固树立和贯彻创新、协调、绿色、开放、共享的发展理念，深入推进供给侧结构性改革，更好发挥知识产权的市场激励机制和产权安排机制作用，强化创新驱动，助推产业高质量发展，不断增强我国经济创新力和竞争力。在已开展的试点工作基础上，以创新资源集聚度高、辐射带动作用强、知识产权支撑区域发展需求迫切的重点城市为载体，开展知识产权运营服务体系建设，加强政策集成和改革创新，促进体系融合和要素互补，强化资源集聚和开放共享，发挥中央和地方两个积极性，用好政府和市场"两只手"，以知识产权各门类全链条运营为牵引，探索知识产权引领创新经济、品牌经济和特色产业高质量发展的全新路径。

（二）基本原则

中央引导、城市为主。中央明确目标任务，给予资金支持和工作指导，进行绩效考核和经验推广。城市（城区）政府是知识产权运营服务体系建设的责任主体，负责制定工作方案，建立工作推进机制，抓好组织实施。

改革创新、市场导向。促进知识产权的制度运用和权利经营，坚持企业的市场主体地位和知识产权的市场价值取向，积极发挥市场在资源配置中的主体作用和政府的引导作用，深化知识产权领域"放管服"改革，充分释放创新主体知识产权运营活力。

政策集成、融合发展。发挥财政资金引导作用，加强政策集成和资源集聚，着力打通知识产权运营链条，完善知识产权服务体系，促进平台、机构、资本、制造业和服务业等要素融合发展，推动知识产权运营与实体产业相互融合、相互支撑。

跟踪问效、奖补结合。业务主管部门建立专家指导机制，加强专业指导，全面实施绩效管理，在资金分配时充分考虑试点地区此前资金使用情况，对纳入支持的重点城市，密切跟踪项目实施情况和工作成效，在剩余资金拨付时与绩效考核结果挂钩。

（三）绩效目标

1. 知识产权支撑区域发展

试点城市知识产权服务业发展水平显著提升，服务产业发展能力显著提升；建设知识产权运营服务集聚区，培育 5 家以上专业化、年主营业务收入 1 000 万元以上的知识产权运营机构，年营业收入增幅高于当地平均水平；开展产业规划类专利导航项目 10 个以上、企业运营类专利导航项目 30 个以上。

2. 提升知识产权产出质量

形成 20 个以上规模较大、布局合理、对产业发展和国际竞争力具有支撑保障作用的高价值专利组合，其中发明专利数量不低于 50 件，PCT 申请不低于 10 件；加强商标海外布局与实施。

3. 提高知识产权运用能力

创新能力强、知识产权工作基础扎实的企业、高等学校、科研院所知识产权管理规范贯标数量达到 100 家以上；专业知识产权托管服务累计覆盖中小微企业 1 000 家以上；知识产权交易、许可额年均增幅 20% 以上。

4. 拓展知识产权金融服务

专利、商标品牌质押融资金额，知识产权保险金额年均增幅 30% 以上，质押次数年均增幅 30% 以上；积极推进专利商标混合质押。

二、主要任务

聚焦知识产权创造运用重点领域和薄弱环节，贯通专利、商标、地理标志各类别知识产权，重点开展以下工作：

一是强化知识产权对产业发展的支撑作用。推动构建以知识产权为纽带的协同创新机制，发挥专利信息对产业规划和企业经营的指导作用，探索知识产权支撑产业高质量发展的有效路径。二是优化知识产权创造的产出质量。坚持质量第一、效益优先，建立以运用为导向的知识产权创造机制，以高价值知识产权助推产业高质量发展。三是提高创新主体对知识产权的运用能力。分类施策提高创新主体知识产权管理运营能力，强化知识产权公共服务供给，打通创新主体知识产权运营全链条。四是拓展知识产权金融服务范畴。着力推广知识产权质押融资等知识产权金融服务的实施成果，深入推进知识产权金融服务创新，加快促进知识产权与金融资源融合。五是建设区域性知识产权运营服务集聚区，打造区域知识产权重点机构，服务产业创新驱动发展。六是探索支持高校、科研院所建立知识产权运营中心，积极试点知识产权混合所有制改革。

三、建设内容

中央财政对每个城市支持1.5亿—2亿元，2019年安排1亿—1.5亿元，剩余资金以后年度考核通过后拨付。城市可采取以奖代补、政府购买服务、股权投资等方式，统筹用于支持知识产权运营服务体系建设工作。

（一）必做内容

1. 提升支撑产业发展能力

引导建立产业知识产权联盟，建立产业重大知识产权风险预警和联合应对机制，深化产业知识产权协同运用；实施产业规划类和企业运营类专利导航项目，指导产业规划决策和企业运营活动。

2. 提升知识产权产出质量

优化专利资助奖励政策，大力实施专利质量提升工程；实施高价值专利培育计划，构建一批对产业发展和国际竞争力具有支撑保障作用的重点专利池；开展企业商标品牌培育提升行动，引导优势企业打造全球知名商标品牌。

3. 提高知识产权运用能力

支持企事业单位贯彻知识产权管理国家标准，健全商标品牌管理体系，加快推进知识产权强企建设；深入实施中小企业知识产权战略推进工程，支持专业机构为中小微企业开展知识产权集中托管，加强知识产权公共服务供给；支持拥有技术、法律、商业、知识产权等多方面综合能力，复合型、实战型，专业化、国际化的知识产权运营领军人才队伍建设。

4. 拓展知识产权金融服务

提高知识产权质押融资额度，拓宽知识产权质押贷款质押物范围，探索专利商标混合质押新模式；完善知识产权质押融资风险分担及补偿机制，发挥知识产权保险作用，推广知识产权质押融资保证保险；完善投融资活动中的知识产权尽职调查服务，支持以收购知识产权为重要动因的企业并购活动；经国家有关部门批准后，探索设立知识产权交易机构。

5. 建设区域知识产权运营服务聚集区

立足产业园区，以专利或商标审查协作中心、知识产权运营中心、知识产权代理、法律、评估、咨询等服务机构为依托，建设辐射一定区域的实体化知识产权运营公共服务平台；灵活采用购买服务、绩效奖励、股权投资＋项目支持等方式，培育一批不同类型的知识产权品牌服务机构。

（二）选做内容

1. 探索知识产权服务产业发展新路径

推动实施地理标志运用促进工程，重点打造一批优质地理标志产品，培育一批知名的地理标志产品；鼓励商标品牌服务机构提升服务水平，提高企业商标品牌资产运用能力，建立科学的商标品牌价值评价体系和标准；支持区域性、产业性、功能性知识权运营中心建设，打造综合性、集团型、专业化知识产权运营机构，提供全链条知识产权运营服务，提升城市知识产权运营能力。

2. 丰富知识产权金融服务供给内容

拓宽现有产投、创投基金投资方向，将知识产权服务机构、高价值专利培育项目纳入投资对象；鼓励知识产权运营基金差异化发展，探索形成基于企业知识产权价值发现的投贷联动模式；引导建立知识产权运营基金，围绕战略性产业投资运营专利、商标，构建高价值知识产权资产组合；积极推进知识产权证券化工作。

3. 创新知识产权运营服务体系建设举措

根据地区发展水平和产业发展需求，积极探索其它知识产权运营服务体系建设有关创新性、改革性举措，推动城市产业高质量发展。

四、工作程序

（一）组织申报

财政部会同国家知识产权局组织专家对提出申报的城市开展竞争性评审，确定城市予以支持。2016年以来，中央财政通过服务业发展资金支持开展过知识产权运营相关工作的城市，本次不再重复支持。

1. 申报条件

每个省（自治区、直辖市）可推荐1个城市申报，国家知识产权示范城市和商标、地理标志资源富集的城市优先。计划单列市不占所在省名额。

2. 申报程序

由城市市政府行文申报，经省级财政、知识产权管理部门审核同意后，向财政部、国家知识产权局推荐，并报送申报材料。符合条件的计划单列市可直接向财政部、国家知识产权局提出申报。

3. 申报材料

申报城市根据相关文件精神和本通知要求，结合城市工作基础和产业特色，编制为期三年的知识产权运营服务体系建设工作方案（含绩效目标），并提交知识产权工作总体情况报告（含 2016—2018 年专利和商标的申请授权、交易许可、质押登记、企业贯标、服务机构等相关情况），2016—2018 年出台的主要知识产权政策文件清单（列明文件名、发文单位、发文日期、主要措施及实施效果等），省级财政、知识产权管理部门推荐意见。各省（区、市）务必于 5 月 17 日前上报工作方案和有关材料（电子版附光盘），逾期不予受理。

（二）方案备案

中央财政下达资金的 2 个月内，城市政府印发知识产权运营服务体系建设实施方案，进一步明确工作机制、绩效目标、配套政策和资金安排等，并按程序报财政部、国家知识产权局备案。

（三）组织实施

城市按照方案组织实施，省级知识产权、财政部门进行跟踪指导和监督检查，并及时报送工作进展情况和年度工作总结。国家知识产权局、财政部将对知识产权运营服务体系建设工作开展绩效评估，并根据绩效评估结果核拨后续支持资金。

五、工作要求

（一）建立协调机制

列入支持的城市政府应建立高层级、跨部门的知识产权运营服务体系建设协调机制，细化任务分工，建立督查机制，压实建设责任。有关省份财政、知识产权部门要加强指导和支持，及时督促检查任务落实进展和绩效目标完成情况。

（二）加强条件保障

列入支持的城市应加强知识产权运营服务体系建设的资源投入和政策配套，制定和完善促进体系建设的产业、科技、金融、人才等相关配套政策，加强政策的宣传和集成，形成有利于体系建设的投入水平和政策环境。

（三）做好总结推广

城市知识产权局要做好项目推进情况、知识产权运营业态等统计调查工作，定期上报动态信息，及时总结推广好经验、好做法，加大对典型企业、典型模式的宣传力度，推动知识产权运营业态健康蓬勃发展。

财政部办公厅　国家知识产权局办公室
2019 年 5 月 7 日

> 促进银行保险机构加大对知识产权运用的支持力度

中国银保监会 国家知识产权局 国家版权局关于进一步加强知识产权质押融资工作的通知[*]

各银保监局,各省、自治区、直辖市、新疆生产建设兵团、计划单列市知识产权局(知识产权管理部门)、版权局,各政策性银行、大型银行、股份制银行,邮储银行,外资银行,金融资产管理公司,各保险集团(控股)公司、保险公司、保险资产管理公司,其他会管经营类机构:

为贯彻落实党中央、国务院关于知识产权工作的一系列重要部署,促进银行保险机构加大对知识产权运用的支持力度,扩大知识产权质押融资,现就有关事项通知如下:

一、优化知识产权质押融资服务体系

(一)银行保险机构、知识产权质权登记机构应当统一思想认识、保持战略定力,高度重视知识产权质押融资工作的重要性。鼓励银行保险机构积极开展知识产权质押融资业务,支持具有发展潜力的创新型(科技型)企业。

(二)支持商业银行建立专门的知识产权质押融资管理制度。大型银行、股份制银行应当研究制定知识产权质押融资业务的支持政策,并指定

---

[*] 2019年8月6日,《中国银保监会 国家知识产权局 国家版权局关于进一步加强知识产权质押融资工作的通知》(银保监发〔2019〕34号)印发。

专门部门负责知识产权质押融资工作。

（三）鼓励商业银行在风险可控的前提下，通过单列信贷计划、专项考核激励等方式支持知识产权质押融资业务发展，力争知识产权质押融资年累放贷款户数、年累放贷款金额逐年合理增长。

（四）支持商业银行建立适合知识产权质押融资特点的风险评估、授信审查、授信尽职和奖惩制度，创新信贷审批制度和利率定价机制。鼓励商业银行通过科技支行重点营销知识产权质押贷款等金融产品。鼓励商业银行积极探索知识产权金融业务发展模式，根据自身业务特色和经营优势，重点支持知识产权密集的创新型（科技型）企业的知识产权质押融资需求。

二、加强知识产权质押融资服务创新

（五）鼓励商业银行对企业的专利权、商标专用权、著作权等相关无形资产进行打包组合融资，提升企业复合型价值，扩大融资额度。研究扩大知识产权质押物范围，积极探索地理标志、集成电路布图设计作为知识产权质押物的可行性，进一步拓宽企业融资渠道。

（六）鼓励商业银行建立对企业科技创新能力的评价体系，通过综合评估企业专利权、商标专用权、著作权等知识产权价值等方式，合理分析企业创新发展能力和品牌价值，通过知识产权质押融资业务把握企业发展方向。商业银行应当积极同相关部门合作，完善对创新型（科技型）企业的认定及评价机制。支持商业银行运用云计算、大数据、移动互联网等新技术研发知识产权质押融资新模式。鼓励商业银行在提供知识产权质押融资服务基础上，为企业提供综合金融服务。

（七）支持商业银行与知识产权密集型产业园区开展战略性合作，给予园区合理的意向性授信额度。鼓励商业银行加大对产业供应链中的创新型（科技型）小微企业的融资支持力度，促成小微企业知识产权质押"首贷"，进一步探索将小微企业纳入知识产权金融服务体系的有效途径。

（八）支持商业银行与投资基金等具备投资能力和条件的机构开展合作，积极支持拥有较高技术水平、良好市场前景的知识产权质押融资借款人。支持保险机构依法合规投资知识产权密集的创新型（科技型）小微企业，有效提升保险机构金融综合服务能力。

三、健全知识产权质押融资风险管理

（九）商业银行开展知识产权质押融资业务应当对出质人及质物进行调查，办理质权登记，加强对押品的动态管理，定期分析借款人经营情况，对可能产生风险的不利情形要及时采取措施。

（十）鼓励商业银行培养知识产权质押融资专门人才，建立知识产权资产评估机构库，加强对知识产权第三方资产评估机构的合作准入与持续管理。逐步建立和完善知识产权内部评估体系，加强内部风险评估、资产评估能力建设，探索开展内部评估。支持商业银行探索以协商估值、坏账分担为核心的中小微企业知识产权质押融资模式。

（十一）商业银行知识产权质押融资不良率高出自身各项贷款不良率3个百分点（含）以内的，可不作为监管部门监管评级和银行内部考核评价的扣分因素。商业银行应当进一步建立健全符合知识产权质押融资特点的内部尽职免责机制和科学的绩效考核机制。对经办人员在知识产权质押融资业务办理过程中已经尽职履责的，实行免责。

（十二）鼓励保险机构在风险可控前提下，开展与知识产权质押融资相关的保证保险业务。鼓励保险机构开展知识产权被侵权损失保险、侵权责任保险等保险业务，为知识产权驱动创新发展提供保险服务。

四、完善知识产权质押融资保障工作

（十三）银行保险监督管理部门与知识产权管理部门、版权管理部门建立知识产权金融协同工作机制，加强信息数据共享，共同推动知识产权质押融资相关支持政策的制定和实施工作。

（十四）各银保监局、地方知识产权管理部门、地方版权管理部门等应当加强对本地区知识产权金融工作的组织领导，制定和完善本地区知识产权金融工作的具体措施。各银保监局、地方知识产权管理部门、地方版权管理部门要与地方政府有关部门加强合作，推动建立和完善知识产权质押融资的风险分担和损失补偿机制，促进知识产权质押融资业务可持续发展。

（十五）各银保监局、地方知识产权管理部门、地方版权管理部门应当积极为商业银行与创新型（科技型）企业创造对接机会与平台。推动建立知识产权资产评估机构库、专家库和知识产权融资项目数据库，推进知识产权作价评估标准化，为商业银行开展知识产权质押融资创造良好条件。地方知识产权管理部门和地方版权管理部门应当加强对商业银行知识产权押品动态管理的专项服务，联合商业银行探索知识产权质物处置、流转的有效途径，充分发挥国家知识产权运营公共服务平台等各类知识产权交易平台作用，做好质物处置工作。

（十六）知识产权管理部门、版权管理部门推动建立统一的专利权、商标专用权、著作权质押登记公示信息平台，便于商业银行、社会公众等进行查询。对于商业银行行使质权获得的知识产权等，可按程序减免维持费用。知识产权质权登记机构应当不断优化知识产权质押登记流程，缩短登记时间。

（十七）商业银行应当加强知识产权质押融资业务的统计分析，定期向银行保险监督管理部门报送知识产权质押融资统计数据及相关工作情况。各级银行保险监督管理部门、知识产权管理部门、版权管理部门应当积极促进银行保险机构之间、银行保险机构与知识产权运营服务机构之间的交流，适时对辖内银行保险机构、知识产权运营服务机构开展知识产权质押融资业务情况进行评估；对业务开展良好的商业银行可按规定实施监管激励。

（十八）鼓励商业银行以外的银行业金融机构以及经银保监会或银保监局批准设立的其他金融机构参照本通知的规定，积极开展知识产权质押融资业务，支持具有发展潜力的创新型（科技型）企业。

（十九）各级银行保险监督管理部门、知识产权管理部门、版权管理部门要及时总结交流知识产权质押融资典型案例和良好经验；对于政策执行过程中出现的问题和困难，要加强研究，及时报告上级主管部门。

中国银保监会
国家知识产权局
国家版权局
2019 年 8 月 6 日

> 更好发挥高校服务经济社会发展的重要作用

教育部 国家知识产权局 科技部关于提升高等学校专利质量促进转化运用的若干意见[*]

各省、自治区、直辖市教育厅（教委）、知识产权局（知识产权管理部门）、科技厅（委、局），新疆生产建设兵团教育局、知识产权局、科技局，有关部门（单位）教育司（局）、知识产权工作管理机构、科技司，部属各高等学校、部省合建各高等学校：

《国家知识产权战略纲要》颁布实施以来，高校知识产权创造、运用和管理水平不断提高，专利申请量、授权量大幅提升。但是与国外高水平大学相比，我国高校专利还存在"重数量轻质量""重申请轻实施"等问题。为全面提升高校专利质量，强化高价值专利的创造、运用和管理，更好地发挥高校服务经济社会发展的重要作用，现提出如下意见。

一、总体要求

（一）指导思想

以习近平新时代中国特色社会主义思想为指导，全面贯彻党的十九大和十九届二中、三中、四中全会精神，落实全国教育大会精神，坚持新发展理念，紧扣高质量发展这一主线，深入实施创新驱动发展战略和知识产

---

[*] 2020年2月3日，《教育部 国家知识产权局 科技部关于提升高等学校专利质量促进转化运用的若干意见》（教科技〔2020〕1号）印发。

权强国战略,全面提升高校专利创造质量、运用效益、管理水平和服务能力,推动科技创新和学科建设取得新进展,支撑教育强国、科技强国和知识产权强国建设。

(二) 基本原则

坚持质量优先。牢牢把握知识产权高质量发展的要求,坚持质量优先,找准突破口,增强针对性,始终把高质量贯穿高校知识产权创造、管理和运用的全过程。

突出转化导向。树立高校专利等科技成果只有转化才能实现创新价值、不转化是最大损失的理念,突出转化应用导向,倒逼高校知识产权管理工作的优化提升。

强化政策引导。发挥资助奖励、考核评价等政策在推进改革、指导工作中的重要作用,建立并不断完善有利于提升专利质量、强化转化运用的各类政策和措施。

(三) 主要目标

到 2022 年,涵盖专利导航与布局、专利申请与维护、专利转化运用等内容的高校知识产权全流程管理体系更加完善,并与高校科技创新体系、科技成果转移转化体系有机融合。到 2025 年,高校专利质量明显提升,专利运营能力显著增强,部分高校专利授权率和实施率达到世界一流高校水平。

二、重点任务

(一) 完善知识产权管理体系

1. 健全知识产权统筹协调机制

高校要成立知识产权管理与运营领导小组或科技成果转移转化领导小组,统筹科研、知识产权、国资、人事、成果转移转化和图书馆等有关机构,积极贯彻《高校知识产权管理规范》(GB/T 33251—2016),形成科技创新和知识产权管理、科技成果转移转化相融合的统筹协调机制。已成立科技成果转移转化领导小组的高校,要将知识产权管理纳入领导小组职责范围。

2. 建立健全重大项目知识产权管理流程

高校应将知识产权管理体现在项目的选题、立项、实施、结题、成果转移转化等各个环节。围绕科技创新2030重大项目、重点研发计划等国家重大科研项目，探索建立健全专利导航工作机制。在项目立项前，进行专利信息、文献情报分析，开展知识产权风险评估，确定研究技术路线，提高研发起点；项目实施过程中，跟踪项目研究领域工作动态，适时调整研究方向和技术路线，及时评估研究成果并形成知识产权；项目验收前，要以转化应用为导向，做好专利布局、技术秘密保护等工作，形成项目成果知识产权清单；项目结题后，加强专利运用实施，促进成果转移转化。鼓励高校围绕优势特色学科，强化战略性新兴产业和国家重大经济领域有关产业的知识产权布局，加强国际专利的申请。

3. 逐步建立职务科技成果披露制度

高校应从源头上加强对科技创新成果的管理与服务，逐步建立完善职务科技成果披露制度。科研人员应主动、及时向所在高校进行职务科技成果披露。高校要提高科研人员从事创新创业的法律风险意识，引导科研人员依法开展科技成果转移转化活动，切实保障高校合法权益。未经单位允许，任何人不得利用职务科技成果从事创办企业等行为。涉密职务科技成果的披露要严格遵守保密有关规定。

（二）开展专利申请前评估

4. 建立专利申请前评估制度

有条件的高校要加快建立专利申请前评估制度，明确评估机构与流程、费用分担与奖励等事项，对拟申请专利的技术进行评估，以决定是否申请专利，切实提升专利申请质量。评估工作可由本校知识产权管理部门（技术转移部门）或委托市场化机构开展。对于评估机构经评估认为不适宜申请专利的职务科技成果，因放弃申请专利而给高校带来损失的，相关责任人已履行勤勉尽责义务、未牟取非法利益的，可依法依规免除其放弃申请专利的决策责任。对于接受企业、其他社会组织委托项目形成的职务科技成果，允许合同相关方自主约定是否申请专利。

5. 明确产权归属与费用分担

允许高校开展职务发明所有权改革探索，并按照权利义务对等的原则，充分发挥产权奖励、费用分担等方式的作用，促进专利质量提升。发明人不得利用财政资金支付专利费用。

专利申请评估后，对于高校决定申请专利的职务科技成果，鼓励发明人承担专利费用。高校与发明人进行所有权分割的，发明人应按照产权比例承担专利费用。不进行所有权分割的，要明确专利费用分担和收益分配；高校承担全部专利费用的，专利转化取得的收益，扣除专利费用等成本后，按照既定比例进行分配；发明人承担部分或全部专利费用的，专利转化取得的收益，先扣除专利费用等成本，其中发明人承担的专利费用要加倍扣除并返还给发明人，然后再按照既定比例进行分配。

专利申请评估后，对于高校决定不申请专利的职务科技成果，高校要与发明人订立书面合同，依照法定程序转让专利申请权或者专利权，允许发明人自行申请专利，获得授权后专利权归发明人所有，专利费用由发明人承担，专利转化取得的收益，扣除专利申请、运维费用等成本后，发明人根据约定比例向高校交纳收益。

（三）加强专业化机构和人才队伍建设

6. 加强技术转移与知识产权运营机构建设

支持有条件的高校建立健全集技术转移与知识产权管理运营为一体的专门机构，在人员、场地、经费等方面予以保障，通过"国家知识产权试点示范高校""高校科技成果转化和技术转移基地""高校国家知识产权信息服务中心"等平台和试点示范建设，促进技术转移与知识产权管理运营体系建设，不断提升高校科技成果转移转化能力。鼓励各高校探索市场化运营机制，充分调动专业机构和人才的积极性。

支持市场化知识产权运营机构建设，为高校提供知识产权、法律咨询、成果评价、项目融资等专业服务。鼓励高校与第三方知识产权运营服务平台或机构合作，并从科技成果转移转化收益中给予第三方专业机构中介服务费。鼓励高校与地方结合，围绕各地产业规划布局和高校学科优势，设立行业性的知识产权运营中心。

7. 加快专业化人才队伍建设

支持高校设立技术转移及知识产权运营相关课程，加强知识产权相关专业、学科建设，引育结合打造知识产权管理与技术转移的专业人才队伍，推动专业化人才队伍建设。鼓励高校组建科技成果转移转化工作专家委员会，引入技术经理人全程参与高校发明披露、价值评估、专利申请与维护、技术推广、对接谈判等科技成果转移转化的全过程，促进专利转化运用。

8. 设立知识产权管理与运营基金

支持高校通过学校拨款、地方奖励、科技成果转移转化收益等途径筹资设立知识产权管理与运营基金，用于委托第三方专业机构开展专利导航、专利布局、专利运营等知识产权管理运营工作以及技术转移专业机构建设、人才队伍建设等，形成转化收益促进转化的良好循环。

（四）优化政策制度体系

9. 完善人才评聘体系

高校要以质量和转化绩效为导向，更加重视专利质量和转化运用等指标，在职称晋升、绩效考核、岗位聘任、项目结题、人才评价和奖学金评定等政策中，坚决杜绝简单以专利申请量、授权量为考核内容，加大专利转化运用绩效的权重。支持高校根据岗位设置管理有关规定自主设置技术转移转化系列技术类和管理类岗位，激励科研人员和管理人员从事科技成果转移转化工作。

10. 优化专利资助奖励政策

高校要以优化专利质量和促进科技成果转移转化为导向，停止对专利申请的资助奖励，大幅减少并逐步取消对专利授权的奖励，可通过提高转化收益比例等"后补助"方式对发明人或团队予以奖励。

三、组织实施

（一）完善工作机制

教育部、国家知识产权局、科技部建立定期沟通机制，及时研究高校专利申请、授权、转化有关情况。各高校要深刻认识进一步做好专利质量提升工作的重要性，坚持质量第一，积极推动把专利质量提升工作纳入重要议事日程，进一步提高知识产权工作水平，促进知识产权的创造和运用。其他类型知识产权管理工作可参照本意见执行。

（二）加强政策引导

将专利转化等科技成果转移转化绩效作为一流大学和一流学科建设动态监测和成效评价以及学科评估的重要指标，不单纯考核专利数量，更加突出转化应用。遴选若干高校开展专业化知识产权运营或技术转移人才队伍培养，不断提升高校知识产权运营和技术转移能力。国家知识产权局加强对专利申请的审查力度，严把专利质量关。反对发布并坚决抵制高校专利申请量和授权量排行榜。

（三）实行备案监测

每年3月底前高校通过国家知识产权局系统对以许可、转让、作价入股或与企业共有所有权等形式进行转化实施的专利进行备案。教育部、国家知识产权局根据备案情况，每年公布高校专利转化实施情况，对专利交易情况进行监测。按照《关于规范专利申请行为的若干规定》（国家知识产权局令2017年第75号），每季度监测高校非正常专利申请情况。对非正常专利申请每季度超过5件或本年度非正常专利申请占专利申请总量的比例超过5%的高校，国家知识产权局取消其下一年度申报中国专利奖的资格。

（四）创新许可模式

鼓励高校以普通许可方式进行专利实施转化，提升转化效率。支持高校创新许可模式，被授予专利权满三年无正当理由未实施的专利，可确定相关许可条件，通过国家知识产权运营相关平台发布，在一定时期内向社会开放许可。

教育部　国家知识产权局　科技部
2020年2月3日

> 利用三年时间，择优奖补一批促进专利技术转移转化、助力中小企业创新发展成效显著的省、自治区、直辖市

财政部办公厅 国家知识产权局办公室关于实施专利转化专项计划 助力中小企业创新发展的通知[*]

各省、自治区、直辖市财政厅（局），知识产权局（知识产权管理部门）：

为贯彻落实《中共中央 国务院关于新时代加快完善社会主义市场经济体制的意见》《中共中央 国务院关于构建更加完善的要素市场化配置体制机制的意见》有关要求，进一步深化知识产权运营服务体系建设，促进创新成果更多惠及中小企业，提升高校院所等创新主体知识产权转化率和实施效益，财政部、国家知识产权局决定实施专利转化专项计划，利用三年时间，择优奖补一批促进专利技术转移转化、助力中小企业创新发展成效显著的省、自治区、直辖市（以下统称省）。现通知如下：

一、总体要求

（一）工作思路

以习近平新时代中国特色社会主义思想为指导，全面贯彻党的十九大和十九届二中、三中、四中、五中全会精神，紧紧围绕统筹推进"五位一体"总体布局和协调推进"四个全面"战略布局，贯彻新发展理念，以更

---

[*] 2021年3月22日，《财政部办公厅 国家知识产权局办公室关于实施专利转化专项计划 助力中小企业创新发展的通知》（财办建〔2021〕23号）印发。

高质量的知识产权信息开放和更高水平的知识产权运营服务供给，主动对接中小企业技术需求，进一步畅通技术要素流转渠道，推动专利技术转化实施，唤醒未充分实施的"沉睡专利"，助力中小企业创新发展，推动构建新发展格局。

（二）基本原则

一是市场主导，政府引导。发挥市场在资源配置中的决定性作用，聚焦区域优势产业，以市场需求为牵引，强化中小企业主体地位和市场化服务；更好发挥政府引导作用，突出专利转化实施导向，聚焦对后续转化运用的支持。

二是上下联动，形成合力。中央明确目标任务，推动数据集成共享，推广经验做法，加强工作指导；省级主管部门根据任务目标做好方案制定和实施工作，履行主体责任，建立工作机制，创造实施条件。

三是目标导向，绩效奖补。省级主管部门根据任务目标先行启动实施，加强经验总结和绩效评估；中央财政按年度分批次对实施成效显著的地方予以绩效奖补，支持有关省份进一步深化工作实施。

（三）工作目标

通过三年的时间，专利转化运用的激励机制更加有效、供需对接更加顺畅、转化实施更加充分、工作体系更加完善，专利技术转移转化服务的便利性和可及性显著提高，高校院所创新资源惠及中小企业的渠道更加畅通，中小企业创新能力得到大幅度提升，有力支撑知识产权密集型产业创新发展，具体绩效指标如下：

1. 全省中小微企业接受相关主体转让、许可、作价入股的专利数量、成交金额、实际到账金额及年均增幅；

2. 全省高校院所专利转让、许可、作价入股的专利数量、成交金额、实际到账金额及年均增幅；

3. 政策惠及的省内中小微企业数量及其营业收入、就业人数增长幅度；

4. 全省相关中小微企业专利产品备案和相关专利实施情况；

5. 全省专利质押融资金额及年均增幅，专利质押项目数及年均增幅。

二、工作内容

(一) 地方开展工作

有关省份要聚焦若干战略性新兴产业、知识产权密集型产业等特色优势产业、高校院所，依托相关产业集聚的城市或产业园区，优先选择知识产权运营服务体系建设重点城市、中小企业知识产权战略推进工程试点城市、国家知识产权服务业集聚发展区及相关中小企业集聚的园区，充分利用现有资金渠道，统筹发挥知识产权运营体系现有的平台、机构、基金、重点城市等作用，开展以下工作：

1. 拓宽专利技术供给渠道

一是激发高校院所专利转化活力。指导高校院所深化知识产权权益分配机制，通过大数据手段分析筛选高校院所未实施"沉睡专利"，挖掘质量较高、具备市场前景的专利，发现潜在许可实施对象。二是鼓励国有企业分享专利技术。引导大型国有企业加大专利技术许可力度，通过先使用后缴纳许可费等方式，降低中小企业专利技术获取门槛。

2. 推进专利技术供需对接

一是打造专利技术推广运用平台。依托高校院所知识产权和技术转移中心、产业知识产权运营中心等载体，集中发布专利技术供给信息，围绕重点产业补链、延链、强链发展需要，开展关键核心技术知识产权推广应用。充分发挥"互联网+"模式作用，帮助中小企业开展专利技术供需对接。二是建立有效对接机制。以中小企业集聚区域为重点，支持服务机构帮助中小企业获取目标专利，组织高校院所、国有企业深入中小企业开展专利技术对接活动。引导涉农专利技术向县域和农业园区转移转化，助力乡村产业发展。三是创新专利转让运用模式。鼓励专利权人采用或参照"开放许可"方式，提前发布专利转让费用或许可费用标准、支付方式等条件，提高专利转化效率。针对中小企业实际需求，利用专利导航发掘目标专利和合作研发对象，积极开展专利池构建、转让许可等活动，做好专利技术实施指导和二次开发。

3. 完善配套政策和服务措施

一是加强政策联动。按照有关政策要求，结合实施专利转化专项计划，调整优化专利资助奖励政策，更大力度促进专利转化运用。在省、市、产业园区等不同层面，做好与现有科技、金融、税收、中小企业等政策衔接。对于积极参与有关工作的高校院所和国有企业，在知识产权相关试点示范、项目安排、奖项申报等方面予以优先支持。二是强化融资支持。有条件的地方可以将有关中小企业纳入知识产权质押融资政策扶持范围，积极开展知识产权质押融资"入园惠企"行动，面向产业集群探索知识产权质押融资集合授信等新模式；在确保金融安全的基础上，充分发挥省、市现有知识产权运营基金等相关基金作用。

（二）中央支持政策

国家知识产权局、财政部对有关省份开展专利转化专项计划给予政策支持，具体如下：

1. 扩大数据开放

国家知识产权局利用专利产品备案系统，建立专利转让、许可、质押等运营数据和专利产品备案信息定期通报机制，支持有关省份客观评估政策实施效果；对异常转让、许可数据进行监控评价，及时向有关省份反馈。

2. 提供绿色通道

国家知识产权局指导有关省份建立涉及中小企业相关专利转让、许可、质押业务办理的绿色通道，提高相关业务受理窗口办理效率，推动有关业务受理窗口向产业集聚区域延伸。

3. 给予资金奖补

国家知识产权局、财政部根据绩效评价结果，对方案完善、措施得当、工作推进有力，专利技术转化运用成效显著的省份给予1亿元的奖补资金，获得奖补资金的省份下一年度原则上不再予以奖补。有关省份可以结合自身实际，将奖补资金统筹用于深入推进工作实施，聚焦专利技术供需对接和转化应用两个重点环节，鼓励但不限于采取以奖代补、购买服务、股权投资、贷款贴息等方式，支持相关方梳理、盘点、发布可转化的专利技术，提供专利技术供需对接服务，辅导中小企业获取专利技术等；支持中小企业转化应用专利技术，开展知识产权质押融资等。

三、工作程序

（一）方案制定

以省为单位自愿编制为期三年的实施方案，测算有关指标，进一步明确三年总体目标、年度绩效目标、政策措施和实施步骤，由省级知识产权、财政部门联合印发。方案印发后即启动实施，落实有关扶持政策，分解各项任务，加快工作落实。

（二）方案备案

2021年4月20日前，有关省份要将印发的实施方案报送国家知识产权局、财政部（电子版附光盘）备案，未备案的省份不进行奖补。

（三）确定奖补地区

国家知识产权局、财政部依据确定的绩效评价指标，每年上半年对有关省份专利转化实施绩效情况组织开展评价，于2021年—2023年在全国范围内择优确定若干措施有力、成效显著的省份给予奖补。期满后对三年实施绩效情况进行总体评价，评价结果作为奖补政策调整完善的主要依据。

2021年上半年启动工作，在全国范围内择优确定若干工作基础较好、实施方案扎实可行的省份，先给予0.5亿元启动资金，并根据2022年绩效评价结果确定补拨或扣回0.5亿元资金。对2022年、2023年奖补地区，依据绩效评价结果，在评价排名靠前、符合支持范围的省份中选择，并给予1亿元奖补资金。

各年度工作绩效评价使用的具体指标、证明材料以及奖补名额等事宜另行通知。

四、工作要求

（一）加强组织领导

有关省份要充分认识专利转化专项计划对科技成果转化和中小企业创新发展的重要意义，作为今后一个时期知识产权工作的重点，纳入知识产权有关发展战略和重大规划予以统筹推进。

（二）明确职责分工

国家知识产权局、财政部做好业务指导和绩效评价工作，落实各项支持政策。省级知识产权部门要做好专项计划方案编制和组织实施工作，加强项目和资金监管，提高奖补资金使用绩效，及时统计和上报有关数据；省级财政部门要积极创造条件，保障专项计划顺利实施，开展绩效评价工作。

（三）强化工作保障

有关省份要加强相关工作的资源投入和政策配套，加强部门协同，形成工作合力；要加强保障工作实施的知识产权公共机构建设，打造一支知识产权运用促进专业工作队伍；探索推动知识产权运用工作纳入地方知识产权立法，形成促进专利技术转移转化的长效机制。

（四）严格监督管理

有关省份要堵住制度漏洞和套利空间，坚决遏制明显不以技术创新和实施为目的的专利转让、许可行为，指导企业用好专利产品备案系统，确保实施效果可统计可考核。绩效评价时，将对发生不良影响、出现套取补贴等异常行为的省份予以扣分，严重的取消获得奖补资金资格或追回已拨付奖补资金。

（五）做好总结推广

有关省份要做好专利技术转移转化的效果追踪，重点对专利实施效果、专利产品产值、带动就业人数等实施效果进行数据统计，及时总结工作成效；定期上报日常工作动态信息，加大对典型经验、典型模式、典型单位的宣传力度。

特此通知。

附件：工作目标涉及指标说明

财政部办公厅　国家知识产权局办公室

2021 年 3 月 19 日

附件

工作目标涉及指标说明

指标1
全省中小微企业接受相关主体转让、许可、作价入股的专利数量、成交金额、实际到账金额及年均增幅

其中涉及的专利指截至统计日，同时满足以下条件的发明、实用新型、外观设计专利：

1. 受让方、被许可方为以国家知识产权局专利登记簿记载的地址为本省的中小微企业，且转让后为第一专利权人；

2. 出让方、许可方专利权人为高等学校、科研机构、国有企业，且为第一专利权人，含高等学校设立的研究院等，国有企业主要指中央企业和省属国有企业；

3. 专利权转移或许可经国家知识产权局公告或备案合格的。

成交金额指相关专利在国家知识产权局办理专利权转移或许可合同备案手续时提交的真实有效合同记录的金额；实际到账金额以中小微企业支付的专利转让、许可费用计算，需要提供发票、收付款凭证、转账记录等证明材料。

指标2
全省高校院所专利转让、许可、作价入股的专利数量、成交金额、实际到账金额及年均增幅

其中涉及的专利指截至统计日，同时满足以下条件的发明、实用新型、外观设计专利：

1. 出让方、许可方为以国家知识产权局专利登记簿记载的地址为本省的高等学校、科研机构，且为第一专利权人，含高等学校设立的研究院等；

2. 专利权转移或许可经国家知识产权局公告或备案合格的。

成交金额指相关专利在国家知识产权局办理专利权转移或许可合同备

案手续时提交的真实有效合同记录的金额；实际到账金额以高等学校、科研机构收到的专利转让、许可费用计算，需要提供发票、收付款凭证、转账记录等证明材料。

指标 3

政策惠及的省内中小微企业数量及其营业收入、就业人数增长幅度

其中政策惠及的中小微企业数量是指：

1. 指标 1 中的涉及中小微企业数量；

2. 有关省份印发的实施方案中，所实施政策覆盖的中小微企业数量，相关政策需要直接与促进专利技术转移转化、助力中小企业创新发展相关。

营业收入、就业人数通过国家知识产权局对惠及企业进行抽样调查获得。

指标 4

全省相关中小微企业专利产品备案和相关专利实施情况

其中相关中小微企业指指标 1 中的中小微企业。

专利产品指在国家知识产权局开发的专利产品备案系统中进行备案声明的产品，具体事宜将在系统完成开发后另行通知。

指标 5

全省专利质押融资金额及年均增幅，专利质押项目数及年均增幅

其中专利质押融资金额、项目数是指截至统计日，在国家知识产权局办理质押登记合格的金额、项目数；专利质押融资金额还可包括银保监会提供的专利质押贷款余额。

三、强化知识产权保护

> 到2020年，严格专利保护的政策法规体系与工作体制机制基本健全

关于严格专利保护的若干意见[*]

为深入贯彻党中央、国务院关于严格知识产权保护的决策部署，认真落实《中共中央 国务院关于完善产权保护制度依法保护产权的意见》（中发〔2016〕28号），推进知识产权强国建设，现就严格专利保护提出如下意见。

一、总体要求

（一）指导思想

严格专利保护，必须全面贯彻党的十八大和十八届三中、四中、五中、六中全会精神，深入贯彻习近平总书记系列重要讲话精神，按照"五位一体"总体布局、"四个全面"战略布局的要求，牢固树立创新、协调、绿色、开放、共享的发展理念，开拓进取，勇于创新，突出中国特色，加快构建严格保护专利权的政策体系、工作机制，全面提升专利保护的效率与水平，严厉打击侵权假冒行为，满足广大创新主体、市场主体与消费者需要，营造创新发展良好环境，切实维护群众根本利益。

（二）基本原则

坚持服务大局。严格专利保护，必须着眼于完善体制、创新机制，助

---

[*] 2016年11月29日，《国家知识产权局关于印发〈关于严格专利保护的若干意见〉的通知》（国知发管字〔2016〕93号）印发。

力深化改革；着眼于规范竞争、强化监管，推进依法治国；着眼于弘扬诚信、激励创新，促进经济发展。

强化协同推进。严格专利保护，必须构建授权确权、行政执法、司法裁判、维权援助、社会诚信及调解仲裁相互促进的保护机制；进一步发挥行政保护的优势，加快完善行政和司法两条途径优势互补、有机衔接的保护模式；完善统筹协调机制，推进形成协调、顺畅、高效的大保护格局。

注重突出重点。严格专利保护，必须切实加强关键环节和重点领域的专利保护工作，创新执法监管机制，加大对侵权假冒行为的惩治力度；建立快速协同保护机制，增强授权、确权、维权的协调性，提高专利保护各环节的质量和效率；推进互联网、电子商务、大数据等新业态新领域的专利保护，加强食品药品、环境保护、安全生产等民生领域的专利保护。

（三）工作目标

到 2020 年，严格专利保护的政策法规体系与工作体制机制基本健全，专利执法办案力度、效率和水平全面提升，专利保护协作机制有效运行，专利授权确权维权联动机制运行良好，快速协同保护机制全面深化，专利保护与发明水平、专利质量之间形成良性互动关系。专利侵权假冒行为得到有效遏制，违法犯罪分子受到严厉打击，专利权人合法权益得到切实维护，权利人与社会公众对专利保护的信任度、满意度大幅提高，专利维权能力显著提升，尊重创造、崇尚创新的氛围更加浓厚，严格专利保护的局面基本形成。

二、充分履行政府监管职责，加大打击专利侵权假冒力度

（四）全面加强专利执法监管

积极履行专利保护领域事中事后监管职责。建立适应新的技术发展与生产交易方式的监管方式，完善专利保护领域事中事后监管政策体系，推进建立健全专利执法监管规则，协调行业监管与社会监管，融合线上监管与线下监管，兼顾重点监管与一般监管，提升监管成效，切实履行政府监管职责。

创新专利执法监管方式。综合运用网络方式与现场抽查方式，通过大

数据分析，精准发现专利侵权假冒线索，科学判断各地专利侵权假冒行为发生率与执法维权需求度，为合理配置执法监管资源、确定执法办案力度提供充分依据。加强专利侵权假冒风险监控，针对专利侵权假冒高风险企业与高风险商品，深化信息调查，强化风险研判，及时采取专利侵权假冒风险监控措施。选择相关领域先行突破，加快推进各领域专利执法监管机制创新。

深化线上专利执法监管机制。加强网络交易平台监管，对经营者入网审核、日常经营各环节的专利维权保护提出明确要求，引导网络交易平台建立针对侵权假冒行为的内部投诉处理机制。强化与网络交易平台合作，加强对侵权假冒的预警监测和事前风险防范，及时发现和掌握专利侵权假冒违法线索。深化电子商务领域专利执法协作调度机制，提升线上案件办理效率和线上转线下案件协作水平。针对线上专利侵权假冒线索，积极开展线下调查，依法进行快速处理。严格对跨境电子商务的专利执法监管，促进国内监管与跨境监管的结合。

（五）大力整治侵权假冒行为

强化专项整治行动。加强对专项整治行动的统一调度，增强专项整治行动合力，推动加大执法办案力度，提升对侵权假冒行为的打击效果，防止和打击创新领域的劣币驱逐良币现象，提振创新者与权利人信心。加强技术手段运用，拓展专项行动类型与方式。坚决打击食品药品、环境保护、安全生产等领域侵权假冒行为，切实维护人民群众切身利益。

依法延伸打击范围。依照法律法规，积极打击为侵权假冒提供便利条件的行为。提高打击侵权行为的效率，对认定侵权成立后，再次侵犯同一专利权的案件，依法尽快责令停止侵权。对使用或销售侵权假冒产品的行为，依法深挖生产源头，切实予以严厉打击。

（六）切实提高执法办案效率

简化立案、送达与处理的手续和方式。简化专利侵权纠纷案件立案手续，推行专利侵权纠纷案件立案登记制。建立案件送达信息的网上公告方式，方便案件送达。试行侵权纠纷案件书面审理机制，对立案时请求人已提交专利权评价报告的外观设计、实用新型侵权案件，经当事人陈述和质证后，可以书面审理作出处理决定。对庭前准备充足、证据收集全面的案件，可试行在口头审理结束后当场作出处理决定。对于证据充分的假冒专利案件，试行当场做出停止假冒行为的决定。在外观设计专利案件中推行格式化处理决定书。

建立办案分级指导机制。跨省份、具有全国影响力的案件可报请国家知识产权局指导或督办，跨地级市的案件可提请省（区、市）知识产权局指导或督办。通过上级机关委托或地方法规授权的方式，推动有条件的县级知识产权局查处假冒专利、调处专利纠纷。各省（区、市）知识产权局可组织辖区内执法办案骨干，集中、快速办理辖区内的重大、疑难案件。市级、县级知识产权局在执法办案中遇到的具体规则适用问题，原则上由省（区、市）知识产权局及时答复，有关方面对答复有不同意见的，可请求国家知识产权局答复。

（七）有效推进调查取证工作

充分运用调查取证手段。对权利人举证确有困难的，应充分、合理使用登记保存、抽样取证等调查取证手段，适当减轻专利权人举证负担；专利侵权纠纷案件立案受理后，应尽量采取直接送达方式，在送达的同时进行调查取证。调查取证时，对拒绝配合的被调查人员和企业，依照相关规定列入征信系统失信名单。对法律、法规赋予地方知识产权局实施查封、扣押、封存、暂扣等措施的，应依法充分行使。探索以公证方式保管案件证据及相关证明材料。

（八）切实提升侵权判定水平

切实提高专利侵权判定水平。建立健全侵权判定咨询机制，推进专利侵权判定咨询中心与专家库建设，充分发挥专业人员的作用，有效开展疑难案件的侵权判定咨询工作。加大专利侵权判定及相关证据规则的推广施行力度，提高侵权判定的规范性与协调性。对创新程度高、研发投入大的原创性发明，加大专利保护力度。严格执行发明和实用新型专利侵权判定的全面覆盖原则，积极适用等同侵权判定原则，合理适用现有技术和现有设计抗辩原则。

（九）全面加强执法能力建设

推进全系统执法能力的整体提升。全面强化专利执法监管能力，有效提升执法监管水平。创新执法培训方式，建立网络培训研讨模式。深化培训内容，调整完善专利行政执法人员培训大纲与培训教材体系。开展分专业技术领域的专利侵权判定培训，加快培养精通特定领域案件的专业性执法人才。严格实行执法人员持证上岗和资格管理制度，有序开展专利行政执法证件年检。加强执法办案骨干的培养和使用，选择执法办案骨干参与全系统的执法督导、政策研究及跨区域疑难案件分析。支持从事执法工作五年以上的执法办案骨干参加各类高层次法律研修。

（十）有效加强执法协作调度

深化专利执法协作调度机制。积极开展跨地区执法案件与办案人员调度工作，确保跨区域协助调查、送达、执行的渠道畅通。深化"一带一路"、京津冀协同发展、长江经济带等区域的联合专利执法和协作执法。

建立专利违法线索通报通告机制。通过执法信息化系统汇总、通告、分发各地专利违法线索，畅通跨区域案件信息交换渠道，协同查处重大案件。各省（区、市）知识产权局汇总全省专利案件线索，及时将有关地市知识产权局查处的假冒专利案件信息以线上方式推送至辖区内其他地市知识产权局，以方便其及时获取案件线索，并为统一组织查处提供可靠信息。

（十一）建立案件质量保障体系

加快建立全面的执法案件质量保障体系。建立覆盖立案、处理、结案全流程的动态监控机制，强化执法办案质量奖惩机制。加快建立指导案例制度。根据专利行政执法案卷评查办法，定期评查并发布执法案件质量评查报告，发挥典型案例在提升办案质量中的示范作用。严格落实档案管理规定，做到专利执法案卷基本要素齐全、格式规范；建立完整的电子执法档案库，加快推进执法档案信息化建设。建立专利执法案件回访机制，对于近年已经结案的侵权假冒案件，组织案件回访，跟踪案件处理效果。公开处理重要案件，探索以互联网方式对专利案件进行公开处理，对于典型专利侵权案件开展示范口头审理活动。

(十二) 强化绩效考核与责任制

建立常态化执法责任追究机制。严格确定不同岗位专利行政执法人员的执法责任，加强执法监督，完善行政执法监督网络，坚决排除对执法办案活动的干预，防范地方保护主义，警惕执法工作中的利益驱动。加强行政问责规范化、制度化建设，积极预防和纠正不作为、乱作为现象。认真落实党风廉政建设责任制，坚持有错必纠、有责必问。深化执法督导巡查机制。国家知识产权局定期督导、巡查各省（区、市）知识产权局及承担专项执法任务的市局执法工作情况，各省（区、市）知识产权局对辖区内各地执法工作进行全面督导。强化案件督办机制，提高案件督办效率，对不当拖延、推诿扯皮等行为要坚决问责。通过巡查督导，确保执法责任制和纠错问责制的全面落实。

建立随机抽查与公开制度。深入落实"双随机、一公开"工作制度，在执法检查中按规定确立随机抽查的比重。制定随机抽查事项清单，推广运用电子化手段，对抽查做到全程留痕，实现痕迹可查、行为可溯、责任可追。

强化执法绩效考核机制。完善执法维权绩效考核指标体系，确立办案力度、水平及效率等重要指标的合理分值，引导各地切实加强执法办案工作。加强执法绩效管理，根据执法办案实际与绩效考核情况，强化对地方知识产权局的办案支持，加大对执法办案人员的激励。

三、加强授权确权维权协调，提升专利保护的效率和质量

（十三）加快建立快速协同保护体系

加快建立快速协同保护体系。充分发挥知识产权保护中心的作用，畅通从授权、确权到维权的全链条快速保护通道，扩大知识产权快速授权、确权、维权覆盖面，推进快速保护由单一专业领域向多领域扩展。在快速维权需求程度高的技术领域先行突破，运用专利申请优先审查等机制，加快推动将快速保护的专利类别由外观设计向实用新型与发明扩展，从审批授权环节向无效确权环节延伸。积极对接大型电子商务平台，加强集聚产业线上快速维权工作。拓展工作范围，建立快速出具实用新型和外观设计

专利权评价报告机制。

（十四）促进授权确权维权信息共享

建立专利审查信息与专利执法办案信息的共享机制。充分发挥执法办案信息在专利审查管理与专利质量提升工作中的参考作用。将维权成功率高、专利稳定性强的权利人信息定期反馈给专利审查、专利复审部门，作为快速审查、确权的重要参考信息之一。适时将专利授权、确权的相关信息提供给专利行政执法办案主体，以提高侵权判定的效率。将专利授权、确权中发现的诚信度高的专利权人纳入诚信激励名单，将诚信缺失的专利申请人纳入诚信惩戒名单。

加强专利授权、确权、维权信息交流。推进专利申请、审查授权、公布公告、登记备案、产品标注、执法办案等各环节实行统一的专利标识，实现专利标识电子化管理，构建专利执法与专利审查良性互动的技术条件。建立授权、确权、维权信息定期交流与专题交流机制，协同提升专利授权与专利执法的质量与效率。

（十五）建立授权确权维权联动机制

建立授权、确权、维权联动机制。建立专利审查员作为技术专家参与专利侵权案件处理的机制。加强审查、复审人员与执法人员之间的业务交流，提高对授权、确权、维权中常见法律与技术问题认定的协调性。建立专利确权与专利侵权办案的联动机制，加快侵权案件涉案专利无效宣告的处理速度，缩短侵权案件办理期限。

建立快速联动反应机制。根据产业发展需要与社会反响，针对相关专利执法案件，建立从无效到行政调处的快速联动反应机制，组织执法、审查等方面的专业人员，就权利稳定性、侵权判定、案件处理等快速开展分析判断，有效提高案件办理质量和效率。

有效发挥服务机构在授权、确权、维权联动机制中的作用。建立专利侵权案件调处与专利代理服务、法律服务的信息反馈机制，及时将执法办案中发现的专利申请文件撰写质量问题反馈至相关服务机构。在执法办案过程中及时听取相关服务机构意见。推进提升专利中介服务质量，通过专利服务质量的提高，促进授权、确权、维权质量的提升。

四、推进行政、司法有机衔接,进一步加强跨部门执法协作

(十六) 推进行政执法与民事保护优势互补

发挥行政执法在快捷调处纠纷、及时制止侵权方面的优势,推进民事保护在专利侵权赔偿救济中发挥重要作用,更好实现行政执法与民事保护的相融互补。

推进诉调对接和司法确认工作。支持对专利纠纷进行诉前、诉中调解,促成当事人和解或达成调解协议,引导当事人依法申请司法确认。针对专利侵权案件执行难问题,积极开展强制执行申请工作,推进强制执行"责令停止侵权"行政决定工作。

(十七) 促进行政执法与刑事执法有机衔接

加强行政执法和刑事执法的有机衔接,查处专利违法行为时,依法做好案件的相互移送,严禁以罚代刑。

深化与公安机关的协作配合机制。推动在地方知识产权局设立公安联络室,推进调查取证协作工作和协调涉嫌犯罪案件的移送工作。联合通报表扬知识产权执法先进集体和个人。

推进行政执法与刑事执法联动机制建设。积极利用行政执法与刑事执法信息共享平台,推动实现涉嫌假冒专利犯罪案件网上移送、网上监督,完善线索通报、证据移交、案件协查等协作机制。

认真配合检察监督工作。积极配合检察机关对行政执法机关移送涉嫌假冒专利犯罪的监督工作。认真配合对涉及专利侵权的民事、行政案件的审判和执行活动的监督工作。对于检察机关履职中发现的行政机关违法行使职权或者不积极履行职责的行为,及时依法予以纠正。

(十八) 强化专利案件的行政诉讼应诉工作

提高对行政诉讼应诉工作重视程度。地方知识产权局负责人应听取涉及行政诉讼的案件情况汇报,审核答辩法律文书。对于重大疑难案件或可能涉及行政诉讼的案件,提前做好法律风险的分析研判。落实负责人出庭应诉制度,逐步提高负责人出庭应诉案件比例。

加强专利行政应诉典型案例研讨。加强专利行政应诉案件分析研判,

充分发挥法律顾问在行政应诉中的作用，持续提升依法行政的自觉性。

（十九）积极推进跨部门知识产权执法协作

积极推进跨部门执法办案协作。充分发挥各级跨部门知识产权协作机制的作用，积极推进知识产权执法协作。推进在新技术领域形成跨部门保护合力。加大植物新品种育种方法专利保护协作力度。推进完善进出口环节专利保护协作，配合建立进出口环节专利侵权判定机制，协同推进强化专利权边境保护工作，带动对生产源头、销售环节专利侵权行为的治理。建立健全展会专利保护协作机制，推进建立对注有专利标识的参展产品的报备机制，在重点展会建立知识产权举报投诉维权援助工作站。

推动拓展跨部门执法合作范围。加强与各有关部门的合作，充分发挥专利保护对高新技术快速发展、民生相关产业健康发展、国防建设与经济建设融合发展的促进保障作用，加快建立相关的信息沟通、风险研判、办案协作等机制，将专利保护与人民群众的重大关切更密切地结合起来，进一步提高治理各类侵权假冒行为的协同性。

五、加强维权援助平台建设，拓宽专利保护公益服务渠道

（二十）深化维权援助举报投诉机制

畅通知识产权举报投诉渠道。加强网络与通信终端举报投诉平台建设，完善工作流程，规范举报投诉的受理、答复、移交、反馈与跟踪，建立举报投诉快速反应机制。严格实行举报投诉工作责任制，确保举报投诉件件有落实。健全知识产权举报投诉奖励制度，鼓励权利人和社会各界对知识产权侵权假冒行为进行举报投诉。

强化维权援助中心公益服务功能。拓展维权援助中心服务渠道，使其成为各界群众与权利人寻求支持和监督建言的重要平台。推动加大对维权援助条件建设的支持力度。提升维权服务质量，通过制定针对性强的维权方案，帮助权利人降低维权成本、缩短维权周期、提升维权效果。

（二十一）加强创新创业维权援助服务

建立创新创业知识产权维权援助服务机制。拓展创新创业人才知识产权维权援助服务的深度和广度，通过完善网络、专题指导、信息监测、侵

权判定、快速维权等措施，从知识产权的申请、运用和维权等方面为创新创业人才提供专业服务，助力大众创业、万众创新，促进人才引进、人才发展。建立创新创业人才知识产权维权援助绿色通道，快速受理和解决创新创业人才反映的维权问题。

构建创新创业知识产权维权服务网络。在创新创业人才集聚区设立知识产权维权援助工作站，实现工作站对创新创业人才的点对点服务。面向创新创业人才开展专题宣传，提高创新创业人才的知识产权维权意识，引导创新创业人才通过12330平台及时获得维权援助服务。深化维权中心对接创新创业人才活动，制定专门维权援助方案，提供专项维权援助服务。

（二十二）拓展维权援助服务工作范围

深化重大活动知识产权维权援助服务机制。对冬奥会、园博会等影响较大的活动，制定知识产权维权援助工作方案，明确工作责任，加强风险评估，方便举报投诉，维护良好活动秩序，保障活动顺利开展。

拓宽维权调查渠道。发挥维权援助中心在开展专利保护社会调查中的作用，广泛听取权利人、创新主体、法律服务机构等社会各界的意见建议，对各地侵权假冒行为的发生情况、维权需求及执法效果进行深入调查、综合研判，并向国家知识产权局反馈，以增强对地方知识产权部门执法维权工作评价的公正性和客观性。

引导企业及时维权。维权援助中心应引导行业协会、产业知识产权联盟，定期提供创新程度高、市场反响好的专利产品名单；及时组织知识产权保护志愿者，围绕专利产品名单，通过互联网检索与市场暗访等方式，发现侵权假冒线索，并引导企业及时维权。

完善境外展会维权机制。以大型境外展会为突破口，推进加强海外知识产权维权。建立境外展会快速维权与境内维权援助工作的联动机制，发挥现有维权援助体系对境外展会维权的支撑作用。选择对我国重点产业发展影响较大、专利密集度较高的境外知名展会开展现场维权服务。

六、引导社会力量参与治理，共建专利保护社会治理机制

（二十三）加强信息公开与社会信用体系建设工作

加大案件信息公开力度。强化假冒专利案件行政处罚信息和专利侵权

案件处理决定信息的公示工作，拓展公开范围与内容，严格落实公示标准。对专利违法行为加大曝光力度，有效震慑侵权假冒行为。

完善失信惩戒机制。将有关专利违法违规行为信息纳入企业和个人信用记录，明确有关信用信息的采集规则，积极推进信用信息的有效使用。充分利用统一社会信用代码数据库，有效使用全国统一的信用信息共享交换平台，加强专利违法失信行为信息在线披露和共享。加快推进专利领域联合惩戒机制建设，充分利用相关监管惩戒手段，加大对不良信用记录较多者实施严格限制和联合惩戒的力度，推进强化针对侵权假冒的惩戒手段。

（二十四）健全纠纷多元解决机制与社会监督机制

健全纠纷多元化解决机制。健全知识产权调解、仲裁规则，调动各类社会团体与机构的积极性，发挥社会调解与仲裁等替代性纠纷解决机制的作用。持续开展知识产权保护社会满意度调查工作。加大权利人、专业人员和社会公众对知识产权保护的社会监督力度，广泛动员社会力量参与知识产权保护工作，探索建立知识产权保护监督机制，提高公众知识产权保护意识和社会参与度。

引导建立专利维权行业自律机制。有效发挥行业协会作用，指导行业协会做好会员的专利维权服务，发挥行业协会在构建专利保护社会治理机制中的作用。引导服务机构提供全方位、高品质的维权服务。

（二十五）充分发挥专利保护重点联系机制的作用

深化专利保护重点联系机制。发挥专利保护重点联系单位在侵权判定咨询、调查侵权假冒行为中的专业优势。进一步吸纳研发机构、高校、服务机构、创新人才集聚区、产业园区等进入重点联系机制；鼓励企业加入专利保护重点联系机制，在公开、自愿的前提下，引导创新型企业加入专利保护重点联系机制，听取企业诉求，畅通企业专利保护通道。增强市场主体、创新主体参与专利保护社会治理的主动性，提升执法主体加强专利保护事中事后监管的针对性。

七、积极营造良好国际环境,深化执法保护领域国际合作

(二十六)积极拓展执法交流合作

积极拓展多双边知识产权执法交流合作。推进与周边国家、主要贸易伙伴国、金砖国家及"一带一路"沿线国家知识产权机构的执法信息交流、人员交流与执法协作,加强执法人才培养合作,积极推进执法监管合作,加大相互借鉴、相互支持力度,协同解决各方重点关切问题。在符合国际规则与国内法律的基础上,在知识产权确权、维权中为国内外企业提供同样的便利,吸引尽可能多的国外先进技术向我国转移。

(二十七)有效运用争端解决机制

主动运用多双边知识产权争端解决机制。积极应对外方发起的知识产权争端,依规则维护中方合法权益。必要时,支持在多边贸易机制中启动知识产权争端解决机制,依照国际规则积极维护我国权益。指导、支持我国知识产权权利人维护海外合法权益。

(二十八)推进完善执法国际规则

推进完善国际知识产权执法保护规则。积极参与国际组织的知识产权执法交流活动,推进加强与国际组织在执法能力提升中的各项合作,支持专业性国际组织在知识产权争端解决中发挥作用,增强参与调整知识产权执法保护国际规则的主动性与针对性,及时提出措施建议。

八、加强保障

(二十九)强化制度保障

协同加强严格专利保护的制度建设。积极配合立法部门推进相关法律法规的制定、修改工作,及时修改完善部门规章,推进条件成熟的地区及时制定、修改地方性法规或政府规章,积极探索建立严格专利保护的法律制度。通过推进完善制度,加大专利侵权损害赔偿,针对故意扰乱市场秩序的侵权行为,规定必要的行政调查取证手段,明确行政调解协议效力,为各级政府履行专利保护监管职责提供必要的法律依据,推进合理划分行

政与司法的职责,为形成严格保护专利权的合力提供充分的法制保障。推进加快互联网、电子商务、大数据等领域的知识产权保护规则研究制定。

(三十) 加强队伍建设

全面加强专利执法力量建设。加大各级专利执法队伍建设力度,确保执法队伍的基本稳定,依法推进专利执法队伍的专业化、职业化建设。充分利用系统内外专业人才资源,建立健全执法指导与执法咨询机制,建立执法咨询专家库。

(三十一) 改善条件保障

提升执法工作信息化水平。发挥好大数据、云计算、物联网等信息技术手段在发现、防范与打击侵权假冒行为中的重要作用,构建全方位的执法维权工作信息化网络。加强执法条件建设。积极推进依法依规加大执法投入,配备必要的执法装备,保障打击侵权假冒的基本需求,确保有效履行职责。地方知识产权局应加强专利执法办案标准化建设,确保案件口头审理室基本条件,积极为执法工作人员配备便携式专利法律状态查询设备和执法现场视音频记录仪。执法人员应严肃执法着装,增强执法办案的规范性、严肃性与权威性。

(三十二) 营造舆论环境

创新舆论营造方式。针对创新资源集中的区域与单位,广泛宣传知识产权维权的各类途径,引导有关各方选择合适的纠纷解决方式。及时发布知识产权保护理论最新研究成果,争取各方对加强专利执法监管的支持。创新对外宣传的方式方法,积极推进多语种对外宣传,加大海外宣传力度。积极通过政府网站、12330举报投诉平台等渠道,充分运用新媒体方式,提升舆论营造效果。深化实例报道。加强对维权成功案例的报道,曝光知识产权侵权假冒典型案件,开展全国知识产权系统行政执法典型案例评选,专题报道执法维权先进集体和个人的经验与事迹,进一步增强创新者、权利人和社会公众对专利制度的信心,营造严格专利保护的舆论氛围。

(三十三) 明确工作路径

推动全面展开。各地方知识产权局与国家知识产权局各部门、各单位应根据本意见的要求，依照工作职责，细化措施，积极行动，努力开展各项工作，尽快取得工作成效。鼓励先行先试。指导有条件、有基础的地方与单位，选择严格专利保护的某一方面，发挥优势，先行突破。强化支持引导。采取综合措施，对严格专利保护工作突出的地方与单位加大支持力度，及时向全国推广经验，科学引导严格专利保护工作的深入开展，加快在全国形成严格专利保护局面的进程。

> 加强知识产权的司法保护,保障科技创新主体合法权益

关于充分发挥检察职能依法保障和促进科技创新的意见[*]

党的十八大以来,党中央深入实施创新驱动发展战略,高度重视和加快推进科技创新。习近平总书记在全国科技创新大会、两院院士大会、中国科协第九次全国代表大会上发表重要讲话,对加快建设创新型国家和世界科技强国进行了总动员,对全面贯彻创新发展理念和实施创新驱动发展战略作出了总部署。全国各级检察机关要认真学习贯彻习近平总书记重要讲话精神,充分认识科技创新在国家发展全局中的核心位置,明确建成创新型国家和世界科技强国的奋斗目标,找准检察机关保障、促进和服务科技创新的定位和切入点,善于运用法治思维和法治方式,支持创新探索,宽容创新失误,保护创新成果,为科研机构、研究型大学、创新型企业(以下统称"科研单位")和科技工作者(以下简称"科研人员")营造良好创新环境,提供有力司法保障。为此,提出以下意见:

一、加强知识产权的司法保护,保障科技创新主体合法权益

1. 依法惩治侵犯知识产权犯罪,加大对科技创新主体合法权益的法律保护

依法惩治侵犯商标权的犯罪,加强对商标权人的平等保护;依法惩治

---

[*] 2016年7月7日,最高人民检察院印发《关于印发〈关于充分发挥检察职能依法保障和促进科技创新的意见〉的通知》。

侵犯著作权的犯罪,加大对互联网文学、音乐、影视、游戏、动漫、软件等领域网络侵权盗版犯罪的打击力度;依法惩治假冒专利权的犯罪,加大对涉及国家重大战略需求、重大科研项目和工程、关键核心技术以及优势产业等领域的假冒专利犯罪的打击力度;依法惩治侵犯商业秘密的犯罪,加大对采用盗窃、利诱、胁迫等非法手段侵犯科技创新主体商业秘密犯罪的打击力度。对于涉及高新技术、关键核心技术,事关国家和社会利益,直接关系人民群众生命安全和健康,以及网络侵权、跨地区跨国境有组织侵权等严重侵权假冒犯罪开展重点打击和专项整治。

2. 强化对涉及知识产权案件的法律监督

加强对行政执法机关移送涉嫌侵权假冒犯罪的监督,着力纠正有案不移、以罚代刑、降格处理的问题。加强对公安机关办理侵权假冒犯罪案件立案和侦查活动的监督,着力纠正有案不立、立而不侦、久侦不决以及适用强制措施、查封扣押冻结款物不当等问题。加强对人民法院刑事审判活动的监督,对于认定罪与非罪错误或者量刑畸轻畸重的侵权假冒犯罪案件,依法提出抗诉。加强对涉及科技创新资金和收益分配纠纷、创新创业人才劳动争议、科技创新主体知识产权纠纷、军民技术纠纷等民事、行政案件的审判和执行活动的监督。依法严肃查处涉及科技创新的虚假诉讼、恶意诉讼案件。对于履职中发现的行政机关违法行使职权或者不行使职权的行为,依法督促纠正,确保知识产权保护措施正确及时有效执行。

3. 推进知识产权领域行政执法与刑事司法衔接机制建设

积极利用知识产权行政执法与刑事司法衔接信息共享平台、侵权假冒行政处罚案件信息公开制度,推动实现涉嫌侵权假冒犯罪案件"网上移送、网上受理、网上监督"。加强跨地区、跨部门执法司法协作与联动机制建设,完善线索通报、信息共享、证据移交、案件协调等协作机制,着力打击链条式、产业化侵犯知识产权犯罪,建立行政执法与司法优势互补、有机衔接的知识产权保护体系。

二、积极发挥查办和预防职务犯罪职能,为科技创新营造良好法治环境

4. 依法惩治国家工作人员利用审批、监管、执法司法等职权妨害科技创新发展的职务犯罪

依法惩治产业技术体系创新中的职务犯罪,培育、建设一流科研单位、国家重点研发平台过程中的职务犯罪,侵权假冒行为背后的滥用职权、玩忽职守、徇私舞弊不移交刑事案件、放纵制售伪劣商品犯罪行为等职务犯罪。依法惩治知识产权申报和重大科研项目申报、实施中,利用审批、验收等职权索贿、受贿的犯罪,以及行政管理人员贪污、挪用、私分国家科研项目投资基金、科研经费的犯罪。依法惩治知识产权诉讼中司法人员枉法裁判、执行判决裁定失职渎职等犯罪。重点查办创新驱动、转型发展中不作为、乱作为,特别是国家工作人员违反科研规律干预科研活动,导致重大科研项目流产,造成重大损失的失职渎职犯罪,以及泄露国家重大科技秘密的犯罪。对于涉及国家经济命脉、国家安全的重大科研项目的职务犯罪涉案人员,要采取有效措施,防止其潜逃境外;已经潜逃境外的,要充分运用引渡、劝返、遣返和异地起诉等方式依法将其缉捕归案。

5. 依法查办危害科技创新发展公平竞争环境的行贿犯罪

重点查办为谋取科研项目、资金进行行贿的犯罪,科技创新成果验收、转化、应用、推广过程中的行贿犯罪,知识产权申报、审查和诉讼等过程中的行贿犯罪,以及技术职称评定、科技带头人评选中谋取竞争优势的行贿犯罪。要加大对行贿数额巨大或者向多人、多次行贿犯罪的打击力度,促进形成有利于激发科技创新活力的公平竞争环境。

6. 积极做好相关职务犯罪预防工作

结合查办各类妨害科技创新发展的职务犯罪,深入剖析案发规律,运用检察建议、年度报告、专项报告等,督促行业主管、监管部门加强改进管理监督。对科研单位管理不完善、制度不健全、不落实,存在犯罪隐患的,及时提出对策建议,帮助科研单位建章立制、堵塞漏洞、完善内部监督制约和管理机制。

三、准确把握法律政策界限，改进司法办案方式方法

7. 准确把握法律政策界限

充分考虑科技创新工作的体制机制和行业特点，认真研究科技创新融资、科研成果资本化产业化、科研成果转化收益中的新情况、新问题，保护科研人员凭自己的聪明才智和创新成果获取的合法收益。办案中要正确区分罪与非罪界限：对于身兼行政职务的科研人员特别是学术带头人，要区分其科研人员与公务人员的身份，特别是要区分科技创新活动与公务管理，正确把握科研人员以自身专业知识提供咨询等合法兼职获利的行为，与利用审批、管理等行政权力索贿受贿的界限；要区分科研人员合法的股权分红、知识产权收益、科技成果转化收益分配与贪污、受贿之间的界限；要区分科技创新探索失败、合理损耗与骗取科研立项、虚增科研经费投入的界限；要区分突破现有规章制度，按照科技创新需求使用科研经费与贪污、挪用、私分科研经费的界限；要区分风险投资、创业等造成的正常亏损与失职渎职的界限。坚持罪刑法定原则和刑法谦抑性原则，禁止以刑事手段插手民事经济纠纷。对于法律和司法解释规定不明确、法律政策界限不明、罪与非罪界限不清的，不作为犯罪处理；对于认定罪与非罪争议较大的案件，及时向上级检察机关请示报告。

8. 切实贯彻宽严相济刑事政策

对于锐意创新探索，但出现决策失误、偏差，造成一定损失的行为，要区分情况慎重对待。没有徇私舞弊、中饱私囊，或者没有造成严重后果的，不作为犯罪处理。在科研项目实施中突破现有制度，但有利于实现创新预期成果的，应当予以宽容。在创新过程中发生轻微犯罪、过失犯罪但完成重大科研创新任务的，应当依法从宽处理。对于科技创新中发生的共同犯罪案件，重点追究主犯的刑事责任，对于从犯和犯罪情节较轻的，依法从宽处理。对于以科技创新为名骗取、套取、挥霍国家科研项目投资，严重危害创新发展的犯罪，应当依法打击。

9. 注重改进司法办案方式方法

要尊重科技创新规律，保护科技创新主体积极性、创造性，努力实现办案的最佳效果。查办涉及科技创新的犯罪，要慎重选择办案时机和方

式，注意听取行业主管、监管部门以及科技专家、法律专家等意见，防止因办案时机和方式不当影响正常的科技创新工作。对于正在承担重大科研项目攻关、重大科技发展规划制定、重大涉外项目实施等职责的涉案科研人员，检察机关在做好相关保密和防逃工作的同时，可以根据具体情况确定办案时机。对于重点科研单位、重大科研项目关键岗位的涉案科研人员，尽量不使用拘留、逮捕等强制措施；必须采取拘留、逮捕等措施的，应当及时通报有关部门做好科研攻关的衔接工作，确有必要的，可以在不影响诉讼正常进行的前提下，为其指导科研攻关提供一定条件。对于被采取逮捕措施的涉案科研人员，检察机关应当依照有关规定对羁押必要性开展审查。对于科研单位用于科技创新、产品研发的设备、资金和技术资料，一般不予以查封、扣押、冻结；确实需要查封、扣押、冻结的，应当为其预留必要的流动资金、往来账户和关键设备资料，防止因办案造成科研项目中断、停滞，或者因处置不当造成科研成果流失。

四、综合发挥检察职能，提高服务科技创新的能力水平

10. 拓展法律服务渠道，加强对科技创新主体合法权益的司法救济

充分运用检察机关视频接访系统、12309举报网络平台等诉求表达渠道，为科技创新主体寻求法律咨询、司法救济等提供更加便捷高效的服务。及时审查相关的控告、申诉和举报，严格依法办理，保障其人身和财产合法权益。畅通科技创新主体对检察工作提出批评和意见建议的渠道，对于有关单位和人员反映的突出问题，要高度关注、认真督办，及时反馈情况。

11. 落实普法责任制，主动开展普法活动

坚持预防为主，积极为科技创新主体提供法律服务。认真落实检察官以案释法制度，结合司法办案，采取多种形式，帮助和促进科技创新主体强化知识产权保护意识，明确法律红线和法律风险，提高其依法开展科技创新、依法维护自身合法权益的意识和能力。着眼目前已设立的国家自主创新示范区、经济技术开发区、高新技术开发区、"双创"基地等创新要素集聚地，积极开展法治宣传、预防咨询，促进科技创新工作在法治轨道上实施运行。

12. 努力提高法律服务能力水平

办理涉及科技创新犯罪案件政策性、专业性较强，检察人员要加强相关专业知识学习和对有关犯罪的研究。探索建立专门的知识产权办案机构或者办案小组，有条件的地区试行知识产权案件集中管辖。培养、选拔专家型人才和业务骨干从事涉及科技创新案件的办理工作。探索利用大数据分析等技术手段，提高互联网条件下电子证据的收集、固定和综合运用能力。细化侵犯知识产权犯罪案件和其他妨害科技创新犯罪案件证据收集、固定、审查运用的标准，强化办案指引。推行对重大疑难复杂犯罪案件介入侦查引导取证机制，确保侦查取证的合法性、有效性和案件定性的准确性。探索建立知识产权专家库，建立健全专家证人、专家咨询、技术鉴定等案件办理机制，完善有专门知识的人出庭作证制度，为办案提供智力支持。

五、强化组织领导，确保对科技创新的司法保障落到实处

13. 加强对办理涉及科技创新案件的组织领导和业务指导

坚持把综合发挥检察职能、服务科技创新发展作为检察机关当前的一项重要任务，切实加强领导，强化措施，狠抓落实。上级人民检察院特别是省级人民检察院要深入研究分析保障和促进科技创新发展中遇到的新情况、新问题，加强对下业务指导。对于重大侵犯知识产权犯罪案件、重大妨害科技创新职务犯罪案件挂牌督办，确保办案质量和效率。下级人民检察院对于办案中遇到的困难和问题，应当及时向上级人民检察院请示报告，必要时层报最高人民检察院。

14. 加强协作配合，形成保障和促进科技创新发展的合力

加强与政府科技、教育等部门的工作联系，深入分析和把握影响科技创新发展的深层次问题，对于体制机制及政策制定、执行中的问题，及时向主管部门通报，完善服务科技创新的监管措施。加强与各级科协的联系，建立健全联席会议、定期通报、共同调研等常态化工作机制，及时了解科技创新最新政策、发展情况和问题，准确把握科研单位和科研人员的司法需求，在职责范围内积极主动地为科研单位和科研人员排忧解难，切实提高检察机关服务科技创新的自觉性和能动性。

15. 加强宣传工作，营造重视和支持科技创新的良好环境

大力宣传党和国家创新驱动发展战略，宣传有关保护和促进科技创新发展的方针政策和法律法规，使创新发展理念深入人心。充分利用报刊、广播、电视和门户网站、微信、微博、新闻客户端等媒体，加强宣传检察机关保障和促进科技创新发展的新思路、新举措和新成效。审慎发布涉及科技创新主体犯罪案件的新闻信息，及时引导和疏解有关舆情，推动全社会形成依法保障和促进科技创新发展的司法环境和社会氛围。

> 最高人民法院第一次针对专门审判领域制定发布的保护纲要

中国知识产权司法保护纲要（2016—2020）*

实现中华民族伟大复兴的中国梦，极大地激发了大众创业、万众创新。创业者创新者依法获得的产权，应当受到法律的保护。知识产权作为重要的产权类型，通过转化应用，可以形成先进的生产力，这是当前和今后一个时期推动我国供给侧结构性改革，淘汰落后产能，提升国际竞争力的必然选择。因此，必须加强知识产权司法保护，充分实现知识产权价值，促进创新性成果的创造和转化应用，为建设知识产权强国和世界科技强国提供有力的司法保障。

我国知识产权司法保护制度在改革开放的大潮中起步和发展，伴随着我国商标法、专利法、著作权法等法律的实施以及加入世界贸易组织而不断完善，逐步建立起了以司法保护为主导，民事审判为基础，行政审判和刑事审判并行发展的知识产权司法保护体制机制。这一模式，凝聚着知识产权保护的"中国智慧"和"中国经验"，反映了知识产权司法规律，是我国社会主义法律体系的重要组成部分，符合国际知识产权保护的通行规则和惯例。

一、发展状况

我国知识产权司法保护用了 30 余年的时间，不断追赶西方发达国家近

---

* 2017 年 4 月 24 日，最高人民法院发布《中国知识产权司法保护纲要（2016—2020）》。

300 年走过的路，走出了一条融合与创新、自主发展与自我完善的"中国道路"。

历经 30 年，我国知识产权案件数量显著增长。1985 年 2 月，人民法院受理第一宗专利权纠纷案件。1985 年至 2016 年，人民法院受理知识产权民事一审案件 792 851 件，审结 766 101 件。知识产权行政案件从 2002 年开始单列统计，至 2016 年，人民法院受理知识产权行政一审案件 44 401 件，审结 39 113 件。知识产权刑事案件从 1998 年开始单列统计，至 2016 年，人民法院受理知识产权刑事一审案件 77 116 件，审结 76 174 件。知识产权保护的范围涵盖了《与贸易有关的知识产权协议》所规定的各类知识产权以及不正当竞争行为。在中华老字号、中医药、中国民间文学艺术、中文字库等方面的知识产权司法保护，令古老的中华文明生机盎然。

历经 30 年，我国知识产权审判机制逐步健全。1995 年 10 月，最高人民法院成立知识产权审判庭。2014 年 11 月起，北京、广州、上海知识产权法院相继成立。2017 年初，南京、苏州、成都和武汉知识产权专门审判机构先后设立。2016 年 7 月，知识产权民事、行政和刑事案件审判"三合一"在全国法院推行。技术调查官以及司法鉴定、专家辅助人、专家咨询等技术事实查明多元化机制初步形成。由北京知识产权法院依法管辖专利、商标授权确权行政案件，部分中级人民法院集中管辖专利等技术类民事案件，部分基层人民法院管辖一般知识产权案件的格局更趋合理。截至 2016 年底，经最高人民法院指定或者依法享有专利、植物新品种、集成电路布图设计、垄断和涉及驰名商标认定民事纠纷案件专门管辖权的中级人民法院共有 224 个。此外，最高人民法院还批准了 167 个基层人民法院管辖一般知识产权民事案件。

历经 30 年，我国知识产权司法政策不断完善。最高人民法院通过制定司法政策指导审判实践，确保不同时期、不同地区、不同领域知识产权创造、运用和交易纠纷解决的法律适用标准统一透明，切实有效；确保在知识产权审判工作中坚持党的领导、人民当家作主与依法治国有机统一。1985 年至 2016 年，共制定涉知识产权司法解释 34 个，司法政策性文件 40 多件，有效发挥知识产权司法保护的主导作用。特别是党的十八大以来，最高人民法院坚决贯彻习近平总书记系列重要讲话精神和治国理政新理念新思想新战略,加大司法改革力度,不断破解制约知识产权保护的体制机制性障碍,提出当前和今后一个时期坚持"司法主导、严格保护、分类施策、比例协调"知识产权司法保护基本政策。

过去30年的实践和经验证明,知识产权司法保护事关创新驱动发展战略实施,事关经济社会文化发展繁荣,事关国际国内两个大局,越来越受到社会各界和国际社会的广泛关注。为此,最高人民法院设立了"最高人民法院知识产权司法保护研究中心"、"最高人民法院知识产权案例指导研究(北京)基地"、"中国法院知识产权司法保护国际交流(上海)基地"、"最高人民法院知识产权司法保护与市场价值研究(广东)基地",定期发布《中国法院知识产权司法保护状况》《最高人民法院知识产权案件年度报告》《中国知识产权司法保护年鉴》,及时总结、权威展现中国知识产权司法保护的新成果、新经验,努力让人民群众在每一个司法案件中感受到公平正义。

过去30年的实践和经验证明,知识产权司法保护必须立足我国仍处于社会主义发展初级阶段这一基本国情,紧紧围绕实现国家治理体系和治理能力现代化目标,坚持开放思维,坚持世界眼光,严格遵守国际公约,积极参与国际知识产权治理实践,及时发出中国声音,充分彰显中国知识产权司法保护的国际影响力。

过去30年的实践和经验证明,要充分发挥知识产权司法保护的主导作用,必须打造一支司法为民、公正司法的审判队伍,始终坚持做到信念坚定、业务精通、作风优良、清正廉洁、勇于创新、敢于担当。目前,全国法院共有知识产权法官及法官助理、技术调查官、书记员等5 000余人。他们传承知识产权司法保护的先进理念,推动中国知识产权司法保护的发展进步,是一支让党和人民可以信赖的队伍。

党的十八大以来,"创新、协调、绿色、开放、共享"的经济发展新理念对知识产权司法保护工作提出了更高的要求。同时,全球迎来了新一轮科技革命与产业变革,发达国家纷纷将知识产权作为抢占全球经济、科技制高点的有力武器,在国际贸易中实行高标准的知识产权保护规则,知识产权越来越成为国际竞争力的核心要素。面对新的国内和国际形势,按照《中华人民共和国国民经济和社会发展第十三个五年规划纲要》《中共中央国务院关于完善产权保护制度依法保护产权的意见》《中共中央国务院关于深化体制机制改革加快实施创新驱动发展战略的若干意见》《国家知识产权战略纲要》等决策部署，结合人民法院知识产权司法保护工作实际，特制定《中国知识产权司法保护纲要（2016—2020）》。力争通过五年的努力，知识产权司法保护体系更加完善，司法保护能力更大提升，司法保护的主导作用更加突出，同时为国际知识产权司法保护提供更多的"中国智慧"和"中国经验"。

二、指导思想

坚持以马克思列宁主义、毛泽东思想、邓小平理论、"三个代表"重要思想和科学发展观为指导，全面贯彻党的十八大和十八届三中、四中、五中、六中全会精神，深入贯彻习近平总书记系列重要讲话精神和治国理政新理念新思想新战略，牢固树立"四个意识"，按照"五位一体"总体布局和"四个全面"战略布局要求，紧紧围绕"努力让人民群众在每一个司法案件中感受到公平正义"的目标，坚持司法为民、公正司法，不断深化司法改革，充分发挥知识产权司法保护主导作用，树立保护知识产权就是保护创新的理念，为实施国家知识产权战略和创新驱动发展战略提供有效司法服务，为实现"两个一百年"奋斗目标和建设知识产权强国、世界科技强国提供有力司法保障。

三、基本原则

1. 坚持服务大局

服务大局是人民法院审判工作的根本使命，是知识产权审判的重要职责。必须切实增强大局意识，增强历史责任感和使命感，紧紧围绕党和国家发展大局，积极适应国际形势新变化，找准知识产权审判工作着力点。

2. 坚持改革创新

改革创新是知识产权审判持续健康发展的动力源泉，是实现审判体系和审判能力现代化的必由之路。对于影响和制约知识产权审判发展的关键领域和薄弱环节，必须以创新的理念和方法破解难题、补齐短板，不断完善审判体制机制，加快推进知识产权司法体系和司法能力向现代化迈进。

3. 坚持司法主导

发挥知识产权司法保护的主导作用是司法的本质属性和知识产权保护规律的内在要求，是全面推进依法治国的重要体现。必须强化司法主导理念，充分发挥司法保护的体制机制性优势，妥善处理司法保护和行政保护之间的关系，强化对行政执法行为的程序审查和执法标准的实体审查，在依法支持行政执法行为的同时，加强监督，严格规范。

4. 坚持平等保护

要平等保护不同所有制经济主体和不同国别当事人之间知识产权的合法权益。必须坚持权利平等、机会平等和规则平等，无论是公有制经济，还是非公有制经济，无论是本国当事人，还是外国当事人，都要切实保障当事人在知识产权诉讼中享有平等的程序权利和实体权利。

5. 坚持严格保护

严格保护知识产权是实施创新驱动发展战略的必然要求，是我国当前和今后一个时期知识产权司法保护的基本方向。必须以充分实现知识产权价值为导向，以有利于激励创新为出发点，严格执行法律，切实提高知识产权司法保护的针对性和有效性。

6. 坚持分类施策

正确把握技术成果类、经营标记类等不同类型知识产权的保护需求和特点，妥善界定不正当竞争和垄断行为的判断标准，不断加强对关键环节、特殊领域以及特定问题的研究和解决。根据知识产权的不同类型和领域分类施策，使保护方式、手段、标准与知识产权特质、需求相适应。

7. 坚持比例协调

统筹兼顾保护权利和激励创新，坚持知识产权保护范围和强度与其创新和贡献程度相协调，侵权人的侵权代价与其主观恶性和行为危害性相适应，知识产权保护与发展规律、国情实际和发展需求相匹配，依法合理平衡权利人利益、他人合法权益和社会公共利益、国家利益，实现保护知识产权与促进技术创新、推动产业发展和谐统一。

8. 坚持开放发展

提高我国知识产权司法保护的国际影响力是建成中国特色、世界水平的知识产权强国的必然要求。必须坚持国际视野和世界眼光，既立足现实和国情，又尊重国际规则和主流做法，大胆吸收和借鉴知识产权司法保护的国际经验，认真总结和积极宣传知识产权司法保护的中国经验，不断增强我国在知识产权国际治理规则中的引领力。

四、主要目标

1. 建立协调开放的知识产权司法保护政策体系

建立统领法律适用标准、裁判思路以及裁判价值导向，协调开放的司法政策体系。

2. 建立明确统一的知识产权裁判标准规则体系

建立在权利范围认定、侵权行为认定、损害赔偿认定、证据效力采信等方面明确统一的规则体系。

3. 建立均衡发展的知识产权法院体系

建立区域布局、横向关系、纵向关系、"三合一"机制均衡发展的知识产权法院体系。

4. 建立布局合理的知识产权案件管辖制度体系

建立地域管辖、级别管辖、专属管辖以及跨区域集中管辖的案件管辖制度体系。

5. 建立符合知识产权案件特点的证据规则体系

建立当事人提供证据与法院依职权调查取证及保全证据，证据披露与排除证据妨碍等统筹协调的证据规则体系。

6. 建立科学合理的知识产权损害赔偿制度体系

建立权利人被侵权所遭受的损失、侵权人获得的利益、许可费用、法定赔偿以及维权成本与知识产权价值相适应的损害赔偿制度体系。

7. 建设高素质的知识产权法官队伍

建设公正司法、司法为民，能够优质高效审理知识产权民事、行政和刑事案件，具有国际视野的知识产权法官队伍。

8. 建立知识产权国际司法交流合作长效机制

积极推动我国"一带一路"和"走出去"战略、"中国制造2025"战略的实施，创造公平公正、竞争有序的国际环境。

五、重点措施

(一) 公正高效审理各类知识产权案件

积极改进民行交叉案件的审判机制,避免循环诉讼,加快纠纷的实质性解决。推进案件繁简分流,根据不同审级和案件类型性质,实现案件审理程序和裁判文书的繁简有度,做到简案快审、繁案精审。适当扩大简易程序的适用范围,对于事实清楚、权利义务明确、争议不大的简单的知识产权案件,可以简化审理程序。充分发挥审判委员会总结审判经验和加强审判指导的职能作用,提高审判质量和效率。

(二) 建立有效机制确保法律正确实施

认真总结专利、商标授权确权行政纠纷案件、商标民事纠纷案件和诉前行为保全中的法律适用问题,适时制定相关司法解释,统一裁判标准和尺度。推进植物新品种司法解释修订工作,加强植物新品种权的司法保护。积极开展对涉及标准必要专利、新商业模式、著作权集体管理、信息网络环境下的知识产权保护等前沿法律适用问题的调研。加强对中医药、民间文学艺术以及涉及非物质文化遗产的知识产权保护,及时制定司法政策,明确裁判原则和要求。加强对自由贸易区建设中涉平行进口、转运过境、定牌加工等知识产权纠纷问题的研究,妥善予以解决。积极参与专利法、著作权法、反不正当竞争法等法律的修订工作,力争将司法解释、司法政策中的相关规则上升为法律,推动解决知识产权司法保护和行政保护"双轨制"实际运行中存在的问题。

(三) 全面推进知识产权民事、行政和刑事审判"三合一"

遵循知识产权司法规律,构建符合实际情况的"三级联动、三审合一、三位一体"的集中型立体审判模式,重点解决知识产权刑事案件侦查、批捕、公诉、审判等各个环节的协调配合问题。高级人民法院要建立辖区内人民法院与检察机关、公安机关以及知识产权行政执法机关的沟通联络机制,协调公安、检察机关做好刑事案件的侦查和移送起诉工作。高、中级人民法院成立相应的协调组织,负责指导监督辖区内的"三合一"工作。根据工作需要适当调配审判力量,加大培训力度,努力造就一支能够驾驭三大诉讼的复合型法官队伍。知识产权法院要根据全国人民代表大会常务委员会作出的相关决定适时开展"三合一"审判。

（四）不断完善知识产权案件管辖制度

按照知识产权案件适当集中、布局合理、审判模式"三合一"的原则，统筹确定知识产权案件的地域管辖、级别管辖和专门管辖。在中级人民法院辖区内的一般知识产权民事、行政和刑事案件原则上指定一个基层人民法院跨区划集中管辖，案件数量多的地区可以适当增加指定基层人民法院管辖，案件数量少的地区可以由中级人民法院提级管辖。级别管辖主要按照案件类型划分，逐步实现技术类案件集中管辖。要明确案件管辖权移转的条件、范围和程序，重大、疑难复杂、社会关注度高的案件可由上级人民法院提级管辖。知识产权法院及法庭实行跨行政区划专门管辖专利等技术类民事、行政和刑事案件。

（五）适时制定知识产权诉讼证据规则

根据知识产权自身的无形性、时间性和地域性等特点，借鉴发达国家和地区经验，制定与之相适应的诉讼证据规则，引导当事人诚信诉讼。通过明确举证责任倒置等方式合理分配举证责任，完善诉前诉中证据保全制度，支持当事人积极寻找证据，主动提供证据。探索建立证据披露、证据妨碍排除等规则，明确不同诉讼程序中证据相互采信、司法鉴定效力和证明力等问题，发挥专家辅助人的作用，适当减轻当事人的举证负担，着力破解当事人举证难、司法认定难等问题。

（六）不断完善技术事实查明机制

明确技术调查官、技术咨询专家、技术鉴定人员等司法辅助人员参与技术事实调查的方式，充分运用技术调查的各种力量资源，构建有机协调的技术事实调查认定体系，提高技术事实查明的科学性、专业性和中立性，规范技术调查报告的撰写格式和采信机制。对于辅助法官形成心证并与裁判结果有重要关联性的技术调查意见，可以通过释明等方式向当事人适度公开。强化法官在查明技术事实中的主导作用，规范技术调查主体提供的各种技术审查意见的法律定位。

（七）构建以充分实现知识产权价值为导向的侵权赔偿制度

大力弘扬尊重知识，尊重人才的理念。坚持知识产权创造价值，权利人理应享有利益回报，侵害知识产权就是侵害他人人身权和财产权的价值导向。建立公平合理、比例协调的知识产权损害赔偿制度，以补偿性为主，以惩罚性为辅，让权利人利益得到赔偿，侵权人无利可图，败诉方承担维权成本。推动在著作权法、专利法和反不正当竞争法等法律中规定惩罚性赔偿制度，提高知识产权侵权的法定赔偿额。按照《中共中央 国务院关于深化体制机制改革加快实施创新驱动发展战略的若干意见》《中共中央 国务院关于完善产权保护制度依法保护产权的意见》等的决策要求，实现对知识产权实行严格保护的历史性转变。

（八）开展知识产权诉讼特别程序法问题研究

为适应知识产权审判"三合一"需要，积极开展知识产权诉讼特别程序法专题调研，以适当方式适时推动制定符合知识产权审判特点的特别程序法。通过特别程序法确立知识产权民事、行政和刑事案件的地域管辖、级别管辖和专属管辖制度、知识产权诉讼证据规则和证据保全制度，进一步明确在专利和商标民事诉讼中人民法院对专利和注册商标效力进行审查的职能，明确技术调查官、专家辅助人、技术咨询专家等的诉讼权利义务与责任。

（九）推动健全知识产权审判专门机构

积极贯彻落实《京津冀协同发展纲要》精神，最高人民法院负责统筹协调京津冀技术类案件跨区域管辖工作。探索由北京知识产权法院在天津市和河北省设立派出法庭，集中管辖京津冀技术类案件，并以此为基础推动其他知识产权法院在更大范围内跨区划集中管辖技术类案件。认真总结重庆、南京、苏州、武汉和成都知识产权专门审判机构设立以来的工作情况和经验，根据审判工作实际需要，依法适当增设知识产权法院，完善知识产权专门审判机构合理布局。

（十）研究构建知识产权案件上诉机制

按照2008年《国家知识产权战略纲要》提出的"探索建立知识产权

上诉法院"的要求，从国家长远发展战略的高度以及适应国际发展趋势的宽广视野，深入研究建立国家层面知识产权案件上诉机制，努力从体制上解决全国技术类案件由于二审管辖分散导致终审判决法律适用标准不统一，从而影响司法公信力的问题。

（十一）积极推行知识产权案例指导制度

最高人民法院发布的知识产权指导性案例、公报案例、最高人民法院知识产权审判庭发布的典型案例、"最高人民法院知识产权案例指导研究（北京）基地"发布的案例以及最高人民法院司法案例研究院发布的知识产权典型案例要形成科学合理的案例群，明确各自案例的遴选机制、效力层级、发布主体和发布方式。构建指导性案例和参考性案例并存的案例体系，实现各种案例严格规范生成和不断编纂更新替代的互动机制。建立覆盖全国的知识产权案例数据库，打造智能化案例信息管理和应用系统。

（十二）推动建立知识产权多元化纠纷解决机制

有效发挥仲裁和其他纠纷解决方式在知识产权纠纷解决中的积极作用，鼓励当事人通过非诉讼方式化解纠纷。加强与仲裁机构、行业协会、调解组织的沟通，推动知识产权民事纠纷解决第三方平台建设，畅通诉讼与仲裁、调解的对接机制，统一相关流程和法律文书。支持仲裁机构、调解组织在证据保全、财产保全、强制执行等方面依法履职，形成知识产权纠纷非诉讼解决便捷机制。

（十三）全面推进知识产权司法公开

积极探索移动互联环境下司法公开的新途径，强化知识产权审判对中国裁判文书网、中国审判流程信息网、中国庭审公开网等平台的广泛应用，推进知识产权司法公开的信息化、数据化、精细化。加强科技法庭建设，运用视频、音频等技术公开庭审过程，大力推进庭审同步录音录像和庭审网络直播，创新庭审公开形式，拓展庭审公开的范围。引入数据分析机构、互联网新媒体等第三方专业机构分析研发司法数据，加强司法公开的成果应用，提升司法公开的智能化。做好《中国法院知识产权司法保护状况》《最高人民法院知识产权案件年度报告》以及"十大案件和五十个典型案例"等撰写发布工作。

（十四）继续加强国际交流与合作

依托"中国法院知识产权司法保护国际交流（上海）基地"，建设具有国际水平的知识产权智库，积极开展具有国际影响力的知识产权研讨交流活动，宣传中国知识产权司法保护成就。进一步拓展国际交流合作空间，通过派员参加国际会议、出国培训、举办国际论坛、邀请外国法官和学者来华交流等方式，及时了解掌握国际知识产权保护动态，促进相互沟通与合作。通过各种对话平台，积极参与和引导国际知识产权治理规则创设和修订，推动构建更加公平公正开放透明的国际规则。

（十五）建设高素质知识产权审判队伍

加强思想政治建设，改进司法作风，确保司法廉洁。通过挂职、任职等多种方式，建立知识产权法院之间、知识产权专门审判机构之间、上下级法院之间形式多样的人员交流制度，逐步实现全国法院知识产权法官队伍建设一体化。着力培养一批顾全大局、精通法律、了解技术并具有国际视野的知识产权法官。推进人员分类管理，明确法官、法官助理、技术调查官、书记员的职责及管理要求。规范技术调查官的选任条件、任职类型、回避制度和培养机制。

最高人民法院负责本纲要的具体组织实施工作，根据工作需要成立相应的协调指导机构，确定本纲要各项重点措施实施的时间表和路线图。建立情况通报制度，及时总结经验，加强监督指导，推动地方各级人民法院按期完成各项工作任务。各级人民法院要积极做好舆论宣传工作，为知识产权司法保护营造良好的外部环境。

最高人民法院
2017 年 4 月 20 日

充分运用"互联网+"技术手段提升知识产权保护效率和水平

"互联网+"知识产权保护工作方案[*]

为认真贯彻落实党中央、国务院关于加强知识产权保护的决策部署,充分运用"互联网+"相关技术手段创新知识产权保护方式,提升保护水平与效果,制定本方案。

一、总体要求

(一)指导思想

以习近平新时代中国特色社会主义思想为指导,全面贯彻党的十九大和十九届二中、三中全会精神,认真落实党中央、国务院关于加强知识产权保护的决策部署,将"互联网+"作为深化知识产权保护方式改革的重要手段,深化改革措施,创新执法指导和管理机制,发挥大数据、人工智能等信息技术在知识产权侵权假冒的在线识别、实时监测、源头追溯中的作用,缩小对知识产权侵权假冒行为的人力调查范围,最大程度减少对企业正常生产经营行为的影响,提升打击知识产权侵权假冒行为的效率、力度及精准度,净化互联网交易环境,遏制线下侵权假冒生产销售,科学推进知识产权严保护、大保护、快保护、同保护,增强知识产权领域治理能力,确保公正高效保护中外知识产权权利人的合法权益,营造更加良好的创新、投资和营商环境,有力促进扩大开放和中国经济竞争力提升。

---

[*] 2018年7月31日,国家知识产权局印发《关于印发〈"互联网+"知识产权保护工作方案〉的通知》(国知发管字〔2018〕21号)。

（二）基本原则

——统筹规划。做好运用"互联网+"强化知识产权保护工作的顶层设计，促进技术手段、运行机制、工作运行体系间的相互支撑、相互融合，统筹和调动系统内外各类资源，形成工作合力。

——分类指导。遵循各类知识产权保护与网络治理的规则和规律，在方案设计实施中，充分考虑专利、商标等各类知识产权特点，分类指导，分步实施，突出工作实效。

——点面结合。选择具备条件的地方或单位先行先试，形成经验。鼓励有一定资源优势的地方结合实际，大胆推进。同时，加快推进各项全局性任务的安排落实，实现点面协调、相互促进。

——协同推进。通过"互联网+"相关技术推进知识产权执法维权工作的协调发展，在强化线上侵权假冒行为治理的同时，推进线上线下一体化协同监管，协同提升在线识别、实时监测、源头追溯的效率与水平。

（三）工作目标

到2020年，知识产权侵权假冒线索在线识别、实时监测、源头追溯的技术支撑体系基本建成，知识产权相关数据库、产品和服务数据库构建完成，全流程的知识产权执法维权指导管理系统运行通畅。

"互联网+"知识产权保护模式在全系统得到广泛应用，"互联网+"知识产权保护工作机制基本形成，线上知识产权侵权假冒治理水平明显提高，线下源头追溯精准快捷，知识产权执法维权效率显著提升，各类知识产权侵权假冒行为受到严厉打击，知识产权保护环境明显改善。

二、主要任务

（一）建立技术支撑体系

1. 建设基础数据库

提取知识产权授权文件的核心信息，构建知识产权概要数据库。建立侵权判定信息数据库，为侵权判定提供人工智能学习基础。利用知识产权转让许可数据库，为不侵权行为的筛查提供数据。建立动态的重点产品和服务数据库及相关市场主体数据库，提供用于侵权假冒比对的基本数据。

2. 建设侵权假冒线索智能检测系统

建设功能全面的智能检测系统，实现对侵权假冒线索的在线识别、实时监测、源头追溯功能。

分类建立假冒专利、外观设计专利侵权、商标侵权、发明与实用新型专利侵权线索的在线识别模型，与基础数据库对接，实现对侵权假冒线索的在线识别。

通过大数据分析，确定侵权假冒高风险产品和企业名录，建立易受侵权假冒的知识产权名录，对名录实施关联性主动监控，同时推进建立新上线商品侵权假冒风险监测平台，协同实现对侵权假冒线索的实时监测。

建立线上线下快速协查通道，对在线识别和实时监测模块输出的线上侵权假冒线索，结合线上注册和交易信息，确定线下生产销售场所及仓储物流等信息，实现线下源头追溯。

开发对侵权假冒线索的网上取证、存证功能，及时固定网络证据，实现智能检测中的网络电子证据固化。

3. 实现智能检测系统与相关系统的对接

将智能检测系统与执法维权指导管理系统对接，实现侵权假冒线索检测的启动与推送、在线办案指导、在线维权援助等功能。

（二）建立运行机制

1. 建立侵权假冒线索检测启动与推送机制

建立侵权假冒线索检测启动机制。来自国内外的知识产权权利人，可以通过当地知识产权维权援助中心、保护中心、快速维权中心或地方局等执法维权机构启动侵权假冒线索检测。执法维权机构可主动启动检测，针对本地优势产业的单个或批量侵权假冒线索进行检测。国家知识产权局结合实际需求，对重点领域、重点区域、重点知识产权的侵权假冒线索进行全国性检测。

建立信息推送与共享机制。全国性系统发现的专利侵权线索，推送给维权援助中心和权利人；假冒专利和商标侵权线索，根据管辖要求推送给有关执法机构。区域性系统发现的线索，参照以上方式推送，并上传至全国性系统备案。将全国性和区域性智能检测系统与数据库对接融合，在全国性系统中实现信息汇总。

2. 建立智能检测与人工判断衔接机制

建立智能检测与人工判断的信息交互机制。在信息化系统中，设置智能检测与人工判断交互接口，对输出的疑似侵权线索进行人工判断，结果回传至信息化系统，根据要求推送。建立健全智能检测与人工判断信息交互的操作流程和规范标准。把握人工判断基本要求，提升人工判断专业能力，确保交互机制有效运行。

3. 建立涉外侵权假冒相关信息分析处理机制

充分运用国外知识产权数据，建立健全外文网络产品和服务信息采集、加工机制，完善网络产品和服务数据。推进加强涉外知识产权执法交流合作，开展涉外侵权假冒线索检索工作，引导我国企业通过智能检测系统，对重点出口产品的海外侵权风险进行预警检测，防止侵权，进一步提升我国产品的国际竞争力和国际形象；鼓励我国权利人主动检测重点知识产权在海外遭受侵权的线索，引导企业依法有效维权。

4. 推进建立标识电子化管理机制

与有关机构和网络交易平台、大型展会组织方等建立协作机制，在知识产权注册授权、产品销售、维权救济等各环节推行统一的电子化标识，实现全流程信息追踪。

（三）推进试点工作

结合各地实际条件与需求，选择试点地方和单位，选择电子商务、进出口、大型展会等重点领域及地方优势领域，协同推进全国性和区域性智能检测系统的建设运行。

1. 试点地方和单位

选择有条件的省份、城市及单位进行试点，支持、引导其开发适用于区域内或单一执法主体的区域性"互联网+"知识产权保护数据库和信息化系统，根据本方案提出的各项机制进行运行探索。优先选择"互联网+"治理基础较好、执法维权工作领先或设有知识产权保护中心的地方及单位进入试点。

充分发挥地方知识产权局、知识产权保护中心、快速维权中心、维权援助中心及研发机构的积极性，鼓励根据本方案提出的技术路径和运行机制，主动作为、积极推进、率先突破，探索建立适应本地条件与需求的"互联网＋"知识产权保护技术体系和运行机制，将管理创新与技术手段创新密切结合起来，提升推进效率。

2. 试点领域与环节

选择信息易追溯、社会关注度高的电子商务、大型展会、进出口等重点领域、重点环节，作为试点工作的突破口，探索推进"互联网＋"知识产权保护工作，及时总结技术手段与治理机制相融合的经验，尽快向各领域推广。试点地方和单位还可以结合实际，选择其他优势领域，作为试点工作的重点领域，突出试点实效。

电子商务领域。通过信息技术手段，全面深化相关协作调度机制。健全对互联网自营、他营、移动客户端交易等不同模式网络交易平台的信息化治理机制，引导平台运用"互联网＋"高效处理侵权假冒举报投诉。根据智能检测系统确定的线下源头信息，提升源头追溯精准度，高效打击生产源头，切断侵权假冒产品流通链条。

进出口环节。推进线上信息共享、办案咨询、案件协查，在权利稳定性分析、侵权判定、网络培训等方面加强协作，通过信息技术手段提升进出口环节知识产权保护效率，协同强化知识产权边境保护能力。

大型展会。推进各地加强同类别展会上侵权假冒案件的信息共享，建立跨区域的展会知识产权保护线上协同监管机制。推进建立知识产权标识展品报备机制，对重点展品实施协同监测。对展会现场发现的侵权假冒产品，通过智能检测平台反溯线上侵权假冒线索，强化线上线下一体化监管。

三、工作运行体系

国家知识产权局有关部门和单位。负责研究提出"互联网＋"知识产权保护工作方案，组织实施推进，强化指导监督；指导推进试点工作，及时总结推广试点经验；建立健全运行机制；组织建设全国性技术支撑体系，加强与有关大数据中心建设工作的协调；在相关执法指导工作中推进"互联网＋"的广泛应用。

地方局等机构。有条件的地方可超前探索、先行一步,组织推进区域性数据库和智能检测系统建设,推进深化本地"互联网+"知识产权保护运行机制。根据机构改革的要求履行职责,加强与其他地方局和本地有关机构沟通协作,积极指导、支持"互联网+"知识产权保护机制的应用与推广。

知识产权维权援助中心。推广维权援助客户端和网站的使用,运用"互联网+"提升侵权假冒线索受理、移交和反馈效率。通过信息化系统及时向请求人提供维权援助方案,提升维权援助服务质量与效率,提高协助支持行政执法工作效率,实现对疑难执法案件信息的在线移送、专家在线咨询、结果在线反馈。组织知识产权保护志愿者为"互联网+"知识产权保护工作提供尽可能多的人力支持。引导消费者通过客户端或网站积极提供侵权假冒线索,带动权利人通过"互联网+"机制积极维权,促进形成社会共治局面。

知识产权保护中心与快速维权中心。积极运用信息化系统,实现对保护中心全业务流程的在线管理。针对快速协同保护备案单位,建立全周期的跟踪服务机制,及时检测其遭受侵权风险,提示采取保护举措。梳理当地优势产业高质量知识产权列表,主动检测网络侵权假冒线索,切实开展线上线下协同保护。通过信息化系统与有关机构探索建立信息共享、远程审理、执法协作等机制,运用"互联网+"进一步提升快速协同保护效率。

重点联系机制成员单位。鼓励全国专利保护重点联系单位深化定向信息交流机制,充分利用本单位技术、人才、管理等方面的优势资源,加强对"互联网+"知识产权保护工作的支持。结合对各领域"互联网+"应用实例的研究分析,为智能检测系统开发、在线识别模型构建等工作提供专业咨询意见。配合所在地知识产权局开展区域性技术支撑体系建设工作。通过本单位各种渠道,引导权利人积极通过"互联网+"知识产权保护机制开展维权工作。

知识产权保护咨询专家。鼓励各类知识产权保护咨询专家,特别是侵权判定咨询专家充分发挥作用,积极参与侵权假冒线索在线识别模型的构建等工作,协助人工判断侵权行为的规则制定和智能检测系统的开发工作。根据安排,开展线上侵权判定咨询工作。

知识产权保护志愿者。根据各知识产权维权援助中心安排,有序参与智能检测系统的开发、测试等工作;根据引导,做好与知识产权侵权假冒相关的网络舆情监控和分析,结合线下调查方式,汇集各类侵权假冒线索,充实涉嫌侵权假冒的产品和服务数据库;根据要求,使用检测系统发现侵权假冒线索,引导权利人及时维权。

四、工作进度

(一) 研究与准备阶段(2018年1月—6月)

有效运用近年来有关研究成果,提炼实践经验,调研借鉴相关方面"互联网+"治理做法,协同发挥管理人员、技术专家、法律专家作用,全面深入听取有关地方局、互联网企业、高校、研究机构等各方意见,研究制定"互联网+"知识产权保护工作方案。

(二) 开发与试点阶段(2018年7月—2019年6月)

根据工作方案,部署推进各项任务落实。推进技术支撑体系建设,依法依规确定开发单位,高质高效完成全国性数据库和智能检测系统建设,实现对各领域侵权假冒线索进行在线识别、实时监测、源头追溯的功能。建立并理顺各项工作机制、工作运行体系。

选择并推进试点地方和单位,建设区域性数据库和信息化智能检测系统,与全国性数据库和智能检测系统对接,在重点领域和地方优势领域率先突破,探索可复制、可推广的经验,促进管理机制创新与技术手段创新深度融合。

(三) 总结与推广阶段(2019年7月—2020年6月)

充分运用开发成果,全面提炼推广试点工作经验,不断完善各技术支撑系统功能,充实、调整数据库,改进、完善智能检测系统,提升智能化、信息化检测水平,完善适应各地区、各领域的工作体系和运行机制,推进"互联网+"知识产权保护工作持续深化,基本实现预期目标。

本阶段任务完成后,根据实际运行情况与需求,持续完善"互联网+"知识产权保护的技术体系、工作运行体系和长效机制,有序推进相应制度建设。

五、工作保障

（一）加强组织领导

国家知识产权局负责方案制定、推进实施和督促检查等工作。参与专项工作的各部门、各单位要根据任务安排保障人员投入，确保责任到人、履职到位。

（二）确保投入实效

在科学论证和规范程序的基础上，给予必要投入。各研发单位应根据要求，按期高质完成研发任务。各试点地方或单位应将国家知识产权局的支持与自身优势资源充分结合，积极创造条件，确保共同完成好既定任务。严格监督，确保投入实效。

（三）加强监督考核

国家知识产权局建立专项工作月报制度，扎实推进阶段性工作落实，确保工作进度和质量。对各项工作进行定期督导，对推诿拖延、履职不力者采取约谈、整改等措施，对工作成效显著者加大支持和激励力度。

（四）强化信息安全

各有关部门和单位要提高对"互联网＋"知识产权保护相关数据库和智能检测系统的安全防护能力，协同建立信息安全机制，确保关键信息和基础设施安全。研发单位要将保密责任落实到人，落实到研发各环节。

（五）健全制度规范

针对"互联网＋"知识产权保护工作中遇到的新情况、新问题，制订、修订相关指南、标准。及时总结经验，持续完善"互联网＋"知识产权保护各项制度。

（六）加强宣传培训

通过各类媒介加大宣传力度，及时推介、分享运用"互联网＋"提升知识产权保护成效的经验做法，引导广大创新主体、市场主体积极运用"互联网＋"机制提升维权效率。开展专项培训研讨，不断提升执法维权人员运用"互联网＋"的工作能力，加强技术人员与管理人员交流，促进技术系统完善升级、管理机制不断优化。

加快推进知识产权领域信用体系建设

关于对知识产权（专利）领域严重失信主体开展联合惩戒的合作备忘录[*]

为全面贯彻党的十九大和十九届二中、三中全会精神，以习近平新时代中国特色社会主义思想为指导，落实《国务院关于印发社会信用体系建设规划纲要（2014—2020年）的通知》（国发〔2014〕21号）、《中共中央 国务院关于深化体制机制改革加快实施创新驱动发展战略的若干意见》（中发〔2015〕8号）、《国务院关于新形势下加快知识产权强国建设的若干意见》（国发〔2015〕71号）、《中共中央 国务院关于完善产权保护制度依法保护产权的意见》（中发〔2016〕28号）、《国务院关于建立完善守信联合激励和失信联合惩戒制度加快推进社会诚信建设的指导意见》（国发〔2016〕33号）、《国家发展改革委 人民银行关于加强和规范守信联合激励和失信联合惩戒对象名单管理工作的指导意见》（发改财金规〔2017〕1798号）等有关文件要求，加快推进知识产权（专利）领域信用体系建设，建立健全失信联合惩戒制度，国家发展改革委、人民银行、国家知识产权局、中央组织部、中央宣传部、中央编办、中央文明办、中央网信办、最高法院、科技部、工业和信息化部、民政部、财政部、人力资源社会保障部、自然资源部、住房城乡建设部、交通运输部、农业农村部、文化和旅游部、应急部、国资委、海关总署、税务总局、市场监管总局、广电总局、医保局、银保监会、证监会、林草局、民航局、外汇局、药监

---

[*] 2018年11月21日，国家发展改革委等部门联合印发《关于对知识产权（专利）领域严重失信主体开展联合惩戒的合作备忘录》。

局、国务院扶贫办、全国总工会、共青团中央、全国妇联、中国科协、铁路总公司等部门和单位针对知识产权（专利）领域严重失信主体开展联合惩戒工作达成如下一致意见。

一、联合惩戒对象

联合惩戒对象为知识产权（专利）领域严重失信行为的主体实施者。该主体实施者为法人的，联合惩戒对象为该法人及其法定代表人、主要负责人、直接责任人员和实际控制人；该主体实施者为非法人组织的，联合惩戒对象为非法人组织及其负责人；该主体实施者为自然人的，联合惩戒对象为本人。

知识产权（专利）领域严重失信行为包括：

1. 重复专利侵权行为

各地方知识产权局经调解或作出行政决定，认定存在专利侵权行为后，侵权方再次侵犯同一专利权的，视为侵权方存在重复专利侵权行为。

2. 不依法执行行为

拒不执行已生效的针对专利侵权假冒行为的行政处理决定或行政处罚决定的行为，以及阻碍地方知识产权局依法开展调查、取证的行为视为不依法执行行为。

3. 专利代理严重违法行为

专利代理机构被列入国家知识产权局确定的经营异常名录后，自列入之日起满3年后仍不符合相关规定的，视为存在专利代理严重违法行为。

4. 专利代理人资格证书挂靠行为

变造、倒卖、出租、出借专利代理人资格证书的，或者以其他形式转让资格证书、注册证、执业印章的。

5. 非正常申请专利行为

被国家知识产权局认定为属于《关于规范专利申请行为的若干规定》（国家知识产权局令2017年第75号）所称的非正常申请专利的行为。

6. 提供虚假文件行为

权利人在申请专利或办理相关事务过程中提供虚假材料或者虚假证明

文件的，视为提供虚假文件行为。

以上严重失信行为的认定依照《国家知识产权局关于开展知识产权系统社会信用体系建设工作若干事项的通知》（国知发管字〔2016〕3号）及其他相关文件确定。

二、信息共享与联合惩戒的实施方式

国家知识产权局通过全国信用信息共享平台，依法依规定期向签署本备忘录的其他部门和单位提供知识产权（专利）领域严重失信主体名单，并在"信用中国"网站、国家企业信用信息公示系统、国家知识产权局政府网站等向社会公布。其他部门和单位按照本备忘录规定实施联合惩戒措施，各单位和部门按照实际情况定期将执行情况通过全国信用信息共享平台反馈给国家发展改革委和国家知识产权局。对于从知识产权（专利）领域严重失信主体名单中撤销的单位或个人，相关部门应及时停止实施联合惩戒措施。

三、联合惩戒措施

各部门依照有关法律、法规、规章及规范性文件的规定，对联合惩戒对象采取下列一种或多种惩戒措施（相关依据和实施部门见附录）。

（一）国家知识产权局采取的惩戒措施

1. 加大监管力度，依法从重处罚违法行为。
2. 取消进入各知识产权保护中心和快速维权中心的专利快速授权确权、快速维权通道资格。
3. 取消申报国家知识产权示范和优势企业资格。
4. 取消申报国家专利运营试点企业资格。
5. 在进行专利申请时，不予享受专利费用减缴、优先审查等优惠措施。

（二）跨部门联合惩戒措施

1. 限制政府性资金支持，对政府性资金申请从严审核，或降低支持力度。（实施单位：财政部、国家发展改革委、各级人民政府）

2. 限制补贴性资金和社会保障资金支持。（实施单位：国家发展改革委、财政部、人力资源社会保障部、国资委）

3. 依法限制其作为供应商参与政府采购活动。（实施单位：财政部）

4. 失信情况记入金融信用信息基础数据库及互联网征信系统。（实施单位：人民银行等有关单位）

5. 供金融机构融资授信时审慎性参考。（实施单位：人民银行、银保监会）

6. 依法对申请发行企业债券不予受理。（实施单位：国家发展改革委）

7. 对失信主体注册非金融债务融资工具加强管理，并按照注册发行有关工作要求，强化信息披露，加强投资人保护机制，防范有关风险。（实施单位：人民银行）

8. 将失信信息作为公开发行其他公司信用类债券核准或注册的参考。在股票、可转换债券发行审核及在全国中小企业股份转让系统挂牌公开转让审核中，将其严重失信信息作为参考。（实施单位：证监会）

9. 限制设立金融机构，依法限制担任金融机构实际控制人、董事、监事和高级管理人员；对申请金融机构从业资格予以从严审核，对已成为从业人员的相关主体予以重点关注；限制设立银行卡清算机构、非银行支付机构；限制对银行卡清算机构、非银行支付机构持股比例超过 5% 以上；限制担任银行卡清算机构、非银行支付机构实际控制人董事、监事和高级管理人员。（实施单位：国家发展改革委、银保监会、证监会、人民银行、市场监管总局等具有金融机构任职资格核准职能的部门）

10. 引导金融机构按照风险定价原则，提高财产保险费率或者限制向其提供保险等服务。（实施单位：人民银行、银保监会）

11. 在上市公司或者非上市公众公司收购的事中事后监管中予以重点关注。（实施单位：证监会）

12. 供外汇额度核准与管理时审慎性参考。（实施单位：外汇局）

13. 中止境内国有控股上市公司股权激励计划或终止股权激励对象行权资格。（实施单位：国资委、财政部）

14. 将失信信息作为境内上市公司实行股权激励计划或相关人员成为股权激励对象事中事后监管的参考。（实施单位：证监会）

15. 将失信信息作为非上市公众公司重大资产重组审核的参考。（实施单位：证监会）

16. 将失信信息作为基金销售资格审批的参考。（实施单位：证监会）

17. 依法限制担任国有企业法定代表人、董事、监事。（实施单位：中央组织部、国资委、财政部、市场监管总局等相关部门）

18. 作为在同一时段内认定低保、医疗救助、临时救助等社会救助对象，保障性住房等保障对象，以及复核其救助保障资格的重要参考。（实施单位：民政部、住房城乡建设部、医保局）

19. 对严重失信责任主体，限制其取得认证机构资质；限制获得认证证书。（实施单位：市场监管总局）

20. 作为重点监管对象，加大日常监管力度，提高抽查比例和频次。（实施单位：农业农村部、市场监管总局、药监局、税务总局、应急部、林草局、中央宣传部等有关部门）

21. 加强对严重失信主体进出口货物监管，一定期限内禁止严重失信主体生产、销售有关进出口货物。（实施单位：市场监管总局）

22. 限制成为海关认证企业，申请适用海关认证企业管理的，不予通过认证；对已成为认证企业的，按规定下调企业信用等级。（实施单位：海关总署）

23. 办理海关相关业务时，对其进出口货物实施严密监管，加强布控查验、统计监督核查或后续稽查。（实施单位：海关总署）

24. 限制取得政府供应土地；限制使用国有林地；限制申报重点林业建设项目；限制国有草原占地审批；限制申报重点草原保护建设项目。（实施单位：国家发展改革委、自然资源部、林草局、农业农村部）

25. 限制申报科技项目，将其严重失信行为记入科研信用记录。（实施单位：科技部）

26. 限制因专利违法被停止生产、销售的产品发布广告；正在发布的，应立即予以暂停。（实施单位：广电总局）

27. 从严审查失信当事人的增值电信业务经营许可申请和非经营性互联网信息服务备案核准申请。（实施单位：工业和信息化部）

28. 限制招录（聘）为公务员或事业单位工作人员。（实施单位：中

央组织部、人力资源社会保障部等有关部门）

29. 被人民法院按照有关规定依法采取限制消费措施或依法纳入失信被执行人名单的，限制乘坐飞机、列车软卧、G 字头动车组列车全部座位、其他动车组列车一等以上座位等高消费及其他非生活和工作必需的消费行为。（实施单位：最高法院、交通运输部、民航局、铁路总公司等有关单位）

30. 限制购买不动产及国有产权交易，限制在一定范围的旅游、度假等非生活和工作必需的消费行为。（实施单位：文化和旅游部、自然资源部、国资委等有关部门）

31. 限制取得表彰奖励，已取得的表彰奖励予以撤销。（实施单位：中央宣传部、中央文明办、国务院扶贫办、全国总工会、共青团中央、全国妇联、中国科协及其他有关部门）

32. 严重失信主体是个人的，依法限制登记为事业单位法定代表人；严重失信主体是机构的，该机构法定代表人依法限制登记为事业单位法定代表人。（实施单位：中央编办）

33. 将失信主体的失信信息协调互联网新闻信息服务单位，向社会公布。（实施单位：中央网信办）

四、其他事宜

各部门应密切协作，积极落实本备忘录，各部门制定实施细则和操作流程，2018 年 12 月底前实现知识产权（专利）领域严重失信主体的联合惩戒。

本备忘录签署后，各部门、各领域内相关法律、法规、规章及规范性文件修改或调整，与本备忘录不一致的，以修改后的法律、法规、规章及规范性文件为准。实施过程中具体操作问题，由各部门另行协商解决。

附表

部门联合惩戒措施及法律政策依据

（一）国家知识产权局采取的惩戒措施和法律及政策依据

惩戒措施	法律及政策依据（国家知识产权局实施部分）	实施部门
1. 加大监管力度，依法从重处罚违法行为	**1.《中华人民共和国专利法》（主席令第8号）** 第六十三条　假冒专利的，除依法承担民事责任外，由管理专利工作的部门责令改正并予公告，没收违法所得，可以并处违法所得四倍以下的罚款；没有违法所得的，可以处二十万元以下的罚款；构成犯罪的，依法追究刑事责任。 第六十四条　管理专利工作的部门根据已经取得的证据，对涉嫌假冒专利行为进行查处时，可以询问有关当事人，调查与涉嫌违法行为有关的情况；对当事人涉嫌违法行为的场所实施现场检查；查阅、复制与涉嫌违法行为有关的合同、发票、账簿以及其他有关资料；检查与涉嫌违法行为有关的产品，对有证据证明是假冒专利的产品，可以查封或者扣押。 管理专利工作的部门依法行使前款规定的职权时，当事人应当予以协助、配合，不得拒绝、阻挠。 第六十五条　侵犯专利权的赔偿数额按照权利人因被侵权所受到的实际损失确定；实际损失难以确定的，可以按照侵权人因侵权所获得的利益确定。权利人的损失或者侵权人获得的利益难以确定的，参照该专利许可使用费的倍数合理确定。赔偿数额还应当包括权利人为制止侵权行为所支付的合理开支。 权利人的损失、侵权人获得的利益和专利许可使用费均难以确定的，人民法院可以根据专利权的类型、侵权行为的性质和情节等因素，确定给予一万元以上一百万元以下的赔偿。 第六十六条　专利权人或者利害关系人有证据证明他人正在实施或者即将实施侵犯专利权的行为，如不及时制止将会使其合法权益受到难以弥补的损害的，可以在起诉前向人民法院申请采取责令停止有关行为的措施。 第七十二条　侵夺发明人或者设计人的非职务发明创造专利申请权和本法规定的其他权益的，由所在单位或者上级主管机关给予行政处分。 **2.《中华人民共和国专利法实施细则》（国务院令第569号）** 第八十四条　下列行为属于专利法第六十三条规定的假冒专利的行为：	国家知识产权局

续表

惩戒措施	法律及政策依据（国家知识产权局实施部分）	实施部门
1. 加大监管力度，依法从重处罚违法行为	（一）在未被授予专利权的产品或者其包装上标注专利标识，专利权被宣告无效后或者终止后继续在产品或者其包装上标注专利标识，或者未经许可在产品或产品包装上标注他人的专利号； （二）销售第（一）项所述产品； （三）在产品说明书等材料中将未被授予专利权的技术或者设计称为专利技术或者专利设计，将专利申请称为专利，或者未经许可使用他人的专利号，使公众将所涉及的技术或者设计误认为是专利技术或者专利设计； （四）伪造或者变造专利证书、专利文件或者专利申请文件； （五）其他使公众混淆，将未被授予专利权的技术或者设计误认为是专利技术或者专利设计的行为。 专利权终止前依法在专利产品、依照专利方法直接获得的产品或者其包装上标注专利标识，在专利权终止后许诺销售、销售该产品的，不属于假冒专利行为。 销售不知道是假冒专利的产品，并且能够证明该产品合法来源的，由管理专利工作的部门责令停止销售，但免除罚款的处罚。 3.《国务院关于新形势下加快知识产权强国建设的若干意见》（国发〔2015〕71号） 完善执业信息披露制度，及时公开知识产权代理机构和从业人员信用评价等相关信息。 4.《国务院关于印发"十三五"国家知识产权保护和运用规划的通知》（国发〔2016〕86号） 加强知识产权服务业监管。完善专利代理管理制度，加强事中事后监管。健全知识产权服务诚信信息管理、信用评价和失信惩戒等管理制度，及时披露相关执业信息。 5.《专利代理管理办法》（国家知识产权局令第70号） 第五条　专利代理机构的合伙人或者股东应当符合下列条件： （一）具有专利代理人资格； （二）具有2年以上在专利代理机构执业的经历； （三）能够专职从事专利代理业务； （四）申请设立专利代理机构时的年龄不超过65周岁； （五）品行良好。 第三十八条　专利代理机构自被列入经营异常名录之日起满3年仍不符合规定的，国家知识产权局将其列入严重违法专利代理机构名单，并进行公示。专利代理机构自被列入严重违法专利代理机构名单之日起满5年未再发生本办法第三十七条第一款规定情形的，由国家知识产权局将其移出严重违法专利代理机构名单。	国家知识产权局

续表

惩戒措施	法律及政策依据（国家知识产权局实施部分）	实施部门
2. 取消进入各知识产权保护中心和快速维权中心的专利快速授权确权、快速维权通道资格	《国家知识产权局关于开展知识产权快速协同保护工作的通知》（国知发管字〔2016〕92号） 4. 切实加大对失信行为惩戒力度。建立产业集聚区知识产权失信"黑名单"，将存在重复侵权、假冒专利、拒不执行行政决定、连续提交非正常申请及违法违规从事专利代理者列入"黑名单"，在一定时间内禁止其通过快速审查通道申请专利。	国家知识产权局
3. 取消申报国家知识产权示范和优势企业资格	**1.**《关于组织申报国家知识产权优势企业和国家知识产权示范企业的通知》（国知办发管字〔2015〕10号） 附件1　国家知识产权优势企业培育工作方案 企业在近3年有以下情况之一的，取消优势企业称号，并且2年内不得再次申报： 1. 在知识产权、质量安全、节能环保等方面受到行政处罚的； 2. 存在恶意侵犯知识产权行为的； 3. 存在非正常专利申请的； 4. 骗取专利申请资助奖励费用的； 5. 伪造证明材料、虚报数据的。 **2.**《关于组织申报国家知识产权优势企业和国家知识产权示范企业的通知》（国知办发管字〔2015〕10号） 附件4　国家知识产权示范企业培育工作方案 企业近3年有以下情况之一的，将被取消示范企业称号，并且2年内不得再次申报： 1. 在知识产权、质量安全、节能环保等方面受到行政处罚的； 2. 存在恶意侵犯知识产权行为的； 3. 存在非正常专利申请的； 4. 骗取专利申请资助奖励费用的； 5. 伪造证明材料、虚报数据的。	国家知识产权局
4. 取消申报国家专利运营试点企业资格	《国家知识产权局办公室关于组织申报国家专利运营试点企业的通知》（国知办发管字〔2014〕44号） 一、申报条件 （一）资格要求 7. 建立了规范的财务管理制度，无违法违规记录，信用记录良好	国家知识产权局

续表

惩戒措施	法律及政策依据（国家知识产权局实施部分）	实施部门
5. 在进行专利申请时，不予享受专利费用减缴、优先审查等优惠措施	**1.《专利收费减缴办法》（财税〔2016〕78号）** 专利申请人或者专利权人在专利收费减缴请求时提供虚假情况或者虚假证明材料的，国家知识产权局应当在查实后撤销减缴专利收费决定，通知专利申请人或者专利权人在指定期限内补缴已经减缴的收费，并取消其自本年度起五年内收费减缴资格，期满未补缴或者补缴额不足的，按缴费不足依法作出相应处理。 **2.《专利优先审查管理办法》（国家知识产权局令第76号）** 第十二条 对于优先审查的专利申请，有下列情形之一的，国家知识产权局可以停止优先审查程序，按普通程序处理，并及时通知优先审查请求人： （一）优先审查请求获得同意后，申请人根据专利法实施细则第五十一条第一、二款对申请文件提出修改； （二）申请人答复期限超过本办法第十一条规定的期限； （三）申请人提交虚假材料； （四）在审查过程中发现为非正常专利申请。 第十三条 对于优先审查的专利复审或者无效宣告案件，有下列情形之一的，专利复审委员会可以停止优先审查程序，按普通程序处理，并及时通知优先审查请求人： （一）复审请求人延期答复； （二）优先审查请求获得同意后，无效宣告请求人补充证据和理由； （三）优先审查请求获得同意后，专利权人以删除以外的方式修改权利要求书； （四）专利复审或者无效宣告程序被中止； （五）案件审理依赖于其他案件的审查结论； （六）疑难案件，并经专利复审委员会主任批准。 **3.《关于规范专利申请行为的若干规定》（国家知识产权局令第75号）** 第三条 本规定所称非正常申请专利的行为是指： （一）同一单位或者个人提交多件内容明显相同的专利申请； （二）同一单位或者个人提交多件明显抄袭现有技术或者现有设计的专利申请； （三）同一单位或者个人提交多件不同材料、组分、配比、部件等简单替换或者拼凑的专利申请； （四）同一单位或者个人提交多件实验数据或者技术效果明显编造的专利申请； （五）同一单位或者个人提交多件利用计算机技术等随机生成产品形状、图案或者色彩的专利申请；	国家知识产权局

续表

惩戒措施	法律及政策依据（国家知识产权局实施部分）	实施部门
5. 在进行专利申请时，不予享受专利费用减缴、优先审查等优惠措施	（六）帮助他人提交或者专利代理机构代理提交本条第一项至第五项所述类型的专利申请。 第四条 对非正常申请专利的行为，除依据专利法及其实施细则的规定对提交的专利申请进行处理之外，可以视情节采取下列处理措施： （一）不予减缴专利费用；已经减缴的，要求补缴已经减缴的费用；情节严重的，自本年度起五年内不予减缴专利费用； （二）在国家知识产权局政府网站以及《中国知识产权报》上予以通报，并纳入全国信用信息共享平台； （三）在国家知识产权局的专利申请数量统计中扣除非正常申请专利的数量； （四）各级知识产权局不予资助或者奖励；已经资助或者奖励的，全部或者部分追还；情节严重的，自本年度起五年内不予资助或者奖励； （五）中华全国专利代理人协会对从事非正常申请专利行为的专利代理机构以及专利代理人采取行业自律措施，必要时专利代理惩戒委员会根据《专利代理惩戒规则（暂行）》的规定给予相应惩戒； （六）通过非正常申请专利的行为骗取资助和奖励，情节严重构成犯罪的，依法移送有关机关追究刑事责任。	国家知识产权局

（二）跨部门联合惩戒措施和法律及政策依据

惩戒措施	法律及政策依据（有关成员单位实施部分）	实施部门
1. 限制政府性资金支持，对政府性资金申请从严审核，或降低支持力度	1.《国务院关于印发社会信用体系建设规划纲要（2014—2020年）的通知》（国发〔2014〕21号） 第二部分第（一）条 发挥政府诚信建设示范作用。各级人民政府首先要加强自身诚信建设，以政府的诚信施政，带动全社会诚信意识的树立和诚信水平的提高。在行政许可、政府采购、招标投标、劳动就业、社会保障、科研管理、干部选拔任用和管理监督、申请政府资金支持等领域，率先使用信用信息和信用产品，培育信用服务市场发展。 加强对失信主体的约束和惩戒。强化行政监管性约束和惩戒。在现有行政处罚措施的基础上，健全失信惩戒制度，建立各行业黑名单制度和市场退出机制。推动各级人民政府在市场监管和公共服务的市场准入、资质认定、行政审批、政策扶持等方面实施信用分类监管，结合监管对象的失信类别和程度，使失信者受到惩戒。	财政部、国家发展改革委、各级人民政府

续表

惩戒措施	法律及政策依据（有关成员单位实施部分）	实施部门
1. 限制政府性资金支持，对政府性资金申请从严审核，或降低支持力度	2.《国务院办公厅关于运用大数据加强对市场主体服务和监管的若干意见》（国办发〔2015〕51号） （十三）建立健全失信联合惩戒机制。各级人民政府应将使用信用信息和信用报告嵌入行政管理和公共服务的各领域、各环节，作为必要条件或重要参考依据。充分发挥行政、司法、金融、社会等领域的综合监管效能，在市场准入、行政审批、资质认定、享受财政补贴和税收优惠政策、企业法定代表人和负责人任职资格审查、政府采购、政府购买服务、银行信贷、招标投标、国有土地出让、企业上市、货物通关、税收征缴、社保缴费、外汇管理、劳动用工、价格制定、电子商务、产品质量、食品药品安全、消费品安全、知识产权、环境保护、治安管理、人口管理、出入境管理、授予荣誉称号等方面，建立跨部门联动响应和失信约束机制，对违法失信主体依法予以限制或禁入。建立各行业"黑名单"制度和市场退出机制。推动将申请人良好的信用状况作为各类行政许可的必备条件。	财政部、国家发展改革委、各级人民政府
2. 限制补贴性资金和社会保障资金支持	《国务院关于印发社会信用体系建设规划纲要（2014—2020年）的通知》（国发〔2014〕21号） 第二部分第（一）条　发挥政府诚信建设示范作用。各级人民政府首先要加强自身诚信建设，以政府的诚信施政，带动全社会诚信意识的树立和诚信水平的提高。在行政许可、政府采购、招标投标、劳动就业、社会保障、科研管理、干部选拔任用和管理监督、申请政府资金支持等领域，率先使用信用信息和信用产品，培育信用服务市场发展。	国家发展改革委、财政部、人力资源社会保障部、国资委
3. 依法限制其作为供应商参与政府采购活动	1.《中华人民共和国政府采购法》（主席令2002年第68号） 第二十二条　供应商参加政府采购活动应当具备下列条件： （一）具有独立承担民事责任的能力； （二）具有良好的商业信誉和健全的财务会计制度； （三）具有履行合同所必需的设备和专业技术能力； （四）有依法缴纳税收和社会保障资金的良好记录； （五）参加政府采购活动前三年内，在经营活动中没有重大违法记录； （六）法律、行政法规规定的其他条件。 2.《国务院关于印发社会信用体系建设规划纲要（2014—2020年）的通知》（国发〔2014〕21号） 政府采购领域信用建设。加强政府采购信用管理，强化联动惩戒，保护政府采购当事人的合法权益。制定供应商、评审专家、政府采购代理机构以及相关从业人员的信用记录标准。依法建立政府采购供应商不良行为记录名单，对列入不良行为记录名单的供应商，在一定期限内禁止参加政府采购活动。完善政府采购市场的准入和退出机制，充分利用工商、税务、金融、检察等其他部门提供的信用信息，加强对政府采购当事人和相关人员的信用管理。加快建设全国统一的政府采购管理交易系统，提高政府采购活动透明度，实现信用信息的统一发布和共享。	财政部

续表

惩戒措施	法律及政策依据（有关成员单位实施部分）	实施部门
3. 依法限制其作为供应商参与政府采购活动	**3.《国务院关于促进市场公平竞争维护市场正常秩序的若干意见》（国发〔2014〕20号）** （十五）建立健全守信激励和失信惩戒机制。将市场主体的信用信息作为实施行政管理的重要参考。根据市场主体信用状况实行分类分级、动态监管，建立健全经营异常名录制度，对违背市场竞争原则和侵犯消费者、劳动者合法权益的市场主体建立"黑名单"制度。对守信主体予以支持和激励，对失信主体在经营、投融资、取得政府供应土地、进出口、出入境、注册新公司、工程招投标、政府采购、获得荣誉、安全许可、生产许可、从业任职资格、资质审核等方面依法予以限制或禁止，对严重违法失信主体实行市场禁入制度。	财政部
4. 失信情况记入金融信用信息基础数据库及互联网征信系统	**1.《征信业管理条例》** 第十三条　采集个人信息应当经信息主体本人同意，未经本人同意不得采集。但是，依照法律、行政法规规定公开的信息除外。企业的董事、监事、高级管理人员与其履行职务相关的信息，不作为个人信息。 第二十一条　征信机构可以通过信息主体、企业交易对方、行业协会提供信息，政府有关部门依法已公开的信息，人民法院依法公布的判决、裁定等渠道，采集企业信息。 征信机构不得采集法律、行政法规禁止采集的企业信息。 第四十四条　本条例下列用语的含义： （三）不良信息，是指对信息主体信用状况构成负面影响的下列信息：信息主体在借贷、赊购、担保、租赁、保险、使用信用卡等活动中未按照合同履行义务的信息，对信息主体的行政处罚信息，人民法院判决或者裁定信息主体履行义务以及强制执行的信息，以及国务院征信业监督管理部门规定的其他不良信息。 **2.《全国银行间债券市场金融债券发行管理办法》** 第十五条　金融债券的发行应由具有债券评级能力的信用评级机构进行信用评级。金融债券发行后信用评级机构应每年对该金融债券进行跟踪信用评级。如发生影响该金融债券信用评级的重大事项，信用评级机构应及时调整该金融债券的信用评级，并向投资者公布。 **3.《国务院关于印发社会信用体系建设规划纲要（2014—2020年）的通知》（国发〔2014〕21号）** 第二部分第（一）条　发挥政府诚信建设示范作用。各级人民政府首先要加强自身诚信建设，以政府的诚信施政，带动全社会诚信意识的树立和诚信水平的提高。在行政许可、政府采购、招标投标、劳动就业、社会保障、科研管理、干部选拔任用和管理监督、申请政府资金支持等领域，率先使用信用信息和信用产品，培育信用服务市场发展。	人民银行等有关单位

续表

惩戒措施	法律及政策依据（有关成员单位实施部分）	实施部门
4. 失信情况记入金融信用信息基础数据库及互联网征信系统	4.《国务院关于促进市场公平竞争维护市场正常秩序的若干意见》（国发〔2014〕20号） 四（十五）　建立健全守信激励和失信惩戒机制。将市场主体的信用信息作为实施行政管理的重要参考。根据市场主体信用状况实行分类分级、动态监管，建立健全经营异常名录制度，对违背市场竞争原则和侵犯消费者、劳动者合法权益的市场主体建立"黑名单"制度。对守信主体予以支持和激励，对失信主体在经营、投融资、取得政府供应土地、进出口、出入境、注册新公司、工程招投标、政府采购、获得荣誉、安全许可、生产许可、从业任职资格、资质审核等方面依法予以限制或禁止，对严重违法失信主体实行市场禁入制度。	人民银行等有关单位
5. 供金融机构融资授信时审慎性参考	1.《中华人民共和国商业银行法》 第三十五条　商业银行贷款，应当对借款人的借款用途、偿还能力、还款方式等情况进行严格审查。商业银行贷款，应当实行审贷分离、分级审批的制度。 2.《征信业管理条例》（国务院令第631号） 第十三条　采集个人信息应当经信息主体本人同意，未经本人同意不得采集。但是，依照法律、行政法规规定公开的信息除外。企业的董事、监事、高级管理人员与其履行职务相关的信息，不作为个人信息。 第二十一条　征信机构可以通过信息主体、企业交易对方、行业协会提供信息，政府有关部门依法已公开的信息，人民法院依法公布的判决、裁定等渠道，采集企业信息。 征信机构不得采集法律、行政法规禁止采集的企业信息。 第四十四条　本条例下列用语的含义： （三）不良信息，是指对信息主体信用状况构成负面影响的下列信息：信息主体在借贷、赊购、担保、租赁、保险、使用信用卡等活动中未按照合同履行义务的信息，对信息主体的行政处罚信息，人民法院判决或者裁定信息主体履行义务以及强制执行的信息，以及国务院征信业监督管理部门规定的其他不良信息。 3.《流动资金贷款管理暂行办法》（银监会令〔2010〕1号） 第五条　贷款人应完善内部控制机制，实行贷款全流程管理，全面了解客户信息，建立流动资金贷款风险管理制度和有效的岗位制衡机制，将贷款管理各环节的责任落实到具体部门和岗位，并建立各岗位的考核和问责机制。 第三十条　贷款人应加强贷款资金发放后的管理，针对借款人所属行业及经营特点，通过定期与不定期现场检查与非现场监测，分析借款人经营、财务、信用、支付、担保及融资数量和渠道变化等状况，掌握各种影响借款人偿债能力的风险因素。	人民银行、银保监会

续表

惩戒措施	法律及政策依据（有关成员单位实施部分）	实施部门
5. 供金融机构融资授信时审慎性参考	**4.《固定资产贷款管理暂行办法》（银监会令〔2009〕2号）** 第五条　贷款人应完善内部控制机制，实行贷款全流程管理，全面了解客户和项目信息，建立固定资产贷款风险管理制度和有效的岗位制衡机制，将贷款管理各环节的责任落实到具体部门和岗位，并建立各岗位的考核和问责机制。 第三十条　贷款人应定期对借款人和项目发起人的履约情况及信用状况、项目的建设和运营情况、宏观经济变化和市场波动情况、贷款担保的变动情况等内容进行检查与分析，建立贷款质量监控制度和贷款风险预警体系。 出现可能影响贷款安全的不利情形时，贷款人应对贷款风险进行重新评价并采取针对性措施。 **5.《个人贷款管理暂行办法》（银监会令〔2010〕2号）** 第十四条　贷款调查包括但不限于以下内容： （一）借款人基本情况； （二）借款人收入情况； （三）借款用途； （四）借款人还款来源、还款能力及还款方式； （五）保证人担保意愿、担保能力或抵（质）押物价值及变现能力。 第十八条　贷款审查应对贷款调查内容的合法性、合理性、准确性进行全面审查，重点关注调查人的尽职情况和借款人的偿还能力、诚信状况、担保情况、抵（质）押比率、风险程度等。 **6.《国务院关于印发社会信用体系建设规划纲要（2014—2020年）》的通知（国发〔2014〕21号）** 加强对失信主体的约束和惩戒。强化行政监管性约束和惩戒。在现有行政处罚措施的基础上，健全失信惩戒制度，建立各行业黑名单制度和市场退出机制。推动各级人民政府在市场监管和公共服务的市场准入、资质认定、行政审批、政策扶持等方面实施信用分类监管，结合监管对象的失信类别和程度，使失信者受到惩戒。	人民银行、银保监会
6. 依法对申请发行企业债券不予受理	**1.《国家发展改革委关于推进企业债券市场发展、简化发行核准程序有关事项的通知》（发改财金〔2008〕7号）** 第二条第（七）项：企业公开发行企业债券应符合下列条件： （一）股份有限公司的净资产不低于人民币3 000万元，有限责任公司和其他类型企业的净资产不低于人民币6 000万元； （二）累计债券余额不超过企业净资产（不包括少数股东权益）的40%； （三）最近三年可分配利润（净利润）足以支付企业债券一年的利息；	国家发展改革委

续表

惩戒措施	法律及政策依据（有关成员单位实施部分）	实施部门
6. 依法对申请发行企业债券不予受理	（四）筹集资金的投向符合国家产业政策和行业发展方向，所需相关手续齐全。用于固定资产投资项目的，应符合固定资产投资项目资本金制度的要求，原则上累计发行额不得超过该项目总投资的60%。用于收购产权（股权）的，比照该比例执行。用于调整债务结构的，不受该比例限制，但企业应提供银行同意以债还贷的证明；用于补充营运资金的，不超过发债总额的20%； （五）债券的利率由企业根据市场情况确定，但不得超过国务院限定的利率水平； （六）已发行的企业债券或者其他债务未处于违约或者延迟支付本息的状态； （七）最近三年没有重大违法违规行为。 **2.**《国家发展改革委 人民银行 中央编办关于在行政管理事项中使用信用记录和信用报告的若干意见》（发改财金〔2013〕920号） 二、切实发挥在行政管理事项中使用信用记录和信用报告的作用 各级政府、各相关部门应将相关市场主体所提供的信用记录或信用报告作为其实施行政管理的重要参考。对守信者应探索实行优先办理、简化程序、"绿色通道"和重点支持等激励政策；对失信者，应结合失信类别和程度，严格落实失信惩戒制度。 三、探索完善在行政管理事项中使用信用记录和信用报告的制度规范 各级政府、各相关部门应结合地方和部门实际，在政府采购、招标投标、行政审批、市场准入、资质审核等行政管理事项中依法要求相关市场主体提供由第三方信用服务机构出具的信用记录或信用报告。 各级政府、各相关部门应根据履职需要，研究明确信用记录或信用报告的主要内容和运用规范。 五、不断健全全社会守信激励和失信惩戒的联动机制 **3.**《国家发展改革委办公厅关于进一步改进企业债券发行审核工作的通知》（发改办财金〔2013〕957号） 对于以下两类发债申请，要从严审核，有效防范市场风险。 （一）募集资金用于产能过剩、高污染、高耗能等国家产业政策限制领域的发债申请。 （二）企业信用等级较低，负债率高，债券余额较大或运作不规范、资产不实、偿债措施较弱的发债申请。 **4.**《国务院关于促进市场公平竞争维护市场正常秩序的若干意见》（国发〔2014〕20号） （十五）建立健全守信激励和失信惩戒机制。将市场主体的信用信息作为实施行政管理的重要参考。根据市场主体信用状况实行分类分级、动态监管，建立健全经营异常名录制度，对违背市场竞争原则和侵犯消费者、劳动者合法权益的市场主体建立"黑名单"制度。（工商总局牵头负责）对守信主体予以支持和激励，对失信主体在经营、投融资、取得政府供应土地、进出口、出入境、注册新公司、工程招投标、政府采购、获得荣誉、安全许可、生产许可、从业任职资格、资质审核等方面依法予以限制或禁止，对严重违法失信主体实行市场禁入制度。（各相关市场监管部门按职责分工分别负责）	国家发展改革委

续表

惩戒措施	法律及政策依据（有关成员单位实施部分）	实施部门
7. 对失信主体注册非金融债务融资工具加强管理，并按照注册发行有关工作要求，强化信息披露，加强投资人保护机制，防范有关风险	《全国银行间债券市场金融债券发行管理办法》 第七条　商业银行发行金融债券应具备以下条件： （1）具有良好的公司治理机制； （2）核心资本充足率不低于4%； （3）最近三年连续盈利； （4）贷款损失准备计提充足； （5）风险监管指标符合监管机构的有关规定； （6）最近三年没有重大违法、违规行为； （7）中国人民银行要求的其他条件。 根据商业银行的申请，中国人民银行可以豁免前款所规定的个别条件。 第八条　企业集团财务公司发行金融债券应具备以下条件：（1）具有良好的公司治理机制；（2）资本充足率不低于10%；（3）风险监管指标符合监管机构的有关规定；（4）最近三年没有重大违法、违规行为；（5）中国人民银行要求的其他条件。 第十一条　政策性银行发行金融债券应向中国人民银行报送下列文件：（1）金融债券发行申请报告；（2）发行人近三年经审计的财务报告及审计报告；（3）金融债券发行办法；（4）承销协议；（5）中国人民银行要求的其他文件。	人民银行
8. 将失信信息作为公开发行其他公司信用类债券核准或注册的参考。在股票、可转换债券发行审核及在全国中小企业股份转让系统挂牌公开转让审核中，将其严重失信信息作为参考	1.《公司债券发行与交易管理办法》（证监会令第113号） 第十七条　存在下列情形之一的，不得公开发行公司债券： （一）最近三十六个月内公司财务会计文件存在虚假记载，或公司存在其他重大违法行为； （四）严重损害投资者合法权益和社会公共利益的其他情形。 2.《上市公司收购管理办法》 第六条　任何人不得利用上市公司的收购损害被收购公司及其股东的合法权益。 有下列情形之一的，不得收购上市公司： （一）收购人负有数额较大债务，到期未清偿，且处于持续状态； （二）收购人最近3年有重大违法行为或者涉嫌有重大违法行为； （三）收购人最近3年有严重的证券市场失信行为； （四）收购人为自然人的，存在《公司法》第一百四十六条规定情形； （五）法律、行政法规规定以及中国证监会认定的不得收购上市公司的其他情形。	证监会

续表

惩戒措施	法律及政策依据（有关成员单位实施部分）	实施部门
8. 将失信信息作为公开发行其他公司信用类债券核准或注册的参考。在股票、可转换债券发行审核及在全国中小企业股份转让系统挂牌公开转让审核中，将其严重失信信息作为参考	**3.《首次公开发行股票并上市管理办法》（证监会令第 122 号）** 第十八条　发行人不得有下列情形： （二）最近 36 个月内违反工商、税收、土地、环保、海关以及其他法律、行政法规，受到行政处罚，且情节严重； （六）严重损害投资者合法权益和社会公共利益的其他情形。 **4.《首次公开发行股票并在创业板上市管理办法》（证监会令第 123 号）** 第二十条　发行人及其控股股东、实际控制人最近三年内不存在损害投资者合法权益和社会公共利益的重大违法行为。 **5.《上市公司证券发行管理办法》（证监会令第 30 号）** 第九条　上市公司最近三十六个月内财务会计文件无虚假记载，且不存在下列重大违法行为： （三）违反国家其他法律、行政法规且情节严重的行为。 **6.《创业板上市公司证券发行管理暂行办法》（证监会令第 100 号）** 第十条　上市公司存在下列情形之一的，不得发行证券： （三）最近三十六个月内因违反法律、行政法规、规章受到行政处罚且情节严重，或者受到刑事处罚，或者因违反证券法律、行政法规、规章受到中国证监会的行政处罚；最近十二个月内受到证券交易所的公开谴责；因涉嫌犯罪被司法机关立案侦查或者涉嫌违法违规被中国证监会立案调查； （六）严重损害投资者的合法权益和社会公共利益的其他情形。 **7.《非上市公众公司监督管理办法》（证监会令第 96 号）** 第三条　公众公司应当按照法律、行政法规、本办法和公司章程的规定，做到股权明晰，合法规范经营，公司治理机制健全，履行信息披露义务。	证监会

续表

惩戒措施	法律及政策依据（有关成员单位实施部分）	实施部门
9. 限制设立金融机构，依法限制担任金融机构实际控制人、董事、监事和高级管理人员；对申请金融机构从业资格予以从严审核，对已成为从业人员的相关主体予以重点关注；限制设立银行卡清算机构、非银行支付机构；限制对银行卡清算机构、非银行支付机构持股比例超过5%以上；限制担任银行卡清算机构、非银行支付机构实际控制人董事、监事和高级管理人员	**1.**《国家发展改革委人民银行中央编办关于在行政管理事项中使用信用记录和信用报告的若干意见》（发改财金〔2013〕920号） 第二条　切实发挥在行政管理事项中使用信用记录和信用报告的作用 　　各级政府、各相关部门应将相关市场主体所提供的信用记录或信用报告作为其实施行政管理的重要参考。对守信者，应探索实行优先办理、简化程序、"绿色通道"和重点支持等激励政策；对失信者，应结合失信类别和程度，严格落实失信惩戒制度。 　　对食品药品安全、环境保护、产品质量、医疗卫生、工程建设、教育科研、电子商务、股权投资、融资担保等关系到人民群众切身利益、经济健康发展和社会和谐稳定的重点领域，各级政府、各相关部门应率先推进在行政管理事项中使用相关市场主体的信用记录和信用报告。 第三条　探索完善在行政管理事项中使用信用记录和信用报告的制度规范 　　各级政府、各相关部门应结合地方和部门实际，在政府采购、招标投标、行政审批、市场准入、资质审核等行政管理事项中依法要求相关市场主体提供由第三方信用服务机构出具的信用记录或信用报告。 　　各级政府、各相关部门应根据履职需要，研究明确信用记录或信用报告的主要内容和运用规范。 第五条　不断健全全社会守信激励和失信惩戒的联动机制 　　各级政府、各相关部门要树立大局意识，把在行政管理事项中使用信用记录和信用报告工作纳入重要工作日程。要加强协同配合，推动形成信用记录和信用报告跨部门、跨区域应用的联动机制。要通过信用记录和信用报告在行政管理事项中的联合应用，逐步建立健全全社会守信激励和失信惩戒联动机制。 **2.**《中华人民共和国外资银行管理条例》 第九条　拟设外商独资银行、中外合资银行的股东或者拟设分行、代表处的外国银行应当具备下列条件： 　　（1）具有持续盈利能力，信誉良好，无重大违法违规记录； 　　（2）拟设外商独资银行的股东、中外合资银行的外方股东或者拟设分行、代表处的外国银行具有从事国际金融活动的经验； 　　（3）具有有效的反洗钱制度； 　　（4）拟设外商独资银行的股东、中外合资银行的外方股东或者拟设分行、代表处的外国银行受到所在国家或者地区金融监管当局的有效监管，并且其申请经所在国家或者地区金融监管当局同意； 　　（5）国务院银行业监督管理机构规定的其他审慎性条件。 　　拟设外商独资银行的股东、中外合资银行的外方股东或者拟设分行、代表处的外国银行所在国家或者地区应当具有完善的金融监督管理制度，并且其金融监管当局已经与国务院银行业监督管理机构建立良好的监督管理合作机制。	国家发展改革委、银保监会、证监会、人民银行、市场监管总局等具有金融机构任职资格核准职能的部门

续表

惩戒措施	法律及政策依据（有关成员单位实施部分）	实施部门
9. 限制设立金融机构，依法限制担任金融机构实际控制人、董事、监事和高级管理人员；对申请金融机构从业资格予以从严审核，对已成为从业人员的相关主体予以重点关注；限制设立银行卡清算机构、非银行支付机构；限制对银行卡清算机构、非银行支付机构持股比例超过5%以上；限制担任银行卡清算机构、非银行支付机构实际控制人董事、监事和高级管理人员	**3.《中华人民共和国证券法》** 第一百二十四条　设立证券公司，应当具备下列条件： （一）有符合法律、行政法规规定的公司章程； （二）主要股东具有持续盈利能力，信誉良好，最近三年无重大违法违规记录，净资产不低于人民币2亿元； （三）有符合本法规定的注册资本； （四）董事、监事、高级管理人员具备任职资格，从业人员具有证券从业资格； （五）有完善的风险管理与内部控制制度； （六）有合格的经营场所和业务设施； （七）法律、行政法规规定的和经国务院批准的国务院证券监督管理机构规定的其他条件。 第一百三十一条　证券公司的董事、监事、高级管理人员，应当正直诚实，品行良好，熟悉证券法律、行政法规，具有履行职责所需的经营管理能力，并在任职前取得国务院证券监督管理机构核准的任职资格。 **4.《中华人民共和国证券投资基金法》** 第四条　从事证券投资基金活动，应当遵循自愿、公平、诚实信用的原则，不得损害国家利益和社会公共利益。 第十三条　设立管理公开募集基金的基金管理公司，应当具备下列条件，并经国务院证券监督管理机构批准： （一）有符合本法和《中华人民共和国公司法》规定的章程； （二）注册资本不低于一亿元人民币，且必须为实缴货币资本； （三）主要股东应当具有经营金融业务或者管理金融机构的良好业绩、良好的财务状况和社会信誉，资产规模达到国务院规定的标准，最近三年没有违法记录； （四）取得基金从业资格的人员达到法定人数； （五）董事、监事、高级管理人员具备相应的任职条件； （六）有符合要求的营业场所、安全防范设施和与基金管理业务有关的其他设施； （七）有良好的内部治理结构、完善的内部稽核监控制度、风险控制制度； （八）法律、行政法规规定的和经国务院批准的国务院证券监督管理机构规定的其他条件。 **5.《期货交易管理条例》** 第十六条　申请设立期货公司，应当符合《中华人民共和国公司法》的规定，并具备下列条件： （一）注册资本最低限额为人民币3 000万元； （二）董事、监事、高级管理人员具备任职资格，从业人员具有期货从业资格；	国家发展改革委、银保监会、证监会、人民银行、市场监管总局等具有金融机构任职资格核准职能的部门

续表

惩戒措施	法律及政策依据（有关成员单位实施部分）	实施部门
9. 限制设立金融机构，依法限制担任金融机构实际控制人、董事、监事和高级管理人员；对申请金融机构从业资格予以从严审核，对已成为从业人员的相关主体予以重点关注；限制设立银行卡清算机构、非银行支付机构；限制对银行卡清算机构、非银行支付机构持股比例超过5%以上；限制担任银行卡清算机构、非银行支付机构实际控制人董事、监事和高级管理人员	（三）有符合法律、行政法规规定的公司章程； （四）主要股东以及实际控制人具有持续盈利能力，信誉良好，最近3年无重大违法违规记录； （五）有合格的经营场所和业务设施； （六）有健全的风险管理和内部控制制度； （七）国务院期货监督管理机构规定的其他条件。 国务院期货监督管理机构根据审慎监管原则和各项业务的风险程度，可以提高注册资本最低限额。注册资本应当是实缴资本。股东应当以货币或者期货公司经营所需的非货币财产出资，货币出资比例不得低于85%。 国务院期货监督管理机构应当在受理期货公司设立申请之日起6个月内，根据审慎监管原则进行审查，作出批准或者不批准的决定。 未经国务院期货监督管理机构批准，任何单位和个人不得委托或者接受他人委托持有或者管理期货公司的股权。 **6.《证券公司监督管理条例》** 第十条 有下列情形之一的单位或者个人，不得成为持有证券公司5%以上股权的股东、实际控制人： （一）因故意犯罪被判处刑罚，刑罚执行完毕未逾3年； （二）净资产低于实收资本的50%，或者或有负债达到净资产的50%； （三）不能清偿到期债务； （四）国务院证券监督管理机构认定的其他情形。 证券公司的其他股东应当符合国务院证券监督管理机构的相关要求。 **7.《证券投资基金管理公司管理办法》** 第七条 申请设立基金管理公司，出资或者持有股份占基金管理公司注册资本的比例（以下简称持股比例）在5%以上的股东，应当具备下列条件： （一）注册资本、净资产不低于1亿元人民币，资产质量良好； （二）持续经营3个以上完整的会计年度，公司治理健全，内部监控制度完善； （三）最近3年没有因违法违规行为受到行政处罚或者刑事处罚； （四）没有挪用客户资产等损害客户利益的行为； （五）没有因违法违规行为正在被监管机构调查，或者正处于整改期间； （六）具有良好的社会信誉，最近3年在金融监管、税务、工商等行政机关，以及自律管理、商业银行等机构无不良记录。 **8.《期货公司监督管理办法》** 第七条 持有5%以上股权的股东为法人或者其他组织的，应当具备下列条件：	国家发展改革委、银保监会、证监会、人民银行、市场监管总局等具有金融机构任职资格核准职能的部门

续表

惩戒措施	法律及政策依据（有关成员单位实施部分）	实施部门
9. 限制设立金融机构，依法限制担任金融机构实际控制人、董事、监事和高级管理人员；对申请金融机构从业资格予以从严审核，对已成为从业人员的相关主体予以重点关注；限制设立银行卡清算机构、非银行支付机构；限制对银行卡清算机构、非银行支付机构持股比例超过5%以上；限制担任银行卡清算机构、非银行支付机构实际控制人董事、监事和高级管理人员	（一）实收资本和净资产均不低于人民币3 000万元； （二）净资产不低于实收资本的50%，或有负债低于净资产的50%，不存在对财务状况产生重大不确定影响的其他风险； （三）没有较大数额的到期未清偿债务； （四）近3年未因重大违法违规行为受到行政处罚或者刑事处罚； （五）未因涉嫌重大违法违规正在被有权机关立案调查或者采取强制措施； （六）近3年作为公司（含金融机构）的股东或者实际控制人，未有滥用股东权利、逃避股东义务等不诚信行为； （七）不存在中国证监会根据审慎监管原则认定的其他不适合持有期货公司股权的情形。 9.《私募投资基金监督管理暂行办法》 第三条 从事私募基金业务，应当遵循自愿、公平、诚实信用原则，维护投资者合法权益，不得损害国家利益和社会公共利益 第四条 私募基金管理人和从事私募基金托管业务的机构（以下简称私募基金托管人）管理、运用私募基金财产，从事私募基金销售业务的机构（以下简称私募基金销售机构）及其他私募服务机构从事私募基金服务活动，应当恪尽职守，履行诚实信用、谨慎勤勉的义务。 私募基金从业人员应当遵守法律、行政法规，恪守职业道德和行为规范。 10.《银行业金融机构董事（理事）和高级管理人员任职资格管理办法》 第二条 本办法所称银行业金融机构（以下简称金融机构），是指在中华人民共和国境内设立的商业银行、农村合作银行、村镇银行、农村信用合作社、农村信用合作联社、外国银行分行等吸收公众存款的金融机构以及政策性银行。 在中华人民共和国境内设立的金融资产管理公司、信托公司、企业集团财务公司、金融租赁公司、汽车金融公司、货币经纪公司、消费金融公司、贷款公司、农村信用合作社联合社、省（自治区）农村信用社联合社、农村资金互助社、外资金融机构驻华代表机构以及经监管机构批准设立的其他金融机构的董事（理事）和高级管理人员的任职资格管理，适用本办法。 第三条 本办法所称高级管理人员，是指金融机构总部及分支机构管理层中对该机构经营管理、风险控制有决策权或重要影响力的各类人员。 第九条 金融机构拟任、现任董事（理事）和高级管理人员出现下列情形之一的，视为不符合本办法第八条第（二）项、第（三）项、第（五）项规定之条件：	国家发展改革委、银保监会、证监会、人民银行、市场监管总局等具有金融机构任职资格核准职能的部门

续表

惩戒措施	法律及政策依据（有关成员单位实施部分）	实施部门
9. 限制设立金融机构，依法限制担任金融机构实际控制人、董事、监事和高级管理人员；对申请金融机构从业资格予以从严审核，对已成为从业人员的相关主体予以重点关注；限制设立银行卡清算机构、非银行支付机构；限制对银行卡清算机构、非银行支付机构持股比例超过5%以上；限制担任银行卡清算机构、非银行支付机构实际控制人董事、监事和高级管理人员	（一）有故意或重大过失犯罪记录的； （二）有违反社会公德的不良行为，造成恶劣影响的； （三）对曾任职机构违法违规经营活动或重大损失负有个人责任或直接领导责任，情节严重的； （四）担任或曾任被接管、撤销、宣告破产或吊销营业执照机构的董事（理事）或高级管理人员的，但能够证明本人对曾任职机构被接管、撤销、宣告破产或吊销营业执照不负有个人责任的除外； （五）因违反职业道德、操守或者工作严重失职，造成重大损失或者恶劣影响的； （六）指使、参与所任职机构不配合依法监管或案件查处的； （七）被取消终身的董事（理事）和高级管理人员任职资格，或受到监管机构或其他金融管理部门处罚累计达到两次以上的； （八）有本办法规定的不具备任职资格条件的情形，采用不正当手段获得任职资格核准的。 **11.《金融机构高级管理人员任职资格管理办法》** 第二条 本办法所称金融机构是指经中国人民银行批准，在中华人民共和国境内依法设立的银行、金融资产管理公司、信托投资公司、企业集团财务公司、金融租赁公司、城市信用合作社及其联合社、农村信用合作社及其联合社、其他金融机构。 上述金融机构经中国人民银行批准在境外设立的分支机构、子公司和控股机构，境内其他中资机构经中国人民银行批准在境外设立的银行类机构，适用本办法。 上述金融机构不包括在华设立的外资金融机构。 第三条 本办法所称金融机构高级管理人员，是指金融机构法定代表人和对经营管理具有决策权或对风险控制起重要作用的人员。 第四条 担任金融机构高级管理职务的人员，应接受和通过中国人民银行任职资格审核。 中国人民银行对金融机构高级管理人员任职资格的审核，分核准制和备案制两种。适用核准制的高级管理人员任职，在任命前应获得中国人民银行任职资格核准文件；适用备案制的高级管理人员任职，在任命前应报中国人民银行备案。 第十三条 有下列情形之一的，不得担任金融机构高级管理人员： （一）因犯有贪污、贿赂、侵占财产、挪用财产罪或者破坏社会经济秩序罪，被判处刑罚，或者因犯罪被剥夺政治权利的；	国家发展改革委、银保监会、证监会、人民银行、市场监管总局等具有金融机构任职资格核准职能的部门

续表

惩戒措施	法律及政策依据（有关成员单位实施部分）	实施部门
9. 限制设立金融机构，依法限制担任金融机构实际控制人、董事、监事和高级管理人员；对申请金融机构从业资格予以从严审核，对已成为从业人员的相关主体予以重点关注；限制设立银行卡清算机构、非银行支付机构；限制对银行卡清算机构、非银行支付机构持股比例超过5%以上；限制担任银行卡清算机构、非银行支付机构实际控制人董事、监事和高级管理人员	（二）曾经担任因违法经营被吊销营业执照或因经营不善破产清算的企业法定代表人，并对此负有个人责任或直接领导责任的； （三）对因工作失误或经济案件给所任职金融机构或其他企业造成重大损失负有个人责任或直接领导责任的； （四）个人负有数额较大的债务且到期未清偿的； （五）提供虚假材料等弄虚作假行为的； （六）有赌博、吸毒、嫖娼等违反社会公德不良行为，造成不良影响的； （七）已累计两次被中国人民银行或其他监管当局取消金融机构高级管理人员任职资格的； （八）其他法律、法规规定不能担任金融机构高级管理人员的。 **12.《中华人民共和国保险法》** 第六十八条 设立保险公司应当具备下列条件： （1）主要股东具有持续盈利能力，信誉良好，最近三年内无重大违法违规记录，净资产不低于人民币二亿元； （2）有符合本法和《中华人民共和国公司法》规定的章程； （3）有符合本法规定的注册资本； （4）有具备任职专业知识和业务工作经验的董事、监事和高级管理人员； （5）有健全的组织机构和管理制度； （6）有符合要求的营业场所和与经营业务有关的其他设施； （7）法律、行政法规和国务院保险监督管理机构规定的其他条件。 **13.《融资性担保公司管理暂行办法》** 第三条 融资性担保公司应当以安全性、流动性、收益性为经营原则，建立市场化运作的可持续审慎经营模式。 融资性担保公司与企业、银行业金融机构等客户的业务往来，应当遵循诚实守信的原则，并遵守合同的约定。 第九条 设立融资性担保公司，应当具备下列条件： （一）有符合《中华人民共和国公司法》规定的章程。 （二）有具备持续出资能力的股东。 （三）有符合本办法规定的注册资本。 （四）有符合任职资格的董事、监事、高级管理人员和合格的从业人员。 （五）有健全的组织机构、内部控制和风险管理制度。 （六）有符合要求的营业场所。 （七）监管部门规定的其他审慎性条件。	国家发展改革委、银保监会、证监会、人民银行、市场监管总局等具有金融机构任职资格核准职能的部门

续表

惩戒措施	法律及政策依据（有关成员单位实施部分）	实施部门
9. 限制设立金融机构，依法限制担任金融机构实际控制人、董事、监事和高级管理人员；对申请金融机构从业资格予以从严审核，对已成为从业人员的相关主体予以重点关注；限制设立银行卡清算机构、非银行支付机构；限制对银行卡清算机构、非银行支付机构持股比例超过5%以上；限制担任银行卡清算机构、非银行支付机构实际控制人董事、监事和高级管理人员	董事、监事、高级管理人员和从业人员的资格管理办法由融资性担保业务监管部际联席会议另行制定。 **14.**《非金融机构支付服务管理办法》（中国人民银行令〔2010〕第2号） 第八条 《支付业务许可证》的申请人应当具备下列条件： （一）在中华人民共和国境内依法设立的有限责任公司或股份有限公司，且为非金融机构法人； （二）有符合本办法规定的注册资本最低限额； （三）有符合本办法规定的出资人； （四）有5名以上熟悉支付业务的高级管理人员； （五）有符合要求的反洗钱措施； （六）有符合要求的支付业务设施； （七）有健全的组织机构、内部控制制度和风险管理措施； （八）有符合要求的营业场所和安全保障措施； （九）申请人及其高级管理人员最近3年内未因利用支付业务实施违法犯罪活动或为违法犯罪活动办理支付业务等受过处罚。 第十条 申请人的主要出资人应当符合以下条件： （一）为依法设立的有限责任公司或股份有限公司； （二）截至申请日，连续为金融机构提供信息处理支持服务2年以上，或连续为电子商务活动提供信息处理支持服务2年以上； （三）截至申请日，连续盈利2年以上； （四）最近3年内未因利用支付业务实施违法犯罪活动或为违法犯罪活动办理支付业务等受过处罚。 第四十六条 以欺骗等不正当手段申请《支付业务许可证》但未获批准的，申请人及持有其5%以上股权的出资人3年内不得再次申请或参与申请《支付业务许可证》。 以欺骗等不正当手段申请《支付业务许可证》且已获批准的，由中国人民银行及其分支机构责令其终止支付业务，注销其《支付业务许可证》；涉嫌犯罪的，依法移送公安机关立案侦查；构成犯罪的，依法追究刑事责任；申请人及持有其5%以上股权的出资人不得再次申请或参与申请《支付业务许可证》。 **15.**《国务院关于实施银行卡清算机构准入管理的决定》（国发〔2015〕22号） 二、申请成为银行卡清算机构应当符合的条件和程序 （一）申请成为银行卡清算机构的，应当为依据《中华人民共和国公司法》设立的企业法人，并符合以下条件： 1. 具有不低于10亿元人民币的注册资本。	国家发展改革委、银保监会、证监会、人民银行、市场监管总局等具有金融机构任职资格核准职能的部门

续表

惩戒措施	法律及政策依据（有关成员单位实施部分）	实施部门
9. 限制设立金融机构，依法限制担任金融机构实际控制人、董事、监事和高级管理人员；对申请金融机构从业资格予以从严审核，对已成为从业人员的相关主体予以重点关注；限制设立银行卡清算机构、非银行支付机构；限制对银行卡清算机构、非银行支付机构持股比例超过5%以上；限制担任银行卡清算机构、非银行支付机构实际控制人董事、监事和高级管理人员	2. 至少具有符合规定条件的持股20%以上的单一主要出资人，或者符合规定条件的合计持股25%以上的多个主要出资人，前述主要出资人申请前一年总资产不低于20亿元人民币或者净资产不低于5亿元人民币，且提出申请前应当连续从事银行、支付或者清算等业务5年以上，连续盈利3年以上，最近3年无重大违法违规记录；其他单一持股比例超过10%的出资人净资产不低于2亿元人民币，具有持续盈利能力、信誉良好，最近3年无重大违法违规记录。 5. 董事和高级管理人员应当取得中国人民银行征求中国银行业监督管理委员会同意后核准的任职资格。 （三）银行卡清算机构设立分支机构、分立或者合并，变更名称、注册资本、单一持股比例超过10%的出资人、银行卡清算品牌，更换董事和高级管理人员，终止部分或者全部银行卡清算业务及解散的，应当向中国人民银行提出申请。 **16.《银行卡清算机构管理办法》（中国人民银行、中国银行业监督管理委员会令〔2016〕第2号）** 第十二条 银行卡清算机构50%以上的董事（含董事长、副董事长）和全部高级管理人员应当具备相应的任职专业知识，5年以上银行、支付或者清算的从业经验和良好的品行、声誉，以及担任职务所需的独立性。 除《中华人民共和国公司法》规定的情形外，有以下情形之一的，不得担任银行卡清算机构的董事、高级管理人员： （一）有重大过失或犯罪记录的。 （二）因违法行为或者违纪行为被金融监管机构取消任职资格的董事、监事、高级管理人员，自被取消任职资格之日起未逾5年的。 （三）曾经担任被金融监管机构行政处罚单位的董事、监事或者高级管理人员，并对被行政处罚负有个人责任或者直接领导责任，自执行期满未逾2年的。 第十三条 请人向中国人民银行提出银行卡清算机构筹备申请的，应当提交下列申请材料： （一）筹备申请书，载明公司的名称、住所、注册资本等。 （二）企业法人营业执照复印件和公司章程，申请人为外商投资企业的，还应当提交外商投资企业批准证书复印件。 （三）证明其资本实力符合要求的材料及相关证明。 （四）真实、完整、公允的最近一年财务会计报告，设立时间不足一年的除外。 （五）出资人出资决议，出资金额、方式及资金来源，以及出资人之间关联关系的说明。	国家发展改革委、银保监会、证监会、人民银行、市场监管总局等具有金融机构任职资格核准职能的部门

续表

惩戒措施	法律及政策依据（有关成员单位实施部分）	实施部门
9. 限制设立金融机构，依法限制担任金融机构实际控制人、董事、监事和高级管理人员；对申请金融机构从业资格予以从严审核，对已成为从业人员的相关主体予以重点关注；限制设立银行卡清算机构、非银行支付机构；限制对银行卡清算机构、非银行支付机构持股比例超过5%以上；限制担任银行卡清算机构、非银行支付机构实际控制人董事、监事和高级管理人员	（六）主要出资人和其他单一持股比例超过10%的出资人的资质证明材料，包括但不限于营业执照、最近三年财务会计报告、无重大违法违规记录证明和从业经历证明等。 第十七条　申请人应当在筹备期届满前向中国人民银行提出开业申请，提交下列申请材料： （五）拟任董事和高级管理人员的任职资格申请材料，包括但不限于履历说明及学历、技术职称、具备担任职务所需的独立性说明，无犯罪记录和未受处罚等相关证明材料。 第十八条　中国人民银行和中国银行业监督管理委员会可以采取查询有关国家机关、国家信用信息共享交换平台、征信机构、拟任职人员曾任职机构，开展专业知识能力测试等方式对拟任职董事、高级管理人员是否符合任职资格条件进行审查。 第二十五条　银行卡清算机构有下列变更事项之一的，应当按规定向中国人民银行提交变更申请材料： （五）变更主要出资人或其他单一持股比例超过10%的出资人。 （七）更换董事和高级管理人员。 银行卡清算机构变更单一持股比例超过5%以上的出资人，且不属于上述第五项所规定情形的，应当提前向中国人民银行和中国银行业监督管理委员会提交变更情况书面报告。 17.《保险公司董事、监事和高级管理人员任职资格管理规定》 第七条　保险机构董事、监事和高级管理人员应当具有诚实信用的品行、良好的合规经营意识和履行职务必需的经营管理能力。 18.《证券从业人员资格管理办法》 第十条　取得从业资格的人员，符合下列条件的，可以通过机构申请执业证书： （五）品行端正，具有良好的职业道德。 19.《期货从业人员管理办法》 第十条　机构任用具有从业资格考试合格证明且符合下列条件的人员从事期货业务的，应当为其办理从业资格申请： （一）品行端正，具有良好的职业道德。	国家发展改革委、银保监会、证监会、人民银行、市场监管总局等具有金融机构任职资格核准职能的部门

续表

惩戒措施	法律及政策依据（有关成员单位实施部分）	实施部门
9. 限制设立金融机构，依法限制担任金融机构实际控制人、董事、监事和高级管理人员；对申请金融机构从业资格予以从严审核，对已成为从业人员的相关主体予以重点关注；限制设立银行卡清算机构、非银行支付机构；限制对银行卡清算机构、非银行支付机构持股比例超过5%以上；限制担任银行卡清算机构、非银行支付机构实际控制人董事、监事和高级管理人员	**20.《关于实施〈证券投资基金管理公司管理办法〉有关问题的规定》（证监会公告〔2012〕26号）** （九）基金管理公司按照《证券投资基金公司管理办法》第六十五条第一款的规定"变更持股5%以下的股东"的，入股股东应当具有良好的社会信誉，最近3年在金融监管、税务、工商等行政机关，以及自律管理、商业银行等机构无不良记录；没有因违法违规行为正在被监管机构调查，或者正处于整改期间；最近3年没有因违法违规行为受到行政处罚或者刑事处罚；不存在被判处刑罚、执行期满未逾3年的情形。其入股行为应当已经履行法定程序，包括基金管理公司、股权受让方和出让方已经履行相应内部决策程序和应当报经有关部门批准或者备案等程序。 **21.《国务院关于管理公开募集基金的基金管理公司有关问题的批复》（国函〔2013〕132号）** 四、根据《中华人民共和国证券投资基金法》第十三条规定，国务院同意你会对不得成为基金管理公司实际控制人的情形作如下规定：（一）因故意犯罪被判处刑罚，刑罚执行完毕未逾3年。 **22.《证券公司董事、监事和高级管理人员任职资格监管办法》（证监会令第88号）** 第八条 取得证券公司董事、监事、高管人员和分支机构负责人任职资格，应当具备以下基本条件：（一）正直诚实，品行良好。 **23.《证券投资基金行业高级管理人员任职管理办法》（证监会令第23号）** 第四条 高级管理人员应当遵守法律、行政法规和中国证监会的规定，遵守公司章程和行业规范，恪守诚信，审慎勤勉，忠实尽责，维护基金份额持有人的合法权益。	国家发展改革委、银保监会、证监会、人民银行、市场监管总局等具有金融机构任职资格核准职能的部门
10. 引导金融机构按照风险定价原则，提高财产保险费率或者限制向其提供保险等服务	**《国务院关于建立完善守信联合激励和失信联合惩戒制度加快推进社会诚信建设的指导意见》（国发〔2016〕33号）** （十一）加强对失信行为的市场性约束和惩戒。对严重失信主体，有关部门和机构应以统一社会信用代码为索引，及时公开披露相关信息，便于市场识别失信行为，防范信用风险。督促有关企业和个人履行法定义务，对有履行能力但拒不履行的严重失信主体实施限制出境和限制购买不动产、乘坐飞机、乘坐高等级列车和席次、旅游度假、入住星级以上宾馆及其他高消费行为等措施。支持征信机构采集严重失信行为信息，纳入信用记录和信用报告。引导商业银行、证券期货经营机构、保险公司等金融机构按照风险定价原则，对严重失信主体提高贷款利率和财产保险费率，或者限制向其提供贷款、保荐、承销、保险等服务。	人民银行、银保监会

续表

惩戒措施	法律及政策依据（有关成员单位实施部分）	实施部门
11. 在上市公司或者非上市公众公司收购的事中事后监管中予以重点关注	**1.《上市公司收购管理办法》（证监会令第 108 号）** 第六条　任何人不得利用上市公司的收购损害被收购公司及其股东的合法权益。 有下列情形之一的，不得收购上市公司： （一）收购人负有数额较大债务，到期未清偿，且处于持续状态； （二）收购人最近 3 年有重大违法行为或者涉嫌有重大违法行为； （三）收购人最近 3 年有严重的证券市场失信行为； （四）收购人为自然人的，存在《公司法》第一百四十六条规定情形； （五）法律、行政法规规定以及中国证监会认定的不得收购上市公司的其他情形。 **2.《非上市公众公司收购管理办法》** 第六条　进行公众公司收购，收购人及其实际控制人应当具有良好的诚信记录，收购人及其实际控制人为法人的，应当具有健全的公司治理机制。任何人不得利用公众公司收购损害被收购公司及其股东的合法权益。 有下列情形之一的，不得收购公众公司： （一）收购人负有数额较大债务，到期未清偿，且处于持续状态； （二）收购人最近 2 年有重大违法行为或者涉嫌有重大违法行为； （三）收购人最近 2 年有严重的证券市场失信行为； （四）收购人为自然人的，存在《公司法》第一百四十六条规定的情形； （五）法律、行政法规规定以及中国证监会认定的不得收购公众公司的其他情形。 **3.《国务院关于印发社会信用体系建设规划纲要（2014—2020 年）的通知》（国发〔2014〕21 号）** 加强对失信主体的约束和惩戒。强化行政监管性约束和惩戒。在现有行政处罚措施的基础上，健全失信惩戒制度，建立各行业黑名单制度和市场退出机制。推动各级人民政府在市场监管和公共服务的市场准入、资质认定、行政审批、政策扶持等方面实施信用分类监管，结合监管对象的失信类别和程度，使失信者受到惩戒。	证监会

续表

惩戒措施	法律及政策依据（有关成员单位实施部分）	实施部门
12. 供外汇额度核准与管理时审慎性参考	**1.《合格境外机构投资者境内证券投资管理办法》** 第六条　申请合格投资者资格，应当具备下列条件： （1）申请人的财务稳健，资信良好，达到中国证监会规定的资产规模等条件； （2）申请人的业务人员符合所在国家或地区的有关从业资格的要求； （3）申请人有健全的治理结构和完善的内控制度，经营行为规范，近3年未受到监管机构的重大处罚； （4）申请人所在国家或者地区有完善的法律和监管制度，其证券监管机构已、与中国证监会签订监管合作谅解备忘录，并保持着有效的监管合作关系； （5）中国证监会根据审慎监管原则规定的其他条件。 **2.《人民币合格境外机构投资者境内证券投资试点办法》** 第五条　申请人民币合格投资者资格，应当具备下列条件： （1）财务稳健，资信良好，注册地、业务资格等符合中国证监会的规定； （2）公司治理和内部控制有效，从业人员符合所在国家或地区的有关从业资格要求； （3）经营行为规范，最近3年或者自成立起未受到所在地监管部门的重大处罚； （4）中国证监会根据审慎监管原则规定的其他条件。 **3.《合格境内机构投资者境外证券投资管理试行办法》** 第五条　申请境内机构投资者资格，应当具备下列条件： （1）申请人的财务稳健，资信良好，资产管理规模、经营年限等符合中国证监会的规定； （2）拥有符合规定的具有境外投资管理相关经验的人员； （3）拥有健全的治理结构和完善的内控制度，经营行为规范； （4）最近3年没有收到监管机构的重大处罚，没有重大事项正在接受司法部门、监管机构的立案调查； （5）中国证监会根据审慎监管原则规定的其他条件。	外汇局
13. 中止境内国有控股上市公司股权激励计划或终止股权激励对象行权资格	**《国有控股上市公司（境内）实施股权激励试行办法》** 第三十四条　国有控股股东应依法行使股东权利，要求上市公司在发生以下情形之一时，中止实施股权激励计划，自发生之日起一年内不得向激励对象授予新的股权，激励对象也不得根据股权激励计划行使权利或获得收益： （1）企业年度绩效考核达不到股权激励计划规定的绩效考核标准； （2）国有资产监督管理机构或部门、监事会或审计部门对上市公司业绩或年度财务会计报告提出重大异议；	国资委、财政部

续表

惩戒措施	法律及政策依据（有关成员单位实施部分）	实施部门
13. 中止境内国有控股上市公司股权激励计划或终止股权激励对象行权资格	（3）发生重大违规行为，受到证券监管及其他有关部门处罚。 第三十五条　股权激励对象有以下情形之一的，上市公司国有控股股东应依法行使股东权利，提出终止授予新的股权并取消其行权资格： （1）违反国家有关法律法规、上市公司章程规定的； （2）任职期间，由于受贿索贿、贪污盗窃、泄露上市公司经营和技术秘密、实施关联交易损害上市公司利益、声誉和对上市公司形象有重大负面影响等违法违纪行为，给上市公司造成损失的。	国资委、财政部
14. 将失信信息作为境内上市公司实行股权激励计划或相关人员成为股权激励对象事中事后监管的参考	《上市公司股权激励管理办法》（证监会令第126号） 第七条　上市公司具有下列情形之一的，不得实行股权激励： （四）法律法规规定不得实行股权激励的； （五）中国证监会认定的其他情形。 第八条　下列人员也不得成为激励对象： （一）最近12个月内被证券交易所认定为不适当人选； （二）最近12个月内被中国证监会及其派出机构认定为不适当人选； （三）最近12个月内因重大违法违规行为被中国证监会及其派出机构行政处罚或者采取市场禁入措施； （四）具有《公司法》规定的不得担任公司董事、高级管理人员情形的； （五）法律法规规定不得参与上市公司股权激励的； （六）中国证监会认定的其他情形。	证监会
15. 将失信信息作为非上市公众公司重大资产重组审核的参考	《非上市公众公司重大资产重组管理办法》（证监会令第103号） 第五条　公众公司的董事、监事和高级管理人员在重大资产重组中，应当诚实守信、勤勉尽责，维护公众公司资产的安全，保护公众公司和全体股东的合法权益。 第二十七条　全国股份转让系统应当督促为公众公司提供服务的独立财务顾问诚实守信、勤勉尽责，发现独立财务顾问有违反法律、行政法规和中国证监会规定行为的，应当向中国证监会报告，并采取相应的自律监管措施。	证监会

续表

惩戒措施	法律及政策依据（有关成员单位实施部分）	实施部门
16. 将失信信息作为基金销售资格审批的参考	《证券投资基金销售管理办法》（证监会令第 91 号） 第十条　商业银行申请基金销售业务资格，除具备本办法第九条规定的条件外，还应当具备下列条件： （三）最近 3 年内没有受到重大行政处罚或者刑事处罚； 第十一条　证券公司申请基金销售业务资格，除具备本办法第九条规定的条件外，还应当具备下列条件： （四）没有因违法违规行为正在被监管机构调查或者正处于整改期间，最近 3 年内没有受到重大行政处罚或者刑事处罚。 第十二条　期货公司申请基金销售业务资格，除具备本办法第九条规定的条件外，还应当具备下列条件： （四）没有因违法违规行为正在被监管机构调查或者正处于整改期间，最近 3 年内没有受到重大行政处罚或者刑事处罚。 第十三条　保险公司申请基金销售业务资格，除具备本办法第九条规定的条件外，还应当具备下列条件： （四）没有因违法违规行为正在被监管机构调查或者正处于整改期间，最近 3 年内没有受到重大行政处罚或者刑事处罚； 保险经纪公司和保险代理公司申请基金销售业务资格，除具备本办法第九条规定的条件外，还应当具备下列条件： （四）没有因违法违规行为正在被监管机构调查或者正处于整改期间，最近 3 年内没有受到重大行政处罚或者刑事处罚； 第十四条　证券投资咨询机构申请基金销售业务资格，除具备本办法第九条规定的条件外，还应当具备下列条件： （六）没有因违法违规行为正在被监管机构调查，或者正处于整改期间；最近 3 年内没有受到重大行政处罚或者刑事处罚； 第十六条　独立基金销售机构以有限责任公司形式设立的，其股东可以是企业法人或者自然人。 企业法人参股独立基金销售机构，应当具备以下条件： （二）最近 3 年没有受到刑事处罚； （三）最近 3 年没有受到金融监管、行业监管、工商、税务等行政管理部门的行政处罚； （四）最近 3 年在自律管理、商业银行等机构无不良记录； 自然人参股独立基金销售机构，应当具备以下条件： （二）最近 3 年没有受到刑事处罚； （三）最近 3 年没有受到金融监管、行业监管、工商、税务等行政管理部门的行政处罚； （四）在自律管理、商业银行等机构无不良记录； （六）最近 3 年无其他重大不良诚信记录。 第十七条　独立基金销售机构以合伙企业形式设立的，其合伙人应当具备以下条件： （二）最近 3 年没有受到刑事处罚； （四）在自律管理、商业银行等机构无不良记录； （六）最近 3 年无其他重大不良诚信记录。	证监会

续表

惩戒措施	法律及政策依据（有关成员单位实施部分）	实施部门
17. 依法限制担任国有企业法定代表人、董事、监事	**1.《中华人民共和国企业国有资产法》** 第二十三条 履行出资人职责的机构任命或者建议任命的董事、监事、高级管理人员，应当具备下列条件： （1）有良好的品行； （2）有符合职位要求的专业知识和工作能力； （3）有能够正常履行职责的身体条件； （4）法律、行政法规规定的其他条件。 董事、监事、高级管理人员在任职期间出现不符合前款规定情形或者出现《中华人民共和国公司法》规定的不得担任公司董事、监事、高级管理人员情形的，履行出资人职责的机构应当依法予以免职或者提出免职建议。 **2.《企业法人法定代表人登记管理规定》**（工商行政管理局令第90号发布） 第四条 有下列情形之一的，不得担任法定代表人，企业登记机关不予核准登记： （一）无民事行为能力或者限制民事行为能力的； （二）正在被执行刑罚或者正在被执行刑事强制措施的； （三）正在被公安机关或者国家安全机关通缉的； （四）因犯有贿赂罪、侵犯财产罪或者破坏社会主义市场经济秩序罪，被判处刑罚，执行期满未逾五年的；因犯有其他罪，被判处刑罚，执行期满未逾三年的；或者因犯罪被判处剥夺政治权利，执行期满未逾五年的； （五）担任因经营不善破产清算的企业的法定代表人或者董事、经理，并对该企业的破产负有个人责任，自该企业破产清算完结之日起未逾三年的； （六）担任因违法被吊销营业执照的企业的法定代表人，并对该企业违法行为负有个人责任，自该企业被吊销营业执照之日起未逾三年的； （七）个人负债额较大，到期未清偿的； （八）有法律和国务院规定不得担任法定代表人的其他情形。	中央组织部、国资委、财政部、市场监管总局等相关部门
18. 作为在同一时段内认定低保、医疗救助、临时救助等社会救助对象、保障性住房等保障对象，以及复核其救助保障资格的重要参考	《国务院关于印发社会信用体系建设规划纲要（2014—2020年）的通知》（国发〔2014〕21号） 社会保障领域信用建设。在救灾、救助、养老、社会保险、慈善、彩票等方面，建立全面的诚信制度，打击各类诈骗骗捐等失信行为。建立健全社会救助、保障性住房等民生政策实施中的申请、审核、退出等各环节的诚信制度，加强对申请相关民生政策的条件审核，强化对社会救助动态管理及保障房使用的监管，将失信和违规的个人纳入信用黑名单。构建居民家庭经济状况核对信息系统，建立和完善低收入家庭认定机制，确保社会救助、保障性住房等民生政策公平、公正和健康运行	民政部、住房城乡建设部、医保局

续表

惩戒措施	法律及政策依据（有关成员单位实施部分）	实施部门
19. 对严重失信责任主体，限制其取得认证机构资质；限制获得认证证书	**1.**《中共中央办公厅、国务院办公厅关于加快推进失信被执行人信用监督、警示和惩戒机制建设的意见》（中办发〔2016〕64号） 二、加强联合惩戒 （四）准入资格限制 2. 从事药品、食品等行业限制。对失信被执行人从事药品、食品安全行业从严审批；限制失信被执行人从事危险化学品生产经营储存、烟花爆竹生产经营、矿山生产和安全评价、认证、检测、检验等行业；限制失信被执行人担任上述行业单位主要负责人及董事、监事、高级管理人员，已担任相关职务的，按规定程序要求予以变更。 **2.**《国务院关于建立完善守信联合激励和失信联合惩戒制度加快推进社会诚信建设的指导意见》（国发〔2016〕33号） （十）依法依规加强对失信行为的行政性约束和惩戒。对严重失信主体，各地区、各有关部门应将其列为重点监管对象，依法依规采取行政性约束和惩戒措施。 **3.**《国务院关于促进市场公平竞争维护市场正常秩序的若干意见》（国发〔2014〕20号） （十五）建立健全守信激励和失信惩戒机制。将市场主体的信用信息作为实施行政管理的重要参考。根据市场主体信用状况实行分类分级、动态监管，建立健全经营异常名录制度，对违背市场竞争原则和侵犯消费者、劳动者合法权益的市场主体建立分处理，并相应分发其绩效薪金、任期激励或者中长期激励；情节严重的，给予纪律处分或者对企业负责人进行调整；涉嫌犯罪的，依法移送司法机关处理。平台等机构，采购、获得荣誉、安全许可、生产许可、从业任职资格、资质审核等方面依法予以限制或禁止，对严重违法失信主体实行市场禁入制度。（各相关市场监管部门按职责分工分别负责） **4.**《国务院关于印发社会信用体系建设规划纲要（2014—2020年）的通知》（国发〔2014〕21号） 二、推进重点领域诚信建设 （一）加快推进政务诚信建设。发挥政府诚信建设示范作用。各级人民政府首要加强自身诚信建设，以政府的诚信施政，带动全社会诚信意识的树立和诚信水平的提高。在行政许可、政府采购、招标投标、劳动就业、社会保障、科研管理、干部选拔任用和管理监督、申请政府资金支持等领域，率先使用信用信息和信用产品，培育信用服务市场发展。	市场监管总局

续表

惩戒措施	法律及政策依据（有关成员单位实施部分）	实施部门
19. 对严重失信责任主体，限制其取得认证机构资质；限制获得认证证书	（二）深入推进商务诚信建设。中介服务业信用建设。建立完善中介服务机构及其从业人员的信用记录和披露制度，并作为市场行政执法部门实施信用分类管理的重要依据。重点加强公证仲裁类、律师类、会计类、担保类、鉴证类、检验检测类、评估类、认证类、代理类、经纪类、职业介绍类、咨询类、交易类等机构信用分类管理，探索建立科学合理的评估指标体系、评估制度和工作机制。 **5.《中华人民共和国认证认可条例》（国务院令第390号，国务院令第666号修改）** 第六条 认证认可活动应当遵循客观独立、公开公正、诚实信用的原则。 **6.《认证机构管理办法》（质监总局令第193号）** 第十七条 认证机构在从事认证活动时，应当对认证对象的下列情况进行核实： （一）具备相关法定资质、资格； （二）委托认证的产品、服务、管理体系等符合相关法律法规的要求； （三）未列入国家信用信息严重失信主体相关名录。 认证对象不符合上述要求的，认证机构不得向其出具认证证书。 第二十九条 认证机构资质的申请人及其法定代表人、主要负责人、认证人员等列入国家信用信息失信主体名录的，对其认证机构资质申请不予批准。 认证机构及其法定代表人、主要负责人、认证人员列入国家信用信息失信主体名录或者国家认监委公布的失信名录的，对其认证机构资质延续、认证领域扩大申请不予批准。	市场监管总局
20. 作为重点监管对象，加大日常监管力度，提高抽查比例和频次	**1.《国务院关于印发社会信用体系建设规划纲要（2014—2020年）的通知》（国发〔2014〕21号）** 第五部分第一条 完善以奖惩制度为重点的社会信用体系运行机制 运行机制是保障社会信用体系各系统协调运行的制度基础。其中，守信激励和失信惩戒机制直接作用于各个社会主体信用行为，是社会信用体系运行的核心机制。（同第十一项的法律依据） **2.《国务院关于建立完善守信联合激励和失信联合惩戒制度加快推进社会诚信建设的指导意见》（国发〔2016〕33号）** （十）依法依规加强对失信行为的行政性约束和惩戒。对严重失信主体，各地区、各有关部门应将其列为重点监管对象，依法依规采取行政性约束和惩戒措施。从严审核行政许可审批项目，从严控制生产许可证发放，限制新增项目审批、核准，限制股票发行上市融资或发行债券，限制在全国股份转让系统挂牌、融资，限制发起设立或参股金融机构以及小额贷款公司、融资担保公司、创业投资公司、互联网融资平台等机构，限制从事互联网信息服务等。严格限制申请中央财政性资金项目，限制参与有关公共资源交易活动，限制参与基础设施和公用事业特许经营。对严重失信企业及其法定代表人、主要负责人和对失信行为负有直接责任的注册执业人员等实施市场和行业禁入措施。及时撤销严重失信企业及其法定代表人、负责人、高级管理人员和对失信行为负有直接责任的董事、股东等人员的荣誉称号，取消参加评先评优资格。	农业农村部、市场监管总局、药监局、税务总局、应急部、林草局、中央宣传部等有关部门

续表

惩戒措施	法律及政策依据（有关成员单位实施部分）	实施部门
20. 作为重点监管对象，加大日常监管力度，提高抽查比例和频次	**3.《中华人民共和国食品安全法》**（主席令第 21 号） 第一百条　国家出入境检验检疫部门应当对进出口食品的进口商、出口商和出口食品生产企业实施信用管理，建立信用记录，并依法向社会公布。对有不良记录的进口商、出口商和出口食品生产企业，应当加强对其进出口食品的检验检疫。	农业农村部、市场监管总局、药监局、税务总局、应急部、林草局、中央宣传部等有关部门
21. 加强对严重失信主体进出口货物监管，一定期限内禁止严重失信主体生产、销售有关进出口货物	**1.《中华人民共和国进出口商品检验法实施条例》**（2017 年修改） 第十四条　国家质检总局建立进出口商品风险预警机制，通过收集进出口商品检验方面的信息，进行风险评估，确定风险的类型，采取相应的风险预警措施及快速反应措施。 **2.《出入境检验检疫风险预警及快速反应管理规定》**（中华人民共和国国家质量监督检验检疫总局令第 1 号） 第一条　为保障人类、动植物的生命健康，维护消费者的合法权益，保护生态环境，促进我国对外贸易的健康发展，根据《中华人民共和国进出口商品检验法》、《中华人民共和国进出境动植物检疫法》、《中华人民共和国食品卫生法》、《中华人民共和国国境卫生检疫法》、《中华人民共和国产品质量法》等有关法律法规的规定，制定本规定。 第二条　本规定适用于对以各种方式出入境（包括过境）的货物、物品的检验检疫风险预警及快速反应管理。 第十条　对风险已经明确，或经风险评估后确认有风险的出入境货物、物品，国家质检总局可采取快速反应措施。快速反应措施包括：检验检疫措施、紧急控制措施和警示解除。 第十一条　检验检疫措施包括： （一）加强对风险的出入境货物、物品的检验检疫和监督管理； （二）依法有条件地限制有风险的货物、物品入境、出境或使用； （三）加强对有风险货物、物品的国内外生产、加工或存放单位的审核，对不符合条件的，依法取消其检验检疫注册登记资格。 第十二条　紧急控制措施包括： （一）根据出现的险情，在科学依据尚不充分的情况下，参照国际通行作法，对出入境货物、物品可采取临时紧急措施，并积极收集有关信息进行风险评估； （二）对已经明确存在重大风险的出入境货物、物品，可依法采取紧急措施，禁止其出入境；必要时，封锁有关口岸。 **3.《国务院关于完善进出口商品质量安全风险预警和快速反应监管体系切实保护消费者权益的意见》**（国发〔2017〕43 号） （四）快速实施质量安全风险处置。11. 健全快速反应措施。综合运用降低信用等级、追溯调查、缺陷召回、加严监管、限制或禁止进出口、查封扣押、退运、暂停销售、销毁等手段，实施与风险预警等级相适应的全国一体化快速反应措施，及时开展效果评价，动态调整风险等级直至解除相关措施。	市场监管总局

续表

惩戒措施	法律及政策依据（有关成员单位实施部分）	实施部门
22. 限制成为海关认证企业，申请适用海关认证企业管理的，不予通过认证；对已成为认证企业的，按规定下调企业信用等级	**1.《中华人民共和国海关企业信用管理办法》（海关总署令第237号）** 第二条 海关注册登记和备案企业以及企业相关人员信用信息的采集、公示，企业信用状况的认定、管理等适用本办法。 第三条 海关根据企业信用状况将企业认定为认证企业、一般信用企业和失信企业。认证企业分为高级认证企业和一般认证企业。 海关按照诚信守法便利、失信违法惩戒原则，对上述企业分别适用相应的管理措施。 第四条 海关根据社会信用体系建设有关要求，与国家有关部门实施守信联合激励和失信联合惩戒，推进信息互换、监管互认、执法互助（以下简称"三互"）。 第十一条 认证企业应当符合海关总署制定的《海关认证企业标准》。 《海关认证企业标准》分为高级认证企业标准和一般认证企业标准。 **2.《海关认证企业标准》（海关总署公告2014年第82号）** 《海关认证企业标准（高级认证）》 （九）未有不良外部信用 23. 外部信用企业或者其法定代表人（负责人）、负责关务的高级管理人员、财务负责人连续1年在工商、商务、税务、银行、外汇、检验检疫、公安、检察院、法院等部门未被列入经营异常名录、失信企业或者人员名单、黑名单企业、人员。 《海关认证企业标准（一般认证）》 （九）未有不良外部信用 20. 外部信用企业或者其企业法定代表人（负责人）、负责关务的高级管理人员、财务负责人连续1年在工商、商务、税务、银行、外汇、检验检疫、公安、检察院、法院等部门未被列入经营异常名录、失信企业或者人员名单、黑名单企业、人员。 **3.《国务院关于促进市场公平竞争维护市场正常秩序的若干意见》（国发〔2014〕20号）** （十五）建立健全守信激励和失信惩戒机制。将市场主体的信用信息作为实施行政管理的重要参考。根据市场主体信用状况实行分类分级、动态监管，建立健全经营异常名录制度，对违背市场竞争原则和侵犯消费者、劳动者合法权益的市场主体建立"黑名单"制度。对守信主体予以支持和激励，对失信主体在经营、投融资、取得政府供应土地、进出口、出入境、注册新公司、工程招投标、政府采购、获得荣誉、安全许可、生产许可、从业任职资格、资质审核等方面依法予以限制或禁止，对严重违法失信主体实行市场禁入制度。	海关总署

续表

惩戒措施	法律及政策依据（有关成员单位实施部分）	实施部门
23. 办理海关相关业务时，对其进出口货物实施严密监管，加强布控查验、统计监督核查或后续稽查	**1.《国务院关于促进市场公平竞争维护市场正常秩序的若干意见》（国发〔2014〕20号）** （十五）建立健全守信激励和失信惩戒机制。将市场主体的信用信息作为实施行政管理的重要参考。根据市场主体信用状况实行分类分级、动态监管，建立健全经营异常名录制度，对违背市场竞争原则和侵犯消费者、劳动者合法权益的市场主体建立"黑名单"制度。对守信主体予以支持和激励，对失信主体在经营、投融资、取得政府供应土地、进出口、出入境、注册新公司、工程招投标、政府采购、获得荣誉、安全许可、生产许可、从业任职资格、资质审核等方面依法予以限制或禁止，对严重违法失信主体实行市场禁入制度。 **2.《国务院关于印发社会信用体系建设规划纲要（2014—2020年）的通知》（国发〔2014〕21号）** 加强对失信主体的约束和惩戒。强化行政监管性约束和惩戒。在现有行政处罚措施的基础上，健全失信惩戒制度，建立各行业黑名单制度和市场退出机制。推动各级人民政府在市场监管和公共服务的市场准入、资质认定、行政审批、政策扶持等方面实施信用分类监管，结合监管对象的失信类别和程度，使失信者受到惩戒。	海关总署
24. 限制取得政府供应土地；限制使用国有林地；限制申报重点林业建设项目；限制国有草原占地审批；限制申报重点草原保护建设项目	**1.《国务院关于促进市场公平竞争维护市场正常秩序的若干意见》（国发〔2014〕20号）** （十五）建立健全守信激励和失信惩戒机制。将市场主体的信用信息作为实施行政管理的重要参考。根据市场主体信用状况实行分类分级、动态监管，建立健全经营异常名录制度，对违背市场竞争原则和侵犯消费者、劳动者合法权益的市场主体建立"黑名单"制度。对守信主体予以支持和激励，对失信主体在经营、投融资、取得政府供应土地、进出口、出入境、注册新公司、工程招投标、政府采购、获得荣誉、安全许可、生产许可、从业任职资格、资质审核等方面依法予以限制或禁止，对严重违法失信主体实行市场禁入制度。 **2.《国务院办公厅关于运用大数据加强对市场主体服务和监管的若干意见》（国办发〔2015〕51号）** （十三）建立健全失信联合惩戒机制。各级人民政府应将使用信用信息和信用报告嵌入行政管理和公共服务的各领域、各环节，作为必要条件或重要参考依据。充分发挥行政、司法、金融、社会等领域的综合监管效能，在市场准入、行政审批、资质认定、享受财政补贴和税收优惠政策、企业法定代表人和负责人任职资格审查、政府采购、政府购买服务、银行信贷、招标投标、国有土地出让、企业上市、货物通关、税收征缴、社保缴费、外汇管理、劳动用工、价格制定、电子商务、产品质量、食品药品安全、消费品安全、知识产权、环境保护、治安管理、人口管理、出入境管理、授予荣誉称号等方面，建立跨部门联动响应和失信约束机制，对违法失信主体依法予以限制或禁入。建立各行业"黑名单"制度和市场退出机制。推动将申请人良好的信用状况作为各类行政许可的必备条件。	国家发展改革委、自然资源部、林草局、农业农村部

续表

惩戒措施	法律及政策依据（有关成员单位实施部分）	实施部门
24. 限制取得政府供应土地；限制使用国有林地；限制申报重点林业建设项目；限制国有草原占地审批；限制申报重点草原保护建设项目	3.《企业信息公示暂行条例》（中华人民共和国国务院令第654号） 第十八条 县级以上地方人民政府及其有关部门应当建立健全信用约束机制，在政府采购、工程招投标、国有土地出让、授予荣誉称号等工作中，将企业信息作为重要考量因素，对被列入经营异常名录或者严重违法企业名单的企业依法予以限制或者禁入。 4.《建设项目使用林地审核审批管理办法》（国家林业局令第35号） 第十四条 符合本办法第三条、第四条规定的条件，并且符合国家供地政策，对生态环境不会造成重大影响，有审核审批权的人民政府林业主管部门应当作出准予使用林地的行政许可决定，按照国家规定的标准预收森林植被恢复费后，向用地单位或者个人核发准予行政许可决定书。不符合上述条件的，有关人民政府林业主管部门应当作出不予使用林地的行政许可决定，向用地单位或者个人核发不予行政许可决定书，告知不予许可的理由。有审核审批权的人民政府林业主管部门对用地单位和个人提出的使用林地申请，应当在《中华人民共和国行政许可法》规定的期限内作出行政许可决定。 5.《中华人民共和国行政许可法》 第十二条 下列事项可以设定行政许可： （一）直接涉及国家安全、公共安全、经济宏观调控、生态环境保护以及直接关系人身健康、生命财产安全等特定活动，需要按照法定条件予以批准的事项； （二）有限自然资源开发利用、公共资源配置以及直接关系公共利益的特定行业的市场准入等，需要赋予特定权利的事项； （三）提供公众服务并且直接关系公共利益的职业、行业，需要确定具备特殊信誉、特殊条件或者特殊技能等资格、资质的事项； （四）直接关系公共安全、人身健康、生命财产安全的重要设备、设施、产品、物品，需要按照技术标准、技术规范，通过检验、检测、检疫等方式进行审定的事项； （五）企业或者其他组织的设立等，需要确定主体资格的事项； （六）法律、行政法规规定可以设定行政许可的其他事项。 6.《中华人民共和国草原法》 第三十八条 进行矿藏开采和工程建设，应当不占或者少占草原；确需征用或者使用草原的，必须经省级以上人民政府草原行政主管部门审核同意后，依照有关土地管理的法律、行政法规办理建设用地审批手续。	国家发展改革委、自然资源部、林草局、农业农村部

续表

惩戒措施	法律及政策依据（有关成员单位实施部分）	实施部门
24. 限制取得政府供应土地；限制使用国有林地；限制申报重点林业建设项目；限制国有草原占地审批；限制申报重点草原保护建设项目	**7.《草原征占用审核审批管理办法》** 第十五条　矿藏开采和工程建设等需要征用、适用草原的申请，经审查同意的，草原行政主管部门应当向申请人发放《草原征用使用审核同意书》，并按《中华人民共和国草原法》的规定，预收草原植被恢复费；经审查不同意的，应当在《草原征占用申请表》中说明不同意的理由，并书面告知申请人。 　　申请人凭《草原征用使用审核同意书》依法向土地管理部门申请办理建设用地审批手续。建设用地申请未获批准的，草原行政主管部门应当将预收的草原植被恢复费全部退还申请人。 **8.《中华人民共和国森林法》** 第十八条　进行勘查、开采矿藏和各项建设工程，应当不占或者少占林地；必须占用或者征用林地的，经县级以上人民政府林业主管部门审核同意后，依照有关土地管理的法律、行政法规办理建设用地审批手续，并由用地单位依照国务院有关规定缴纳森林植被恢复费。森林植被恢复费专款专用，由林业主管部门依照有关规定统一安排植树造林，恢复森林植被，植树造林面积不得少于因占用、征用林地而减少的森林植被面积。上级林业主管部门应当定期督促、检查下级林业主管部门组织植树造林、恢复森林植被的情况。 　　任何单位和个人不得挪用森林植被恢复费。县级以上人民政府审计机关应当加强对森林植被恢复费使用情况的监督。 **9.《中华人民共和国森林法实施条例》** 第十六条　勘查、开采矿藏和修建道路、水利、电力、通讯等工程，需要占用或者征用林地的，必须遵守下列规定： （一）用地单位应当向县级以上人民政府林业主管部门提出用地申请，经审核同意后，按照国家规定的标准预交森林植被恢复费，领取使用林地审核同意书。用地单位凭使用林地审核同意书依法办理建设用地审批手续。占用或者征用林地未经林业主管部门审核同意的，土地行政主管部门不得受理建设用地申请。 （二）占用或者征用防护林林地或者特种用途林林地面积10公顷以上的，用材林、经济林、薪炭林林地及其采伐迹地面积35公顷以上的，其他林地面积70公顷以上的，由国务院林业主管部门审核；占用或者征用林地面积低于上述规定数量的，由省、自治区、直辖市人民政府林业主管部门审核。占用或者征用重点林区的林地的，由国务院林业主管部门审核。 （三）用地单位需要采伐已经批准占用或者征用的林地上的林木时，应当向林地所在地的县级以上地方人民政府林业主管部门或者国务院林业主管部门申请林木采伐许可证。 （四）占用或者征用林地未被批准的，有关林业主管部门应当自接到不予批准通知之日起7日内将收取的森林植被恢复费如数退还。 **10.《关于建立和完善执行联动机制若干问题的意见》** 第九条　发展和改革部门应当协助人民法院依法查询被执行人有关工程项目的立项情况及相关资料；对被执行人正在申请办理的投资项目审批、核准和备案手续，协调有关部门和地方，依法协助人民法院停止办理相关手续。	国家发展改革委、自然资源部、林草局、农业农村部

续表

惩戒措施	法律及政策依据（有关成员单位实施部分）	实施部门
25. 限制申报科技项目，将其严重失信行为记入科研信用记录	1.《国家科技计划项目管理暂行办法》（科学技术部令第5号） 第八条 申请项目的申请者（包括单位或个人）应当符合以下基本条件： （六）具有完成项目的良好信誉度。 2.《国务院关于改进加强中央财政科研项目和资金管理的若干意见》（国发〔2014〕11号） （二十二）完善科研信用管理。建立覆盖指南编制、项目申请、评估评审、立项、执行、验收全过程的科研信用记录制度，由项目主管部门委托专业机构对项目承担单位和科研人员、评估评审专家、中介机构等参与主体进行信用评级，并按信用评级实行分类管理。各项目主管部门应共享信用评价信息。建立"黑名单"制度，将严重不良信用记录者记入"黑名单"，阶段性或永久取消其申请中央财政资助项目或参与项目管理的资格。	科技部
26. 限制因专利违法被停止生产、销售的产品发布广告；正在发布的，应立即予以暂停	1.《中华人民共和国广告法》 第五条 广告主、广告经营者、广告发布者从事广告活动，应当遵守法律、法规，诚实信用，公平竞争。 第六条 国务院工商行政管理部门主管全国的广告监督管理工作，国务院有关部门在各自的职责范围内负责广告管理相关工作。 县级以上地方工商行政管理部门主管本行政区域的广告监督管理工作，县级以上地方人民政府有关部门在各自的职责范围内负责广告管理相关工作。 第三十七条 法律、行政法规规定禁止生产、销售的产品或者提供的服务，以及禁止发布广告的商品或者服务，任何单位或者个人不得设计、制作、代理、发布广告。 第四十九条 工商行政管理部门履行广告监督管理职责，可以行使下列职权： （一）对涉嫌从事违法广告活动的场所实施现场检查； （二）询问涉嫌违法当事人或者其法定代表人、主要负责人和其他有关人员，对有关单位或者个人进行调查； （三）要求涉嫌违法当事人限期提供有关证明文件； （四）查阅、复制与涉嫌违法广告有关的合同、票据、账簿、广告作品和其他有关资料； （五）查封、扣押与涉嫌违法广告直接相关的广告物品、经营工具、设备等财物； （六）责令暂停发布可能造成严重后果的涉嫌违法广告； （七）法律、行政法规规定的其他职权。 工商行政管理部门应当建立健全广告监测制度，完善监测措施，及时发现和依法查处违法广告行为。	广电总局

续表

惩戒措施	法律及政策依据（有关成员单位实施部分）	实施部门
26. 限制因专利违法被停止生产、销售的产品发布广告；正在发布的，应立即予以暂停	第六十八条　广播电台、电视台、报刊音像出版单位发布违法广告，或者以新闻报道形式变相发布广告，或者以介绍健康、养生知识等形式变相发布医疗、药品、医疗器械、保健食品广告，工商行政管理部门依照本法给予处罚的，应当通报新闻出版广电部门以及其他有关部门。新闻出版广电部门以及其他有关部门应当依法对负有责任的主管人员和直接责任人员给予处分；情节严重的，并可以暂停媒体的广告发布业务。 **2.**《国务院关于印发社会信用体系建设规划纲要（2014—2020年）的通知》（国发〔2014〕21号） 加强对失信主体的约束和惩戒。强化行政监管性约束和惩戒。在现有行政处罚措施的基础上，健全失信惩戒制度，建立各行业黑名单制度和市场退出机制。推动各级人民政府在市场监管和公共服务的市场准入、资质认定、行政审批、政策扶持等方面实施信用分类监管，结合监管对象的失信类别和程度，使失信者受到惩戒。	广电总局
27. 从严审查失信当事人的增值电信业务经营许可申请和非经营性互联网信息服务备案核准申请	《国务院关于建立完善守信联合激励和失信联合惩戒制度加快推进社会诚信建设的指导意见》（国发〔2016〕33号） （十）依法依规加强对失信行为的行政性约束和惩戒。对严重失信主体，各地区、各有关部门应将其列为重点监管对象，依法依规采取行政性约束和惩戒措施。从严审核行政许可审批项目，从严控制生产许可证发放，限制新增项目审批、核准，限制股票发行上市融资或发行债券，限制在全国股份转让系统挂牌、融资，限制发起设立或参股金融机构以及小额贷款公司、融资担保公司、创业投资公司、互联网融资平台等机构，限制从事互联网信息服务等。严格限制申请财政性资金项目，限制参与有关公共资源交易活动，限制参与基础设施和公用事业特许经营。对严重失信企业及其法定代表人、主要负责人和对失信行为负有直接责任的注册执业人员等实施市场和行业禁入措施。及时撤销严重失信企业及其法定代表人、负责人、高级管理人员和对失信行为负有直接责任的董事、股东等人员的荣誉称号，取消参加评先评优资格。	工业和信息化部
28. 限制招录（聘）为公务员或事业单位工作人员	**1.**《中华人民共和国公务员法》 第十一条　公务员应当具备下列条件：（一）具有中华人民共和国国籍；（二）年满十八周岁；（三）拥护中华人民共和国宪法；（四）具有良好的品行；（五）具有正常履行职责的身体条件；（六）具有符合职位要求的文化程度和工作能力；（七）法律规定的其他条件。 第二十一条　录用担任主任科员以下及其他相当职务层次的非领导职务公务员，采取公开考试、严格考察、平等竞争、择优录取的办法。 **2.**《事业单位公开招聘人员暂行规定》（人事部令第6号） 第九条　应聘人员必须具备下列条件：（一）具有中华人民共和国国籍；（二）遵守宪法和法律；（三）具有良好的品行；（四）岗位所需的专业或技能条件；（五）适应岗位要求的身体条件；（六）岗位所需要的其他条件。	中央组织部、人力资源社会保障部等有关部门

续表

惩戒措施	法律及政策依据（有关成员单位实施部分）	实施部门
29. 被人民法院按照有关规定依法采取限制消费措施或依法纳入失信被执行人名单的，限制乘坐飞机、列车软卧、G字头动车组列车全部座位、其他动车组列车一等以上座位等高消费及其他非生活和工作必需的消费行为	**1.《中华人民共和国民事诉讼法》** 第二百五十五条　被执行人不履行法律文书确定的义务的，人民法院可以对其采取或者通知有关单位协助采取限制出境，在征信系统记录、通过媒体公布不履行义务信息以及法律规定的其他措施。 **2.《最高人民法院关于限制被执行人高消费及有关消费的若干规定》** 第一条　被执行人未按执行通知书指定的期间履行生效法律文书确定的给付义务的，人民法院可以采取限制消费措施，限制其高消费及非生活或者经营必需的有关消费。纳入失信被执行人名单的被执行人，人民法院应当对其采取限制消费措施。 第三条　被执行人为自然人的，被采取限制消费措施后，不得有以下高消费及非生活和工作必需的消费行为： （一）乘坐交通工具时，选择飞机、列车软卧、轮船二等以上舱位； （二）在星级以上宾馆、酒店、夜总会、高尔夫球场等场所进行高消费； （三）购买不动产或者新建、扩建、高档装修房屋； （四）租赁高档写字楼、宾馆、公寓等场所办公； （五）购买非经营必需车辆； （六）旅游、度假； （七）子女就读高收费私立学校； （八）支付高额保费购买保险理财产品； （九）乘坐G字头动车组列车全部座位、其他动车组列车一等以上座位等其他非生活和工作必需的消费行为。 被执行人为单位的，被采取限制消费措施后，被执行人及其法定代表人、主要负责人、影响债务履行的直接责任人员、实际控制人不得实施前款规定的行为。 因私消费以个人财产实施前款规定行为的，可以向执行法院提出申请。执行法院审查属实的，应予准许。 第六条　人民法院决定采取限制消费措施的，可以根据案件需要和被执行人的情况向有义务协助调查、执行的单位送达协助执行通知书，也可以在相关媒体上进行公告。 第八条　被限制消费的被执行人因生活或者经营必需而进行本规定禁止的消费活动的，应当向人民法院提出申请，获批准后方可进行。 第十一条　被执行人违反限制消费令进行消费的行为属于拒不履行人民法院已经发生法律效力的判决、裁定的行为，经查证属实的，依照《中华人民共和国民事诉讼法》第一百一十一条的规定，予以拘留、罚款；情节严重，构成犯罪的，追究其刑事责任。有关单位在收到人民法院协助执行通知书后，仍允许被执行人进行高消费及非生活或者经营必需的有关消费的，人民法院可以依照《中华人民共和国民事诉讼法》第一百一十四条的规定，追究其法律责任。	最高法院、交通运输部、民航局、铁路总公司等有关单位

续表

惩戒措施	法律及政策依据（有关成员单位实施部分）	实施部门
30. 限制购买不动产及国有产权交易，限制在一定范围的旅游、度假等非生活和工作必需的消费行为	**1.《最高人民法院关于限制被执行人高消费及有关消费的若干规定》** 第一条 被执行人未按执行通知书指定的期间履行生效法律文书确定的给付义务的，人民法院可以采取限制消费措施，限制其高消费及非生活或者经营必需的有关消费。纳入失信被执行人名单的被执行人，人民法院应当对其采取限制消费措施。 第三条 被执行人为自然人的，被采取限制消费措施后，不得有以下高消费及非生活和工作必需的消费行为： （一）乘坐交通工具时，选择飞机、列车软卧、轮船二等以上舱位； （二）在星级以上宾馆、酒店、夜总会、高尔夫球场等场所进行高消费； （三）购买不动产或者新建、扩建、高档装修房屋； （四）租赁高档写字楼、宾馆、公寓等场所办公； （五）购买非经营必需车辆； （六）旅游、度假； （七）子女就读高收费私立学校； （八）支付高额保费购买保险理财产品； （九）乘坐G字头动车组列车全部座位、其他动车组列车一等以上座位等其他非生活和工作必需的消费行为。 被执行人为单位的，被采取限制消费措施后，被执行人及其法定代表人、主要负责人、影响债务履行的直接责任人员、实际控制人不得实施前款规定的行为。 因私消费以个人财产实施前款规定行为的，可以向执行法院提出申请。执行法院审查属实的，应予准许。 第六条 人民法院决定采取限制消费措施的，可以根据案件需要和被执行人的情况向有义务协助调查、执行的单位送达协助执行通知书，也可以在相关媒体上进行公告。 第八条 被限制消费的被执行人因生活或者经营必需而进行本规定禁止的消费活动的，应当向人民法院提出申请，获批准后方可进行。 第十一条 被执行人违反限制消费令进行消费的行为属于拒不履行人民法院已经发生法律效力的判决、裁定的行为，经查证属实的，依照《中华人民共和国民事诉讼法》第一百一十一条的规定，予以拘留、罚款；情节严重，构成犯罪的，追究其刑事责任。有关单位在收到人民法院协助执行通知书后，仍允许被执行人进行高消费及非生活或者经营必需的有关消费的，人民法院可以依照《中华人民共和国民事诉讼法》第一百一十四条的规定，追究其法律责任。	文化和旅游部、自然资源部、国资委等有关部门

续表

惩戒措施	法律及政策依据（有关成员单位实施部分）	实施部门
30. 限制购买不动产及国有产权交易，限制在一定范围的旅游、度假等非生活和工作必需的消费行为	**2.《关于加快推进失信被执行人信用监督、警示和惩戒机制建设的意见》（中办发〔2016〕64号）** （七）限制高消费及有关消费 1. 乘坐火车、飞机限制。限制失信被执行人及失信被执行人的法定代表人、主要负责人、实际控制人、影响债务履行的直接责任人员乘坐列车软卧、G字头动车组列车全部座位、其他动车组列车一等以上座位、民航飞机等非生活和工作必需的消费行为。 2. 住宿宾馆饭店限制。限制失信被执行人及失信被执行人的法定代表人、主要负责人、实际控制人、影响债务履行的直接责任人员住宿星级以上宾馆饭店、国家一级以上酒店及其他高消费住宿场所；限制其在夜总会、高尔夫球场等高消费场所消费。 3. 高消费旅游限制。限制失信被执行人及失信被执行人的法定代表人、主要负责人、实际控制人、影响债务履行的直接责任人员参加旅行社组织的团队出境旅游，以及享受旅行社提供的与出境旅游相关的其他服务；对失信被执行人在获得旅游等级评定的度假区内或旅游企业内消费实行限额控制。 4. 子女就读高收费学校限制。限制失信被执行人及失信被执行人的法定代表人、主要负责人、实际控制人、影响债务履行的直接责任人员以其财产支付子女入学就读高收费私立学校。 5. 购买具有现金价值保险限制。限制失信被执行人及失信被执行人的法定代表人、主要负责人、实际控制人、影响债务履行的直接责任人员支付高额保费购买具有现金价值的保险产品。 6. 新建、扩建、高档装修房屋等限制。限制失信被执行人及失信被执行人的法定代表人、主要负责人、实际控制人、影响债务履行的直接责任人员新建、扩建、高档装修房屋，购买非经营必需车辆等非生活和工作必需的消费行为。 **3.《国务院关于建立完善守信联合激励和失信联合惩戒制度加快推进社会诚信建设的指导意见》（国发〔2016〕33号）** （十）依法依规加强对失信行为的行政性约束和惩戒。对严重失信主体，各地区、各有关部门应将其列为重点监管对象，依法依规采取行政性约束和惩戒措施。从严审核行政许可审批项目，从严控制生产许可证发放，限制新增项目审批、核准，限制股票发行上市融资或发行债券，限制在全国股份转让系统挂牌、融资，限制发起设立或参股金融机构以及小额贷款公司、融资担保公司、创业投资公司、互联网融资平台等机构，限制从事互联网信息服务等。严格限制申请财政性资金项目，限制参与有关公共资源交易活动，限制参与基础设施和公用事业特许经营。对严重失信企业及其法定代表人、主要负责人和对失信行为负有直接责任的注册执业人员等实施市场和行业禁入措施。及时撤销严重失信企业及其法定代表人、负责人、高级管理人员和对失信行为负有直接责任的董事、股东等人员的荣誉称号，取消参加评先评优资格。	文化和旅游部、自然资源部、国资委等有关部门

续表

惩戒措施	法律及政策依据（有关成员单位实施部分）	实施部门
31. 限制取得表彰奖励，已取得的表彰奖励予以撤销	**1.《关于印发〈全国道德模范荣誉称号管理暂行办法〉的通知》（文明委〔2015〕6号）** 第七条　全国道德模范及提名奖获得者产生道德滑坡，有下列情形之一的，所在属地管理责任部门向中央文明办提交调查报告，经中央文明办批准后撤销荣誉称号，收回奖章和证书。 （三）生产经营活动严重失信的。 **2.《国务院关于促进市场公平竞争维护市场正常秩序的若干意见》（国发〔2014〕20号）** （十五）建立健全守信激励和失信惩戒机制。将市场主体的信用信息作为实施行政管理的重要参考。根据市场主体信用状况实行分类分级、动态监管，建立健全经营异常名录制度，对违背市场竞争原则和侵犯消费者、劳动者合法权益的市场主体建立"黑名单"制度。对守信主体予以支持和激励，对失信主体在经营、投融资、取得政府供应土地、进出口、出入境、注册新公司、工程招投标、政府采购、获得荣誉、安全许可、生产许可、从业任职资格、资质审核等方面依法予以限制或禁止，对严重违法失信主体实行市场禁入制度。 **3.《国务院关于建立完善守信联合激励和失信联合惩戒制度加快推进社会诚信建设的指导意见》（国发〔2016〕33号）** （十）依法依规加强对失信行为的行政性约束和惩戒。对严重失信主体，各地区、各有关部门应将其列为重点监管对象，依法依规采取行政性约束和惩戒措施。从严审核行政许可审批项目，从严控制生产许可证发放，限制新增项目审批、核准，限制股票发行上市融资或发行债券，限制在全国股份转让系统挂牌、融资，限制发起设立或参股金融机构以及小额贷款公司、融资担保公司、创业投资公司、互联网融资平台等机构，限制从事互联网信息服务等。严格限制申请财政性资金项目，限制参与有关公共资源交易活动，限制参与基础设施和公用事业特许经营。对严重失信企业及其法定代表人、主要负责人和对失信行为负有直接责任的注册执业人员等实施市场和行业禁入措施。及时撤销严重失信企业及其法定代表人、负责人、高级管理人员和对失信行为负有直接责任的董事、股东等人员的荣誉称号，取消参加评先评优资格。	中央宣传部、中央文明办、国务院扶贫办、全国总工会、共青团中央、全国妇联、中国科协及其他有关部门
32. 严重失信主体是个人的，依法限制登记为事业单位法定代表人；严重失信主体是机构的，该机构法定代表人依法限制登记为事业单位法定代表人	**1.《中央编办关于批转〈事业单位、社会团体及企业等组织利用国有资产举办事业单位设立登记办法（试行）〉的通知》（中央编办发〔2015〕132号）** 第四条　登记事项要求：（四）法定代表人。应当是具有完全民事行为能力的中国公民，且为该单位主要行政负责人，年龄一般不超过70周岁，无不良信用记录。担任过其他机构法定代表人的，在任职期间，该机构无不良信用记录。 党政机关领导干部在职或退休后拟担任法定代表人的，应当符合干部管理有关规定。 **2.《事业单位登记管理暂行条例实施细则》（中央编办发〔2014〕4号）** 第三十一条　事业单位法定代表人应当具备下列条件： （一）具有完全民事行为能力的自然人；（二）该事业单位的主要行政负责人；违反法律、法规和政策规定产生的事业单位主要行政负责人，不得担任事业单位法定代表人。	中央编办

续表

惩戒措施	法律及政策依据（有关成员单位实施部分）	实施部门
33. 将失信主体的失信信息协调互联网新闻信息服务单位，向社会公布	1.《中华人民共和国政府信息公开条例》 第九条　行政机关对符合下列基本要求之一的政府信息应当主动公开： （一）涉及公民、法人或者其他组织切身利益的； （二）需要社会公众广泛知晓或者参与的； （三）反映本行政机关机构设置、职能、办事程序等情况的； （四）其他依照法律、法规和国家有关规定应当主动公开的。 2.《互联网新闻信息服务管理规定》（国家互联网信息办公室令第1号） 第三条　提供互联网新闻信息服务，应当遵守宪法、法律和行政法规，坚持为人民服务、为社会主义服务的方向，坚持正确舆论导向，发挥舆论监督作用，促进形成积极健康、向上向善的网络文化，维护国家利益和公共利益。 第四条　国家互联网信息办公室负责全国互联网新闻信息服务的监督管理执法工作。地方互联网信息办公室依据职责负责本行政区域内互联网新闻信息服务的监督管理执法工作。 3.《关于建立和完善执行联动机制若干问题的意见》（法发〔2010〕15号） 第三条　新闻宣传部门应当加强对人民法院执行工作的宣传，教育引导社会各界树立诚信意识，形成自觉履行生效法律文书确定的义务、依法协助人民法院执行的良好风尚；把握正确的舆论导向，增强市场主体的风险意识。配合人民法院建立被执行人公示制度，及时将人民法院委托公布的被执行人名单以及其他干扰、阻碍执行的行为予以曝光。	中央网信办

加强知识产权行政执法指导，提高办案水平

关于知识产权行政执法案例指导工作的规定（试行）*

第一条 为贯彻落实党中央国务院关于严格知识产权保护的决策部署，加强知识产权行政执法指导工作，统一执法标准，提高办案水平，制定本规定。

第二条 本规定所称知识产权行政执法指导案例（以下简称"指导案例"），是指已经发生法律效力，体现严格知识产权保护导向，具有良好法律效果与社会效果，对商标、专利、地理标志、集成电路布图设计等知识产权行政执法工作具有指导作用的案例，并应当至少符合以下条件之一：

（一）社会广泛关注；

（二）法律规定适用较为原则需要进一步细化；

（三）疑难复杂或新类型；

（四）具有典型性；

（五）其他在事实认定、证据收集、法律适用等方面对处理类似案件具有普遍指导作用。

指导案例应当是行政决定作出后，当事人在法定期限内未提起行政复议、行政诉讼或提起行政复议、行政诉讼但后续法律程序已完结的案件。

第三条 指导案例由国家知识产权局确定并统一发布，知识产权行政执法机构处理类似案件时应当参照。

---

* 2019年4月24日，《国家知识产权局关于开展知识产权行政执法案例指导工作的通知》（国知发保字〔2019〕24号）印发。

知识产权行政执法机构可以引述指导案例进行说理，但不能作为处理案件的直接法律依据。

第四条 国家知识产权局设立案例指导工作委员会，负责讨论确定备选指导案例。案例指导工作委员会由国家知识产权局分管局领导、相关业务部门负责人组成。

案例指导工作委员会设立案例指导专家咨询委员会，负责为案例指导工作提供咨询和建议。

国家知识产权局知识产权保护司负责备选指导案例的征集、遴选、审核、报审等工作，负责案例指导工作委员会和案例指导专家咨询委员会的日常工作等。

第五条 国家知识产权局各业务部门负责与其业务工作有关的备选指导案例的收集、审查和推荐工作。

各省（自治区、直辖市）知识产权局（知识产权管理部门）负责本辖区内备选指导案例的收集、审查和推荐工作。

社会公众对认为符合本规定第二条要求的案例，可以向处理案件的知识产权行政执法机构或直接向国家知识产权局知识产权保护司提出推荐建议。

第六条 国家知识产权局各业务部门和各省（自治区、直辖市）知识产权局（知识产权管理部门）推荐案例，应当提交以下材料：

（一）指导案例推荐表；

（二）行政执法决定等案卷材料。

上述材料以纸质和电子介质两种形式一并报送。

第七条 国家知识产权局知识产权保护司对被推荐的案例提出备选指导案例的意见，送有关业务部门、案例指导专家咨询委员会专家征求意见。必要时可征求其他有关单位、专家学者意见或召开专家论证会。

国家知识产权局知识产权保护司根据征求意见情况，将备选指导案例意见报请案例指导工作委员会讨论。

第八条 案例指导工作委员会对备选指导案例进行集体讨论，提出指导案例发布意见，提请国家知识产权局局务会审议。

第九条 国家知识产权局应当及时将指导案例向社会公开，通过国家知识产权局网站、《国家知识产权局公报》等正式发布。

国家知识产权局建立指导案例纸质档案和电子信息库,为指导案例的参照适用、查询、检索和编纂等提供保障。

第十条 国家知识产权局应当定期或不定期对发布的指导案例进行清理,对于与新的法律、行政法规、规章不一致的或不适应客观情况变化的指导案例予以废止或宣布不再具有指导作用。

第十一条 国家知识产权局对于案例指导工作中做出成绩、表现突出的单位和个人给予激励。

第十二条 本规定由国家知识产权局知识产权保护司负责具体解释,自公布之日起施行。

建立健全专利领域失信联合惩戒制度

专利领域严重失信联合惩戒对象名单管理办法（试行）[*]

第一章 总则

第一条 为严格保护知识产权，加快推进专利领域信用体系建设，深入贯彻落实《国务院办公厅关于印发全国深化"放管服"改革优化营商环境电视电话会议重点任务分工方案的通知》（国办发〔2019〕39号）、《关于对知识产权（专利）领域严重失信主体开展联合惩戒的合作备忘录》（发改财金〔2018〕1702号）、《国家发展改革委 人民银行关于加强和规范守信联合激励和失信联合惩戒对象名单管理工作的指导意见》（发改财金规〔2017〕1798号），建立健全专利领域失信联合惩戒制度，结合工作实际，制定本办法。

第二条 本办法所称专利领域严重失信联合惩戒对象名单管理，是指对专利领域严重失信联合惩戒对象实施行为认定、列入名单、联合惩戒、移出名单以及信用修复等措施的统称。

第三条 专利领域严重失信联合惩戒对象名单管理实行"谁列入、谁负责"，坚持依法依规、客观公正、公开透明、动态管理。

第四条 联合惩戒对象为专利领域严重失信行为的主体实施者。该主体实施者为法人的，联合惩戒对象为该法人及其法定代表人、主要负责

---

[*] 2019年10月16日，《国家知识产权局关于印发〈专利领域严重失信联合惩戒对象名单管理办法（试行）〉的通知》（国知发保字〔2019〕52号）印发。

人、直接责任人员和实际控制人；该主体实施者为非法人组织的，联合惩戒对象为非法人组织及其负责人；该主体实施者为自然人的，联合惩戒对象为本人。

第五条 专利领域严重失信行为包括：重复专利侵权行为、不依法执行行为、专利代理严重违法行为、专利代理师资格证书挂靠行为、非正常申请专利行为、提供虚假文件行为。

第二章　行为认定

第六条 重复专利侵权行为和不依法执行行为由省级知识产权管理部门、专利执法部门依职责认定。专利代理严重违法行为和专利代理师资格证书挂靠行为由国家知识产权局和省级知识产权管理部门依职责认定。非正常申请专利行为和提供虚假文件行为由国家知识产权局负责认定。

第七条 省内各级知识产权管理部门作出的认定专利侵权成立的行政裁决决定发生法律效力后，侵权方再次侵犯同一专利权，并被该省内各级知识产权管理部门再次裁定侵权成立且相关决定发生法律效力的，即为侵权方存在重复专利侵权行为。

第八条 拒不执行已生效的针对专利侵权行为的行政裁决决定、针对专利假冒行为的行政处罚决定的，以及阻碍知识产权管理部门、专利执法部门依法开展调查取证工作情节严重的，即为不依法执行行为。

第九条 专利代理机构被列入国家知识产权局确定的经营异常名录后，自列入之日起满3年仍不符合相关规定的，或者因专利代理违法违规行为受到行政处罚后3年内再次出现同类违法违规行为的，即为存在专利代理严重违法行为。

第十条 变造、倒卖、出租、出借专利代理师资格证书或以其他形式转让资格证书，受到行政处罚后3年内再犯的，即为存在专利代理师资格证书挂靠行为。

第十一条 被认定为属于《关于规范专利申请行为的若干规定》所称的非正常申请专利的行为，即为非正常申请专利行为。

第十二条 在申请专利或办理相关事务过程中提供虚假材料或虚假证明文件的，或存在其他弄虚作假行为的，即为存在提供虚假文件行为。

第三章 列入名单、联合惩戒、移出名单

第十三条 经认定主体存在严重失信行为的，应当作出列入决定将其列入联合惩戒对象名单。列入决定包括：

（一）失信主体的基本信息，包括名称/姓名、统一社会信用代码/身份证号码等；

（二）列入名单的事由、列入依据、列入日期等；

（三）作出决定的部门。

第十四条 列入决定作出前应当将严重失信行为的事实、列入联合惩戒对象名单的依据、列入部门、列入期限、权利救济的方式等告知失信主体。

第十五条 列入决定应当自作出之日起 5 个工作日内报送国家知识产权局。

第十六条 国家知识产权局应当自收到列入决定之日起 5 个工作日内将严重失信主体信息报送全国信用信息共享平台，并通过"信用中国"网站、国家企业信用信息公示系统、国家知识产权局政府网站、国家知识产权局"互联网＋监管"系统等向社会公示。

第十七条 国家知识产权局通过全国信用信息共享平台向签署《关于对知识产权（专利）领域严重失信主体开展联合惩戒的合作备忘录》的其他部门提供严重失信主体信息，联合其他部门依照有关法律、法规、规章及规范性文件的规定，对严重失信主体采取一种或多种惩戒措施。联合惩戒期限一般为 3 年，自公示之日起计算。

第十八条 作出列入决定的部门对由本部门列入联合惩戒对象名单且联合惩戒期满的主体进行核实，对联合惩戒期内未再发生严重失信行为的主体，自核实确认之日起 5 个工作日内作出移出决定并报送国家知识产权局。移出决定包括：

（一）移出主体的基本信息，包括名称/姓名、统一社会信用代码/身份证号码等；

（二）移出名单的事由、移出日期等；

（三）作出决定部门。

国家知识产权局自收到移出决定之日起 5 个工作日内将主体移出联合惩戒对象名单，实施联合惩戒措施的各部门停止对该主体的联合惩戒。

第十九条 被列入联合惩戒对象名单的主体因严重失信行为认定标准发生变化，其失信行为不再符合列入条件的，可向国家知识产权局书面申请移出，国家知识产权局应当自收到申请之日起 5 个工作日内决定是否受理，不予受理的应将不予受理的理由告知申请人；予以受理的应进行核实，并自核实确认之日起 5 个工作日内将结果告知申请人。

符合移出条件的，应当作出移出决定将该主体移出联合惩戒对象名单，实施联合惩戒措施的各部门停止对该主体的联合惩戒。

第二十条 国家知识产权局可依申请将严重失信主体联合惩戒对象名单推送给相关行业协会、专业服务机构、平台型企业等，实施社会共治。

第四章 信用修复

第二十一条 被列入联合惩戒对象名单的主体能够积极主动纠正失信行为、消除不良社会影响，且已被列入名单满 1 年的，可向作出列入决定的部门书面申请信用修复。

第二十二条 申请信用修复应提交以下申请材料：

（一）申请主体的基本信息，包括名称/姓名、统一社会信用代码/身份证号码等；

（二）已纠正失信行为的证明材料；

（三）公开作出信用承诺的材料或信用报告等。

作出列入决定的部门应当在收到申请材料之日起 5 个工作日内决定是否受理，不予受理的应将不予受理的理由告知申请人；予以受理的，应进行核实，必要时可约谈相关人员，自核实确认之日起 5 个工作日内将结果告知申请人。准予信用修复的应当作出准予信用修复的决定，并自作出决定之日起 5 个工作日内将决定报送国家知识产权局。

国家知识产权局自收到准予信用修复决定之日起 5 个工作日内将主体移出联合惩戒对象名单，实施联合惩戒措施的各部门停止对该主体的联合惩戒。

第二十三条 除法律法规另有规定外，有下列情形之一的，不予修复信用：

（一）失信主体在申请修复之日前 1 年内因严重失信行为再次被列入联合惩戒对象名单的；

（二）失信主体自上次被准予信用修复之日起 1 年内再次被列入联合惩戒对象名单的；

（三）对国家安全、公共安全、市场经营秩序、他人合法权益造成严重危害后果的。

第五章　附则

第二十四条　专利领域严重失信联合惩戒对象名单管理相关文书样式由国家知识产权局统一制定。

第二十五条　国家知识产权局和省级知识产权管理部门、专利执法部门负责信用管理工作的人员接受社会监督，对公示前的相关信息负有保密义务。

第二十六条　本办法由国家知识产权局负责解释。

第二十七条　本办法自 2019 年 12 月 1 日起试行。

在知识产权行政执法案件处理中引入技术调查官制度

关于技术调查官参与专利、集成电路布图设计侵权纠纷行政裁决办案的若干规定（暂行）[*]

第一条 为贯彻落实中共中央办公厅、国务院办公厅《关于强化知识产权保护的意见》，规范技术调查官参与知识产权侵权纠纷行政裁决活动，根据《专利法》《行政诉讼法》《集成电路布图设计保护条例》有关规定，结合专利、集成电路布图设计侵权纠纷行政裁决办案工作实际，制定本规定。

第二条 国家知识产权局和地方管理专利工作的部门处理专利、集成电路布图设计侵权纠纷案件，可以指派技术调查官参与行政裁决活动。

第三条 技术调查官属于行政裁决辅助人员，对案件合议结果不具有表决权。

技术调查官根据行政裁决办案人员的指派，为查明案件技术事实提供咨询、出具技术调查意见和其他必要技术协助。

第四条 国家知识产权局负责建设国家技术调查官名录库，选任和管理技术调查官。

各地方管理专利工作的部门可以选任和管理本辖区内的技术调查官。

第五条 技术调查官可以从专利局、行业协会、高等院校、科研机

---

[*] 2021年5月7日，《国家知识产权局办公室印发〈关于技术调查官参与专利、集成电路布图设计侵权纠纷行政裁决办案的若干规定（暂行）〉的通知》（国知办发保字〔2021〕17号）印发。

构、企事业单位等相关领域的技术人员中遴选。

第六条 行政裁决涉及重大、疑难、复杂的技术问题，技术调查官难以决断的，还可以从高等院校、科研机构中聘请相关技术领域具有副高以上职称的专家提供咨询。

第七条 根据行政裁决办案人员的指派，技术调查官在行政裁决活动中履行下列职责：

（一）对技术事实的争议焦点以及调查范围、顺序、方法等提出建议；

（二）参与调查取证；

（三）参与询问、口头审理；

（四）提出技术调查意见；

（五）协助行政裁决办案人员组织鉴定人、相关技术领域的专业人员提出意见；

（六）列席合议组有关会议；

（七）完成其他相关工作。

第八条 技术调查官参与调查取证的，应当事先查阅相关技术资料，就调查取证的范围、步骤和注意事项等提出建议。

第九条 技术调查官参与询问、口头审理时，可以向当事人及其他相关人员发问。

第十条 技术调查官应当在案件合议前就案件所涉技术问题提出技术调查意见。

技术调查意见由技术调查官独立出具并签名，不对外公开。

第十一条 技术调查官提出的技术调查意见作为合议组认定技术事实的参考。

合议组对技术事实认定依法承担责任。

第十二条 技术调查官参与行政裁决活动的，应当在裁决文书上署名。

第十三条 参与行政裁决活动的技术调查官确定或者变更后，应当在三个工作日内告知当事人，并依法告知当事人有权申请技术调查官回避。

第十四条 具有下列情形之一的，技术调查官应当自行回避；技术调查官没有回避的，当事人及其代理人有权要求其回避：

（一）是本案当事人或者当事人近亲属的；

（二）本人或者其近亲属与本案有利害关系的；

（三）担任过本案证人、代理人的；

（四）其他可能影响对案件公正办理的。

技术调查官的回避由合议组组长决定。

第十五条 技术调查官对于参与行政裁决活动中知悉的案件信息，包括当事人的商业秘密和其他信息，负有保密义务。

第十六条 技术调查官应当参加国家知识产权局组织的相关培训。

技术调查官可以接受指派或者应相关部门的邀请，对地方管理专利工作的部门人员进行业务培训。

第十七条 地方管理专利工作的部门可以申请从国家技术调查官名录库调派技术调查官，参与其行政裁决活动。

第十八条 技术调查官违反与行政裁决工作有关的法律法规及相关规定，贪污受贿、徇私舞弊，故意出具虚假、误导或者重大遗漏的不实技术调查意见的，应当依纪依法追究责任；构成犯罪的，依法追究刑事责任。

第十九条 本规定由国家知识产权局负责解释。

第二十条 本规定自公布之日起施行。

> 建立健全知识产权纠纷多元化解机制，开展知识产权纠纷在线诉调对接工作

最高人民法院办公厅 国家知识产权局办公室关于建立知识产权纠纷在线诉调对接机制的通知[*]

各省、自治区、直辖市高级人民法院、知识产权局，解放军军事法院，新疆维吾尔自治区高级人民法院生产建设兵团分院，新疆生产建设兵团知识产权局，四川省知识产权促进中心，广东省知识产权保护中心：

为深入贯彻党的十九大和十九届四中、五中全会关于建立共建共治共享社会治理格局的重大决策部署，落实《中共中央办公厅 国务院办公厅关于完善矛盾纠纷多元化解机制的意见》《中共中央办公厅 国务院办公厅关于强化知识产权保护的意见》及《最高人民法院关于人民法院进一步深化多元化纠纷解决机制改革的意见》等文件要求，最高人民法院、国家知识产权局决定建立健全知识产权纠纷多元化解机制，开展知识产权纠纷在线诉调对接工作。现将有关事项通知如下。

一、指导思想

1. 坚持以习近平新时代中国特色社会主义思想为指导，全面贯彻党的十九大和十九届二中、三中、四中、五中全会精神，深刻领会习近平总书

---

[*] 2020年12月29日，《最高人民法院办公厅 国家知识产权局办公室关于建立知识产权纠纷在线诉调对接机制的通知》印发。

记在中共中央政治局第二十五次集体学习时关于全面加强知识产权保护工作的重要讲话精神，深入落实党中央、国务院关于强化知识产权保护和完善矛盾纠纷多元化解机制的决策部署，建立健全知识产权纠纷多元化解机制，完善知识产权纠纷在线诉调对接工作，塑造良好营商环境，不断满足人民群众多元的纠纷解决需求。

二、基本原则

2. 依法公正原则

知识产权纠纷多元化解工作不得违反法律的基本原则，不得损害国家利益、集体利益和第三方合法权益。

3. 调解自愿原则

充分尊重各方当事人意愿，保障当事人依法行使自己的民事权利和诉讼权利。

4. 高效便民原则

根据知识产权纠纷特点，灵活确定解纷方式，强化信息技术应用，提升解纷效率，降低当事人解纷成本。

三、工作目标

5. 充分发挥调解在化解知识产权领域矛盾纠纷中的重要作用，发挥各级知识产权管理部门在解决知识产权纠纷中的指导协调作用，以及人民法院在多元化纠纷解决机制改革中的引领、推动、保障作用，切实将非诉讼纠纷解决机制挺在前面，建立起有机衔接、协调联动、高效便捷的知识产权纠纷在线诉调对接工作机制。

四、工作内容

6. 建立"总对总"在线诉调对接机制

最高人民法院与国家知识产权局协调推进在线诉调对接机制建设，畅通线上线下调解与诉讼对接渠道。国家知识产权局指导各级知识产权管理部门同本级人民法院建立协调机制，指导全国知识产权纠纷调解组织和调解员入驻人民法院调解平台，开展全流程在线调解、在线申请司法确认或调解书等诉调对接工作，全面提升知识产权纠纷调解工作的质量和效率。

7. 职责分工

最高人民法院立案庭负责在线诉调对接工作的统筹推进、宣传引导当事人运用调解平台化解知识产权纠纷、调解平台的研发运维等。最高人民法院民事审判第三庭、知识产权法庭负责指导督促各级人民法院知识产权审判法官运用调解平台开展纠纷委派、委托调解工作，对知识产权纠纷调解员开展培训等业务指导工作。国家知识产权局知识产权保护司负责统筹知识产权纠纷调解机制建设，制定知识产权纠纷调解政策规范，指导各级知识产权管理部门推进诉调对接工作。

各级知识产权管理部门负责同本级人民法院开展诉调对接工作，指导知识产权保护中心、快维中心、维权援助中心等建立调解组织和调解员名册及相关管理制度，指导调解组织和调解员入驻人民法院调解平台工作，组织调解组织和调解员开展在线调解工作。

8. 调解组织和调解员信息的采集和管理

国家知识产权局知识产权保护司负责首次采集调解组织和调解员信息。各级知识产权管理部门负责调解组织和调解员的日常管理和信息维护工作。

9. 特邀调解组织和调解员的确认

各级知识产权管理部门择优推荐调解组织和调解员，并按照《最高人民法院关于人民法院特邀调解的规定》的要求，通过调解平台推送到本地具有知识产权管辖权的人民法院。人民法院对于符合条件的调解组织和调解员，应当纳入到本院的特邀调解名册中，并在调解平台上予以确认。

10. 在线诉调对接业务流程

当事人向人民法院提交纠纷调解申请后，人民法院通过调解平台向入驻的相关调解组织或调解员委派、委托调解案件；调解组织及调解员登录调解平台接受委派、委托，开展调解工作；调解完成后将调解结果录入调解平台，并告知相关法院。当事人也可以直接通过调解平台向相关调解组织提交调解申请。

调解成功的案件，调解员组织双方当事人在线签订调解协议。双方当事人可就达成的调解协议共同申请在线司法确认或出具调解书，人民法院将通过调解平台对调解协议进行在线司法确认，或立案后出具调解书；未调解成功的案件由人民法院依据法律规定进行立案或继续审理。

经调解组织线下调解成功的案件，能够进行司法确认的，可通过调解平台进行在线司法确认。

11. 强化在线音视频调解

调解组织和调解员要积极使用调解平台的音视频调解功能开展在线调解工作。各级人民法院要充分利用法院办案系统和调解平台内外连通的便利条件，落实在线委派或委托调解、调解协议在线司法确认、电子送达等工作，为在线音视频调解提供支持和保障。

12. 加强调解工作信息化建设

各级人民法院、知识产权管理部门要加强信息化建设，推进知识产权纠纷化解平台与人民法院调解平台的对接工作，加强软硬件建设，创新服务举措，做到数据共享、资源共用、形成合力。

五、工作要求

13. 建立联席会议制度

建立由最高人民法院立案庭、民事审判第三庭、知识产权法庭、国家知识产权局知识产权保护司共同参与的联席会议制度，定期通报在线诉调对接工作的推广应用情况、分析存在的问题、研究制定下一步工作举措。各地由人民法院、知识产权管理部门牵头，与相关单位和部门建立工作协调和信息共享机制，落实相关工作。

14. 建立健全评估激励体系

最高人民法院和国家知识产权局根据工作实际分别建立调解组织和调解员绩效评估激励体系，从组织建设情况、矛盾纠纷化解数量、调解成功率等方面科学设定评估内容和评估标准，定期形成调解工作分析报告。对参与纠纷化解工作表现突出的调解组织和调解员给予表彰和奖励，引导调解组织和调解员优质高效参与知识产权纠纷多元化解工作。

15. 加强经费支持

各级人民法院、知识产权管理部门要紧紧依靠党委领导，主动争取政府支持，按照现行财政管理体制和部门预算管理要求，将知识产权纠纷调解工作相关经费纳入财政专项预算统筹考虑。加强对知识产权纠纷调解组织和调解员的补助和案件补贴。

16. 加强培训指导

最高人民法院立案庭、民事审判第三庭、知识产权法庭、国家知识产权局知识产权保护司，各级人民法院和各级知识产权管理部门应建立多层次联合培训机制，不断提高调解员的职业修养、法律素养、专业知识和调解技能。人民法院要大力支持知识产权管理部门培育并充实调解力量，广泛吸纳社会专业人士担任调解员，为推进知识产权纠纷多元化解工作提供保障。

17. 重视宣传推广

各级人民法院、知识产权管理部门要加大宣传力度，通过典型案例、普法教育等多种方式，提高当事人和社会公众对知识产权纠纷多元化解工作的知晓度和信任度，积极引导当事人通过调解方式解决知识产权纠纷，依法理性维权。

各地在落实推进中的经验做法、困难问题，请及时层报最高人民法院和国家知识产权局。

最高人民法院办公厅
国家知识产权局办公室
2020 年 12 月 29 日

> 着力完善维权援助制度，提高维权援助服务水平

关于进一步加强知识产权维权援助工作的指导意见[*]

党的十八大以来，知识产权维权援助工作快速发展，覆盖面逐步扩大，服务水平不断提高，有效维护了社会公众和创新主体的合法权益。同时，社会公众和创新主体对知识产权保护的维权需求更加强烈、更趋多样，对知识产权维权援助工作提出更高要求。为深入贯彻党中央、国务院关于强化知识产权保护的决策部署，落实中央办公厅、国务院办公厅《关于强化知识产权保护的意见》，根据《优化营商环境条例》规定，现就进一步加强知识产权维权援助工作提出如下意见。

一、总体要求

（一）指导思想

坚持以习近平新时代中国特色社会主义思想为指导，全面贯彻党的十九大和十九届二中、三中、四中全会精神，深入落实党中央、国务院关于强化知识产权保护的决策部署，坚持问题和需求导向，着力加强知识产权维权援助工作体系、工作机制、工作规范、人才队伍建设和支撑保障，着力完善维权援助制度，提高维权援助服务水平，不断完善和加强知识产权保护体系建设，服务经济高质量发展，促进优化营商环境。

---

[*] 2020年6月16日，《国家知识产权局印发〈关于进一步加强知识产权维权援助工作的指导意见〉的通知》（国知发保字〔2020〕22号）印发。

（二）工作原则

坚持需求导向，服务国家战略。坚持服务国家战略发展方向，加强重点区域、重点产业服务布局，强化需求和资源整合对接，延伸维权援助服务网络，加大对"走出去"企业、民营企业、中小微企业、个体工商户等重点对象的维权援助。

坚持探索创新，强化公益服务。加强管理创新、模式创新、技术创新和服务创新，加强人才队伍、服务平台和信息化建设，切实提高维权援助公益服务水平，加强体系建设，促进维权援助服务均等可及，打造社会满意的维权援助服务品牌。

坚持协同共建，促进合作共享。充分发挥维权援助机构桥梁纽带作用，汇聚政府部门、高等院校、科研院所等多方优质资源，发挥行业协会等社会组织渠道作用，形成上下联动、横向协同、合作共享的运行机制，促进维权援助资源优化配置、高效运用。

（三）工作目标

力争到2025年，知识产权维权援助覆盖范围基本合理，服务水平适应需求，工作机制得到健全，服务质量有效提升，支撑保障有力加强，机构队伍稳定壮大，社会服务满意度显著提高。

二、全面提升维权援助工作能力

（四）明确工作范围

为自然人、法人或其他组织的专利、商标、地理标志、集成电路布图设计等知识产权维权援助申请提供公益援助。组织提供有关知识产权法律法规、授权确权程序与法律状态、纠纷处理方式、取证方法等咨询指导服务。组织提供知识产权公益研讨、培训。组织提供知识产权侵权判定参考意见。为重大公共知识产权纠纷或争端组织提供解决方案或建议。为公共研发、经贸、投资、技术转移或知识产权对外转让等活动组织提供分析预警。为展会、交易会、大型体育赛事、创新创业活动、文化活动等提供驻场等维权援助服务。为知识产权行政执法、行政裁决、司法保护、仲裁调解、诚信体系建设等工作提供技术支持，服务知识产权信息利用、文化宣传等工作。结合地方经济社会发展状况和实际需求，发挥快速协同保护作用，积极拓展维权援助服务内容。

（五）健全工作体系

推动构建横纵协调、点面结合、社会共治的维权援助工作体系，打造知识产权保护需求与服务资源对接平台、专业技术支撑平台和文化宣传推广平台。加强国家层面维权援助统筹协调，加强部门协同和区域协作，实现维权援助服务全国"一张网"。探索建立高校维权援助公益服务模式，支持推动行业协会等社会组织建立维权援助机制，提供维权援助服务。加强维权援助工作与行政执法、行政裁决、司法保护、仲裁调解、诚信体系建设等工作的有机衔接。推动知识产权保护志愿服务队伍建设，鼓励更多社会力量共同参与。强化知识产权保护中心、维权援助中心和快速维权中心等的建设和管理，支持具备条件的维权援助中心申报建设保护中心，加强维权援助工作的业务整合、机构融合，强化保护中心与快速维权中心的协同发展。加强维权援助机构间的交流与合作，推动维权援助服务体系向基层延伸，向线上线下创新创业载体、商贸流通领域各类市场等覆盖。

（六）夯实工作基础

进一步提高知识产权维权援助工作制度规范水平，完善工作程序和服务标准，形成系统完备的服务规范和服务指南，推进服务能力水平基本均衡化。加强与服务对象的交流沟通，建立意见收集、反馈和回访长效机制。完善维权援助需求与行政执法、行政裁决、司法保护、仲裁调解、诚信体系建设等服务提供的衔接程序，切实提高维权援助效率。加强维权援助信息化建设，完善中国知识产权维权援助线上服务平台软硬件建设，加大网站和公众号的管理，优化平台申请受理和反馈机制，利用平台加强维权援助业务工作整合，突出信息服务的便利化、集成化、统一化。开发维权援助宣传和培训教材，开展优秀问答评选和推荐工作，加强维权援助知识库、合作单位库和专家库等基础工程建设，加强信息归集共享和备案管理。健全维权援助工作考核评价、人员管理和服务质量监督制度。严格维权援助经费管理，确保资金使用规范有效。

三、突出维权援助工作重点

（七）做好中小微企业维权援助工作

加强对符合国家创新驱动发展战略、经济高质量发展政策的民营企业、中小微企业、个体工商户等重点对象的维权援助。强化对众创空间、小企业创业基地、微型企业孵化园、科技孵化器、商贸企业集聚区等创业创新基地的维权援助服务，积极推进维权援助分中心、工作站进区进园建设。联合相关部门、社会组织多渠道开展专项调研，精准对接维权援助服务需求。从知识产权快速协同保护、纠纷多元化解决、诚信体系建设等方面积极探索有针对性的服务内容。

（八）加强展会、电子商务等商贸流通领域维权援助工作

加强展会维权援助服务力度。完善维权援助机构与展会、电子商务平台的联动保护机制，加强线上线下快速维权工作。强化对展会、电子商务领域知识产权保护的技术支撑，高效、便捷提供侵权判定意见。加强对知识产权保护规范化市场在内的商贸流通领域各类市场维权援助工作的支持，推动市场维权援助工作站建设。协助制定和推广知识产权保护规范化市场管理规范和标准。积极推进电子商务和商贸流通领域知识产权纠纷多元化解决机制建设。

（九）完善海外维权援助服务

加强海外知识产权纠纷应对指导，加强国家海外知识产权纠纷应对指导中心建设，强化海外知识产权纠纷预警防范，推动海外信息服务平台建设，提升企业海外知识产权风险防控意识和纠纷应对能力。支持具备条件的维权援助机构建设国家海外知识产权纠纷应对指导中心地方分中心。引导各类社会组织开展知识产权涉外风险防控工作。支持构建专班服务、人才培养、宣传培训、资金支持、信息支撑为一体的海外维权援助服务模式。加强全国海外维权援助资源与信息共享。建立维权援助内外联动工作机制。

（十）积极探索社会共治维权援助模式

推动高等院校、社会组织等社会力量参与维权援助工作，探索社会共

治模式加强知识产权保护。发挥高校法律、知识产权等学科优势和人才优势，推动开展知识产权咨询、培训、宣传、志愿等公益服务。各维权援助机构在资金、场地、信息、实习、实践锻炼和就业推荐等方面加大对高校维权援助工作支持力度。加强对社会组织维权援助工作的指导和支持，推动社会组织健全维权援助工作机制，开展维权援助宣传培训，组织提供维权援助和纠纷调解等服务，积极参与知识产权诚信体系建设。

四、切实加强维权援助工作保障

（十一）加强组织领导

各地知识产权管理部门要积极主动向地方党委、政府汇报工作，争取队伍建设、经费支持等资源保障。加强部门间协调配合和信息共享。结合地方实际，制定具体实施方案，确保各项任务落实到位。加强宣传引导和对各级维权援助工作的绩效考核。

（十二）加强条件保障

国家知识产权局在理论研究、信息查询、宣传培训、项目支持等方面对维权援助工作加大支持力度。各地方要积极争取把维权援助经费纳入同级政府财政预算，推动落实维权援助经费保障政策。加强与财政部门沟通协调，推动设立知识产权维权援助专项资金。

（十三）加强队伍建设

按照工作职责和任务需要，配强配足人员力量，保持队伍的稳定。强化维权援助服务队伍专业化建设，加强业务培训，提升履职能力。鼓励支持维权援助工作人员参加相关职业资格培训和考试。加强维权援助机构与各类专业服务机构间的交流合作。按照规定表彰、奖励在知识产权维权援助工作中作出突出贡献的组织和个人。

四、加强知识产权管理

> 充分发挥专利制度激励和保护创新的作用

国家知识产权局关于进一步提升专利申请质量的若干意见[*]

各省、自治区、直辖市、新疆生产建设兵团知识产权局；局机关各部门、专利局各部门、局直属各单位：

为全面贯彻落实党的十八大精神，深入实施国家知识产权战略，进一步提升专利申请质量，充分发挥专利制度激励和保护创新的作用，支撑创新驱动发展，特提出以下意见。

一、充分认识提升专利申请质量的重要性和紧迫性

专利申请质量以专利申请文件为载体，主要由专利申请的文件撰写水平和专利申请的技术创新水平决定。进一步提升专利申请质量对提高我国自主创新成果专利保护水平，保障专利制度高效运行具有重要意义。国家知识产权战略实施以来，我国专利申请数量持续快速增长，为建设创新型国家提供了有力支撑。但专利申请质量也暴露出一些亟待解决的问题，主要表现在：专利申请的文件撰写水平较低，专利申请的技术创新水平不高，部分引导政策和考核评价工作存在重数量轻质量的倾向，出现了一些不以保护创新成果为根本、不以提升市场竞争力为目的的专利申请。这些问题虽然是少数和局部现象，但已造成不良影响，如不及时解决，将削弱

---

[*] 2013年12月18日，《国家知识产权局关于进一步提升专利申请质量的若干意见》（国知发管字〔2013〕87号）印发。

专利制度的公信力，影响社会公众对专利制度作为支撑创新驱动发展战略基本制度的信心。必须从加快建设创新型国家的大局出发，充分认识提升专利申请质量的重要性和紧迫性，采取切实有效措施，抓好专利申请质量提升工作。

二、优化有利于提升专利申请质量的政策导向

（一）优化区域专利评价工作导向

按照"量质并重、质量优先"的要求，进一步突出区域专利评价工作的专利申请质量导向。在充分发挥"每万人口发明专利拥有量"指标引领作用的基础上，结合不同区域发展水平，分类确定评价指标，逐步将发明专利申请量占比、发明专利授权率、PCT专利申请量、专利维持率、未缴纳申请费视撤率、视为放弃取得专利权率等指标纳入区域专利工作评价指标体系，不得设定不符合实际的增长率评价指标。

（二）完善专利一般资助政策

专利一般资助政策应以扶小扶弱为导向，以中小微企业、事业单位、科研机构及非职务发明申请人为主要资助对象，对其向国内外有关专利审查机构缴纳的官方规定费用和向专利代理机构支付的服务费给予资助。要按照"授权在先、部分资助"的要求，不断调整和完善专利一般资助政策。资助范围仅限于获得授权的专利申请。资助对象所获得的各级资助总额不得高于其缴纳的官方规定费用和专利代理服务费总额。实用新型和外观设计专利申请资助，应提供由专利代理服务机构或专利信息服务机构出具的专利检索分析报告，或提供由国务院专利行政部门出具的专利权评价报告。

（三）推行专利专项资助政策

专利专项资助政策应以扶优扶强为导向，以各级知识产权优势、示范企业或专利工作基础较好的其他企事业单位以及知识产权服务机构为主要资助对象，对其开展专利信息利用、分析评议、转移转化、质押融资、专利保险、海外维权、管理标准化建设等工作给予一定资助。资助对象通过评审方式择优确定。要在不断提高投入产出绩效的基础上，推动各地加大

专利专项资助资金规模，指导各地根据实际逐步将资助重点由一般资助转向专项资助。

（四）突出专利奖励政策的质量导向

充分发挥专利奖励政策的激励引导作用，对在技术创新和专利技术产业化等方面做出突出贡献的专利权人和发明人给予奖励。专利奖励对象通过评审方式择优确定，评审结果应向社会公示，不得简单将专利申请、授权数量作为奖励的主要条件。鼓励地方政府对获得中国专利金奖、优秀奖的专利权人和发明人（设计人）予以配套资金奖励。

（五）推动专利申请质量指标纳入相关政策

要采取试点探索、分类推进的方式，积极推动科技研发项目、产业化项目、企事业单位创新能力评价、人才引进及职称评审等涉及专利考核评价的政策和项目，逐步采用发明专利拥有量、发明专利授权率、发明专利申请量占比、研发投入发明专利产出比、实施率、专利许可合同数量和金额等与政策类型、项目特点相适合的评价指标。积极协调推动将贯彻《企业知识产权管理规范》国家标准作为高新技术企业培育工作的重要内容。实用新型和外观设计专利作为评价条件时，应提供由专利代理服务机构或专利信息服务机构出具的专利检索分析报告，或提供由国务院专利行政部门出具的专利权评价报告。

三、建立有利于提升专利申请质量的监管机制

（六）强化对非正常专利申请的查处

加强专利审查过程中对非正常专利申请等不规范专利申请行为查处的及时性、准确性和全面性。各地发现疑似非正常专利申请等不规范专利申请行为的线索应及时上报。对于被确认存在非正常专利申请行为的专利申请人、专利代理机构和代理人，按照相关规定严肃处理。建立申请主体信用档案管理制度，推动将专利申请信用情况纳入知识产权保护社会信用体系。

（七）严肃处理套取专利资助和奖励资金行为

对于弄虚作假套取专利资助和奖励资金的申请人，限期收回已拨付的

资助和奖励资金，情节严重的，依法追究法律责任。对于弄虚作假获得专利费用减缓的专利申请人或专利权人，要求在指定期限内补缴全部已经减缓缴纳的费用。

（八）进一步规范专利代理行为

积极协调有关部门，共同加强对非法从事专利代理业务的组织和个人的查处，制止低价恶性竞争和虚假宣传，不断规范专利代理服务市场秩序。进一步加强对专利代理机构分支机构的监督管理，规范分支机构的经营行为和业务活动。完善"中华全国专利代理诚信信息平台"，加强对违规行为的曝光。

（九）探索建立专利申请质量监测和反馈机制

探索建立面向区域、产业和各类主体的专利申请质量信息监测体系，开展专利申请质量监测试点工作。完善专利申请质量信息反馈机制，定期将监测信息向有关部门、地方政府和行业协会等进行反馈，为其决策提供支撑。

四、加强有利于提升专利申请质量的能力建设

（十）提升专利信息利用和专利挖掘设计能力

实施专利信息促进工程，指导创新主体充分利用专利文献和信息，分析未来技术发展路线，将专利信息利用融入技术研发全过程。积极推动咨询服务体系建设，指导企事业单位深入挖掘创新成果，针对产业链关键环节和核心技术加强专利布局设计，系统保护创新成果。

（十一）提高专利申请质量的内部管理能力

通过《企业知识产权管理规范》国家标准的实施，指导企业建立专利申请质量内部管理机制；研究制定高校、科研院所知识产权管理规范，推动将专利申请质量的管理作为其重要内容；推行《专利代理服务指导标准》，加强专利代理服务质量管理标准化建设，规范专利代理机构和代理人的执业行为，引导提升专利申请质量内部管理能力。

（十二）增强专利代理服务能力

实施专利代理行业发展促进工程，持续壮大专利代理服务人才队伍。

建立常态化专利代理人知识更新培训制度，加强专利代理人实务技能培训，促进专利代理机构提高专利申请文件撰写水平。指导实施专利代理行业服务能力建设项目，加强专利代理行业高端人才培养。

（十三）营造注重专利申请质量的良好环境

突出专利申请质量的宣传导向，开展多种形式的关于提升专利申请质量的宣传报道，挖掘报道利用自主核心专利获取较高经济利益的典型成功案例，提升全社会专利申请质量意识。加大执法维权工作力度，强化专利执法手段，提升专利保护水平，进一步增强专利权人和社会公众对专利制度的信心，激发各类创新主体的创新热情。

五、强化组织保障措施

（十四）加强组织领导

国家知识产权局将专利申请质量提升工作作为全国专利事业发展战略推进工作的重点内容，组织各省（自治区、直辖市）知识产权局（以下简称"各省知识产权局"）和局内各有关部门结合实际制定具体实施方案，分阶段、分步骤予以推进。各省知识产权局和局内各有关部门应给予高度重视，加强组织保障，加大工作投入，扎实推进相关工作。

（十五）健全工作机制

国家知识产权局建立信息通报机制，定期向各省知识产权局通报非正常专利申请数量、未缴纳申请费视撤率、视为放弃取得专利权率等数据；建立重点区域监控机制，对专利申请质量问题严重的区域进行重点监控；建立专利资助、奖励政策评估机制，各省知识产权局应及时将制定或修订的专利资助、奖励政策报国家知识产权局，国家知识产权局对各省（自治区、直辖市）专利资助、奖励政策进行评估。

（十六）严控专利审查质量

完善专利审查业务指导体系和审查质量保障体系，加强专利审查能力建设，提高专利检索水平，严格执行专利审查标准，强化对明显不具备新颖性的实用新型专利申请和明显属于现有设计的外观设计专利申请的审查，严把专利审查质量关。

（十七）狠抓督导落实

国家知识产权局结合全国专利事业发展战略推进工作的督办工作，加强对本《意见》落实情况的督办，将落实情况与我局相关政策、项目挂钩。对因工作落实不力，导致专利申请质量不升反降的地区给予通报。

国家知识产权局

2013 年 12 月 18 日

> 提高企业知识产权管理水平，提升企业核心竞争力

关于全面推行《企业知识产权管理规范》国家标准的指导意见[*]

为全面推行《企业知识产权管理规范》（国家标准 GB/T 29490—2013，以下简称《规范》），指导企业通过策划、实施、检查、改进 4 个环节持续改进知识产权管理体系，规范生产经营全流程，进一步提高知识产权管理水平，提升企业核心竞争力，有效支撑创新驱动发展战略，现就推行《规范》提出以下意见。

一、总体要求

（一）指导思想

按照党的十八大和十八届三中、四中全会关于加强知识产权运用和保护、健全技术创新激励机制的总体要求，以促进企业技术创新为目标，以全面推行《规范》为抓手，坚持政府引导、市场驱动、统筹协调、分类指导的原则，构建政策引导体系，提升服务机构能力，加强认证市场建设，推动企业实现创新驱动发展。

（二）基本原则

——政府引导。充分发挥政府在战略规划、政策制定、行业管理、公

---

[*] 2015 年 6 月 30 日，国家知识产权局等八部委印发《关于全面推行〈企业知识产权管理规范〉国家标准的指导意见》的通知。

共服务和环境营造方面的作用，有效整合和聚集社会资源，推动实施《规范》成为企业参与市场竞争的重要手段。

——市场驱动。发挥市场在资源配置中的决定性作用，健全市场导向机制，通过实施《规范》，发展市场化服务业态，打造企业知识产权优势，增强市场竞争能力。

——统筹协调。建立国家和地方各级有关部门共同推行《规范》的工作机制，坚持分工负责、统筹推进相结合，形成横向协调、纵向联动的工作局面。

——分类指导。基于我国区域经济发展不平衡的实际状况，综合考虑行业特征、企业特点等方面的差异，强化《规范》推行工作中的分类指导。

（三）主要目标

到2020年，在全国范围内建立符合创新发展需求的推行《规范》工作政策引导体系，构建市场秩序规范的咨询服务体系，形成遵循市场化机制的第三方认证体系，培养一支专业化的人才队伍。引导大部分具有创新优势的企业建立知识产权管理体系，企业知识产权运用和保护能力大幅提升，知识产权对企业竞争优势的贡献显著增强。

二、重点任务

（四）优化企业知识产权管理体系

推动各类企业实施《规范》，建立与经营发展相协调的知识产权管理体系，引导企业加强知识产权机构、制度和人才队伍建设，将知识产权管理贯穿生产经营全流程。引导涉及国家安全、国民经济命脉和重要关键领域的国有企业实施《规范》，加强知识产权管理体系建设，建立健全知识产权资产管理制度。深入实施中小企业知识产权战略推进工程，鼓励科技型中小企业实施《规范》，支持小微企业实行知识产权委托管理。制定武器装备承研承制单位知识产权管理规范，引导承担武器装备科研生产和配套任务的单位规范知识产权管理，提升国防科技创新能力和水平。

（五）建立咨询服务体系

出台激励措施，吸引各类知识产权咨询服务机构参与推行《规范》，鼓励和支持优秀的专利代理机构辅导企业实施《规范》，建立健全内部管理制度和辅导工作流程，提高服务质量和效率，培育一批高质量咨询服务机构，形成竞争有序的服务市场。建立咨询服务机构协调组织，加强对服务机构和从业人员的信用评价，引导健全行业自律规范，促进知识产权咨询服务业整体发展。

（六）加强认证体系建设

根据《国家认证认可监督管理委员会国家知识产权局关于印发知识产权管理体系认证实施意见的通知》（国认可〔2013〕56号）要求，加快开展企业知识产权管理体系认证工作，引导和培育一批认证机构，推进认证能力建设，加强对认证机构的监督和指导，规范市场秩序，提升《规范》认证的社会公信力。支持认证机构参与国际交流，推进认证结果的国际互认。

（七）发挥各项政策引导作用

围绕产业转型升级和创新驱动发展，综合运用财政、税收、金融等政策引导企业完善知识产权管理体系，调动企业实施《规范》的积极性。推动大型骨干企业优先采购认证企业的产品，降低知识产权风险。完善高新技术企业认定管理办法，将认证情况作为高新技术企业认定的重要参考条件，积极推动企业知识产权管理体系认证与高新技术企业政策的衔接。鼓励外经贸企业建立和完善知识产权管理制度，提高防范国际贸易和投资活动中的知识产权风险和处理涉外知识产权事务的能力。鼓励引导认证企业申报高技术产业化项目、国家科技重大专项、中小企业发展专项等项目，申报国家技术发明奖、中国专利金奖评选等奖项。

（八）加大人才队伍建设力度

充分发挥各类知识产权培训机构的作用，建立《规范》培训业务体系。在知识产权工作实力较强的地区设立培训基地，培养一批深入了解《规范》内容和实务的专业性师资人才，编制培训教材。分层次对政府、服务机构、企业相关人员开展《规范》教育培训，培养一批了解标准化与认证管理、熟悉知识产权工作的人才队伍。开展知识产权内审员岗位培训，规范知识产权认证审核员培训、考核、评价制度和注册证书管理。

（九）营造公共服务环境

积极推进政府部门、服务机构和企业的对接，建立定期沟通机制，搭建交流平台，深入开展《规范》宣贯、专家辅导、意见征询等活动，推动典型经验的信息共享和交流。发挥中小企业知识产权集聚区功能，建立专利工作交流机制。通过政府购买服务等方式，依托中小企业知识产权辅导服务机构，加强对中小企业的培训、辅导和服务。

（十）持续完善《规范》推行体系

科学评测企业实施《规范》效果，及时修订相关内容，围绕不同类型企业实施《规范》的需求，进一步细化和规范知识产权管理体系。以推行《规范》为重点，充分发挥全国知识管理标准化技术委员会的平台作用，推动知识产权领域国家标准的制修订工作，逐步完善知识产权领域标准化管理体系。加大与国际标准化组织、知名机构的合作交流，积极参与制定知识管理国际标准。利用知识产权、标准化等专业性国际会议及各类论坛，加大推广宣传力度，持续提升《规范》影响力。

三、保障措施

（十一）加强组织领导

各有关部门要高度重视《规范》推行工作，建立统筹协调、分工协作的工作机制，加强沟通合作，明确工作职责，落实工作任务，重视监督指导，共同推动《规范》的贯彻落实，确保各项任务顺利开展。

（十二）狠抓贯彻落实

各有关部门要把推行《规范》作为提升企业核心竞争力的重要抓手，制定实施工作推进方案，切实加大工作力度和经费投入，积极推动企业实施《规范》。

（十三）突出重点区域

加强对各知识产权试点示范城市、试点示范区县的指导，重点依托各类高新技术产业园区、经济开发区、工业园区等产业集聚区，引导辖区内具有创新能力的企业实施《规范》。

（十四）注重实践与探索

围绕企业发展需要及面临的问题，总结提炼《规范》推行过程中的经验、做法和不足，持续研究完善《规范》内容，准确把握工作方向，充分发挥推行《规范》工作在支撑创新发展中的重要作用。

加大针对非正常专利申请行为的处理力度

国家知识产权局关于修改《关于规范专利申请行为的若干规定》的决定*

国家知识产权局决定对《关于规范专利申请行为的若干规定》作如下修改：

一、第三条的修改

删去第一项中的"或者指使他人提交多件内容明显相同的专利申请"；

删去第二项中的"或者指使他人提交多件明显抄袭现有技术或者现有设计的专利申请"；

增加一项，作为第三项：

"（三）同一单位或者个人提交多件不同材料、组分、配比、部件等简单替换或者拼凑的专利申请；"

增加一项，作为第四项：

"（四）同一单位或者个人提交多件实验数据或者技术效果明显编造的专利申请；"

增加一项，作为第五项：

"（五）同一单位或者个人提交多件利用计算机技术等随机生成产品形

---

* 2017年2月28日，《国家知识产权局关于修改〈关于规范专利申请行为的若干规定〉的决定》（国家知识产权局令第75号）发布。

状、图案或者色彩的专利申请；"

将第三项改为第六项，修改为：

"（六）帮助他人提交或者专利代理机构代理提交本条第一项至第五项所述类型的专利申请。"

二、第四条的修改

删去"国家知识产权局对非正常申请专利的行为"中的"国家知识产权局"；

将第一项修改为：

"（一）不予减缴专利费用；已经减缴的，要求补缴已经减缴的费用；情节严重的，自本年度起五年内不予减缴专利费用；"

第二项中增加"并纳入全国信用信息共享平台"；

将第四项修改为：

"各级知识产权局不予资助或者奖励；已经资助或者奖励的，全部或者部分追还；情节严重的，自本年度起五年内不予资助或者奖励；"

删去第五项中的两处"建议"。

三、第五条的修改

将本条修改为：

"采取本规定第四条所列处理措施前，必要时应当给予当事人陈述意见的机会。"

四、第六条的修改

将"各地人民政府管理专利工作的部门"修改为"各级知识产权局"。

本决定自 2017 年 4 月 1 日起施行。

推动专利代理行业专业化、规范化和国际化发展

专利代理行业发展"十三五"规划*

为深入实施国家知识产权战略,加快建设知识产权强国,推动专利代理行业专业化、规范化和国际化发展,扩大行业规模,提升行业综合服务能力,根据《国家知识产权战略纲要》、《国务院关于新形势下加快知识产权强国建设的若干意见》和《"十三五"国家知识产权保护和运用规划》的总体要求,制定本规划。

一、规划背景

伴随着我国知识产权事业快速发展,专利代理行业取得了长足进步,基本实现《专利代理行业发展规划(2009年—2015年)》中提出的各项目标要求,有效融入专利创造、运用、保护和管理各环节,总体满足创新主体需求,保障了专利制度的良好运行,有力推动了国家知识产权战略的实施和知识产权强国的建设。

行业规模逐渐壮大。截至2015年底,全国取得专利代理人资格的人数超过2.7万人,执业专利代理人超过1.2万人,分别较2008年增长211%和149%,行业从业人员近10万人,全国专利代理机构数量达到1 256家,办事机构超过600家。涌现出一批熟悉法律、精通外语的复合型人才,以

---

* 2017年2月27日,国家知识产权局印发《关于印发专利代理行业发展"十三五"规划的通知》(国知发法字〔2017〕13号)。

及一批具备一定规模、服务能力强、信誉良好和效益显著的专利代理机构。培养出全国知识产权领军人才38人、行业高层次人才190人，社会第三方评价的星级专利代理人393人，星级专利代理机构169家。全行业年营业收入超过150亿元。

服务能力不断提升。随着我国专利申请量持续增长，专利申请代理量同步增长，全国专利申请平均代理率稳定在63%左右；专利申请、复审以及无效代理等核心业务的服务质量稳步提升，创新主体对专利代理服务的满意度评价逐年提高；维权服务能力不断提升，取得诉讼资格的专利代理人超过1 600人；国际化服务能力逐步增强，开展PCT申请代理业务的专利代理机构数量超过700家；服务领域逐渐拓展，能够提供专利分析和预警等服务的专利代理机构数量不断增加。

行业运行体系更趋健全。专利代理相关法律制度和政策措施逐步完善；行政审批制度改革逐步深化，行业监管方式实现转变；行业管理能力进一步提升，信息化水平不断提高；诚信体系建设得到加强，行业自律作用日趋明显；考试制度改革不断深入，报考条件更趋合理，考试模式不断创新；行业培训机制不断完善，力度持续加大，实现对执业专利代理人的实务技能全员轮训。

专利代理行业已经基本实现专业化、规范化和市场化，服务科技创新的作用显著提升，但是发展不平衡、不协调、不科学的问题依然存在，主要表现为：从业人员和机构规模与专利事业发展速度不相适应；服务质量还需进一步提升，服务能力不能全面满足创新主体的多样化需求，服务领域有待进一步拓展；人才结构不够合理，国际型和复合型高端人才仍然缺乏；行业监管机制仍需完善，行业自律亟待加强，违法违规经营现象仍然存在。

伴随全球新一轮科技革命和产业变革，我国经济发展方式加快转变，科技创新作为提高社会生产力、提升国际竞争力、增强综合国力、保障国家安全的战略支撑，逐步摆在国家发展全局的核心位置。知识产权作为科技创新成果向现实生产力转化的重要桥梁和纽带，已经成为国家发展的重要资源和竞争力的核心要素。

十八大以来，党中央、国务院围绕知识产权工作作出了一系列战略部署,"十三五"时期知识产权事业发展将迎来重大战略机遇,创新主体在知识产权保护和运用过程中对高水平知识产权服务的需求更为迫切。面对新形势,加快发展专利代理行业是加强知识产权保护和运用的重要组成部分,是建设知识产权强国的必然要求。

二、指导思想、基本原则和发展目标

(一)指导思想

全面贯彻党的十八大和十八届三中、四中、五中、六中全会精神,深入贯彻习近平总书记系列重要讲话精神,按照"五位一体"总体布局和"四个全面"战略布局,坚持创新、协调、绿色、开放、共享的发展理念,服务国家重大战略部署,深入实施国家知识产权战略,深化知识产权领域改革,推动专利代理行业科学发展,增强服务经济科技发展的水平,紧紧围绕创新型国家建设主线,以增强行业专业服务能力为核心,切实做到规模扩大和能力提升相协调、总体布局与重点发展相统筹、充分竞争与规范经营相统一,为实施创新驱动发展战略,建设中国特色、世界水平的知识产权强国提供有力支撑。

(二)基本原则

深化改革,创新发展。聚焦行业发展中的重点、难点问题,通过改革拓展发展新空间,培育发展新优势,坚持顶层设计与基层探索相结合,鼓励有条件的地区先行先试。鼓励支持服务模式创新,推动服务转型升级,建立可持续发展的服务创新的体制机制。

政府引导,市场驱动。深入推进简政放权、放管结合和优化服务。更好履行政府在制度建设、政策引导、市场监管、公共服务等方面的职能,着力构建公平公正、竞争有序的市场环境。发挥市场在资源配置中的决定性作用,实现行业服务资源和创新主体需求有效匹配,推进"大众创业、万众创新"。

加强统筹,分类指导。加大行业管理工作统筹力度,引导服务资源合理布局,保障重点战略、重点区域和重点产业的服务供给。强化服务需求导向,按照区域分布、服务模式、机构规模等对行业发展进行科学分类指导。

优化服务,提升质量。加强服务规范化建设,提升全行业服务理念,强化责任意识。确立质量为先的行业发展方向,不断优化服务类型和结构,着力提升核心业务服务水平,增强行业整体竞争力和国际影响力。

(三) 发展目标

到 2020 年,专利代理行业形成规模适宜、结构合理、能力全面的人才队伍,行业资源分布合理,服务领域和服务水平满足创新型国家建设需要,市场运行体系较为完备,国际竞争力明显提升,成为服务创新发展的重要力量。

——行业规模稳步扩大,人才素质全面提高。在行业人才建设上取得质和量的突破,人才培养体系呈现立体化,各种类型专业人才储备良好,高端人才队伍初具规模。力争到 2020 年,全国具有专利代理人资格的人员数量达到 6 万人,执业专利代理人达到 2.5 万人,行业从业人员达到 15 万人,着力培养 100 名行业领军人才,300 名行业高层次人才,1 000 名国际型专利代理人;全国专利代理机构超过 2 000 家,知名品牌机构数量超过 100 家。

——行业结构更加合理,发展模式呈现多元化。行业结构与国家经济科技发展方向以及产业转型升级发展需求相适应,行业服务资源分布与地区科技创新水平相匹配,实现围绕重点地区和重点产业的科学集聚。行业发展模式多样,不同规模专利代理机构协调发展,形成有特色的服务新模式。

——服务能力全面提升,国际化水平显著增强。服务质量稳步提高,服务领域逐步拓宽,服务和管理信息化水平整体提升,国际化服务能力明显增强。力争到 2020 年,开展向国外申请专利业务的专利代理机构数量超过 1 000 家,开设海外办事机构的专利代理机构数量超过 100 家;全行业年营业收入超过 300 亿元。

——行业环境进一步优化,社会影响力显著提升。行业管理体制机制改革深入推进,行业法律制度日臻完备,信用体系逐步健全,行政监管和行业自律有机结合。行业人才有序流动,公平竞争充分体现,形成统一透明和规范有序的市场环境。服务规范广泛实施，服务评价体系运行良好，力争到2020年，符合专利代理机构服务规范的专利代理机构数量超过300家。行业协会服务能力大幅增强，社会影响力逐步显著。

三、重点工作

（一）深化制度改革

1. 推动机构发展模式改革

扩大专利代理领域开放程度，放宽对专利代理机构股东和合伙人的条件限制。积极拓展执业形式，探索个人事务所制度试点。支持专利代理机构采取业务合作、战略联盟等形式，与律师事务所、信息技术公司、金融机构等合作提供全方位服务。改革执业管理制度，完善专利代理机构合并、分立、组织形式变更和退出机制。

2. 探索完善执业制度

开展专利代理人执业制度改革试点工作。完善企事业单位中具有专利代理人资格的人员执业经历认定的实施机制，探索建立预备执业制度。支持律师事务所开办专利代理业务，推动专利代理人担任律师事务所特别合伙人试点工作。探索专利代理人和律师的职业融合。

3. 深化资格考试制度改革

改革完善专利代理人资格考试制度，放宽报考条件，扩大考点覆盖范围，创新考试模式，完善计算机化考试方式，开展考试质量评价，优化考试服务，提升考试制度效能，吸引德才兼备、知识结构合理、具有专业胜任能力的人才进入行业。

（二）升级服务水平

1. 提升核心业务服务质量

开展针对专利申请、复审、无效代理等核心业务的质量提升工程。结合专利申请质量监测工作，针对专利代理机构的代理质量构建反馈、评价、约谈、惩戒机制。对于提供优质服务的专利代理机构和专利代理人，加大鼓励和宣传力度。加大核心业务的培训力度，提升专利代理人的服务能力。

> **专栏1　核心业务质量提升工程**
>
> 　　完善多方共同参与的质量评价机制。建立专利代理质量投诉平台，畅通专利代理外部质量反馈渠道。动态监测全国专利申请质量，重点加大对专利代理机构提交非正常专利申请，特别是明显编造的专利申请的监控力度，及时向地方反馈专利申请质量相关信息。严厉打击利用非正常申请套取资助的行为。开展优秀专利申请文件评选活动。
>
> 　　建立常态化专利代理人实务技能培训、考核和评价制度，优化包含资深专利代理人、专利审查员、企业专利工作者、律师和法官的师资队伍结构，分层次设计培训课程。加强专利代理机构与专利审查部门之间的研讨交流。加强对专利代理人助理、流程管理人员等辅助人员的培训。

2. 积极拓展服务领域

提升在司法诉讼、行政执法、调解仲裁等专利纠纷解决程序中的专业服务能力，进一步发挥专利代理机构和专利代理人在专利保护中的作用。鼓励专利代理人取得国家统一法律职业资格，加大对诉讼代理人的培养，提升诉讼业务水平。支持专利代理机构有效利用专利信息资源和数据库，提升专利检索、分析和预警以及为创新主体制定专利战略布局等专业能力。增强为创新主体提供专利运营服务的能力，支持专利代理机构开展专利许可和转让、专利导航、知识产权评议等服务。引导专利代理机构为企业并购、融资、上市等经济活动提供知识产权尽职调查服务。鼓励专利代理机构与金融服务机构合作开展专利价值评估、质押融资、专利保险等业务。

3. 加强行业服务规范化建设

完善专利代理机构和专利代理人执业规范。制定实施专利代理服务管理国家标准，建立标准推行工作政策引导体系、咨询服务体系、第三方认证体系，促进专利代理机构完善管理制度，规范服务流程，提升专利代理服务质量。建立专利代理人专业胜任能力评价体系，研究建立专利代理人职业能力评价和分级制度。鼓励第三方机构独立开展行业综合实力、服务满意度等评价活动。

4. 探索"互联网+"服务新模式

促进专利代理服务和互联网模式的融合，鼓励运用在线网站、微信、APP等手段拓展服务范围，丰富在线服务方式和服务内容，降低服务成本，提供更加便利和优质的专业服务。强化互联网服务的数据监测、风险控制和规范管理，研究制定专利代理互联网服务规范。探索适合"互联网+"服务新模式特点的监管方式。鼓励第三方机构通过云计算、大数据等手段整合专利代理数据资源，为创新主体提供专利代理综合信息服务。

（三）促进协调发展

1. 优化总体布局

围绕"一带一路"、长江经济带、京津冀协同发展、自由贸易试验区等国家战略布局，推动行业区域协调发展。支持西部地区专利代理机构加快发展，服务知识产权创造运用水平提升。鼓励东北地区专利代理机构深入老工业基地，服务传统制造业转型升级。支持中部地区专利代理机构助力特色优势产业发展。发挥东部地区的辐射带动作用，通过鼓励专利代理机构开设办事机构、开展培训、对接帮扶等方式，引导人才资源向中部、西部和东北地区流动，缓解行业资源分布不平衡的矛盾。将专利代理评价指标纳入知识产权强省、强市、强县工程评价体系，进一步在引领型强省提升服务质量，在支撑型强省扩大服务规模，在特色型强省突出服务优势。

2. 推进行业集聚发展

围绕国家自主创新示范区、国家级高新区、中外合作产业园区、国家级经济技术开发区建设，培育优质服务市场，加快专利代理资源集聚发展。引导专利代理行业聚焦战略性新兴产业、现代制造业和知识产权密集型产业等重点发展产业，为重点领域关键核心技术的专利储备提供服务支撑。支持专利代理机构深入服务知识产权强企建设，助力企业形成知识产权竞争优势。

3. 推动不同规模机构协调发展

鼓励大型专利代理机构做大做强，提升全链条综合服务能力，增强国际竞争力。支持中型专利代理机构做精做专,形成业务专长优势,重点提升服务品质。引导小微型专利代理机构有序发展,强化技术领域特长。鼓励各类型机构优势互补,充分满足创新主体的多元化需求。

(四)提高国际化水平

1. 提高涉外代理服务能力

支持专利代理机构助力企业在海外进行专利布局、许可实施以及诉讼维权,提供全方位、高品质专利法律服务,不断拓展海外业务的广度和深度,培育一批具有国际竞争力的机构。培养一批精通国际规则、能力过硬、擅长涉外业务的国际化人才。及时发布海外专利代理服务机构和专家名录,推动形成涉外专利代理服务网络。支持专利代理机构参与企业海外维权援助体系建设。

专栏 2　国际化人才培养工程

支持行业协会重点遴选一批有能力服务企业走出去的国际型专利代理人,建立国际化服务人才库。建立具有国际水平的多元化师资队伍,依托高等院校等开展知识产权国际化服务系列培训,依托企业建立国际化人才实践基地。

---

2. 加强行业国际交流与合作

支持我国专利代理人获得海外专利行业从业资格,吸引海外优秀人才回国从业创业。鼓励专利代理机构在海外设立办事机构。支持行业协会和专利代理机构加强与国外行业组织和机构的合作交流,开展优秀专利代理人定期互派交流项目。支持行业协会和机构积极参与知识产权国际规则制定以及多边双边合作机制中的知识产权事务;支持行业协会、机构和个人加入国际或区域性行业组织,鼓励优秀人才在国际组织中任职。

(五)加强人才队伍建设

1. 促进高校培养专利实务人才

把握人才职业化成长规律,完善人才培养机制。推动高等院校完善学科专业设置,鼓励开设专利实务课程,加大专利实务人才培养力度。创新人才实践模式,鼓励专利代理机构成为高校培养专利实务人才的实践基地,畅通人才培养与使用的渠道。

2. 完善人才培养体系

以提升职业胜任能力为导向,与行业需求紧密结合,完善考前培训、执业培训制度,强化师资力量,丰富师资结构,完善课程体系,提高涉外培训内容比重,创新培训模式,运用互联网等手段提升培训效果。鼓励社会力量开展多方位、多层次的业务能力培训。支持机构提升内部培训水平,引导大中型机构面向行业提供培训服务,推动新设机构和小型机构建立内部培训制度。完善执业专利代理人继续教育制度,依托国家知识产权培训基地等开展学历学位教育,打造一批有影响力的人才培养精品项目。完善领军人才培养、使用和评价机制,发挥领军人才引领作用。

(六)优化发展环境

1. 完善行业基础建设

完善专利代理行业法律制度,推动完成专利代理条例修订,完成专利代理管理办法、专利代理惩戒规则等部门规章的修订。制定实施促进行业发展政策措施。建立行业统计调查制度,规范统计指标,做好行业基础数据的统计、分析和利用工作,提高行业管理的针对性和有效性。大力推行"互联网+政务服务",及时发布行业发展情况,进一步完善专利代理管理和专利代理人资格考试系统,推进实现与其他知识产权信息服务平台间互联互通。创新宣传形式,充分利用传统媒体和互联网传播平台,加大对行业服务经济科技发展的宣传力度,提升行业的社会认可度和影响力。

2. 加快诚信体系建设

健全专利代理诚信信息采集管理、信用评价等制度,建立健全诚信档案,推进守信联合激励和失信联合惩戒工作,将机构信用与各类优惠扶持政策挂钩。充分发挥全国信用信息共享平台作用,加大失信行为在"信用中国"网站上的曝光力度。完善专利代理执业信息披露制度,充分利用专利代理机构经营异常名录和严重违法专利代理机构名单加强社会监督。

3. 完善行业监管机制

完善行政监管和行业自律相结合的管理体制。加强事中事后监管,提升行政执法能力,增强监管力量,落实监管责任,全面推行"双随机、一公开"监管。推进大数据等新一代信息技术在行业监管中的应用，提高监管智慧化、精准化水平。建立与工商、司法、公安、税务等部门的信息共享、协同响应和执法联动机制，严厉打击挂证、无资质代理和不正当竞争等行为。对于违法违规的机构或个人，加大惩处力度。鼓励社会公众参与市场监管，发挥媒体监督作用。对新业态、新模式的发展，区分不同情况，积极探索和创新适合其特点的监管方式。强化市场竞争机制、行业自律约束和机构内部控制，完善专利代理职业道德规范，加大教育和惩戒力度，规范执业行为，引导行业公平、合法、有序竞争。

专栏3　事中事后监管工程

推行"双随机、一公开"监管机制。建立随机抽查事项清单，建立健全检查对象名录库和执法检查人员名录库，制定随机抽查工作细则，随机抽取检查对象、随机选派执法检查人员。对投诉举报多、列入经营异常名录或严重违法名单的专利代理机构，加大检查力度。建立专利代理行业失信"黑名单"制度，实现与工商、税务部门之间监管信息、行业自律信息的互联互通，及时公开专利代理机构和执业人员的基本信息和信用信息等。

（七）提升行业协会能力

1. 深化行业协会体制机制改革

深化行业协会社会化、市场化改革，创新行业协会管理体制和运行机制，探索开展"一业多会"试点。支持有条件的地区建立地方行业协会，鼓励全国行业协会与地方行业协会加强合作交流。加强行业党建工作，充分发挥党组织的战斗堡垒作用和党员先锋模范作用。

2. 提升行业协会服务水平

加强行业协会制度建设和能力建设，鼓励行业协会参与制定相关立法、政府规划、行业标准和国际规则等事务。完善以章程为核心的内部管理制度。推动行业协会不断完善会员制度，扩大非执业会员范围，吸纳企业等作为团体会员。拓宽投诉渠道，提升投诉处理效率，建立健全多方参与的纠纷解决机制。深入推广专利代理职业责任保险，维护会员合法权益。

3. 扩大行业社会影响

积极倡导建立以"诚信经营、优质服务"为核心的行业文化理念。加大行业宣传力度，提升行业整体的社会影响力。支持行业内各级人大代表和政协委员积极发挥参政议政作用，在国家建设、公共事务、行业发展等方面建言献策。鼓励支持专利代理援助及公益服务，提升全行业的社会责任感和认可度。

四、实施保障

（一）加强组织协调

各地区、各部门要高度重视，加强组织领导，健全工作机制，强化部门协同和上下联动，明确责任部门，推动专利代理行业实现快速发展。各地区要根据本规划，结合地方实际，研究制定本地区专利代理行业发展规划或者实施方案，研究制定配套政策和具体措施，确保各项任务落到实处，为行业发展营造良好环境。

（二）加大资金支持

强化财力保障，加大各级财政对专利代理行业发展的投入力度，有条件的地区对专利代理人才培养、行业诚信体系建设、专利代理行政执法等编列专项工作经费。

（三）加强考核评估

各地区、各有关部门要加强对规划实施情况动态的监测和评估工作。相关部门要按照规划的部署和要求，对目标任务进行分解，明确责任分工，制定各项目目标的分解落实方案。要建立规划实施情况的评估机制，对各项任务落实情况组织开展监督检查。

> 全面规范知识产权认证活动，提高知识产权认证有效性

知识产权认证管理办法*

第一章 总则

第一条 为了规范知识产权认证活动，提高其有效性，加强监督管理，根据《中华人民共和国专利法》《中华人民共和国商标法》《中华人民共和国著作权法》《中华人民共和国认证认可条例》《认证机构管理办法》等法律、行政法规以及部门规章的规定，制定本办法。

第二条 本办法所称知识产权认证，是指由认证机构证明法人或者其他组织的知识产权管理体系、知识产权服务符合相关国家标准或者技术规范的合格评定活动。

第三条 知识产权认证包括知识产权管理体系认证和知识产权服务认证。

知识产权管理体系认证是指由认证机构证明法人或者其他组织的内部知识产权管理体系符合相关国家标准或者技术规范要求的合格评定活动。

知识产权服务认证是指由认证机构证明法人或者其他组织提供的知识产权服务符合相关国家标准或者技术规范要求的合格评定活动。

第四条 国家认证认可监督管理委员会（以下简称国家认监委）、国家知识产权局按照统一管理、分工协作、共同实施的原则，制定、调整和

---

* 2018年2月11日，《国家认监委 国家知识产权局关于联合发布〈知识产权认证管理办法〉的公告》印发。

发布认证目录、认证规则，并组织开展认证监督管理工作。

第五条 知识产权认证坚持政府引导、市场驱动，实行目录式管理。

第六条 国家鼓励法人或者其他组织通过开展知识产权认证提高其知识产权管理水平或者知识产权服务能力。

第七条 知识产权认证采用统一的认证标准、技术规范和认证规则，使用统一的认证标志。

第八条 在中华人民共和国境内从事知识产权认证及其监督管理适用本办法。

第二章 认证机构和认证人员

第九条 从事知识产权认证的机构（以下简称认证机构）应当依法设立，符合《中华人民共和国认证认可条例》、《认证机构管理办法》规定的条件，具备从事知识产权认证活动的相关专业能力要求，并经国家认监委批准后，方可从事批准范围内的认证活动。

国家认监委在批准认证机构资质时，涉及知识产权专业领域问题的，可以征求国家知识产权局意见。

第十条 认证机构可以设立分支机构、办事机构，并自设立之日起30日之内向国家认监委和国家知识产权局报送相关信息。

第十一条 认证机构从事认证审核（审查）的人员应当为专职认证人员，满足从事知识产权认证活动所需的相关知识与技能要求，并符合国家认证人员职业资格的相关要求。

第三章 行为规范

第十二条 认证机构应当建立风险防范机制，对其从事认证活动可能引发的风险和责任，采取合理、有效的防范措施。

第十三条 认证机构不得从事与其认证工作相关的咨询、代理、培训、信息分析等服务以及产品开发和营销等活动，不得与认证咨询机构和认证委托人在资产、管理或者人员上存在利益关系。

第十四条 认证机构及其认证人员对其从业活动中所知悉的国家秘密、商业秘密和技术秘密负有保密义务。

第十五条 认证机构应当履行以下职责：

（一）在批准范围内开展认证工作；

（二）对获得认证的委托人出具认证证书，允许其使用认证标志；

（三）对认证证书、认证标志的使用情况进行跟踪检查；

（四）对认证的持续符合性进行监督审核；

（五）受理有关的认证申诉和投诉。

第十六条 认证机构应当建立保证认证活动规范有效的内部管理、制约、监督和责任机制，并保证其持续有效。

第十七条 认证机构应当对分支机构实施有效管理，规范其认证活动，并对其认证活动承担相应责任。

分支机构应当建立与认证机构相同的管理、制约、监督和责任机制。

第十八条 认证机构应当依照《认证机构管理办法》的规定，公布并向国家认监委报送相关信息。

前款规定的信息同时报送国家知识产权局。

第十九条 认证机构应当建立健全人员管理制度以及人员能力准则，对所有实施审核（审查）和认证决定等认证活动的人员进行能力评价，保证其能力持续符合准则要求。

认证人员应当诚实守信，恪尽职守，规范运作。

第二十条 认证机构及其认证人员应当对认证结果负责并承担相应法律责任。

第四章 认证实施

第二十一条 认证机构从事认证活动，应当按照知识产权认证基本规范、认证规则的规定从事认证活动，作出认证结论，确保认证过程完整、客观、真实，不得增加、减少或者遗漏认证基本规范、认证规则规定的程序要求。

第二十二条 知识产权管理体系认证程序主要包括对法人或者其他组织经营过程中涉及知识产权创造、运用、保护和管理等文件和活动的审核，获证后的监督审核，以及再认证审核。

知识产权服务认证程序主要包括对提供知识产权服务的法人或者其他

组织的服务质量特性、服务过程和管理实施评审，获证后监督审查，以及再认证评审。

第二十三条 被知识产权行政管理部门或者其他部门责令停业整顿，或者纳入国家信用信息失信主体名录的认证委托人，认证机构不得向其出具认证证书。

第二十四条 认证机构应当对认证全过程做出完整记录，保留相应认证记录、认证资料，并归档留存。认证记录应当真实、准确，以证实认证活动得到有效实施。

第二十五条 认证机构应当在认证证书有效期内，对认证证书持有人是否持续满足认证要求进行监督审核。初次认证后的第一次监督审核应当在认证决定日期起 12 个月内进行，且两次监督审核间隔不超过 12 个月。每次监督审核内容无须与初次认证相同，但应当在认证证书有效期内覆盖整个体系的审核内容。

认证机构根据监督审核情况做出认证证书保持、暂停或者撤销的决定。

第二十六条 认证委托人对认证机构的认证决定或者处理有异议的，可以向认证机构提出申诉或者投诉。对认证机构处理结果仍有异议的，可以向国家认监委或者国家知识产权局申诉或者投诉。

第五章　认证证书和认证标志

第二十七条 知识产权认证证书（以下简称认证证书）应当包括以下基本内容：

（一）认证委托人的名称和地址；

（二）认证范围；

（三）认证依据的标准或者技术规范；

（四）认证证书编号；

（五）认证类别；

（六）认证证书出具日期和有效期；

（七）认证机构的名称、地址和机构标志；

（八）认证标志；

（九）其他内容。

第二十八条 认证证书有效期为 3 年。

有效期届满需再次认证的，认证证书持有人应当在有效期届满 3 个月前向认证机构申请再认证，再认证的认证程序与初次认证相同。

第二十九条 知识产权认证采用国家推行的统一的知识产权认证标志（以下简称认证标志）。认证标志的样式由基本图案、认证机构识别信息组成。知识产权管理体系认证基本图案见图 1 所示，知识产权服务认证体系的基本图案见图 2 所示，其中 ABCDE 代表机构中文或者英文简称：

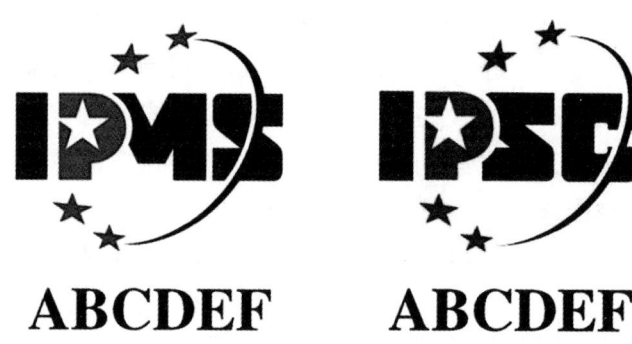

图 1　知识产权管理体系认证基本图案　　　图 2　知识产权服务认证基本图案

第三十条 认证证书持有人应当正确使用认证标志。

认证机构应当按照认证规则的规定，针对不同情形，及时作出认证证书的变更、暂停或者撤销处理决定，且应当采取有效措施，监督认证证书持有人正确使用认证证书和认证标志。

第三十一条 认证机构应当向公众提供查询认证证书有效性的方式。

第三十二条 任何组织和个人不得伪造、变造、冒用、非法买卖和转让认证证书和认证标志。

第六章　监督管理

第三十三条 国家认监委和国家知识产权局建立知识产权认证监管协同机制，对知识产权认证机构实施监督检查，发现违法违规行为的，依照《认证认可条例》、《认证机构管理办法》等法律法规的规定进行查处。

第三十四条 地方各级质量技术监督部门和各地出入境检验检疫机构（以下统称地方认证监管部门）、地方知识产权行政管理部门依照各自法定职责，建立相应的监管协同机制，对所辖区域内的知识产权认证活动实施监督检查，查处违法违规行为，并及时上报国家认监委和国家知识产权局。

第三十五条 认证机构在资质审批过程中存在弄虚作假、隐瞒真实情况或者不再符合认证机构资质条件的，由国家认监委依法撤销其资质。

第三十六条 认证人员在认证过程中出具虚假认证结论或者认证结果严重失实的，依照国家关于认证人员的相关规定处罚。

第三十七条 认证机构、认证委托人和认证证书持有人应当对认证监管部门实施的监督检查工作予以配合，对有关事项的询问和调查如实提供相关材料和信息。

第三十八条 违反有关认证认可法律法规的违法行为，从其规定予以处罚。

第三十九条 任何组织和个人对知识产权认证违法违规行为，有权向各级认证监管部门、各级知识产权行政管理部门举报。各级认证监管部门、各级知识产权行政管理部门应当及时调查处理，并为举报人保密。

第七章　附则

第四十条 本办法由国家认监委、国家知识产权局负责解释。

第四十一条 本办法自 2018 年 4 月 1 日起施行。国家认监委和国家知识产权局于 2013 年 11 月 6 日印发的《知识产权管理体系认证实施意见》（国认可联〔2013〕56 号）同时废止。

附件：知识产权认证目录

附件

知识产权认证目录

序号	认证项目	认证类别	认证依据
1	企业知识产权管理体系认证	知识产权管理体系	《企业知识产权管理规范》（GB/T 29490—2013）
2	高等学校知识产权管理体系认证		《高等学校知识产权管理规范》（GB/T 33251—2016）
3	科研组织知识产权管理体系认证		《科研组织知识产权管理规范》（GB/T 33250—2016）

> 初步搭建适应知识产权高质量发展的指标体系、政策体系和统计体系

推动知识产权高质量发展年度工作指引（2019）[*]

党的十九大提出，我国经济已由高速增长阶段转向高质量发展阶段。进入新时代，站在知识产权大国向知识产权强国迈进的重要历史节点上，推动知识产权高质量发展，是摆在我们面前的首要任务。为全面落实党中央、国务院推动高质量发展决策部署，进一步做好2019年知识产权工作，坚决把发展的重心转移到质量上来，特制定本指引。

一、总体要求

（一）指导思想

以习近平新时代中国特色社会主义思想为指导，全面贯彻党的十九大和十九届二中、三中全会精神，紧紧围绕统筹推进"五位一体"总体布局和协调推进"四个全面"战略布局，深入落实习近平总书记关于知识产权工作的重要论述，按照党中央、国务院决策部署，坚持以新发展理念为引领，坚持稳中求进工作总基调，紧扣高质量发展这一主线，坚持质量第一、效益优先，深化知识产权领域"放管服"改革，全面提升知识产权创造质量、保护效果、运用效益、管理水平、服务能力和国际影响力，推动

---

[*] 2019年6月6日，《国家知识产权局关于印发〈推动知识产权高质量发展年度工作指引（2019）〉的通知》（国知发运字〔2019〕38号）印发。

知识产权事业在新的历史起点上创新发展。

（二）基本原则

坚持统筹推进，巩固局省市联动、点线面结合的工作格局。准确把握知识产权高质量发展的内涵，坚持与知识产权强国战略纲要相衔接，加强上下联动和业务融合，明确推动知识产权高质量发展的整体思路、实施路径和工作机制，设置可量化、可考核的目标任务，系统构建推动知识产权高质量发展的指标体系、政策体系、统计体系和考核体系，为推动知识产权高质量发展提供工作指引。

坚持问题导向，破解制约知识产权高质量发展的瓶颈障碍。聚焦当前知识产权数量质量矛盾、提高审查质量效率任务繁重、保护体系建设亟待加强、运用能力和公共服务水平有待提升等突出问题，按照新的管理体制和运行机制，推进工作思路创新和模式创新，确保改革落地到位。全面加强知识产权保护，健全知识产权侵权惩罚性赔偿制度，促进发明创造和转化运用，把体制机制改革所释放的活力转变为推动知识产权高质量发展的动力。

坚持因地制宜，设置差异化的发展路径。从实际出发，结合引领型、支撑型和特色型知识产权强省建设试点类别，各区域在创新能力、经济社会发展水平等方面的实际情况，设置差异化的发展任务、工作重点和评价体系，高位推动，系统谋划，积极探索知识产权领域改革创新，合理规划发展路径，指导地方细化落实本地区的具体任务，明确时间表和路线图，打造形成若干具有影响力和带动力的知识产权高质量发展样板。

（三）主要目标

2019年底，知识产权创造质量、保护效果、运用效益、管理水平、服务能力和国际影响力进一步提升，初步搭建适应知识产权高质量发展的指标体系、政策体系和统计体系。

——知识产权创造。大力培育高价值核心专利和知名品牌，形成约300个支撑产业发展和国际竞争的高价值专利组合。进一步提高审查质量和审查效率，将高价值专利审查周期在2018年压减10%的基础上再压减15%以上，商标注册审查周期压缩至5个月以内。完成消减发明专利审查积压 10 万件以上，全面遏制非正常专利申请、商标囤积和恶意注册行为。

——知识产权运用。重点产业知识产权运营基金新增投资额增长超 50%，知识产权保险保障金额增长 20% 以上，专利商标质押融资金额增长力争不低于 10%，超过 1 350 亿元。培育专业化的知识产权运营服务机构 40 家，知识产权服务业营业收入增长 20%。持续推进商标品牌建设，新建设商标品牌创新创业基地若干个。

——知识产权保护。全面加强知识产权保护，知识产权保护体系的运行机制和工作平台进一步完善，专利、商标行政执法能力不断提高，地理标志保护水平进一步提升，"互联网+"知识产权保护取得明显成效。知识产权保护中心建设合理布局，专利预审服务质量提升。知识产权保护满意度持续提高。

二、明确推动知识产权高质量发展的指标体系

（一）形成推动知识产权高质量发展的核心指标

按照质量第一、效益优先的要求，以"少而精"为原则，开展专题研究，比较国际有关指标及评价，形成若干表征高质量发展的知识产权核心指标。抓紧研究纳入国家"十四五"规划经济社会发展主要指标的知识产权指标。建立健全推动知识产权高质量发展指标体系，做好与知识产权强国纲要指标体系的衔接。（战略规划司负责）

（二）建立知识产权运用综合评价指标体系

聚焦促进产业发展，开展知识产权运用综合评价指标体系研究，加强数据量化提取和关联共享。充分运用信息化技术，开展知识产权运用相关数据指标的主动监测、实时分析和动态测算，全面及时反映知识产权运用促进综合效益。（运用促进司负责）

（三）构建区域差异化的指标体系

各地结合本地区发展定位、发展任务、发展要求和工作重点，设置差异化的知识产权指标，并适时完善本地区经济社会发展中长期规划和年度计划有关知识产权指标。积极配合做好知识产权高质量发展相关数据采

集、统计汇总和分析预测等工作。（各地方知识产权局负责）

三、完善推动知识产权高质量发展的政策体系

（四）强化知识产权战略谋划与顶层设计

制定面向2035年的知识产权强国战略纲要。（联席办负责）开展知识产权"十四五"规划编制前期研究和"十四五"时期重点工程项目储备。（战略规划司负责）加快建设知识产权强省强市，加强知识产权强省动态管理，鼓励有条件的省份积极申报强省建设试点省，加强知识产权强市的创建评定、过程督导和绩效评价。完善知识产权合作会商机制，强化政策落地、项目布局、资金配套等工作的督办落实。持续深化城市和县域试点示范工作，加强知识产权公益服务队伍建设，提高知识产权管理和服务支撑能力。向全国复制推广一批知识产权强省、强市建设试点经验。（运用促进司负责）

（五）加强知识产权宏观管理与政策研究

围绕知识产权强国建设总体目标，重点对年度知识产权领域苗头性倾向性潜在性问题加强分析研判，完善推动知识产权高质量发展的政策体系。加强知识产权宏观管理，保持知识产权政策的稳定性、调控的针对性、标准的一致性，防止大起大落。加强知识产权宏观政策调查研究，建立完善政策预研储备工作机制。加大知识产权政策研究成果的推广运用，强化对各地提升知识产权创造质量、运用效益、保护力度和服务能力的政策指导。（办公室负责）加强知识产权基础性法律制度和新领域新业态创新成果知识产权保护研究。（条法司负责）研究构建一体化的知识产权公共服务体系，统筹管理知识产权信息资源，制定知识产权基础信息采集加工标准和管理规则，整合商标、专利、地理标志、集成电路布图设计等基础数据，加大对各地方知识产权数据共享力度。（公共服务司负责）推动完善知识产权职称制度，加强各类知识产权人才培养。（人事司负责）加强对知识产权国际领域最新动态的跟踪研判，积极参与多边框架下的全球知识产权治理和规则制定，继续推动《外观设计法条约》外交大会尽早召开。（国际合作司负责）

（六）完善知识产权保护政策体系

完善法律法规，配合做好专利法修改，建立惩罚性赔偿制度，大幅提高侵权违法成本。启动新一轮商标法修改准备工作。加强源头保护，提高知识产权审查质量和审查效率。（条法司负责）研究出台强化知识产权保护的政策文件，统筹推进知识产权严保护、大保护、快保护、同保护各项工作。科学布局知识产权保护中心，开展集快速审查、快速确权、快速维权、专利预警于一体的一站式综合服务，为企业技术创新和集聚产业发展提供有力支撑。推动"互联网＋"知识产权保护深入实施。完善地理标志、特殊标志和官方标志保护体系，实施地理标志保护工程，开展国家地理标志产品保护示范区建设工作。加强对地理特征明显、人文特色鲜明、质量特性突出的地理标志重点产品实施保护。加强执法指导力度，组织开展重点领域专项行动，积极推进跨部门跨区域的执法协作。严格知识产权领域信用监管，推进知识产权诚信体系建设。加强知识产权纠纷涉外应对机制建设。（保护司负责）

（七）完善知识产权运用促进政策体系

扎实做好各类知识产权运营平台建设布局，继续支持重点城市开展知识产权运营服务体系建设。做好高价值专利评估培育工作。扩大知识产权金融服务范围，推动专利商标混合质押，鼓励开发知识产权综合险种，加快推进知识产权证券化试点。推进知识产权强企建设，落实好知识产权服务民营企业创新发展政策措施。研究推动知识产权密集型产业发展。做好中国专利奖评选工作，充分发挥质量导向和示范作用。实施地理标志运用促进工程，运用地理标志精准扶贫，总结推广"商标富农"工作经验，大力推行"公司＋商标品牌（地理标志）＋农户"产业化经营模式。统筹推进专利导航、知识产权区域布局和分析评议工作。加强知识产权服务业发展与监管。（运用促进司负责）

四、形成推动知识产权高质量发展的统计体系

（八）完善知识产权统计工作机制

深入推进全国专利调查工作。推进知识产权（专利）密集型产业统计

分类国家标准的制定实施及产业增加值核算与发布，完善产业统计监测体系。定期开展专利质量提升相关统计工作。继续开展每万人口发明专利拥有量等主要专利指标的统计评价工作。完善知识产权统计报表制度。深化知识产权使用费统计分析。加强规模以上工业企业专利活动与经济效益统计监测。增加对国际相关数据的收集整理，加强统计数据国际比较。建立知识产权统计数据分发共享机制，进一步满足地方工作的知识产权数据需求。（战略规划司负责）

（九）提高知识产权统计数据质量

各地要建立健全统一管理、分工负责的知识产权统计制度，明确知识产权综合统计责任处室，协调落实知识产权重大统计调查任务，规范知识产权统计信息发布。充分利用行政记录和有关监测管理系统收集知识产权统计信息，避免重复统计。积极探索重点调查，抽样调查，获取知识产权数据。在知识产权统计调查实施过程中，要做到数出有据，严格审核，采取有力措施，解决瞒报、漏报、虚报等问题。（战略规划司负责）

五、工作要求

（一）加强党的领导

各部门各地方知识产权局要从全局和战略高度深刻认识推动知识产权高质量发展的重大意义，把党的领导贯穿于知识产权高质量发展的全过程，认真落实习近平总书记关于知识产权"两个最"的重要论述，认真落实党中央、国务院决策部署，不断提升推动高质量发展的思想自觉和行动自觉。

（二）强化统筹协调

按照新的管理体制和运行机制，加强对推动知识产权高质量发展政策措施的统筹谋划、工作联动和资源整合，建立工作机制，强化督促检查。在知识产权强国建设绩效考核中设置专题，开展推动知识产权高质量发展相关绩效评价，不断提高推动知识产权高质量发展的系统性、整体性、协同性。

（三）落实工作责任

各地方知识产权局要对照工作指引，结合发展实际，进一步细化落实本地区推动知识产权高质量发展的主攻方向和具体任务。各部门要按照职责分工，尽快出台相关的配套细则和政策措施，确保重点任务及时落地见效。

（四）开展第三方评估

充分发挥第三方评估机构作用，开展推动知识产权高质量发展政策落实情况评估，将专利商标申请注册数量增长、知识产权保护、服务业监管、资助政策调整等作为评估重点，提高政策落实透明度。相关评估结果作为相关政策试点、项目扶持的重要依据。

（五）做好宣传引导

加强新闻宣传和舆论引导，促进相互学习借鉴，及时回应群众关切。及时总结各地区推动知识产权高质量发展的经验做法和成果，形成一批可复制可推广的经验向全国推广。

附件：1. 2019年推动知识产权高质量发展任务清单
   2. 知识产权强省建设试点省分类表

附件 1

2019 年推动知识产权高质量发展任务清单

任务清单	落实举措	执行部门	完成时间
一、提高知识产权审查质量和审查效率			
1. 全力压减审查周期	**国家知识产权局**：制定提升发明专利审查质量和审查效率专项实施方案，完善专利审查计划运行管理机制，积极改革审查模式，加快建设新一代专利审查及检索系统，上线外观设计智能辅助审查系统，提升审查效率。加大对高价值专利审查资源倾斜，优先压减周期。全面深化商标注册便利化改革，大力推广商标网上申请，上线商标驳回复审网上申请系统，提高网上申请比例。加强对商标审查业务部门的业务指导和精细化管理。加强对京外审查协作中心的管理和指导。	**局内**：条法司，专利局审业部、自动化部，商标局	年内有阶段性成果
2. 深入实施专利质量提升工程	**国家知识产权局**：持续落实《专利质量提升工程实施方案》严把专利审查授权关，适应性调整完善审查质量政策，实施审查质量分级管理分类指导。完善专利审查质量保障体系，加强对体系运行效能的监督检查。加强审查能力建设，提高第一次审查意见通知书的全面性和有效性。强化"双监督、双评价"质量管理，进一步优化审查质量监督评价模式和三种专利初审质量评估方式。完善审查业务指导体系，发布局级指导性案例，切实提高业务指导成效。强化专利审查文献信息服务，促进专利审查效率提升。加强分类业务和分类质量管理，压缩分类审查周期，开展分类成果的推广应用。 **各地**要积极采取措施，大力提升专利申请质量，建立完善各级专利资助和奖励工作台账，切实做好专利资助资金审批管理。引导形成与区域创新能力和产业发展水平相适应的专利数量增长预期指标。开展专利代理服务能力提升培训，加强高水平专利代理机构培育。	**局内**：条法司、战略规划司、运用促进司，专利局审业部、文献部 **省份**：各省份必做	年内有阶段性成果

续表

任务清单	落实举措	执行部门	完成时间
3. 开展"商标审查质量提升年"行动	**国家知识产权局**：优化完善马德里商标国际注册申请审查机制，制定相关审查工作标准。加强形式审查业务指导和审查质量监管，建立审查进度、错误情况等信息通报制度。优化完善审查质量管理，健全对各商标审查协作中心的审查业务考核机制。 **各地**要积极落实"商标审查质量提升年"行动，优化审查质量管理，加强商标审查质量监控，确保商标审查质量提升。	**局内**：商标局 **省份**：商标审查协作中心涉及省份必做	年底前完成
二、加大知识产权保护力度			
4. 完善知识产权保护制度	**国家知识产权局**：配合做好专利法修正案（草案）审议相关工作，同步推进专利法实施细则修改。修订《专利审查指南》《专利代理管理办法》《专利代理师资格考试办法》《地理标志产品保护规定》。推进商标法第四次修改，修订《商标评审规则》，制定《关于规范商标申请行为的若干规定》《商标代理监管暂行办法》《商标电子申请和电子送达规定》。 **各地**应结合"互联网+"、大数据等新领域新业态发展要求，加强与国家知识产权局"互联网+"知识产权保护工作的衔接。	**局内**：条法司、保护司、运用促进司，专利局审业部，商标局 **省份**：各省份必做	年底前完成
5. 完善快速协同保护体系	**国家知识产权局**：推动制定出台全面加强知识产权保护相关意见，并组织好任务分工落实。加快研究制定知识产权保护体系建设方案并推动实施，着力构建"全类别、全链条、多渠道、多主体"的知识产权保护体系。继续推进知识产权保护中心建设布局，开展建立国家知识产权保护中心的可行性研究。深化知识产权快速维权工作和维权援助工作，加强知识产权仲裁调解机构能力建设和专业化市场知识产权保护规范化建设，探索开展社会监督员工作。 **各地**应加快已批复知识产权保护中心建设工作，加强软硬件条件保障，争取尽快投入运行。对已通过验收的知识产权保护中心应持续完善快速审查、快速确权、快速维权相关工作机制，抓好辅助审查工作质量，更好服务区域和产业发展。支持有条件的地方依托产业聚集区积极申报设立知识产权保护中心。	**局内**：保护司，专利局审业部 **省份**：知识产权保护中心涉及省份必做；其他省份选做	年内有阶段性成果

续表

任务清单	落实举措	执行部门	完成时间
6. 加大执法指导力度	**国家知识产权局**：探索建立知识产权行政执法案例指导工作机制。做好2018年执法绩效考核。研究起草商标侵权判断标准。开展知识产权检验鉴定地方试点工作。研究建立海外知识产权维权援助机制，建设国家层面的海外知识产权纠纷应对指导中心。组织开展地理标志使用专项整治工作。 **各地**应持续加强专利、商标行政执法队伍建设，建立长效机制强化地理标志保护监管，强化培训力度，提高执法能力水平。组织做好知识产权系统执法保护专项行动。积极开展海外知识产权维权援助服务。积极申报并开展知识产权检验鉴定试点。做好知识产权行政执法指导性案例的选报工作。	**局内**：保护司 **省份**：各省份必做	年内有阶段性成果
三、促进知识产权综合运用			
7. 完善知识产权运营服务体系	**国家知识产权局**：扎实推进国家知识产权运营公共服务平台建设，推动地方区域性、产业性、功能性平台建设布局，加速平台与机构、基金等要素融合。继续支持重点城市知识产权运营服务体系建设，加强绩效考核评价。扩大知识产权金融服务范围，持续推动知识产权质押融资工作，加强对知识产权证券化试点工作的指导，联合相关部门建立工作合作机制，引导银行业提供信贷支持，完善风险分担及补偿机制。积极参与2019年中国国际进口博览会筹备工作。完善知识产权资产评估体系。 **各地**要充分发挥重点产业知识产权运营基金作用，完善基金投出机制和绩效评价。借鉴成功经验，有条件的地方探索知识产权证券化工作，健全知识产权质押融资风险补偿机制，积极与商业银行、保险机构、金融机构加强业务对接，探索开展知识产权混合质押、开发知识产权综合险种。鼓励融资担保公司开发适合知识产权的信用担保产品，加大对小微企业的知识产权融资支持力度。	**局内**：运用促进司 **省份**：涉及省份必做；其他省份选做	年内有阶段性成果

续表

任务清单	落实举措	执行部门	完成时间
8. 助力产业转型升级	**国家知识产权局**：制定出台知识产权强企建设工作方案，加快推进中小企业和试点示范园区建设，引领产业转型升级。深入实施中小企业知识产权战略推进工程，全面落实服务民营企业创新发展的若干举措。联合相关部门研究出台中央企业知识产权工作指导意见。扎实做好企业、高校、科研组织、专利代理机构贯标工作。深入推进国家知识产权服务业集聚区建设。印发知识产权军民融合试点年度工作要点。持续推进商标品牌建设，建设商标品牌创业创新基地。鼓励支持各地结合区域产业特色加强区域品牌培育，推动条件成熟的地区设立品牌指导站，推广品牌基地建设等成功经验。支持企业运用商标品牌参与国际竞争，引导有条件的优势企业打造全球知名品牌。	**局内**：运用促进司	年内有阶段性成果
	各地要持续强化对小微企业的知识产权帮扶力度，培育一批国家知识产权优势示范企业。继续实施一批专利导航项目，探索推动知识产权分析评议纳入地方政府有关决策机制，统筹做好知识产权区域布局试点工作，优化引导区域内产业资源配置。持续完善知识产权管理体系标准推行工作。	**省份**：知识产权强省建设试点省必做；其他省份选做	
	各地相关试点省份要按照任务部署，深入推进知识产权军民融合试点工作。有关省份要积极做好中小企业知识产权战略推进工程相关工作。	**省份**：涉及省份必做；其他省份选做	
9. 实施地理标志运用促进工程	**国家知识产权局**：研究出台地理标志运用促进工程等相关政策文件。将地理标志作为知识产权强省、强市、试点示范城市、强县工程试点示范县的创建重点。探索地理标志"产品—品牌—产业"发展路径，推动形成若干地理标志支撑发展的优势产业。依托各类大型展会和平台展示推介地理标志产品，线上线下推广地理标志产品。支持将地理标志特色企业纳入国家知识产权优势企业和示范企业建设行列，发挥带头引领作用。依托中小企业知识产权战略推进工程，做好中小企业地理标志产品的指导服务。大力开展地理标志精准扶贫、商标品牌富农工作。实施地理标志专业服务提升计划，依托专利代理、商标代理等各类服务机构，拓展地理标志服务业务，加强地理标志服务队伍和人才培养。	**局内**：运用促进司	年内有阶段性成果

续表

任务清单	落实举措	执行部门	完成时间
9. 实施地理标志运用促进工程	**各地**要积极开展地理标志资源梳理和清查工作，指导所在地区知识产权强县工程试点县、示范县依据本地区地理标志资源特征，制定相应的地理标志资源运用促进工作计划，充分挖掘地理标志经济效能，融入县域经济工作。各知识产权运营平台要将地理标志作为平台的重要资源，开辟地理标志专区，加大地理标志产品展示推介力度。	**省份**：各省份必做	年内有阶段性成果
四、提高知识产权公共服务能力			
10. 组织实施全国知识产权信息公共服务体系建设	**国家知识产权局**：统筹各类知识产权公共服务资源，积极推进国家知识产权大数据中心和信息公共服务平台项目建设，研究制定知识产权信息公共服务体系建设方案，促进知识产权信息公共服务高质量发展。统筹管理知识产权信息资源，推动扩大数据开放。梳理整合商标、专利、地理标志、集成电路布图设计等基础数据，推动知识产权数据免费或低成本开放，促进知识产权信息的广泛传播和有效利用。 **各地**要积极调研，充分了解社会公众对知识产权数据和信息资源的需求，做好社会公众与知识产权信息资源的连接纽带，依托公共服务体系，通过各种方式促进知识产权信息资源与社会公众的对接。积极开展专利信息利用相关培训工作，鼓励面向小微企业、高校、科研机构开展专利信息帮扶工作。	**局内**：公共服务司，专利局自动化部、文献部，商标局 **省份**：知识产权强省建设试点省必做；其他省份选做	年内有阶段性成果
11. 深入推进高校知识产权信息服务中心建设	**国家知识产权局**：遴选一批高校国家知识产权信息服务中心，联合教育部推进高校国家知识产权信息服务中心建设，组织高校知识产权信息服务中心人员研讨交流，举办高校国家知识产权信息服务中心高管培训，提升服务能力。 **各地**应积极指导与支持本地高校设立知识产权信息服务中心，同时加强推进获批的高校国家知识产权信息服务中心建设，在业务工作开展、信息资源保障、人才培育、服务地方经济产业发展等方面加强指导与支持，进一步提升高校知识产权信息服务能力和水平。	**局内**：公共服务司 **省份**：各省份必做	年内有阶段性成果

续表

任务清单	落实举措	执行部门	完成时间
五、强化知识产权领域综合监管			
12. 严厉打击非正常专利申请行为	**国家知识产权局**：实施非正常申请筛查监管前移，出重拳抓一批典型案例，依法依规予以处理。完善知识产权领域信用体系建设，严格实施联合惩戒备忘录，对非正常申请专利等行为实施联合惩戒。 **各地**要加强对本地区申请人专利申请行为的监测，对于存在非正常专利申请行为的主体给予取消各类资助奖励资格处理，并全额收回已发放的资助奖励资金。	**局内**：保护司、专利局审业部 **省份**：各省份必做	年内有阶段性成果
13. 严厉打击商标囤积和恶意注册行为	**国家知识产权局**：加大对非正常商标申请打击力度。在注册程序各环节从严从快打击商标囤积和恶意注册行为。强化商标使用义务，开展闲置商标摸排工作。充分发挥异议程序在打击恶意注册中的有力作用，继续加强异议工作制度体系建设，不断细化优化异议形式审查和实质审查标准，修订完善各项工作制度流程。坚持扶打结合，加强舆论宣传和政策解读，加快出台《商标代理监管暂行办法》，规范商标代理行为，引导市场主体理性注册商标。 **各地**要加强对本地区囤积商标和恶意注册行为的监测，加强商标囤积和恶意注册行为线索的报送工作。	**局内**：保护司、运用促进司、商标局 **省份**：各省份必做	年内有阶段性成果
14. 加强对知识产权服务机构的监管	**国家知识产权局**：对专利商标代理机构实施"双随机、一公开"监管。充分发挥行业自律作用，促进知识产权服务业健康发展。制定印发《专利代理监管方案》。会同有关部门发挥大数据优势，健全知识产权认证监管机制，研究制定知识产权领域认证监管工作方案。 **各地**要主动调整专利申请、贯标认证等相关资助和奖励政策，突出质量导向。开展知识产权代理专项整治，依法打击违反规定开展专利代理业务、提交大量非正常专利申请、代理师资格证书挂靠、扰乱商标代理市场秩序等行为。	**局内**：运用促进司 **省份**：各省份必做	年内有阶段性成果

续表

任务清单	落实举措	执行部门	完成时间
六、深化知识产权国际合作			
15. 持续推进"一带一路"知识产权合作项目实施	**国家知识产权局**：举办"一带一路"知识产权意识提升研讨会，2019年度"一带一路"知识产权培训班，完成2019年度"一带一路"知识产权硕士学位教育项目招生。 **各地**应结合本地区实际，在国家知识产权局指导下，积极开展与"一带一路"沿线国家和地区的知识产权交流活动。	**局内**：国际合作司 **省份**："一带一路"相关省份必做；其他省份选做	年内有阶段性成果
16. 积极建设推广技术与创新支持中心	**国家知识产权局**：与世界知识产权组织（WIPO）签署在华建设技术与创新支持中心（TISC）的谅解备忘录。与WIPO联合为第一批、第二批TISC承办机构挂牌。联合选拔第三批TISC承办机构并进行培训。联合在华举办TISC国际会议。 **各地**应积极配合做好第一批、第二批TISC机构挂牌相关工作，有条件的地方应积极推动本地区相关机构申报第三批TISC承办机构。鼓励有条件的地方申请承办TISC国际会议。 获批TISC的地方应积极发挥TISC承办机构作用，进一步推动所在地方技术与创新国际交流合作。加强对TISC承办机构的业务指导和扶持。	**局内**：国际合作司、公共服务司，专利局文献部 **省份**：涉及省份必做；其他省份选做	年底前完成
七、夯实知识产权事业发展基础			
17. 开展知识产权高质量发展专题宣传	**国家知识产权局**：宣传好全系统落实习近平总书记关于提高知识产权审查质量和审查效率的重要指示、落实国务院"放管服"改革部署要求、推动知识产权事业稳中求进、高质量发展的举措和成绩，将高质量发展作为重大主题列入2019年全国知识产权宣传工作要点。加强决策部署、重要文件的政策解读和宣传阐释，在重大活动宣传、重要信息发布中突出质量导向。统筹协调中央媒体、局属媒体、境外媒体、商业网站，融合传统媒体与新兴媒体等渠道，通过开设专题专栏刊、开展主题采访等方式，多渠道多形式开展宣传。继续组织好全国知识产权宣传周等大型活动，支持办好中国知识产权年会和中国国际商标品牌节。会同教育部门深化中小学知识产权教育试点示范工作，培育一批优秀师资，编写一批优秀教材，打造若干精品课程。	**局内**：办公室	年内有阶段性成果

续表

任务清单	落实举措	执行部门	完成时间
17. 开展知识产权高质量发展专题宣传	**各地**要按照本地知识产权高质量发展的总体部署安排，注重宣传导向，加强主题策划，宣传好各地培育高价值核心知识产权，遏制非正常专利申请和商标恶意注册，推动知识产权事业从量的扩张向质的提升转化等的举措和成效，有效引导舆论，营造浓厚氛围。鼓励本地区有条件的中小学校开展中小学知识产权教育试点示范申报工作。	**省份**：各省份必做	年内有阶段性成果
18. 加强各类知识产权人才培养	**国家知识产权局**：推动完善知识产权职称制度。支持高校加强知识产权学科专业建设，推动专业学位知识产权人才培养。发挥好知识产权培训基地作用，引导社会开展更多知识产权培训工作。加强知识产权智库建设，发挥好专家咨询委员会作用。重点支持举办40余期知识产权紧缺人才培训班，指导全国范围内培训知识产权急需紧缺人才1万余人。 **各地**应积极加强知识产权急需紧缺人才培训工作，明确培训目标、培训计划，积极组织开展面向各级政府行政管理岗位、企业、高校、科研机构管理部门、研发部门、知识产权服务机构等各类人才的专利、商标、地理标志相关工作培训班。鼓励建立知识产权专家决策咨询团队，探索建设地方性、区域性、产业型的知识产权智库。	**局内**：人事司 **省份**：各省份必做	年内有阶段性成果

附件2

知识产权强省建设试点省分类表

类别	省份
引领型	广东、江苏、上海、四川
支撑型	山东、湖南、福建、重庆、河南、陕西
特色型	江西、广西、甘肃

规制恶意商标申请，维护商标注册管理秩序

规范商标申请注册行为若干规定[*]

第一条 为了规范商标申请注册行为，规制恶意商标申请，维护商标注册管理秩序，保护社会公共利益，根据《中华人民共和国商标法》（以下简称商标法）和《中华人民共和国商标法实施条例》（以下简称商标法实施条例），制定本规定。

第二条 申请商标注册，应当遵守法律、行政法规和部门规章的规定，具有取得商标专用权的实际需要。

第三条 申请商标注册应当遵循诚实信用原则。不得有下列行为：

（一）属于商标法第四条规定的不以使用为目的恶意申请商标注册的；

（二）属于商标法第十三条规定，复制、摹仿或者翻译他人驰名商标的；

（三）属于商标法第十五条规定，代理人、代表人未经授权申请注册被代理人或者被代表人商标的；基于合同、业务往来关系或者其他关系明知他人在先使用的商标存在而申请注册该商标的；

（四）属于商标法第三十二条规定，损害他人现有的在先权利或者以不正当手段抢先注册他人已经使用并有一定影响的商标的；

（五）以欺骗或者其他不正当手段申请商标注册的；

（六）其他违反诚实信用原则，违背公序良俗，或者有其他不良影

---

[*] 2019年10月17日，国家市场监督管理总局发布《规范商标申请注册行为若干规定》（国家市场监督管理总局令第17号）。

响的。

第四条 商标代理机构应当遵循诚实信用原则。知道或者应当知道委托人申请商标注册属于下列情形之一的，不得接受其委托：

（一）属于商标法第四条规定的不以使用为目的恶意申请商标注册的；

（二）属于商标法第十五条规定的；

（三）属于商标法第三十二条规定的。

商标代理机构除对其代理服务申请商标注册外，不得申请注册其他商标，不得以不正当手段扰乱商标代理市场秩序。

第五条 对申请注册的商标，商标注册部门发现属于违反商标法第四条规定的不以使用为目的的恶意商标注册申请，应当依法驳回，不予公告。

具体审查规程由商标注册部门根据商标法和商标法实施条例另行制定。

第六条 对初步审定公告的商标，在公告期内，因违反本规定的理由被提出异议的，商标注册部门经审查认为异议理由成立，应当依法作出不予注册决定。

对申请驳回复审和不予注册复审的商标，商标注册部门经审理认为属于违反本规定情形的，应当依法作出驳回或者不予注册的决定。

第七条 对已注册的商标，因违反本规定的理由，在法定期限内被提出宣告注册商标无效申请的，商标注册部门经审理认为宣告无效理由成立，应当依法作出宣告注册商标无效的裁定。

对已注册的商标，商标注册部门发现属于违反本规定情形的，应当依据商标法第四十四条规定，宣告该注册商标无效。

第八条 商标注册部门在判断商标注册申请是否属于违反商标法第四条规定时，可以综合考虑以下因素：

（一）申请人或者与其存在关联关系的自然人、法人、其他组织申请注册商标数量、指定使用的类别、商标交易情况等；

（二）申请人所在行业、经营状况等；

（三）申请人被已生效的行政决定或者裁定、司法判决认定曾从事商标恶意注册行为、侵犯他人注册商标专用权行为的情况；

（四）申请注册的商标与他人有一定知名度的商标相同或者近似的情况；

（五）申请注册的商标与知名人物姓名、企业字号、企业名称简称或者其他商业标识等相同或者近似的情况；

（六）商标注册部门认为应当考虑的其他因素。

第九条 商标转让情况不影响商标注册部门对违反本规定第三条情形的认定。

第十条 注册商标没有正当理由连续三年不使用的，任何单位或者个人可以向商标注册部门申请撤销该注册商标。商标注册部门受理后应当通知商标注册人，限其自收到通知之日起两个月内提交该商标在撤销申请提出前使用的证据材料或者说明不使用的正当理由；期满未提供使用的证据材料或者证据材料无效并没有正当理由的，由商标注册部门撤销其注册商标。

第十一条 商标注册部门作出本规定第五条、第六条、第七条所述决定或者裁定后，予以公布。

第十二条 对违反本规定第三条恶意申请商标注册的申请人，依据商标法第六十八条第四款的规定，由申请人所在地或者违法行为发生地县级以上市场监督管理部门根据情节给予警告、罚款等行政处罚。有违法所得的，可以处违法所得三倍最高不超过三万元的罚款；没有违法所得的，可以处一万元以下的罚款。

第十三条 对违反本规定第四条的商标代理机构，依据商标法第六十八条的规定，由行为人所在地或者违法行为发生地县级以上市场监督管理部门责令限期改正，给予警告，处一万元以上十万元以下的罚款；对直接负责的主管人员和其他直接责任人员给予警告，处五千元以上五万元以下的罚款；构成犯罪的，依法追究刑事责任。情节严重的，知识产权管理部门可以决定停止受理该商标代理机构办理商标代理业务，予以公告。

第十四条 作出行政处罚决定的政府部门应当依法将处罚信息通过国家企业信用信息公示系统向社会公示。

第十五条 对违反本规定第四条的商标代理机构，由知识产权管理部门对其负责人进行整改约谈。

第十六条 知识产权管理部门、市场监督管理部门应当积极引导申请人依法申请商标注册、商标代理机构依法从事商标代理业务，规范生产经营活动中使用注册商标的行为。

知识产权管理部门应当进一步畅通商标申请渠道、优化商标注册流程，提升商标公共服务水平，为申请人直接申请注册商标提供便利化服务。

第十七条 知识产权管理部门应当健全内部监督制度，对从事商标注册工作的国家机关工作人员执行法律、行政法规和遵守纪律的情况加强监督检查。

从事商标注册工作的国家机关工作人员玩忽职守、滥用职权、徇私舞弊，违法办理商标注册事项，收受当事人财物，牟取不正当利益的，应当依法给予处分；构成犯罪的，依法追究刑事责任。

第十八条 商标代理行业组织应当完善行业自律规范，加强行业自律，对违反行业自律规范的会员实行惩戒，并及时向社会公布。

第十九条 本规定自 2019 年 12 月 1 日起施行。

切实解决专利代理行业发展中存在的突出问题

国家知识产权局关于加快推进"蓝天"专项行动集中整治工作的通知[*]

各省、自治区、直辖市、计划单列市、副省级城市、新疆生产建设兵团知识产权局（知识产权管理部门）：

为深入落实"不忘初心、牢记使命"主题教育活动关于立行立改、加快开展专利代理行业专项整治工作的要求，推进"蓝天"专项整治行动加力加速，力争专项整治工作在2019年8月底前取得较大成效，现就有关事项通知如下：

一、进一步提高政治站位，将深入开展"蓝天"行动作为落实"不忘初心、牢记使命"主题教育活动的重要任务推进

加快推进"蓝天"行动、开展专利代理行业专项整治工作既是保障专利代理行业健康发展的根本需要，也是深入开展"不忘初心、牢记使命"主要教育活动的一项重要政治任务，整治效果和群众满意度的好坏更是检验全国知识产权系统开展主题教育活动成效的重要方面。各地要切实提高政治站位，将深入推进"蓝天"行动提高到是否真正落实主题教育活动具体要求的高度来认识，以正视问题的自觉和刀刃向内的勇气，切实解决行

---

[*] 2019年8月7日，《国家知识产权局关于加快推进"蓝天"专项行动集中整治工作的通知》（国知发运函字〔2019〕142号）印发。

业发展中存在的突出问题，集中力量整治行业乱象，努力将"蓝天"行动推向深入，尽快取得突出成效。

二、组织专利代理机构开展全面自查和信用承诺工作

各地要组织本地专利代理机构、代理师对照"蓝天"行动重点治理事项开展全面自查，尽快完成自查报告，并组织签订信用承诺书（参考样例见附件1、2），要切实发挥信用联合惩戒机制作用，完善专利代理机构和代理师信用档案，推进实现"一处失信、处处受限"。各地要于8月20日前将本地专利代理机构、代理师自查情况填写汇总表（附件3）连同承诺书一并报国家局备案。

三、重点查办一批典型案件

各地要聚焦当前专利代理行业发展中存在的"黑代理""挂证""代理非正常申请"和"以不正当手段招揽业务"等突出问题，采取一切可行的方式组织案件线索征集与分析，在8月底前，依法从快查处一批专利代理违法典型案件。要重点加强对国家局前期转办案件以及社会广泛关注的、群众反映强烈的违法违规案件的查处力度，必要时，国家局将挂牌督办。

四、加大对"黑代理"违法行为整治力度

要面向社会各界广泛征集违法代理线索，加强对长期有照无证经营机构的筛查力度。国家局也将核查一批以联系人方式违法开展专利代理业务的行为线索，并向地方转送。各地要结合本单位接到的举报投诉线索和日常监管工作中发现的线索，重点对违法代理行为进行集中整治。

五、加大对"代理非正常申请"违法行为整治力度

要对国家局2018年认定"代理非正常申请"数量较多的代理机构，进行集中提示谈话；对2018年被认定后，2019年上半年仍被国家局初步认定"代理非正常申请"的机构，立即停止对其在专利申请资助、贯标认证申请、专利优先审查和加快审查等方面的政策支持，并在品牌机构评

选、行业评优评先等方面予以全面限制；对 2019 年被国家局正式认定"代理非正常申请"违法行为的代理机构，除以上限制措施要全面到位以外，要在 8 月底前进行立案查办。相关清单另行转送。

六、加大对"挂证"违法行为整治力度

国家局将对发布"挂证"信息的重点论坛和网站等进行约谈，还将会同相关部门核查并向地方转送一批"挂证"违法行为线索。各地要围绕国家局转送的线索立即展开调查，在 8 月底之前立案查办一批相关案件。

七、加大对"以不正当手段招揽业务"违法行为整治力度

要联合有关执法部门，对"使用国家机关工作人员名义"进行虚假宣传、诋毁其他专利代理机构和代理师等以不正当手段招揽业务行为线索进行排查，8 月底前进行查处。

八、推进加强行业自律

指导行业协会发挥行业自律职能，强化业内自律监督，积极主动查处违反行业自律规范的行为。公开征集违法行为线索，开展规范经营自律倡议工作，组织专利代理师执业宣誓活动，加大对专利代理机构、代理师执业行为的核查力度，全面筛查违反行业自律规范行为。要引导行业协会依法依规及时向政府知识产权管理部门移送案件线索。

九、加快形成专项整治压倒性声势

各地要加强组织调度，加大各项投入，积极开展委托执法工作，为专项整治工作配备充足的人员、经费和条件保障，确保专项整治工作责任到人、落实到位。要加大对"蓝天"行动阶段性进展和典型案例的宣传力度，强化典型案件总结，加大案例评析、以案释法、执法普法力度，及时通过政府网站和主流媒体向社会公布相关案件信息，同时注重发挥自媒体作用，提高宣传广度和深度，加大警示力度，进一步营造良好舆论环境，提升专项整治的影响力和震慑力，推动形成专项整治压倒性声势。

十、加强专项整治工作指导督导

国家局将加强对专项整治工作的指导、督导，对督导中发现相关地方局存在推进"蓝天"行动不力、未及时办理国家局转办案件、对社会关注和群众反映问题多未能及时有效解决，不敢面对问题、触及矛盾，不能按时在当地形成专项整治压倒性态势的，直接约谈主要领导、分管领导。对于专项整治工作慢作为、不作为的，全面取消该省辖区内有关专利审查支持资源；暂停有关知识产权保护中心审批验收工作；暂停有关知识产权试点示范申报工作，在有关考核、复核中实行"一票否决"；取消本年度系统内一切评先、评优、评奖资格；对专项整治工作懈怠、推诿扯皮、造成不良影响的，对涉及的省份有关知识产权强省建设试点、城市知识产权试点示范、国家知识产权强县工程等称号进行摘牌处理，通报当地政府，并向有关部门移交线索。对于督导中发现的先进经验和先进典型，及时宣传推广，对于真抓实干、成效明显的地方，加大支持与激励力度。

各地要建立"蓝天"行动每周进展统计分析机制，加强工作指导，加大推进力度，加快推进进度，并在 2019 年 8 月 25 日前，将"蓝天"行动阶段性总结报送国家局。

特此通知。

附件：1. "蓝天"专项整治行动专利代理机构自查表
      2. 专利代理告知承诺书
      3. 省（区、市）专利代理机构自查和告知承诺情况汇总表
      4. "蓝天"行动阶段性进展情况表

国家知识产权局
2019 年 8 月 7 日

附件1

"蓝天"专项整治行动专利代理机构自查表

(提示:请本机构法定代表人或负责人亲自填写,如实开展自查工作。若发现弄虚作假行为,将依法依规从重处理,并记入信用记录)

填写人: 2019 年   月   日

单位名称		法定代表人		联系方式	电话	
					电子邮箱	
联系地址		联系人		联系方式	手机	
					电子邮箱	
注册地址		社会信用号(注册号)		专利代理执业许可机构代码		
所属区域	市县(区)	现有职工总人数		现有专利代理师人数		

自查重点	法规依据	内容	自查结果		整改情况(自行整改或据协会、政府部门意见整改)
			2019.6.1以前(件数)	2019.6.1以后(件数)	
一、无资质专利代理行为	《专利代理条例》第二十七条,《专利代理管理办法》第八条、第五十二条。	通过租用、借用等方式利用他人资质开展专利代理业务。			
		未取得专利代理机构执业许可证或者不符合专利代理师执业条件,擅自代理专利申请、宣告专利权无效等相关业务,或者以专利代理机构、专利代理师的名义招揽业务。			
		专利代理机构执业许可证或者专利代理师资格证被撤销或者吊销后,擅自代理专利申请、宣告专利权无效等相关业务,或者以专利代理机构、专利代理师的名义招揽业务。			
		其它无资质专利代理行为。			

续表

自查重点	法规依据	内容	自查结果		整改情况（自行整改或据协会、政府部门意见整改）
			2019.6.1以前（件数）	2019.6.1以后（件数）	
二、代理非正常专利申请行为	《专利代理条例》第二十五条，《专利代理管理办法》第五十一条，《关于规范专利申请行为的若干规定》（国知局令第75号）。	从事非正常专利申请行为，严重扰乱专利工作秩序。			
三、专利代理"挂证"行为	《专利代理条例》第二十四条、二十五条、第二十六条，《专利代理管理办法》第二十六条、五十一条、五十二条。	同时在两个以上专利代理机构从事专利代理业务。			
		默许、指派专利代理师在未经其本人撰写或者审核的专利申请等法律文件上签名。			
		出租、出借专利代理机构执业许可证。			
		以隐瞒真实情况、弄虚作假等手段取得专利代理机构执业许可证。			
		不符合《专利代理管理办法》第二十六条关于"专职从事专利代理业务"的备案条件，但进行执业备案的。（代理师）			
		其它"挂证"行为。			
四、以不正当手段招揽业务行为	《专利代理条例》第二十五条，《专利代理管理办法》第五十一条，《反不正当竞争法》第八条。	诋毁其他专利代理师、专利代理机构，以虚假宣传、欺诈等不正当手段招揽业务等。			
		使用"国家机关工作人员名义"等相关手段招揽业务的。			
		其它以不正当手段招揽业务行为。			

续表

自查重点	法规依据	内容	自查结果		整改情况（自行整改或据协会、政府部门意见整改）
			2019.6.1以前（件数）	2019.6.1以后（件数）	
五、经营异常行为	《专利代理管理办法》第三十七条	未在规定的期限提交年度报告。			
		取得专利代理机构执业许可证或者提交年度报告时提供虚假信息。			
		擅自变更名称、办公场所、执行事务合伙人或者法定代表人、合伙人或者股东。			
		分支机构设立、变更、注销未按照规定办理备案手续。			
		不再符合执业许可条件。			
		专利代理机构公示信息与其在市场监督管理部门或者司法行政部门的登记信息不一致。			
		通过登记的经营场所无法联系。			

填表说明：1. 整改情况可填写已整改、整改中、待整改3种，并列明整改措施；2. 请根据实际情况如实填写自查内容，若无相关情况填"无"。

机构负责人签名（手写）：

2019 年　月　日

附件 2

专利代理告知承诺书

一、告知

_____（机构名称）：

为认真实施新修订的《专利代理条例》和《专利代理管理办法》，全面落实《关于加强专利代理监管的工作方案》（国知办发运字〔2019〕13号），规范专利代理行为，保障委托人、专利代理机构和专利代理师的合法权益，维护专利代理活动的正常秩序，促进专利代理行业健康发展，请在专利代理活动中严格执行《专利代理条例》和《专利代理管理办法》，严禁无资质专利代理行为、严禁从事非正常专利申请行为、严禁专利代理"挂证"行为、严禁以不正当手段招揽业务行为，禁止《专利代理管理办法》第三十七条所列经营异常行为。

特此告知。

_____省（区、市）知识产权局

2019 年　月　日

二、承诺书（专利代理机构）

_____省（区、市）知识产权局：

我以_____（机构名称）法人的身份承诺：对贵局告知的专利代理活动中须严格执行《专利代理条例》和《专利代理管理办法》，严禁无资质专利代理行为、严禁从事非正常专利申请行为、严禁专利代理"挂证"行为、严禁以不正当手段招揽业务行为、禁止《专利代理管理办法》第三十七条所列经营异常行为的事项，本单位已知晓和理解，并将严格遵守。

承诺人：　　　　　　　　　（机构名称）（章）

法定代表人签名（手写）：

2019 年　月　日

三、承诺书（专利代理师）

_____省（区、市）知识产权局：

我以专利代理师的身份承诺：对贵局告知的专利代理活动中须严格执行《专利代理条例》和《专利代理管理办法》，严禁无资质专利代理行为、严禁从事非正常专利申请行为、严禁专利代理"挂证"行为、严禁以不正当手段招揽业务行为等事项，本人已知晓和理解，并将严格遵守。

承诺人（专利代理师）签名（手写）：

2019 年　月　日

附件 3

省（区、市）专利代理机构自查和告知承诺情况汇总表

省（区、市）名称：

专利代理机构数量	执业专利代理师数量	已开展自查的专利代理机构数量	已签署承诺书的专利代理机构数量	已签署承诺书的专利代理师数量

附件 4

"蓝天"行动阶段性进展情况报表

（截至 8 月 25 日前情况）

填表单位：

序号	指标		8 月	累计
1	办案数据	接收举报投诉数		
		立案数		
		"双随机、一公开"计划检查数		
		"双随机、一公开"实际检查数		
		机构提示谈话数		
		机构约谈数		
		责令整改数		
		作出处罚决定数		
		行政复议（诉讼）数		
2	国家局转办案件办理情况			
（包括：接收时间、机构或代理师名称、是否立案、调查取证进展、拟作出处罚决定类型、处罚时间，行政复议或诉讼情况等。）				
3	典型经验作法			
（本地处理 4 种典型违法行为的创新举措、典型作法等。）				
4	发现的突出问题与建议			
（具体工作中发现的突出问题、原因分析与对策建议等。）				

注：1. 本表于 8 月 25 日前报送至国家局 dailiguanli@ sipo. gov. cn 邮箱或微信发送至专项整治联系人。

2. 填写不下请另附页。

> 维护专利代理行业正常秩序，促进行业健康发展

专利代理管理办法*

第一章　总则

第一条　为了规范专利代理行为，保障委托人、专利代理机构以及专利代理师的合法权益，维护专利代理行业的正常秩序，促进专利代理行业健康发展，根据《中华人民共和国专利法》《专利代理条例》以及其他有关法律、行政法规的规定，制定本办法。

第二条　国家知识产权局和省、自治区、直辖市人民政府管理专利工作的部门依法对专利代理机构和专利代理师进行管理和监督。

第三条　国家知识产权局和省、自治区、直辖市人民政府管理专利工作的部门应当按照公平公正公开、依法有序、透明高效的原则对专利代理执业活动进行检查和监督。

第四条　专利代理机构和专利代理师可以依法成立和参加全国性或者地方性专利代理行业组织。专利代理行业组织是社会团体，是专利代理师的自律性组织。

专利代理行业组织应当制定专利代理行业自律规范，行业自律规范不得与法律、行政法规、部门规章相抵触。专利代理机构、专利代理师应当遵守行业自律规范。

---

* 2019年4月4日，国家市场监督管理总局发布《专利代理管理办法》（国家市场监督管理总局令第6号）。

第五条 专利代理机构和专利代理师执业应当遵守法律、行政法规和本办法，恪守职业道德、执业纪律，诚实守信，规范执业，提升专利代理质量，维护委托人的合法权益和专利代理行业正常秩序。

第六条 国家知识产权局和省、自治区、直辖市人民政府管理专利工作的部门可以根据实际情况，通过制定政策、建立机制等措施，支持引导专利代理机构为小微企业以及无收入或者低收入的发明人、设计人提供专利代理援助服务。

鼓励专利代理行业组织和专利代理机构利用自身资源开展专利代理援助工作。

第七条 国家知识产权局和省、自治区、直辖市人民政府管理专利工作的部门应当加强电子政务建设和专利代理公共信息发布，优化专利代理管理系统，方便专利代理机构、专利代理师和公众办理事务、查询信息。

第八条 任何单位、个人未经许可，不得代理专利申请和宣告专利权无效等业务。

第二章 专利代理机构

第九条 专利代理机构的组织形式应当为合伙企业、有限责任公司等。合伙人、股东应当为中国公民。

第十条 合伙企业形式的专利代理机构申请办理执业许可证的，应当具备下列条件：

（一）有符合法律、行政法规和本办法第十四条规定的专利代理机构名称；

（二）有书面合伙协议；

（三）有独立的经营场所；

（四）有两名以上合伙人；

（五）合伙人具有专利代理师资格证，并有两年以上专利代理师执业经历。

第十一条 有限责任公司形式的专利代理机构申请办理执业许可证的，应当具备下列条件：

（一）有符合法律、行政法规和本办法第十四条规定的专利代理机构名称；

（二）有书面公司章程；

（三）有独立的经营场所；

（四）有五名以上股东；

（五）五分之四以上股东以及公司法定代表人具有专利代理师资格证，并有两年以上专利代理师执业经历。

第十二条 律师事务所申请办理执业许可证的，应当具备下列条件：

（一）有独立的经营场所；

（二）有两名以上合伙人或者专职律师具有专利代理师资格证。

第十三条 有下列情形之一的，不得作为专利代理机构的合伙人、股东：

（一）不具有完全民事行为能力；

（二）因故意犯罪受过刑事处罚；

（三）不能专职在专利代理机构工作；

（四）所在专利代理机构解散或者被撤销、吊销执业许可证，未妥善处理各种尚未办结的专利代理业务。

专利代理机构以欺骗、贿赂等不正当手段取得执业许可证，被依法撤销、吊销的，其合伙人、股东、法定代表人自处罚决定作出之日起三年内不得在专利代理机构新任合伙人或者股东、法定代表人。

第十四条 专利代理机构只能使用一个名称。除律师事务所外，专利代理机构的名称中应当含有"专利代理"或者"知识产权代理"等字样。专利代理机构分支机构的名称由专利代理机构全名称、分支机构所在城市名称或者所在地区名称和"分公司"或者"分所"等组成。

专利代理机构的名称不得在全国范围内与正在使用或者已经使用过的专利代理机构的名称相同或者近似。

律师事务所申请办理执业许可证的，可以使用该律师事务所的名称。

第十五条 申请专利代理机构执业许可证的，应当通过专利代理管理系统向国家知识产权局提交申请书和下列申请材料：

（一）合伙企业形式的专利代理机构应当提交营业执照、合伙协议和合伙人身份证件扫描件；

（二）有限责任公司形式的专利代理机构应当提交营业执照、公司章程和股东身份证件扫描件；

（三）律师事务所应当提交律师事务所执业许可证和具有专利代理师资格证的合伙人、专职律师身份证件扫描件。

申请人应当对其申请材料实质内容的真实性负责。必要时，国家知识产权局可以要求申请人提供原件进行核实。法律、行政法规和国务院决定另有规定的除外。

第十六条 申请材料不符合本办法第十五条规定的，国家知识产权局应当自收到申请材料之日起五日内一次告知申请人需要补正的全部内容，逾期未告知的，自收到申请材料之日起视为受理；申请材料齐全、符合法定形式，或者申请人按照要求提交全部补正申请材料的，应当受理该申请。受理或者不予受理申请的，应当书面通知申请人并说明理由。

国家知识产权局应当自受理之日起十日内予以审核，对符合规定条件的，予以批准，向申请人颁发专利代理机构执业许可证；对不符合规定条件的，不予批准，书面通知申请人并说明理由。

第十七条 专利代理机构名称、经营场所、合伙协议或者公司章程、合伙人或者执行事务合伙人、股东或者法定代表人发生变化的，应当自办理企业变更登记之日起三十日内向国家知识产权局申请办理变更手续；律师事务所具有专利代理师资格证的合伙人或者专职律师等事项发生变化的，应当自司法行政部门批准之日起三十日内向国家知识产权局申请办理变更手续。

国家知识产权局应当自申请受理之日起十日内作出相应决定，对符合本办法规定的事项予以变更。

第十八条 专利代理机构在国家知识产权局登记的信息应当与其在市场监督管理部门或者司法行政部门的登记信息一致。

第十九条 专利代理机构解散或者不再办理专利代理业务的，应当在妥善处理各种尚未办结的业务后，向国家知识产权局办理注销专利代理机构执业许可证手续。

专利代理机构注销营业执照，或者营业执照、执业许可证被撤销、吊销的，应当在营业执照注销三十日前或者接到撤销、吊销通知书之日起三十日内通知委托人解除委托合同，妥善处理尚未办结的业务，并向国家知识产权局办理注销专利代理机构执业许可证的手续。未妥善处理全部专利代理业务的，专利代理机构的合伙人、股东不得办理专利代理师执业备案变更。

第二十条 专利代理机构设立分支机构办理专利代理业务的，应当具备下列条件：

（一）办理专利代理业务时间满两年；

（二）有十名以上专利代理师执业，拟设分支机构应当有一名以上专利代理师执业，并且分支机构负责人应当具有专利代理师资格证；

（三）专利代理师不得同时在两个以上的分支机构担任负责人；

（四）设立分支机构前三年内未受过专利代理行政处罚；

（五）设立分支机构时未被列入经营异常名录或者严重违法失信名单。

第二十一条 专利代理机构的分支机构不得以自己的名义办理专利代理业务。专利代理机构应当对其分支机构的执业活动承担法律责任。

第二十二条 专利代理机构设立、变更或者注销分支机构的，应当自完成分支机构相关企业或者司法登记手续之日起三十日内，通过专利代理管理系统向分支机构所在地的省、自治区、直辖市人民政府管理专利工作的部门进行备案。

备案应当填写备案表并上传下列材料：

（一）设立分支机构的，上传分支机构营业执照或者律师事务所分所执业许可证扫描件；

（二）变更分支机构注册事项的，上传变更以后的分支机构营业执照或者律师事务所分所执业许可证扫描件；

（三）注销分支机构的，上传妥善处理完各种事项的说明。

第二十三条 专利代理机构应当建立健全质量管理、利益冲突审查、投诉处理、年度考核等执业管理制度以及人员管理、财务管理、档案管理等运营制度，对专利代理师在执业活动中遵守职业道德、执业纪律的情况进行监督。

专利代理机构的股东应当遵守国家有关规定，恪守专利代理职业道德、执业纪律，维护专利代理行业正常秩序。

第二十四条 专利代理机构通过互联网平台宣传、承接专利代理业务的，应当遵守《中华人民共和国电子商务法》等相关规定。

前款所述专利代理机构应当在首页显著位置持续公示并及时更新专利

代理机构执业许可证等信息。

第三章 专利代理师

第二十五条 专利代理机构应当依法按照自愿和协商一致的原则与其聘用的专利代理师订立劳动合同。专利代理师应当受专利代理机构指派承办专利代理业务，不得自行接受委托。

第二十六条 专利代理师执业应当符合下列条件：

（一）具有完全民事行为能力；

（二）取得专利代理师资格证；

（三）在专利代理机构实习满一年，但具有律师执业经历或者三年以上专利审查经历的人员除外；

（四）在专利代理机构担任合伙人、股东，或者与专利代理机构签订劳动合同；

（五）能专职从事专利代理业务。

符合前款所列全部条件之日为执业之日。

第二十七条 专利代理实习人员进行专利代理业务实习，应当接受专利代理机构的指导。

第二十八条 专利代理师首次执业的，应当自执业之日起三十日内通过专利代理管理系统向专利代理机构所在地的省、自治区、直辖市人民政府管理专利工作的部门进行执业备案。

备案应当填写备案表并上传下列材料：

（一）本人身份证件扫描件；

（二）与专利代理机构签订的劳动合同；

（三）实习评价材料。

专利代理师应当对其备案材料实质内容的真实性负责。必要时，省、自治区、直辖市人民政府管理专利工作的部门可以要求提供原件进行核实。

第二十九条 专利代理师从专利代理机构离职的，应当妥善办理业务移交手续，并自离职之日起三十日内通过专利代理管理系统向专利代理机构所在地的省、自治区、直辖市人民政府管理专利工作的部门提交解聘证明等，进行执业备案变更。

专利代理师转换执业专利代理机构的，应当自转换执业之日起三十日内进行执业备案变更，上传与专利代理机构签订的劳动合同或者担任股东、合伙人的证明。

未在规定时间内变更执业备案的，视为逾期未主动履行备案变更手续，省、自治区、直辖市人民政府管理专利工作的部门核实后可以直接予以变更。

第四章 专利代理行业组织

第三十条 专利代理行业组织应当严格行业自律，组织引导专利代理机构和专利代理师依法规范执业，不断提高行业服务水平。

第三十一条 国家知识产权局和省、自治区、直辖市人民政府管理专利工作的部门根据国家有关规定对专利代理行业组织进行监督和管理。

第三十二条 专利代理行业组织应当依法履行下列职责：

（一）维护专利代理机构和专利代理师的合法权益；

（二）制定行业自律规范，加强行业自律，对会员实施考核、奖励和惩戒，及时向社会公布其吸纳的会员信息和对会员的惩戒情况；

（三）组织专利代理机构、专利代理师开展专利代理援助服务；

（四）组织专利代理师实习培训和执业培训，以及职业道德、执业纪律教育；

（五）按照国家有关规定推荐专利代理师担任诉讼代理人；

（六）指导专利代理机构完善管理制度，提升专利代理服务质量；

（七）指导专利代理机构开展实习工作；

（八）开展专利代理行业国际交流；

（九）其他依法应当履行的职责。

第三十三条 专利代理行业组织应当建立健全非执业会员制度，鼓励取得专利代理师资格证的非执业人员参加专利代理行业组织、参与专利代理行业组织事务，加强非执业会员的培训和交流。

第五章 专利代理监管

第三十四条 国家知识产权局组织指导全国的专利代理机构年度报告、经营异常名录和严重违法失信名单的公示工作。

第三十五条　专利代理机构应当按照国家有关规定提交年度报告。年度报告应当包括以下内容：

（一）专利代理机构通信地址、邮政编码、联系电话、电子邮箱等信息；

（二）执行事务合伙人或者法定代表人、合伙人或者股东、专利代理师的姓名，从业人数信息；

（三）合伙人、股东的出资额、出资时间、出资方式等信息；

（四）设立分支机构的信息；

（五）专利代理机构通过互联网等信息网络提供专利代理服务的信息网络平台名称、网址等信息；

（六）专利代理机构办理专利申请、宣告专利权无效、转让、许可、纠纷的行政处理和诉讼、质押融资等业务信息；

（七）专利代理机构资产总额、负债总额、营业总收入、主营业务收入、利润总额、净利润、纳税总额等信息；

（八）专利代理机构设立境外分支机构、其从业人员获得境外专利代理从业资质的信息；

（九）其他应当予以报告的信息。

律师事务所可仅提交其从事专利事务相关的内容。

第三十六条　国家知识产权局以及省、自治区、直辖市人民政府管理专利工作的部门的工作人员应当对专利代理机构年度报告中不予公示的内容保密。

第三十七条　专利代理机构有下列情形之一的，按照国家有关规定列入经营异常名录：

（一）未在规定的期限提交年度报告；

（二）取得专利代理机构执业许可证或者提交年度报告时提供虚假信息；

（三）擅自变更名称、办公场所、执行事务合伙人或者法定代表人、合伙人或者股东；

（四）分支机构设立、变更、注销未按照规定办理备案手续；

（五）不再符合执业许可条件，省、自治区、直辖市人民政府管理专利工作的部门责令其整改，期限届满仍不符合条件；

（六）专利代理机构公示信息与其在市场监督管理部门或者司法行政部门的登记信息不一致；

（七）通过登记的经营场所无法联系。

第三十八条 专利代理机构有下列情形之一的，按照国家有关规定列入严重违法失信名单：

（一）被列入经营异常名录满三年仍未履行相关义务；

（二）受到责令停止承接新的专利代理业务、吊销专利代理机构执业许可证的专利代理行政处罚。

第三十九条 国家知识产权局指导省、自治区、直辖市人民政府管理专利工作的部门对专利代理机构和专利代理师的执业活动情况进行检查、监督。

专利代理机构跨省设立分支机构的，其分支机构应当由分支机构所在地的省、自治区、直辖市人民政府管理专利工作的部门进行检查、监督。该专利代理机构所在地的省、自治区、直辖市人民政府管理专利工作的部门应当予以协助。

第四十条 国家知识产权局和省、自治区、直辖市人民政府管理专利工作的部门应当采取书面检查、实地检查、网络监测等方式对专利代理机构和专利代理师进行检查、监督。

在检查过程中应当随机抽取检查对象，随机选派执法检查人员。发现违法违规情况的，应当及时依法处理，并向社会公布检查、处理结果。对已被列入经营异常名录或者严重违法失信名单的专利代理机构，省、自治区、直辖市人民政府管理专利工作的部门应当进行实地检查。

第四十一条 省、自治区、直辖市人民政府管理专利工作的部门应当重点对下列事项进行检查、监督：

（一）专利代理机构是否符合执业许可条件；

（二）专利代理机构合伙人、股东以及法定代表人是否符合规定；

（三）专利代理机构年度报告的信息是否真实、完整、有效，与其在市场监督管理部门或者司法行政部门公示的信息是否一致；

（四）专利代理机构是否存在本办法第三十七条规定的情形；

（五）专利代理机构是否建立健全执业管理制度和运营制度等情况；

（六）专利代理师是否符合执业条件并履行备案手续；

（七）未取得专利代理执业许可的单位或者个人是否存在擅自开展专利代理业务的违法行为。

第四十二条 省、自治区、直辖市人民政府管理专利工作的部门依法进行检查监督时，应当将检查监督的情况和处理结果予以记录，由检查监督人员签字后归档。

当事人应当配合省、自治区、直辖市人民政府管理专利工作的部门的检查监督，接受询问，如实提供有关情况和材料。

第四十三条 国家知识产权局和省、自治区、直辖市人民政府管理专利工作的部门对存在违法违规行为的机构或者人员，可以进行警示谈话、提出意见，督促及时整改。

第四十四条 国家知识产权局和省、自治区、直辖市人民政府管理专利工作的部门应当督促专利代理机构贯彻实施专利代理相关服务规范，引导专利代理机构提升服务质量。

第四十五条 国家知识产权局应当及时向社会公布专利代理机构执业许可证取得、变更、注销、撤销、吊销等相关信息，以及专利代理师的执业备案、撤销、吊销等相关信息。

国家知识产权局和省、自治区、直辖市人民政府管理专利工作的部门应当及时向社会公示专利代理机构年度报告信息，列入或者移出经营异常名录、严重违法失信名单信息，行政处罚信息，以及对专利代理执业活动的检查情况。行政处罚、检查监督结果纳入国家企业信用信息公示系统向社会公布。

律师事务所、律师受到专利代理行政处罚的，应当由国家知识产权局和省、自治区、直辖市人民政府管理专利工作的部门将信息通报相关司法行政部门。

第六章 专利代理违法行为的处理

第四十六条 任何单位或者个人认为专利代理机构、专利代理师的执业活动违反专利代理管理有关法律、行政法规、部门规章规定，或者认为存在擅自开展专利代理业务情形的，可以向省、自治区、直辖市人民政府管理专利工作的部门投诉和举报。

省、自治区、直辖市人民政府管理专利工作的部门收到投诉和举报后，应当依据市场监督管理投诉举报处理办法、行政处罚程序等有关规定进行调查处理。本办法另有规定的除外。

第四十七条 对具有重大影响的专利代理违法违规行为，国家知识产权局可以协调或者指定有关省、自治区、直辖市人民政府管理专利工作的部门进行处理。对于专利代理违法行为的处理涉及两个以上省、自治区、直辖市人民政府管理专利工作的部门的，可以报请国家知识产权局组织协调处理。

对省、自治区、直辖市人民政府管理专利工作的部门专利代理违法行为处理工作，国家知识产权局依法进行监督。

第四十八条 省、自治区、直辖市人民政府管理专利工作的部门可以依据本地实际，要求下一级人民政府管理专利工作的部门协助处理专利代理违法违规行为；也可以依法委托有实际处理能力的管理公共事务的事业组织处理专利代理违法违规行为。

委托方应当对受托方的行为进行监督和指导，并承担法律责任。

第四十九条 省、自治区、直辖市人民政府管理专利工作的部门应当及时、全面、客观、公正地调查收集与案件有关的证据。可以通过下列方式对案件事实进行调查核实：

（一）要求当事人提交书面意见陈述；

（二）询问当事人；

（三）到当事人所在地进行现场调查，可以调阅有关业务案卷和档案材料；

（四）其他必要、合理的方式。

第五十条 案件调查终结后，省、自治区、直辖市人民政府管理专利工作的部门认为应当对专利代理机构作出责令停止承接新的专利代理业务、吊销执业许可证，或者对专利代理师作出责令停止承办新的专利代理业务、吊销专利代理师资格证行政处罚的，应当及时报送调查结果和处罚建议，提请国家知识产权局处理。

第五十一条 专利代理机构有下列情形之一的，属于《专利代理条例》第二十五条规定的"疏于管理，造成严重后果"的违法行为：

（一）因故意或者重大过失给委托人、第三人利益造成损失，或者损害社会公共利益；

（二）从事非正常专利申请行为，严重扰乱专利工作秩序；

（三）诋毁其他专利代理师、专利代理机构，以不正当手段招揽业务，存在弄虚作假行为，严重扰乱行业秩序，受到有关行政机关处罚；

（四）严重干扰专利审查工作或者专利行政执法工作正常进行；

（五）专利代理师从专利代理机构离职未妥善办理业务移交手续，造成严重后果；

（六）专利代理机构执业许可证信息与市场监督管理部门、司法行政部门的登记信息或者实际情况不一致，未按照要求整改，给社会公众造成重大误解；

（七）分支机构设立、变更、注销不符合规定的条件或者没有按照规定备案，严重损害当事人利益；

（八）默许、指派专利代理师在未经本人撰写或者审核的专利申请等法律文件上签名，严重损害当事人利益；

（九）涂改、倒卖、出租、出借专利代理机构执业许可证，严重扰乱行业秩序。

第五十二条 有下列情形之一的，属于《专利代理条例》第二十七条规定的"擅自开展专利代理业务"的违法行为：

（一）通过租用、借用等方式利用他人资质开展专利代理业务；

（二）未取得专利代理机构执业许可证或者不符合专利代理师执业条件，擅自代理专利申请、宣告专利权无效等相关业务，或者以专利代理机构、专利代理师的名义招揽业务；

（三）专利代理机构执业许可证或者专利代理师资格证被撤销或者吊销后，擅自代理专利申请、宣告专利权无效等相关业务，或者以专利代理机构、专利代理师的名义招揽业务。

第五十三条 专利代理师对其签名办理的专利代理业务负责。对于非经本人办理的专利事务，专利代理师有权拒绝在相关法律文件上签名。

专利代理师因专利代理质量等原因给委托人、第三人利益造成损失或者损害社会公共利益的，省、自治区、直辖市人民政府管理专利工作的部门可以对签名的专利代理师予以警告。

第五十四条 国家知识产权局按照有关规定，对专利代理领域严重失信主体开展联合惩戒。

第五十五条 法律、行政法规对专利代理机构经营活动违法行为的处理另有规定的，从其规定。

第七章 附则

第五十六条 本办法由国家市场监督管理总局负责解释。

第五十七条 本办法中二十日以内期限的规定是指工作日，不含法定节假日。

第五十八条 本办法自 2019 年 5 月 1 日起施行。2015 年 4 月 30 日国家知识产权局令第 70 号发布的《专利代理管理办法》、2002 年 12 月 12 日国家知识产权局令第 25 号发布的《专利代理惩戒规则（试行）》同时废止。

> 进一步推动知识产权领域职能转变，持续优化营商环境

关于深化知识产权领域"放管服"改革营造良好营商环境的实施意见*

为贯彻党中央、国务院关于深化"放管服"改革的决策部署，落实《优化营商环境条例》，进一步推动知识产权领域职能转变，深化简政放权，创新监管方式，提高服务水平，充分发挥知识产权制度优势，持续优化营商环境，推动创新驱动发展和经济高质量发展，提出如下意见：

一、总体要求

（一）指导思想

坚持以习近平新时代中国特色社会主义思想为指导，全面贯彻党的十九大和十九届二中、三中、四中全会精神，严格落实党中央、国务院关于"放管服"改革的总体要求和对知识产权工作的决策部署，充分发挥市场在资源配置中的决定性作用，更好发挥政府作用，以政府职能转变激发改革红利，坚持依法、合规、便民、效能原则，促进知识产权治理能力现代化，营造良好营商环境，提高知识产权审查质量和效率，强化知识产权保护，加大资源供给，充分发挥知识产权制度创新激励功能，推动知识产权事业在新的历史起点上创新发展，实现知识产权与经济社会发展深度融

---

* 2020年1月3日，《国家知识产权局印发〈关于深化知识产权领域"放管服"改革 营造良好营商环境的实施意见〉的通知》（国知发服字〔2020〕1号）印发。

合，为加快知识产权强国建设、促进经济高质量发展提供有力支撑。到2022年，实现知识产权申请更便利、审查更高效、运用更深化、保护更有力、服务更优质。

（二）基本原则

坚持问题导向，推动机制创新。最大限度减少政府对市场资源的直接配置，最大限度减少政府对市场活动的直接干预。聚焦我国知识产权创造、运用、保护、管理和服务中的突出问题，强化知识产权政策措施与市场主体需求的有效对接，提高政策措施的针对性、便利性和有效性。以深刻转变职能为核心，创新体制机制，强化协同联动，完善法治保障，推动知识产权领域制度设计、工作模式的深层次变革，不断推出便民利民的新措施。

强化需求导向，加大资源供给。加强制度供给，修订完善现行制度，坚决破除不利于创新发展、不利于群众办事的制度规定。加强政策供给，根据各类不同层次创新主体的多样化诉求，针对性制定支持政策，充分发挥知识产权制度激励创新、保护创新、服务创新的制度优势。加强信息供给，进一步扩大知识产权信息公开范围，优化信息传播利用渠道，推动知识产权信息成为社会创新发展的强大支撑。

突出效能导向，推进深度融合。大力推动商标、专利、地理标志、集成电路布图设计等各类型知识产权职能融合、业务协同，最大程度发挥知识产权业务组合优势，提升知识产权管理效能。推进知识产权工作与科技、经济、文化、社会发展各项工作协同和深度融合。全面加强知识产权领域管理、服务与现代信息技术有机融合，创新管理模式、优化服务手段。

二、深化简政放权，筑牢创新基础

（三）优化知识产权审查流程

按照便利申请人的原则，进一步梳理商标、专利、地理标志、集成电路布图设计等知识产权业务流程及环节，研究制定优化有关流程的措施，压减需当事人提交的材料。试点开展地理标志保护产品专用标志使用核准改革。适应新业态、新领域、新模式发展需要，完善知识产权审查审理标准和审查指南、类似商品和服务分类适应性修订机制。探索建立商标快速审查机制，依法对明显涉嫌恶意申请和囤积的商标异议等案件实行快速审查。合理考虑专利申请人延迟审查诉求，依法开展专利延迟审查，落实专利延迟审查机制。推动专利法实施细则修改，优化实用新型和外观设计专利权评价报告流程，允许申请人在办理专利权登记手续的同时提交专利权评价报告请求。创新审查方式，更大范围开展知识产权巡回审理、远程审理。推动调整优化知识产权行政事业性收费标准，更好发挥收费政策工具调节作用。进一步完善专利优先审查流程，实现专利优先审查的全程网办。

（四）提高知识产权审查质量

持续完善知识产权审查工作社会意见反馈机制，加强审查质量社会反馈信息的有效利用，进一步优化审查质量监督模式。探索建立行业主管部门、行业协会、专家学者等多方参与的重大疑难案件咨询机制。进一步完善审查质量保障体系和业务指导体系，逐步建立覆盖全流程各业务类型的审查质量评价体系，促进审查标准执行一致。强化审查人员培养，加强审查队伍建设，持续提升审查能力。

（五）提升知识产权审查效率

加快推进知识产权智能审查系统建设，挖掘审查潜力，努力提升商标异议、商标撤销、商标驳回复审、商标宣告无效、实用新型审查、外观设计审查、专利无效和复审等业务审查效率。对标国务院任务目标，3年内，在商标注册平均审查周期实现压缩至4个月以内的基础上，持续压减周期；发明专利平均审查周期达到16.5个月左右，其中高价值专利平均审查周期达到13.8个月左右。进一步压缩商标转让、商标变更、商标续展、商标许可备案、专利权评价报告、专利著录项目变更、专利实施许可合同备案等业务办理时限。

（六）推行告知承诺制

在商标专利转让、质押登记，专利费用减缴等业务环节，探索试行采取告知承诺的方式办理，进一步减少申请人提交证明材料数量。深化自由贸易试验区专利代理机构执业许可审批告知承诺改革试点，对申请人承诺符合审批条件并提交有关材料的，当场作出行政许可决定并发放执业许可证。

三、创新监管方式，优化创新环境

（七）积极完善知识产权保护体系

健全完善"全类别、全链条、多渠道、多主体"知识产权保护体系，形成知识产权保护合力，为创新驱动发展保驾护航。加大对知识产权保护中心建设的支持力度。在优势产业集聚区布局建设一批知识产权保护中心，提供快速审查、快速确权、快速维权"一站式"纠纷解决方案。建立健全知识产权快速协同保护机制，充分发挥知识产权维权援助中心作用，持续推进知识产权纠纷仲裁调解工作，构建完善知识产权纠纷多元化解决机制。深入开展知识产权海外维权援助工作，完善海外知识产权信息服务平台，加强对企业应对海外知识产权纠纷的指导和帮助。

（八）创新知识产权保护方式

完善商标、专利侵权判断标准，建立健全知识产权行政执法案例指导工作机制。持续拓展"互联网+"、大数据等新兴领域和业态的知识产权综合保护途径。针对电子商务平台跨地域经营的特点，研究建设统一的电子商务领域知识产权保护信息化系统，对接全国主要电子商务经营网站，实现知识产权权属在线确认和在线监管等功能。会同市场监管部门，加大网购、进出口等重点领域知识产权执法保护力度。依法依规开展知识产权领域严重失信联合惩戒工作，完善专利领域严重失信联合惩戒机制，研究拓展建立覆盖商标、地理标志等知识产权领域的严重失信联合惩戒机制。

（九）加强知识产权服务行业监管

持续开展专利代理行业专项整治，加大对知识产权代理机构"双随机、一公开"监管力度。加大代理监管案件信息公示力度，及时依法公开处罚决定书。引导知识产权服务业开展行业自律管理，加强诚信建设。加强各级知识产权部门下属企事业单位经营业务管理，坚持公平公正原则，不得以知识产权部门名义或直接利用知识产权部门内部信息资源开展市场经营活动。探索建立知识产权服务业社会监督机制。

（十）加大对知识产权非正常申请打击力度

持续打击商标囤积、恶意注册和专利非正常申请，探索运用大数据分析手段，建立商标囤积、恶意注册和非正常专利申请主体名录，推动各类知识产权业务非正常申请人信息的互通共享，研究在各类知识产权审查中关口前移、各环节全流程协同。针对反复恶意抢注他人商标、反复非正常申请专利的申请人，在商标审查、专利审批各环节协同快速处理。持续完善商标囤积、恶意注册和专利非正常申请认定标准。

四、提高服务水平，加速创新进程

（十一）整合优化知识产权政务服务资源

积极推动知识产权业务集中受理，整合专利代办处、商标受理窗口职能。推动有条件的专利代办处、商标受理窗口拓展受理业务范围，实现"最多跑一地"。推动在欠发达的省和地级市设立综合公共服务机构，统一提供知识产权业务受理、知识产权信息服务、知识产权保护等服务。推动在知识产权市场活跃、需求旺盛的区域中心城市设立专业化知识产权服务机构，满足创新高端需求。支持专利审查协作中心、商标审查协作中心开展知识产权对外公共服务。加强对地方知识产权公共服务机构以及服务窗口的业务指导，充分发挥其与市场主体沟通的桥梁作用。

（十二）推动知识产权业务办理公开透明

推行知识产权行政裁定文书网上公开。完善业务办理所需证明材料清单的公示方式，对行政机关内部能够核查的内容，不再要求申请人提供；对确需申请人补正有关材料、手续的，应当一次性告知需要补正的内容。服务窗口应当严格执行有关法律、规章的规定，不得任意减损行政相对人权利或增加行政相对人义务。坚持政务公开，各级知识产权部门应当向社会公开政务服务事项（包括行政权力事项和公共服务事项）标准化工作流程和办事指南，细化政务服务标准，明确业务办理时限，推进同一事项实行无差别受理、同标准办理，没有法律法规和规章依据的，不得增设政务服务事项的办理条件和环节。进一步完善商标注册信息、专利登记信息、专利权评价报告网上公开工作。

（十三）提升知识产权业务服务便利化程度

深度推进现代信息技术在知识产权政务服务中的应用，加快完善商标专利电子申请系统，拓展实现商标异议、商标评审等业务网上申请。加快建设国家知识产权公共服务平台，实现知识产权业务"一网通办"。积极推动知识产权业务"一次不用跑"，对能够网络办理的业务，应全部实现网络办理，对确需申请人当场办理的，原则上应一次办结，实现"最多跑一次"。进一步拓展知识产权文书送达渠道，增加文书送达提醒方式，提高送达率。完善专利年费缴纳提醒机制。进一步完善知识产权工作"好差评"制度建设，统一建立知识产权满意度调查机制。升级扩容知识产权咨询平台，完善平台建设，统一业务咨询电话号码，实现"一号对外"。

（十四）加强知识产权信息服务资源供给

加快建设知识产权大数据中心和公共服务平台，逐步扩大知识产权数据开放范围，不断拓展数据开放的广度和深度。积极推进知识产权信息系统与国家法人库、人口信息库等系统的互联互通。强化平台功能，积极推动各级知识产权公共服务平台网络化，实现知识产权业务服务、政务服务和信息服务平台建设一体化。加强知识产权信息资源和信息传播利用的统筹管理，加快建设以各级知识产权管理部门所属知识产权信息公共服务机构为主的主干网络，分层分类指导知识产权信息公共服务网点。依托知识产权信息公共服务平台，进一步加大向社会提供信息资源和信息服务产品的力度。

（十五）加大对知识产权服务业的支持力度

严格落实市场准入负面清单制度，根据专利代理条例、专利代理管理办法等有关规定，依法合规办理专利代理机构准入。持续推进国家知识产权强省、强市、强县建设及优势示范企业、试点示范园区等工作深入开展，充分发挥其示范引领作用，强化过程指导和考核评估，确保工作实效。推动知识产权服务品牌机构培育，鼓励社会资本投资知识产权代理、法律、咨询、商用、信息、培训等业务，促进做大做强。高标准推进知识产权服务业集聚发展区建设。研究制定知识产权服务业人才能力素质相关标准规范。积极支持知识产权服务机构高端化、国际化发展。

（十六）促进知识产权运用

扎实推进国家知识产权运营公共服务平台建设，加速平台与机构、基金等要素融合。扩大知识产权金融服务范围，联合相关部门建立合作机制，引导银行业提供信贷支持，推动多类型知识产权混合质押，鼓励开发知识产权综合险种，加快推进知识产权证券化试点。开展知识产权运用相关数据指标的主动监测、实时分析和动态测算，全面及时反映知识产权运用促进综合效益。持续加强商标品牌建设，加大商标品牌创新创业基地建设力度，积极推动中国产品向中国品牌转变。持续推动优化知识产权激励政策，强化质量考核。

五、强化组织领导，狠抓工作落实

（十七）坚持分级负责，确保改革实效

加强对地方知识产权"放管服"改革工作的业务指导，实现上下联动、协同推进。各级知识产权部门要统筹负责本地区知识产权领域职能转变和"放管服"改革工作，建立工作机制，实现责任到人，确保各项措施落实到位。鼓励和支持各地区结合实际情况，在法制框架内积极探索原创性、特色化深化"放管服"改革的具体措施，推动改革不断深化。建立信息通报机制，各级知识产权部门要设立工作联系人，加强各项改革工作协调推进和沟通联系。加大宣传力度，积极利用各类新闻媒体及时、准确宣传知识产权领域职能转变和"放管服"改革的措施和成效，为推动改革创造良好舆论氛围。

（十八）加强评估评价，持续跟踪问效

研究建立改革成果评估评价机制。国家知识产权局深化知识产权领域职能转变和"放管服"改革工作领导小组办公室要及时总结、复制推广各地先进经验做法，对各部门、各地区推进"放管服"改革情况进行定期评估评价，确保改革取得实效。积极配合国家发展改革委完善营商环境评价体系知识产权指标，建立健全地方营商环境考核评价制度。建立畅通有效的政企沟通机制，采取多种方式及时听取市场主体的反映和诉求。研究完善社会监督机制，对投诉和意见建议，要做到件件有回音，对合理化意见建议，要及时归纳整理，在完善制度文件时积极吸纳。

> 知识产权在推进国家治理体系和治理能力现代化中的作用进一步凸显

推动知识产权高质量发展年度工作指引（2020）[*]

为贯彻落实党中央、国务院关于推动高质量发展的决策部署，按照2020年全国知识产权局局长会议工作要求，抓实抓细各项知识产权任务，确保各项工作落地见效，特制定本指引。

一、总体要求

（一）指导思想

以习近平新时代中国特色社会主义思想为指导，全面贯彻党的十九大和十九届二中、三中、四中全会精神，紧紧围绕统筹推进"五位一体"总体布局和协调推进"四个全面"战略布局，深入贯彻习近平总书记关于知识产权工作的重要论述，按照党中央、国务院决策部署，坚持稳中求进工作总基调，践行新发展理念，着力推动高质量发展，加强顶层设计，完善法律制度，深化改革创新，强化知识产权创造、保护、运用，提升公共服务水平，更大力度加强知识产权保护国际合作，提高知识产权治理能力和治理水平，奋力开启新时代知识产权强国建设新征程。

---

[*] 2020年4月20日，《国家知识产权局关于印发〈推动知识产权高质量发展年度工作指引（2020）〉的通知》（国知发运字〔2020〕13号）印发。

（二）基本原则

坚持制度创新，持续完善和发展中国特色知识产权制度体系。聚焦新形势下制约知识产权治理能力和治理水平进一步提升的障碍，以更大力度推进制度创新，加快推进知识产权领域法律制度建设，抓紧谋划出台知识产权强国战略纲要，及时制定知识产权相关政策措施，实现法律法规、战略规划、具体政策的有机衔接、协调联动，加快形成更加符合国情、适应高质量发展需求的知识产权制度体系。

坚持统筹协调，继续完善新形势下知识产权管理体制机制。巩固机构改革成果，进一步加强横向协作和上下联动，深化人员和业务融合，坚持补短板、强弱项，优化存量资源配置、扩大优质增量供给，切实贯通各类别、打通全链条、形成新优势，构建完善高效的知识产权综合管理体制，便民利民的知识产权公共服务体系，支撑创新发展的知识产权运行机制。

坚持因地制宜，持续推动知识产权年度重点工作落地见效。根据引领型、支撑型和特色型知识产权强省建设试点类别，结合各区域在创新能力、经济社会发展水平等方面实际情况，设置差异化发展任务、工作重点和评价体系，合理规划发展路径，细化落实本地区具体任务，尊重地方首创精神，充分发挥各地比较优势和潜力，促进知识产权供给质量的有效协同，打造形成若干具有带动力和影响力的知识产权高质量发展样板。

（三）主要目标

2020 年底，知识产权创造质量、保护效果、运用效益、管理水平、服务能力和国际影响力进一步提升，知识产权高质量发展的指标体系、政策体系和统计体系进一步完善，知识产权领域"放管服"改革进一步深化，知识产权在推进国家治理体系和治理能力现代化中的作用进一步凸显。

——知识产权创造。深入实施专利质量提升工程、商标品牌战略和地理标志运用促进工程，在扎实推进现有培育项目基础上，新增高价值专利组合 100 个以上。知识产权审查质量和审查效率持续提升，高价值专利审查周期压减至 16 个月以内，实用新型和外观设计审查质量显著提升，商标注册平均审查周期压减至 4 个月。

——知识产权保护。高标准落实《关于强化知识产权保护的意见》，不断健全知识产权保护工作体系。优化知识产权保护中心建设布局，专利预审服务质量和专利、商标行政保护效能持续提升。健全地理标志产品保护标准化体系。知识产权保护满意度保持较高水平。

——知识产权运用。加强知识产权运营体系建设，强化业务指导和绩效考核。进一步扩大知识产权质押融资规模，力争全年增长20%以上，知识产权保险保障金额增长20%以上。加强知识产权服务业监管，培育一批专业化的知识产权运营服务机构。持续实施一批地理标志运用促进工程项目，形成一批可复制可推广的地理标志助力精准扶贫和增收致富经验。

——知识产权服务。知识产权信息公共服务体系建设取得明显进展。专利、商标申请注册便利化程度进一步提升，商标网上申请比例不低于92%。新建30家技术与创新支持中心（TISC）和一批高校国家知识产权信息服务中心。

二、强化推动知识产权高质量发展的指标导向

（一）推动知识产权核心指标纳入"十四五"国民经济和社会发展规划

坚持质量第一、效益优先，继续推动表征高质量发展的知识产权核心指标纳入国家"十四五"规划纲要，进一步发挥高质量发展指标对各项工作的"指挥棒"作用。继续完善"十四五"时期知识产权高质量发展指标体系，加强与知识产权强国战略纲要的有机衔接，加强指标测算和分析研判，科学设置指标目标。（战略规划司负责）对标国际一流水平，优化国内营商环境评价指标体系中的知识产权相关指标，打造法治化、便利化、国际化的营商环境。（公共服务司负责）

（二）因地制宜设置差异化的"十四五"指标体系

各地区从实际出发，结合本地区创新能力、经济社会发展水平等，认真总结"十三五"知识产权事业发展成绩、经验和不足，科学编制"十四五"知识产权规划，设置差异化的"十四五"指标体系，引导知识产权高质量发展。（各地方知识产权局负责）

三、强化推动知识产权高质量发展的政策护航

（三）落实好支持企业复工复产各项知识产权专项措施

坚决落实党中央、国务院关于统筹推进疫情防控和经济社会发展决策部署，按照"政策要跑在受困企业前面"的要求，积极摸排企业复工复产中的实际问题，落实知识产权运用相关针对性措施，全力支持疫情防控和复工复产。对涉及防治新冠肺炎的专利申请、商标注册，依请求予以优先审查办理。对复工复产企业办理专利、商标、集成电路布图设计等事务，因受疫情影响超出相关期限的，依法给予期限中止、顺延，以及请求恢复权利等便利化救济政策措施。加强涉及疫情防控的专利信息挖掘分析，为疫情防控科研攻关和药物筛选提供精准服务。就有关政策措施、公众关注的与疫情相关的舆论热点进行解读回应，及时宣传报道，引导社会舆论。（局内有关部门按职责分工负责）各地要坚持高质量发展不动摇，结合实际，有针对性地研究制定支持本地区企业复工复产的知识产权政策措施，确保完成全年既定目标任务。（各地方知识产权局负责）

（四）加强知识产权领域战略谋划和政策储备

完成知识产权强国战略纲要文本编制并按程序报请中央批准，推动国家知识产权同知识产权强国战略接续推进、压茬进行。（联席办负责）加快知识产权"十四五"规划编制，谋划抓好一批知识产权重大政策、重大工程和重大项目。（战略规划司负责）坚持稳字当头，重点加强年度知识产权领域苗头性倾向性潜在性问题分析研判，做好政策工具储备，提高知识产权宏观管理的前瞻性、针对性、有效性。（办公室负责）加强与国家总体目标协同，推动知识产权深度融入"一带一路"、京津冀、长三角、雄安新区、粤港澳大湾区、海南自贸港、成渝地区双城经济圈、黄河流域生态保护等国家重大战略实施，支撑区域经济发展。（运用促进司负责）继续完善知识产权法律制度，积极配合做好专利法修改，加快商标、地理标志相关规章、规范性文件制修订工作，研究推动商标与地理标志保护制度协调发展。（条法司负责）深化"一带一路"知识产权国际合作，深度参与知识产权全球治理，积极参与世界知识产权组织事务，协调推进中美

欧日韩、金砖国家等小多边合作，完善知识产权国际合作格局，织好知识产权国际合作网。（国际合作司负责）

（五）夯实知识产权强国建设工作体系

深入推进知识产权强省、强市、强企建设，统筹推进知识产权强国建设各项部署落实，进一步巩固局省市联动、点线面结合的工作格局。启动知识产权强省建设试点省评估验收工作。结合工作实际加强动态管理和示范引领，指导各地进一步细化知识产权强省建设指标、任务和措施，深化发展、分类建设知识产权强省建设示范省。完善知识产权强市创建绩效评价体系，开展首批知识产权强市创建市验收工作。持续深化城市和县域试点示范工作，加强培育以地理标志为特色的国家知识产权试点示范县。做好第二批知识产权强省建设试点经验和典型案例宣传推广工作。认真落实推进中央企业知识产权工作高质量发展的指导意见，加快培育具有全球竞争力的世界一流企业。联合工业和信息化部深入实施中小企业知识产权战略推进工程。全面落实知识产权服务民营企业创新发展的若干措施。认真落实提升高校专利质量促进转化运用的意见，强化高质量专利创造、运用和管理。会同教育部组织开展国家知识产权试点示范高校建设工作，培育首批国家知识产权试点示范高校。规范和优化企业、高校、科研组织贯标认证工作。（运用促进司负责）

（六）健全知识产权保护政策

高标准落实《关于强化知识产权保护的意见》，组织制定落实意见的推进计划。优化知识产权保护中心建设布局，拓展工作思路，丰富职责内涵。深化知识产权领域信用体系建设，依法依规对严重失信行为开展联合惩戒。扎实推进知识产权侵权纠纷检验鉴定和行政裁决试点示范工作。推进"互联网+"知识产权保护，探索加强技术手段在执法保护中的运用。强化知识产权维权援助公共服务平台建设。推动国家海外知识产权纠纷应对指导中心高效运行，布局建设一批地方和海外分中心。加强地理标志和官方标志保护，推进地理标志保护示范区建设，着力做好北京冬奥会、冬残奥会、杭州亚运会的知识产权立体化保护。（保护司负责）

(七) 完善知识产权运用促进政策

加强知识产权运营平台分类管理，做好知识产权运营服务体系建设重点城市绩效评价工作。加快推进知识产权证券化试点。全面落实《关于进一步加强知识产权质押融资工作的通知》，促进银行保险等金融机构加大对知识产权运用的支持力度，进一步扩大知识产权质押融资规模。推进知识产权促进产业发展工作机制建设，加强知识产权密集型产业培育，编制发布中国产业知识产权发展状况报告。推广"以产业数据、专利数据为基础的新兴产业专利导航决策机制"等支持创新改革举措，制定出台专利导航指南，开展专利导航示范项目创建工作。做好中国专利奖评选，充分发挥质量导向和示范作用。深入推进"蓝天"专项整治行动，重点打击无资质"黑代理"行为。大力实施地理标志运用促进工程，深入开展地理标志助力精准扶贫和增收致富工作。实施商标、地理标志区域品牌培育行动，推动产业集群品牌和区域品牌建设。（运用促进司负责）指导各地研究推进专利代办和商标受理窗口业务融合，鼓励有条件的地区实现"一个窗口对外"的一站式知识产权综合服务，提升广大群众和企业的获得感。（运用促进司负责，公共服务司、专利局初审流程部，商标局参与）

(八) 优化知识产权公共服务政策

编制知识产权公共服务年度报告和《知识产权公共服务聚焦》。加强全国知识产权信息公共服务体系基础设施建设，加快推进国家知识产权大数据中心和公共服务平台立项建设。持续推动知识产权基础信息和资源平台整合利用，制定知识产权基础信息优化配置方案和利用指引，推动知识产权基础信息利用标准化，指导支持社会机构开展信息资源深度开发。制定知识产权信息公共服务工作指引，促进知识产权信息传播利用规范化、便利化、高效化。落实《关于新形势下加快建设知识产权信息公共服务体系的若干意见》，新建一批技术与创新支持中心、高校国家知识产权信息服务中心，支持地方完善知识产权信息公共服务网点建设。发挥高校、科研院所、图书情报机构重要作用，推动区域知识产权信息公共服务一体化、均等化发展，提高服务可及性。（公共服务司负责）

四、强化推动知识产权高质量发展的统计监测

（九）完善知识产权指标统计与监测

加强高价值发明专利拥有量等知识产权核心指标的统计监测，强化统计指标对全国知识产权工作情况的"晴雨表""指挥棒"作用。建立完善知识产权统计工作体系，推动形成协调联动的知识产权统计监测工作机制和高效有序的统计数据共享提供机制。扎实开展知识产权申请形势统计分析，推动统计监测关口前移到各地方。深入推进全国专利调查工作，探索开展专利价值统计测算工作。完善并发布战略性新兴产业与国家专利分类参照关系，建立专利密集型产业增加值核算与发布机制。（战略规划司负责）

（十）健全地方知识产权指标统计监测体系

各地区要进一步完善统一管理、分工负责的知识产权统计制度，协调落实知识产权重大统计监测和调查任务。要结合实际，扎实开展本地区知识产权数据统计监测，深入分析研究知识产权申请形势，尤其做好知识产权申请量波动情况的统计分析与科学研判，按照国家局要求及时提供相应统计分析材料。要开展本地区知识产权（专利）密集型产业增加值核算与发布工作，采取有力措施培育壮大专利密集型产业。（各地方知识产权局负责）

五、工作要求

各省、自治区、直辖市、新疆生产建设兵团知识产权管理部门和局各有关部门要高度重视，加强组织领导，根据分工任务及有关要求，进一步明确细化本地区、本部门推动知识产权高质量发展的主攻方向和具体任务，尽快出台相关配套细则和政策措施，抓好工作落实。

附件：1. 2020年推动知识产权高质量发展任务清单
      2. 知识产权强省建设试点省分类表

附件 1

2020 年推动知识产权高质量发展任务清单

任务清单	落实举措	执行部门	完成时间
一、全面强化知识产权保护			
1. 高标准落实《关于强化知识产权保护的意见》	**国家知识产权局：**加快制定实施落实意见的推进计划，完善工作机制，加强统筹协调，强化督促指导和绩效考核。指导各地区落实知识产权保护属地责任，制定配套措施，加强综合保障，确保任务落实。	局内：保护司	年内有阶段性成果
	各地区要认真落实《关于强化知识产权保护的意见》，推动将知识产权保护工作纳入地方党委和政府重要议事日程，纳入地方党委政府的绩效考核和营商环境评价体系。认真落实知识产权保护属地责任，加强体制机制建设，制定配套措施，加强综合保障，确保任务落实。	省份：各类省份必做	
2. 加快构建知识产权大保护工作格局	**国家知识产权局：**优化知识产权保护中心建设布局，拓展工作思路，丰富职责内涵。加强对知识产权保护中心和快速维权中心的业务指导和建设管理。深化知识产权领域诚信体系建设，依法依规对严重失信行为开展联合惩戒。大力培育仲裁机构，完善调解制度规范。	局内：保护司	年内有阶段性成果
	各地区要加强知识产权快速协同保护机构建设的前期需求研判工作。认真落实专利领域严重失信联合惩戒对象名单管理办法，加大对非正常专利申请、非正常商标注册申请行为的打击力度。推进知识产权仲裁调解工作。	省份：各类省份必做	
	有关地区要不断整合资源，加强知识产权保护中心软硬件建设，推动获批中心尽快投入运行，优化已运行中心的业务运行流程，有效发挥"快保护"对本地区产业发展的支撑作用，为创新主体、市场主体提供"一站式"知识产权综合服务。	省份：涉及省份必做	

续表

任务清单	落实举措	执行部门	完成时间
3. 建立健全知识产权执法保护业务指导体系	**国家知识产权局**：扎实推进知识产权侵权纠纷检验鉴定和行政裁决试点示范工作。加快出台商标侵权判断标准。开展知识产权行政执法典型案例评选发布工作。加强在查处商标违法案件中的驰名商标保护工作。加大对集成电路布图设计的保护。	**局内**：保护司	年内有阶段性成果
	各地区要加强跨区域执法保护，形成工作合力。严格执行商标、专利有关侵权判断标准，强化指导案例运用，推进执法标准严格统一。持续开展关键领域、重点环节、重点群体行政执法专项行动，进一步加大侵犯知识产权行为查处力度。	**省份**：各类省份必做	
	有条件的地区要积极申报侵权纠纷行政裁决试点示范。	**省份**：知识产权强省建设试点省必做	
4. 加强知识产权执法保护能力建设	**国家知识产权局**：建立执法人员轮训制度，提高知识产权行政执法队伍专业能力。推进"互联网＋"知识产权保护，探索加强技术手段在执法保护中的运用。强化知识产权维权援助等公共服务平台软硬件建设。促进国家海外知识产权纠纷应对指导中心高效运行，布局建设一批地方和海外分中心。	**局内**：保护司	年内有阶段性成果
	各地区要加强知识产权行政执法队伍的专业培训，提高侵权假冒识别侵权判定专业能力。探索运用"互联网＋"、大数据等高技术手段辅助开展知识产权执法保护。	**省份**：各类省份必做	
	有关地区要积极配合推进国家海外知识产权纠纷应对指导中心建设，有条件的地区应在国家知识产权局指导下，积极推动地方分中心建设。	**省份**：知识产权强省建设试点省必做	

续表

任务清单	落实举措	执行部门	完成时间
5. 做好地理标志和官方标志的保护工作	**国家知识产权局**：研究制定地理标志审查指南，健全地理标志产品保护标准化体系。稳步推进地理标志专用标志换标工作，优化专用标志核准流程。推进地理标志保护示范区建设，做好中欧地理标志协定生效的技术准备。加强特殊标志、官方标志保护，着力做好北京冬奥会、冬残奥会、杭州亚运会的知识产权立体化保护。 **各地区**要加强地理标志保护工作，进一步规范地理标志专用标志使用，有效打击地理标志侵权违法行为。持续强化知识产权保护对各类展会、赛事活动等大型活动的保障工作。	**局内**：保护司 **省份**：各类省份必做	年内有阶段性成果
二、推进知识产权审查提质增效			
6. 持续提升专利审查质量和效率	**国家知识产权局**：进一步加强审查能力建设，完善质量评价机制，高价值专利审查周期压减至16个月以内，专利审查质量用户满意度指数在85分以上，发明专利审查结案准确率在85%以上。提高实用新型和外观设计审查质量。完成专利审查和检索系统智能化升级（一期）。积极落实集中审查、优先审查、专利审查高速路、延迟审查等模式。 **各地区**要严把保护中心预审和专利优先审查的质量关，提高实用新型、外观设计申请优先审查的审批标准，强化专利申请质量监测，及时将发现的非正常申请线索报送国家局。	**局内**：条法司、国际合作司、专利局审业部、专利局自动化部 **省份**：各类省份必做	年内有阶段性成果
7. 持续提升商标审查质量和效率	**国家知识产权局**：将商标注册平均审查周期压减至4个月以内。优化商标审查质量评价指标体系，完善审查质量管理。深化商标注册便利化改革，推进商标评审、异议、撤销等业务的电子化。加快智能审查系统开发，加大人工智能技术在审查中的运用。严厉打击商标囤积、恶意注册等行为。 **各地区**要根据国家局工作部署，加强对所辖区域内商标申请人和商标代理机构申请行为的监管，将商标囤积、恶意注册等行为线索及时报送国家局。	**局内**：条法司、商标局 **省份**：各类省份必做	年内有阶段性成果

续表

任务清单	落实举措	执行部门	完成时间
	三、促进知识产权价值实现		
8. 健全知识产权运营体系	**国家知识产权局**：完善知识产权转化运用机制，推动建立财政资助科研项目和技术市场合同登记的专利信息披露制度。推动国有企事业单位建立健全知识产权资产管理制度，完善知识产权价值评估机制。做好知识产权运营平台分类管理，加快重点城市知识产权运营服务体系建设。进一步加强质押登记便利化服务，扩大知识产权质押融资规模，力争全年增长20%以上。加快推进知识产权证券化试点。探索开展专利与技术标准融合试点。	局内：运用促进司	年内有阶段性成果
	各地区要全面落实《关于进一步加强知识产权质押融资工作的通知》，加强与银保监部门的沟通协调，建立常态化工作协调机制，推动银行保险机构积极拓展知识产权金融服务，并做好知识产权质押登记工作。	省份：各类省份必做	
	有关地区要强化中央财政专项资金使用情况的自查评估，不断提高资金使用效率，积极完善知识产权运营基金投出机制，培育一批高价值专利组合，加快推进重点城市知识产权运营服务体系建设，加强知识产权运营平台分类管理，加强知识产权运营平台、机构、人才队伍建设，不断探索知识产权运营新模式。	省份：涉及省份必做	
9. 提高创新主体知识产权管理能力	**国家知识产权局**：联合教育部、科技部大力推进提升高等学校专利质量促进转化运用等政策文件落地见效，会同教育部组织开展国家知识产权试点示范高校建设工作，印发组织开展国家知识产权试点示范高校建设的通知，培育首批国家知识产权试点示范高校，进一步提升高校知识产权管理能力和创新效益。联合国资委积极推进中央企业知识产权工作高质量发展的指导意见的落实。联合工业和信息化部深入实施中小企业知识产权战略推进工程。全面落实知识产权服务民营企业创新发展的若干措施。做好试点示范园区知识产权工作经验推广。规范和优化企业、高校、科研组织贯标认证工作，启动《企业知识产权管理规范》（GB/T 29490-2013）修订工作。编制《创新过程知识产权管理规范》国家标准草案。	局内：运用促进司	年内有阶段性成果

续表

任务清单	落实举措	执行部门	完成时间
9. 提高创新主体知识产权管理能力	**各地区**要按照《关于提升高等学校专利质量促进转化运用的若干意见》和《关于组织开展国家知识产权试点示范高校建设工作的通知》，指导本地区高校进一步提高知识产权工作水平，促进知识产权创造运用。全面落实《关于推进中央企业知识产权工作高质量发展的指导意见》《关于全面组织实施中小企业知识产权战略推进工程的指导意见》《关于知识产权服务民营企业创新发展若干措施的通知》等政策文件，提升企业创新能力，促进企业知识产权高质量发展。推广国家知识产权试点示范园区先进管理经验。	**省份**：各类省份必做	年内有阶段性成果
	各地区要进一步优化PCT国际专利和国内发明专利奖励资助政策，全面取消实用新型、外观设计、商标申请注册环节的资助与奖励，强化资助政策质量导向，规范资助行为。认真落实《关于规范知识产权管理体系贯标认证工作的通知》，持续优化地方贯标认证扶持政策，严格规范企业、高校、科研组织、专利代理机构贯标认证工作。	**省份**：各类省份必做	
10. 推动知识产权服务业高质量发展	**国家知识产权局**：制定出台促进知识产权服务业高质量发展的政策措施，高标准推进知识产权服务业集聚区建设，打造服务业品牌机构。指导地方深入推进"蓝天"专项整治行动，深入开展专利代理专项整治，规范商标代理行为，打击非法代理。会同有关部门建立知识产权认证行业监管体系。	**局内**：运用促进司	年内有阶段性成果
	各地区要切实加强对知识产权服务业监管，营造规范有序的行业环境。深入推进"蓝天"专项整治行动，重点打击无资质"黑代理"行为。严厉打击商标代理机构违法行为，重点是违反法律规定，为恶意抢注行为提供代理服务的行为。持续加大知识产权品牌服务机构培育工作。持续规范知识产权代理行为，指导和发展本地区知识产权服务行业协会等自律组织。	**省份**：各类省份必做	
	有关地区要进一步加大对知识产权服务业集聚区建设的支持力度，培养一批优质的服务业品牌机构，不断提升知识产权服务质量，推动知识产权服务业高质量发展。	**省份**：涉及省份必做	

续表

任务清单	落实举措	执行部门	完成时间
11. 促进知识产权与产业发展深度融合	**国家知识产权局**：根据《国务院办公厅关于推广第三批支持创新相关改革举措的通知》要求，积极推广"以产业数据、专利数据为基础的新兴产业专利导航决策机制"等经验措施，制定出台专利导航指南，协调推进重点产业专利导航工作，开展专利导航示范项目创建工作。推进产业发展工作机制建设，加强知识产权密集型产业培育工作。编制发布中国产业知识产权发展状况报告。深入推进知识产权军民融合试点工作。	**局内**：运用促进司、战略规划司	年内有阶段性成果
	各地区要有效借鉴专利导航工作经验，积极探索知识产权服务经济发展的有效路径，实施一批区域规划、产业规划、企业经营、研发立项、标准运用、人才管理类专利导航项目，引导推进创新资源配置与区域重点产业、优势产业创新发展需求相匹配。	**省份**：各类省份必做	
	各地区要开展本地区知识产权（专利）密集型产业增加值核算与发布工作，采取有力措施培育壮大专利密集型产业。	**省份**：引领型、支撑型知识产权强省试点省必做，其他省份选做	
12. 实施商标、地理标志区域品牌培育行动	**国家知识产权局**：启动商标区域品牌运用促进工程，开展商标品牌培育工作，推动产业集群品牌和区域公共品牌建设，加强国家知识产权优势示范企业中商标品牌类、地理标志运用类企业的培育。大力实施地理标志运用促进工程，新组织申报实施一批项目，开展地理标志运用促进工程项目实施经验交流活动，深入开展地理标志助力精准扶贫和商标品牌培育工作。开展以地理标志为特色的国家知识产权试点示范县创建工作，推动地理标志与县经济发展深度融合。	**局内**：运用促进司	年内有阶段性成果
	各地区要建立区域商标品牌发展的工作机制，制定促进区域商标品牌发展的支持政策，加强区域商标品牌培育的服务体系建设，打造一批特色鲜明、竞争力强、市场信誉好的区域商标品牌。制定本地区地理标志运用促进工程实施方案，积极开展项目试点。充分挖掘地理标志经济效能，推动产业发展与特色资源融合，培育一批商标和地理标志区域品牌。	**省份**：各类省份必做	

续表

任务清单	落实举措	执行部门	完成时间
12. 实施商标、地理标志区域品牌培育行动	**有关地区**要按照工作方案加大资源匹配力度，扎实推进首批地理标志运用促进工程项目，配合做好项目验收工作，总结提炼一批可复制可推广的地理标志助力精准扶贫和增收致富经验。	**省份**：第一批地理标志运用促进工作项目涉及省份必做	年内有阶段性成果
四、提升知识产权公共服务能力			
13. 深化知识产权领域"放管服"改革	**国家知识产权局**：落实好关于深化知识产权领域"放管服"改革，营造良好营商环境的实施意见，着力解决社会公众反映的突出问题，开展相关评估，选树先进典型，推广经验做法。积极配合开展国内营商环境评价，进一步优化知识产权相关评价指标。指导各地研究推进专利代办和商标受理窗口业务融合，鼓励有条件的地方实现"一个窗口对外"的一站式服务，提升广大群众和企业的获得感。 **各地区**要进一步深化知识产权"放管服"改革，整合专利代办处和商标受理窗口，加快建设"一站式"服务大厅，推动实现知识产权业务申请"一网通办"、知识产权公共服务"最多跑一地"，提高知识产权各项事务办理便利化程度。	**局内**：公共服务司、运用促进司、专利局初审流程部、商标局 **省份**：各类省份必做	年内有阶段性成果
14. 完善知识产权公共服务体系	**国家知识产权局**：建立知识产权信息公共服务体系统筹协调机制，注重发挥高校、科研院所、图书情报机构在其中的重要作用，推动区域知识产权信息公共服务一体化、均等化发展，提高服务可及性。加快知识产权信息公共服务主干网络建设。保障知识产权公共服务网有效运行，推进业务服务、政务服务和信息服务"一网通办"。 **各地区**要统筹本地知识产权信息公共服务体系建设，强化公共服务机构职能，依托地方知识产权服务中心、高等学校、图书情报机构等公益单位加强知识产权基础信息利用的宣讲培训工作，支持有条件的地方设立知识产权信息公共服务机构。引导各类产业园区、试验示范区、服务业集聚区等设立知识产权信息公共服务机构。鼓励和指导符合条件的机构积极申报建设TISC。	**局内**：公共服务司、国际合作司、专利局初审流程部、专利局文献部、商标局 **省份**：各类省份必做	年内有阶段性成果

续表

任务清单	落实举措	执行部门	完成时间
14. 完善知识产权公共服务体系	**有关地区**要积极加强对获批 TISC 承办机构的工作指导和资源保障，充分发挥 TISC 机构作用，进一步推动所在地方技术与创新国际交流合作。	**省份**：涉及省份必做	年内有阶段性成果
15. 整合知识产权基础信息资源	**国家知识产权局**：加快推进知识产权大数据中心和知识产权保护监测网络信息平台建设立项。持续推动知识产权基础信息和资源平台整合利用，扩大基础信息开放力度，指导支持社会机构开展信息资源深度开发。加强知识产权信息传播利用的宏观统筹和分类指导。	**局内**：公共服务司	
五、深化知识产权国际合作			
16. 深化"一带一路"知识产权国际合作	**国家知识产权局**：深化"一带一路"知识产权国际合作，办好 2020 年"一带一路"知识产权高级别会议。继续面向发展中国家开展知识产权学位教育培训，提升知识产权能力。深度参与知识产权全球治理，加强形势研判，积极做好有关应对工作。 **各地区**要结合地缘特色和资源禀赋，立足区域开放发展实际需求，积极参与"一带一路"知识产权国际合作交流。	**局内**：国际合作司 **省份**：各类省份选做	年内有阶段性成果
17. 完善知识产权国际合作格局	**国家知识产权局**：进一步加强专利、商标、地理标志等知识产权全领域合作。办好第 13 次中美欧日韩五局局长会、中非知识产权部长级会议。积极参与世界知识产权组织事务。积极参与自贸协定知识产权章节谈判，维护多边贸易体系。加强对知识产权国际前沿动态的跟踪研判。 **有条件的地区**要积极承办和举办知识产权国际活动，加强对重大知识产权国际活动的支撑保障。	**局内**：国际合作司 **省份**：各类省份选做	年内有阶段性成果

续表

任务清单	落实举措	执行部门	完成时间
六、知识产权事业综合保障			
18. 加强知识产权文化建设	**国家知识产权局**：大力倡导和培育知识产权文化理念，开展知识产权公益宣传活动，进一步做好知识产权对外宣传，探索开展中国知识产权保护成就海外展。组织办好世界知识产权日、全国知识产权宣传周、中国专利周、中国知识产权年会、中国知识产权保护高层论坛、中国国际专利技术与产品交易会、中国（无锡）国际设计博览会，支持办好上海知识产权国际论坛等活动。深化中小学知识产权教育试点示范工作。 **各地区**要结合实际积极开展知识产权宣传教育工作，积极组织主题活动，开展政策宣讲和普及教育活动，提升知识产权工作舆论宣传覆盖面，强化知识产权各项工作的质量导向。大力推进知识产权进企业、进单位、进社区、进校园等公益宣传活动，夯实知识产权发展基础。	局内：办公室 省份：各类省份必做	年内有阶段性成果
19. 加强知识产权人才培养	**国家知识产权局**：做好知识产权行政管理人员轮训工作。做好知识产权职称制度改革实施工作。推动高校知识产权学科和专业学位建设。着力培养知识产权急需紧缺人才。加快推进知识产权特色智库建设。 **各地区**要加强各级知识产权行政管理人员培训，加强干部队伍能力建设。依托国家知识产权培训基地等资源，大力开展知识产权实务型人才培训。支持和指导辖区内企事业单位与高等院校建立人才培养协作机制，推进知识产权学位建设。推进地方性知识产权智库、政府决策知识产权专家库建设。	局内：人事司 省份：各类省份必做	年内有阶段性成果

附件 2

知识产权强省建设试点省分类表

类别	省份
引领型	广东、江苏、上海、四川
支撑型	山东、湖南、福建、重庆、河南、陕西
特色型	江西、广西、甘肃

> 到 2022 年底，每万人口高价值发明专利拥有量达到 8.3 件

国家知识产权局关于深化知识产权领域"放管服"改革优化创新环境和营商环境的通知[*]

各省、自治区、直辖市人民政府，国务院各部委、各直属机构：

为贯彻党中央、国务院关于深化"放管服"改革的决策部署，落实《优化营商环境条例》，充分响应创新发展需要和社会公众需求，更大激发创新动力和活力，切实提高社会公众对知识产权工作的满意度，推动知识产权高质量发展，优化创新环境和营商环境，经国务院同意，现就有关事项通知如下：

一、持续压缩商标、专利审查周期

（一）进一步压缩整体注册授权周期

深化人工智能、大数据等技术在商标、专利审查中的运用，优化专利审查和检索智能化系统功能，推进商标注册与管理平台立项建设，为提高审查质量和效率提供支撑。到 2021 年底，商标注册平均审查周期稳定在 4 个月以内，一般情形商标注册周期由 8 个月压缩至 7 个月；2021 年全年完成发明专利审查结案 135 万件，发明专利审查周期由 20 个月压缩至 18.5 个月，其中，高价值专利审查周期压缩至 13.8 个月。继续发挥商标、专利

---

[*] 2021 年 5 月 10 日，《国家知识产权局关于深化知识产权领域"放管服"改革优化创新环境和营商环境的通知》（国知发服字〔2021〕10 号）印发。

审查绿色通道在应对新冠肺炎疫情中的作用，对抗疫急需的商标、专利申请给予优先审查。

（二）同步压缩其他业务审查周期

积极调配审查资源，加强审查能力建设，到 2021 年底，将商标转让审查、异议审查、驳回复审、无效宣告平均审查审理周期分别压缩至 1.5 个月、12 个月、5.5 个月、9 个月，电子申请的商标变更、续展审查周期再压缩五分之一。优化专利授权公告和公报出版流程，专利授权公告平均周期压缩至 3 周左右。

二、切实提高商标、专利申请质量

（三）调整资助和奖励政策

纠正片面追求数量的倾向，各地区、各部门清理完善各项涉及专利的奖励政策和资格资质评定政策，不得直接将专利申请、授权数量作为享受奖励或资格资质评定政策的主要条件。2021 年 6 月底前，全面取消各地对商标、专利申请阶段的资助和奖励，推动知识产权工作从追求数量向提高质量转变，着力营造潜心研究氛围，促进多出基础性、原创性成果。科学设定高质量发展指标，到 2022 年底，每万人口高价值发明专利拥有量达到 8.3 件。

（四）加强商标、专利审查监管

严厉打击商标恶意注册和非正常专利申请行为，对重大不良影响的商标注册申请依法不予受理或快速驳回，对非正常专利申请实行批量审查。加强商标恶意注册和非正常专利申请审查信息共享和行为认定，及时发现并严厉打击相关代理商标恶意注册和非正常专利申请行为。及时公开商标恶意注册典型案例，定期通报或公布各地方高质量专利申请和非正常专利申请占比数据。依法推动将不以使用为目的的商标恶意注册和不以保护创新为目的的非正常专利申请行为纳入信用监管。对非正常专利申请的申请人取消申报国家知识产权示范和优势企业、知识产权保护中心备案企业资格以及中国专利奖申报、参评或获奖的资格，对相关申请人和相关代理机构不予资助或者奖励。

三、提高知识产权公共服务效能

（五）提升信息化水平

优化完善商标、专利电子申请系统，统一身份认证，提高系统兼容度，推进专利优先审查和质押登记电子申请全程网办，推动知识产权业务"一网通办"。扩大银行在线代办专利权质押登记试点地区范围，尽快推动实现银行通过地方金融综合服务平台直联质押登记业务系统。通过系统推送送达，电子邮件、短信提示，实现"一送达两提示"，进一步提高商标、专利文书送达率，丰富缴纳专利年费的提醒方式，保障权利人合法权益。全面推行商标电子注册证、专利电子证书，加快推进电子证书在电商平台、维权举证等领域的应用。

（六）简化业务办理环节

优化商标申请缴费流程，推进商标申请快速受理。推动企业变更登记与商标变更申请同步受理，提高商标变更的便利度和即时性。优化专利权评价报告出具流程，将申请出具的时间从专利授权公告后前移至办理专利权登记手续时，满足申请人快速确权需求。在商标、专利质押登记，专利费用减缴以及专利代理机构执业许可审批中，推行告知承诺制办理。以促进高质量发展为目标，研究商标、专利收费结构性调整。推行专利著录项目批量变更，对权利人更名的批量变更按单件收费，进一步减轻当事人办事负担。

（七）健全多样化审查模式

建立完善商标审查绿色通道加快模式，对符合条件的商标驳回复审及异议申请优先审查裁定，为申请人快速获得商标授权、维护合法权益提供支持。进一步优化专利依申请延迟审查机制，探索允许申请人在延迟期限届满前请求撤回延迟审查请求，便利核心专利布局。

（八）加强知识产权公共服务体系建设

编制发布知识产权公共服务清单，推动各地区服务事项规范化管理，加快实现知识产权公共服务均等化。完善知识产权信息公共服务网络，积极推动技术与创新支持中心、高校国家知识产权信息服务中心和知识产权信息公共服务网点建设，助力提升创新主体创新能力。进一步整合商标、专利受理窗口，扩大"一窗通办"范围。

四、进一步提升知识产权保护能力

（九）加大对知识产权执法保护工作指导力度

制定商标一般违法判断标准，统一行政执法标准。加大对商标违法行为及专利侵权纠纷行政裁决办案的指导力度。建立药品专利纠纷早期解决行政裁决工作机制。组织开展在全国有重大影响的专利侵权纠纷行政裁决。

（十）推进知识产权保护体系建设

加强知识产权保护中心和快速维权中心建设布局，加大快速审查、快速确权、快速维权"一站式"知识产权综合服务力度。推进知识产权纠纷调解与行政执法、司法的衔接联动，完善在线诉调对接机制。进一步健全知识产权维权援助机制，加强维权援助线上服务平台建设，强化公益性维权援助服务供给。推动海外知识产权纠纷应对指导工作体系高效运行，助力中国企业"走出去"。深化地理标志专用标志使用核准改革。依法依规推动将商标、地理标志等知识产权领域失信行为纳入信用监管。

（十一）强化知识产权全链条保护

加强电子商务领域知识产权保护，向主要电商平台开放专利权评价报告数据接口，推动平台履行主体责任，快速处置实用新型和外观设计专利侵权投诉。加快建设知识产权保护信息平台，推动建设国家知识产权大数据中心和公共服务综合平台，实现知识产权保护线上线下融合发展。加大打击侵权假冒统筹协调工作力度，推动知识产权与司法、行政执法、行业主管等部门数据交换和业务协同，提升知识产权保护综合效能。

五、加强知识产权服务业监管

（十二）加大对违法违规代理行为的打击力度

持续开展"蓝天"专项行动，建立代理行业监管长效机制。加大对电商平台商户无资质开展专利代理行为的打击力度，规范线上商标代理和交易行为，加强对电商平台开展代理业务的协同监管。通过政务大厅、政务网站、新媒体平台等多渠道公布商标、专利办理环节、收费标准和审查审理官方文件等信息。严厉打击伪造变造法律文件、印章，以欺诈、虚假宣传等不正当手段扰乱代理市场秩序等行为。依法依规加强对违法违规代理行为的信用监管和失信惩戒。

（十三）推进知识产权服务业开放发展

开展符合条件的外国人参加专利代理师资格考试和外国专利代理机构在华设立常驻代表机构开放改革试点。继续实施支持知识产权服务业稳定和扩大就业政策措施，吸引更多人才进入知识产权行业就业。推行知识产权代理服务质量评价，为市场主体选择代理机构提供查询便利。

六、促进知识产权转化运用

（十四）充分挖掘知识产权信息价值

在确保数据安全的基础上，全面开放知识产权基础数据，充分发挥知识产权信息战略资源价值。围绕国家关键核心技术实施一批专利导航项目，助力企业优化技术创新方向和研发路径。推广实施专利导航指南系列国家标准，推动专利导航融入各类主体创新决策过程。建立健全中小企业专利风险预警机制，便利企业及时了解专利情报信息。推动贯彻知识产权管理体系国家标准，持续加强全国知识产权贯标认证学习平台服务供给，促进创新主体知识产权管理能力和水平不断提升。

（十五）提升知识产权市场化运营能力

健全知识产权评估体系，完善知识产权价值评估机制和标准，指导金融机构提高自主评估能力。充分发挥各类知识产权交易平台作用，做好质物处置工作。推动建立财政资助科研项目专利信息声明制度。持续推动科研院所及高校科研成果转化，加强高校产学研合作的业务指导，降低产学研合作知识产权风险。组织开展知识产权质押融资"入园惠企"专项行动，大力推进高新区等开发区知识产权质押融资工作，扩大知识产权质押融资普及度和惠益面。完善知识产权质押信息平台，畅通质押登记信息获取渠道。

（十六）落实专利开放许可制度

建立专利开放许可信息公开机制，集中公开相关专利基础数据、许可费用等信息，解决专利技术供需信息不对称的问题。加强对专利开放许可声明和合同备案等情况的监控分析，持续做好数据监测和信用监管，编制专利开放许可服务手册，保障专利开放许可制度规范高效运行。

国家知识产权局

2021年5月10日

> 支持国家战略科技力量率先建成世界一流科研组织,促进建设现代化经济体系

国家知识产权局 中国科学院 中国工程院 中国科学技术协会关于推动科研组织知识产权高质量发展的指导意见[*]

各省、自治区、直辖市、新疆生产建设兵团知识产权局、科协,四川省知识产权服务促进中心,广东省知识产权保护中心,中国科学院院属各单位,中国科协所属各全国学会、协会、研究会:

科研组织是国家创新体系的重要组成部分,是建设世界科技强国的中坚力量,承担着突破原创性基础研究、攻克关键核心技术、破解创新发展难题的重任。为认真贯彻落实习近平总书记在中央政治局第二十五次集体学习时的重要讲话精神,深入落实党中央、国务院决策部署,贯彻实施国家创新驱动发展战略和知识产权强国战略,全面加强知识产权保护和运用,支撑国家战略科技力量建设,更好地服务科技工作者,充分发挥知识产权激励科技创新、保障成果权益、支撑治理体系的制度性作用,推动科研组织高质量发展,现提出如下意见。

一、总体要求

以习近平新时代中国特色社会主义思想为指导,全面贯彻党的十九大

---

[*] 2021年3月31日,《国家知识产权局 中国科学院 中国工程院 中国科学技术协会关于推动科研组织知识产权高质量发展的指导意见》(国知发运字〔2021〕7号)印发。

和十九届二中、三中、四中、五中全会精神，坚持稳中求进工作总基调，坚持以供给侧结构性改革为主线，坚持新发展理念，加快推进知识产权强国建设，着力打通知识产权创造、运用、保护、管理、服务全链条，提升科研组织知识产权综合能力，提高创新资源的市场化配置效率，促进创新链、产业链、资金链、政策链深度融合，加快推进创新成果向现实生产力转化，打造未来发展新优势，支持国家战略科技力量率先建成世界一流科研组织，带动行业和地方科研组织高质量发展，促进建设现代化经济体系，激发全社会创新活力，推动构建新发展格局。

在科研组织创新体系建设工作推进和实践探索中，要把握好以下重要原则：一是聚焦保护创新，坚持"四个面向"，围绕关键共性技术、前沿引领技术、现代工程技术、颠覆性技术创新，积极部署和统筹谋划知识产权保护工作，支撑保障产业链供应链安全稳定。二是深化改革发展，加快科研组织体制机制改革，根据科研组织不同类型精准施策，进一步扩大科研组织和科研人员自主权，建立健全知识产权权益分配激励机制，强化知识产权制度运用和权利经营，促进创新要素自主有序流动、高效配置。三是优化战略布局，牢牢把握知识产权高质量发展的要求，坚持布局优先、质量取胜，围绕关键核心技术培育高价值专利组合，形成与科研组织创新能力、技术市场前景相匹配的知识产权战略布局。四是强化高效运用，以市场需求为导向，搭建科研组织知识产权运营体系，加强科研组织与各类创新主体和市场主体的深度合作，打造知识产权转化运用新模式新机制，实现知识产权运用效益最大化。

二、坚持知识产权保护导向，强化创新全过程知识产权管理

（一）加强知识产权统筹协调和制度建设

建立知识产权统筹协调机制，制定与国家重大战略需求和重点科研任务相适应的知识产权中长期目标。改革完善知识产权考核机制，加快建立以知识产权转化绩效为重要指标的科技创新考评体系，推动重大科技成果知识产权市场转化。积极实施创新过程知识产权管理国际标准，推动知识产权管理深度嵌入创新活动全过程。支持新型研发机构、国家重点实验

室、国家实验室制度创新，鼓励在评价体系、职称评定、内控制度、科研模式等方面，开展有利于促进知识产权转化运用的探索。

（二）深入开展科研项目专利导航

加强关键领域自主知识产权创造和储备，探索建立以产业数据、专利数据为基础的专利导航机制，围绕国家重大专项部署实施若干专利导航项目，培育一批关键核心技术的高价值专利组合。以《专利导航指南》（GB/T 39551—2020）为指导，在选题立项、研发活动、人才遴选和评价等环节积极开展专利导航。通过专利信息深度挖掘和有效运用，明晰产业发展格局、技术创新方向和研发路径，提高研发创新起点，做好专利精准布局，有效保护技术创新。

（三）建立专利申请前评估制度

制定职务科技成果专利申请前评估工作机制和流程，根据技术研发情况和技术竞争环境，明确产权归属、费用分担和收益分配方式，切实提升专利质量。对于经评估认为适宜申请专利且技术创新水平较高、市场前景较好的职务科技成果，及时对接知识产权管理和运营机构，重点做好专利布局规划和转化运用等工作。对于经评估认为适宜作为技术秘密进行保护的职务科技成果，做好相应的保护工作。专利申请评估后，科研组织决定不申请专利的职务科技成果，可与发明人订立书面合同，依照法定程序转让专利申请权或者专利权，允许发明人自行申请专利。对于因放弃申请专利而给科研组织带来损失的，相关责任人已履行勤勉尽责义务、未牟取非法利益的，可依法依规免除其放弃申请专利的决策责任。

三、加大知识产权运用力度，促进创新成果向现实生产力转化

（四）探索知识产权权益分配改革

鼓励科研组织积极参与国家和地方赋予科研人员职务科技成果所有权或长期使用权试点工作。向科研人员赋予职务科技成果所有权的，要按照权利义务对等原则，明确各自承担的知识产权费用和获得的收益分配比例，不得利用财政资金支付科研人员承担的知识产权费用。改进知识产权归属制度，建立有效的知识产权收益激励机制，鼓励科研组织采取股权、

期权、分红等激励方式，使发明人或者设计人合理分享创新收益，同时对为转化运用做出重要贡献的科研、管理与运营人员等，给予合理的奖励和报酬。

（五）推动开展知识产权转化运用

推动科研组织根据科研成果产业化前景和技术成熟度情况，制定不同的转化运用策略，探索符合自身特点的知识产权运营模式。鼓励科研组织围绕关键核心技术加强专利与技术标准融合，掌握一批标准必要专利，组建"专利池"，支撑产业创新发展。鼓励科研组织实施开放许可，在专利权人自愿的前提下，声明愿意许可任何单位或者个人实施其专利，明确许可使用支付标准和方式。对于被授予专利权满3年且无正当理由未实施的专利，鼓励科研组织在国家知识产权运营相关平台分享发布或者委托相关机构开展运营。鼓励科研组织委托第三方服务机构开展专利挖掘和布局、专利导航、知识产权资产管理、价值评估、风险防控等专业化服务。在对知识产权服务机构的选择、考核、淘汰等管理中强化服务质量导向，完善服务机构评价体系。

（六）加强知识产权海外布局

鼓励科研组织立足战略发展需求，结合目标市场国家或地区知识产权环境，制定海外知识产权布局策略，合理利用巴黎公约、专利合作条约（PCT）、马德里协定、专利审查高速路（PPH）等途径，优先在符合技术发展趋势、具有领先水平和市场应用前景的领域申请国外专利，做好海外商标保护，提升国际竞争能力。

四、提升知识产权风险防控能力，保障产业链供应链安全

（七）建立科研人员职务科技成果披露制度

从源头上加强对科技创新成果的知识产权管理与服务，逐步建立完善职务科技成果披露制度，规范披露人员范围、内容形式、审核流程等事项。科研人员应主动、及时向所属科研组织披露职务科技成果。涉密职务科技成果的披露要严格遵守保密有关规定。科研组织要规范对科研人员利用职务科技成果创办企业等行为的管理，指导科研人员做好职务科技成果

披露工作。

（八）加强知识产权合规使用

加强对知识产权许可转让、作价入股的管理、审查和备案，规范合同中的知识产权相关条款。涉及向境外许可转让知识产权的，要按照《知识产权对外转让有关工作办法（试行）》（国办发〔2018〕19号）执行，加强事关国家安全的关键核心技术的自主研发和保护。委托研发或合作开发活动中，加强对产学研合作协议知识产权条款的审查，明确知识产权归属和处置方式，提高合同专业化水平和法律风险防控能力。

（九）健全知识产权风险管理制度

开展技术秘密登记与认定工作，强化对涉密人员、载体、场所等全方位管理，加强人才交流和技术合作中的技术秘密保护。加强入职、离职、离岗、兼职人员的知识产权管理，推行全员签署知识产权协议，明确约定保密内容。加强论文发表、成果发布、学术交流、国际合作等事项的知识产权风险防控与管理，建立科研组织知识产权纠纷处理机制，提升科研人员知识产权风险防范意识。

五、优化知识产权管理和运营机制，支撑科研组织高质量发展

（十）加强知识产权管理体系建设

以《科研组织知识产权管理规范》（GB/T 33250—2016）为指导，优化知识产权管理体系。建立健全知识产权管理制度，加强科研项目选题立项、组织实施、结题验收、成果转化等全过程的知识产权管理。强化知识产权管理机制建设，确定一名主管领导负责知识产权工作，指定专门机构承担本单位的知识产权管理职能。有条件的科研组织可建立独立的知识产权管理和运营机构。鼓励科技中介服务机构、金融机构等专业化服务机构参与科研组织的知识产权运营。

（十一）加大知识产权人才培养力度

建立结构合理、层次分明、有效衔接的人才培养体系，培养一批专业技术领域的知识产权领军和骨干人才。合理设置知识产权管理和运营岗

位，提高知识产权专职人员数量和比例。在重大科研项目中配备知识产权专员，健全知识产权专员晋升、流动机制。引进具有国际视野的高水平知识产权人才，加强研发、管理等人员的培训，提升知识产权意识和能力。引进技术经理人、知识产权师和律师等开展知识产权运营工作。有条件的科研组织要积极开展知识产权学历教育，设置知识产权专业学位，开展硕博士学历教育，培养复合型知识产权人才。

（十二）探索设立知识产权管理和运营基金

发挥财政资金的杠杆作用，带动社会资本投入，鼓励利用科技成果转移转化收益，筹资设立知识产权管理和运营基金，用于开展专利挖掘、专利布局、专利导航、高价值专利培育、风险防范、诉讼维权、人才队伍建设等，提高知识产权运营水平，推动科技成果概念验证、工程化和产品化，加强产业间合作共享，保障产业技术安全。

六、加大组织实施力度

（十三）强化组织领导

国家知识产权局、中国科学院、中国工程院和中国科协建立定期沟通机制，及时研究科研组织知识产权转化运用和高质量发展中的重大问题。各科研组织要深刻认识加强知识产权保护和运用的重要性，大胆探索，主动作为，真正承担起促进知识产权转化的主体责任，将知识产权高质量发展纳入重要议事日程。

（十四）加强政策引导

支持科研组织合理利用优先审查、集中审查和延迟审查等专利审查资源培育高价值专利组合。支持科研组织承担专利导航研究推广任务。鼓励有条件的科研组织参与知识产权运营服务体系建设重点城市建设，推动设立产业知识产权运营中心。鼓励科研组织申请备案国家知识产权信息公共服务网点，积极开展知识产权信息服务。探索知识产权专员与知识产权师序列挂钩，将具有5年以上知识产权专员工作经历，作为优先推荐参加高级知识产权师评审的条件。

（十五）完善考核监测

科研组织的专利转让、许可活动应按照有关规定到国家知识产权局进行权属变更或合同备案，办理相关手续时要提交能够反映专利转化实施情况的合同。国家知识产权局、中国科学院、中国工程院根据登记备案的相关数据，定期公布科研组织专利转化实施情况，对专利运用情况进行监测。研究编制科研组织知识产权发展状况报告。强化专利质量和转化绩效导向，在部门考核、职称晋升、岗位聘任、人才评价等环节中，进一步突出专利质量和转化运用绩效等指标，坚决杜绝简单将专利申请量、授权量作为考核指标。

（十六）拓宽转化渠道

充分利用国家知识产权运营服务体系建设重点城市和运营公共服务平台，与中国科协"科创中国"平台以及国家科技成果转移转化示范区等开展知识产权转化运用合作。依托全国科学院联盟，支持科研组织积极探索"核心＋网络"的知识产权运营模式，推动知识产权转化运用，支撑经济社会发展。

国家知识产权局　中国科学院
中国工程院　中国科学技术协会
2021 年 3 月 31 日

> 提升专利申请质量，消除不以保护创新为目的的非正常专利申请行为

国家知识产权局关于进一步严格规范专利申请行为的通知*

各省、自治区、直辖市及新疆生产建设兵团知识产权局，四川省知识产权服务促进中心，广东省知识产权保护中心；局机关各部门，专利局各部门，局直属各单位、各社会团体：

为深入学习贯彻习近平新时代中国特色社会主义思想，认真落实党中央、国务院决策部署，切实推动我国从知识产权引进大国向创造大国转变，从追求数量向提高质量转变，近年来，全系统深入开展专利质量提升工程，各级地方知识产权部门加强对专利申请相关支持政策的规范，严厉打击非正常专利申请相关行为，对激励和保护创新、促进知识产权高质量发展等起到了重要作用。但当前仍存在一些地方对专利高质量发展要求重视不够、贯彻落实不力、盲目追求数量指标的现象，不以保护创新为目的的非正常专利申请行为仍然存在，严重扰乱行政管理秩序、损害公共利益、妨碍企业创新、浪费公共资源、破坏专利制度。为严格落实高质量发展要求，进一步规范专利申请行为，提升专利申请质量，消除不以保护创新为目的的非正常专利申请行为，现就有关事项通知如下：

---

* 2021 年 1 月 27 日，《国家知识产权局关于进一步严格规范专利申请行为的通知》（国知发保字〔2021〕1 号）印发。

一、明确工作目标

着力引导专利申请数量和质量与区域经济发展水平、产业发展需求和科技创新能力相适应,科学设定各项工作指标,强化质量导向,切实发挥高质量发展指标引领作用。进一步调整完善资助和奖励等政策,全面取消对专利申请的资助,重点加大对后续转化运用、行政保护和公共服务的支持。清理规范专利申请秩序,坚决打击和有效遏制不以保护创新为目的非正常专利申请行为,推动知识产权事业高质量发展。

二、把握工作重点

实施下列不以保护创新为目的的非正常专利申请(以下简称该类申请)行为的,按照有关法律法规和政策规定予以从严打击、从严处置。

(一)《关于规范专利申请行为的若干规定》(国家知识产权局第75号局令)第三条规定的六种情形;

(二)单位或个人故意将相关联的专利申请分散提交;

(三)单位或个人提交与其研发能力明显不符的专利申请;

(四)单位或个人异常倒卖专利申请;

(五)单位或个人提交的专利申请存在技术方案以复杂结构实现简单功能、采用常规或简单特征进行组合或堆叠等明显不符合技术改进常理的行为;

(六)其他违反民法典规定的诚实信用原则、不符合专利法相关规定、扰乱专利申请管理秩序的行为。

以上"单位和个人"包括同一自然人、法人、其他组织和同一实际控制人。

三、强化工作措施

对该类申请行为,除依据专利法及其实施细则的规定对提交的专利申请进行从严处理之外,应视情节采取下列处置措施:

(一)对申请人不予减缴专利费用。已经减缴的,要求补缴已经减缴的费用。情节严重的,自本年度起五年内不予减缴专利费用。

（二）在国家知识产权局政府网站以及《中国知识产权报》予以通报。

（三）在专利申请数量统计中扣除该类申请数量。

（四）取消申报国家知识产权示范和优势企业、知识产权保护中心备案企业资格，以及中国专利奖申报、参评或获奖资格。

（五）各级地方知识产权部门对申请人和相关代理机构不予资助或者奖励。已经资助或者奖励的，全部或者部分追还。情节严重的，自本年度起五年内不予资助或者奖励。涉及骗取资助奖励涉嫌构成犯罪的，依法移送有关机关追究刑事责任。

（六）各级地方知识产权部门对代理该类申请、严重扰乱专利工作秩序的专利代理机构，根据认定情况，依法加大查办力度。中华全国专利代理师协会对从事和涉及该类申请的专利代理机构以及专利代理师采取行业自律措施。

四、加强协同治理

（一）提高考核指标的科学性

各级地方知识产权部门要牢固树立高质量发展理念，积极协调有关部门进一步改进完善与专利工作相关的考核指标体系，提高考核的科学性、有效性，核查并剔除不符合实际的增长率评价指标，避免将专利申请数量作为部门工作考核的主要依据。不得设置专利申请量的约束性考核评价指标，不得以行政命令或者行政指导等方式向地方、企业和代理机构等摊派专利申请量指标。不得相互攀比专利申请（包括《专利合作条约》（PCT）途径专利申请）数量。一经发现以上行为，视情取消国家知识产权运营项目申报资格、国家知识产权局授予的示范城市等各类称号和优惠政策等。

（二）调整专利资助政策

2021年6月底前要全面取消各级专利申请阶段的资助。各地方不得以资助、奖励、补贴等任何形式对专利申请行为给予财政资金支持。地方现有资助的范围应限于获得授权的发明专利（包括通过PCT及其他途径在境外获得授权的发明专利），资助方式应采用授权后补助形式。资助对象所获得的各级各类资助总额不得高于其获得专利权所缴纳的官方规定费用的

50%，不得资助专利年费和专利代理等中介服务费。对于弄虚作假套取专利资助的，应限期收回已拨付资金。"十四五"期间，各地方要逐步减少对专利授权的各类财政资助，在 2025 年以前全部取消。各地方要着力优化专利资助相关财政资金的使用管理，强化专利保护运用，重点加大对后续转化运用、行政保护和公共服务的支持。

（三）突出专利申请质量导向

国家知识产权局定期通报或公布各地方高质量专利申请和该类申请占比数据。该类申请占比连续两个季度上升、高质量专利申请占比连续两个季度下降的，通报地方知识产权部门。连续三个季度出现以上现象的，通报地方党委政府，并把相关信息在国家知识产权局政府网站及《中国知识产权报》公布。连续一年出现以上现象的，取消国家知识产权局授予的示范城市等各类称号、优惠政策等。各类涉及专利的奖励不得简单将专利申请、授权数量作为主要条件。

（四）加强专利申请领域信用监管

修改专利法实施细则，依法推动将该类申请行为作为失信行为纳入知识产权信用监管。各级知识产权部门在制定知识产权信用监管政策文件时，应着重考虑将该类申请行为纳入监管范围。加强对严重违法失信代理机构的协同治理，对因代理该类申请受到处罚的专利代理机构，在有关激励奖励政策、行业评优评奖等方面予以联动约束，强化监管效果。

（五）加强专利交易的规范与监管

各级地方知识产权部门要落实规范知识产权交易的属地监管责任，坚决遏制明显不以技术创新和实施为目的的专利申请权和专利权转让行为，对各级政府部门支持建设的知识产权（专利）交易运营平台和机构加强监管和引导，对辖区各类专利交易服务机构和平台加强指导，做好交易标的和交易方背景审核，严防该类申请通过交易进行牟利和洗白。国家知识产权局将加强专利转让、许可等登记备案数据监控，会同有关地方及时依法处置异常专利运营行为。

（六）加强跨部门信息通报

对于该类申请的相关详细信息，各级地方知识产权部门要商相关部门,主动及时向科技等管理部门通报,支持和协助科技管理等部门加强涉及专利申请的行政管理工作,确保该类申请不被利用骗取高新技术企业等国家各类优惠政策。对无参保人员、无实缴资本、无研发经费的"三无"空壳公司申请专利的,要及时将有关信息转属地市场监管部门严格监管。

五、完善工作机制

(一)工作对接机制

国家知识产权局持续监测、认定该类申请行为,并及时向地方通报和转交该类申请行为相关信息,地方知识产权部门加强行政指导,要求涉事单位和个人以及代理机构主动撤回相关申请,对积极主动撤回的,可酌情从轻处置。涉事单位和个人以及代理机构拒不撤回又不提出申诉意见并提供充分证据的,由地方知识产权部门根据情节处理,并依法将相关线索信息转市场监管部门、公安部门、信用监管部门依法处置。

(二)信息筛查机制

专利审查部门单位要严格审查并依法驳回该类申请,及时发现、汇总、报送相关线索信息。专利代办处、知识产权保护中心、知识产权快速维权中心等严格筛查该类申请,并将相关线索及时报送国家知识产权局。

(三)举报和核查机制

鼓励单位和个人向各级地方知识产权部门举报该类申请行为以及违规的指标设置和申请资助政策。各级地方知识产权部门要设立专线专网接受举报。接到举报后,要及时核查和处理,并呈报国家知识产权局。

(四)正面引导机制

积极开展多种形式的提升专利申请质量的宣传报道,加强对积极投入创新、科学合理布局专利的企业和个人的激励,进一步提升全社会专利申请的战略布局意识和质量意识,切实提高专利申请质量。

六、推动工作落实

(一)开展专项治理

2021年全年,集中开展打击该类申请行为专项整治。对已经发现线索的相关行为严厉打击。力争到 2021 年底，专利申请秩序进一步规范，该类申请明显减少，高质量专利申请占比持续提高。国家知识产权局将根据工作效果和相关情况，不定期部署开展专项治理。

（二）加强自查自纠

各级地方知识产权部门要围绕工作目标和工作重点，认真深入开展自查，全面梳理指标设定、资助政策等情况，查找存在的不足和突出问题，提出整改措施，制定工作方案和政策措施，按时向国家知识产权局报送自查结果，重大线索和重点案件情况及时报送。

（三）加强组织领导

国家知识产权局将对各地方政策修订情况、案件处理情况等进行跟踪指导和案件督办。各级地方知识产权部门要高度重视严厉打击该类申请行为的重要意义，向地方人民政府作专题汇报，由主要负责人负责，建立领导协调机制，综合研判本地专利申请状况，明确工作重点目标和重点环节，制定专项工作计划，明确具体责任人和工作联系人，设立专班，深入持续开展相关工作。

特此通知。

国家知识产权局

2021 年 1 月 27 日

> 为"十四五"知识产权高质量发展开好局、起好步

推动知识产权高质量发展年度工作指引（2021）*

为深入学习贯彻习近平总书记在中央政治局第二十五次集体学习时的重要讲话精神，认真落实党中央、国务院决策部署，推进落实知识产权强国战略、"十四五"知识产权保护和运用规划目标任务，按照全国知识产权局局长会议要求，进一步做好2021年知识产权工作，为"十四五"知识产权高质量发展开好局、起好步，制订本指引。

一、总体要求

（一）指导思想

以习近平新时代中国特色社会主义思想为指导，全面贯彻党的十九大、十九届二中、三中、四中、五中全会及中央经济工作会议精神，深入落实习近平总书记关于知识产权工作的一系列重要指示论述，坚持稳中求进工作总基调，立足新发展阶段、贯彻新发展理念、构建新发展格局，坚持以高质量发展为主题，以全面加强知识产权保护为主线，大力提升知识产权创造质量、运用效益、管理效能和服务水平，更大力度加强知识产权保护国际合作，为建设现代化经济体系，激发全社会创新活力，推动构建新发展格局提供有力支撑。

---

* 2021年3月3日，《国家知识产权局关于印发〈推动知识产权高质量发展年度工作指引（2021）〉的通知》（国知发运字〔2021〕3号）印发。

(二) 基本原则

坚持系统观念，加强顶层设计。坚持全国一盘棋，强化战略导向和规划引领，聚焦融合发展，加强横向协同和上下联动，打通知识产权创造、运用、保护、管理、服务全链条，健全知识产权综合管理体制，增强系统保护能力，统筹推进知识产权高质量发展。

坚持问题导向，深化改革创新。认清我国知识产权保护工作的形势和任务，提高对知识产权保护工作重要性的认识，聚焦重点领域和关键环节，用改革创新的方法破解难题、化解风险，下大力气抓好具体落实工作，更好发挥政府作用，源源不断激发知识产权内生发展动力。

坚持统筹兼顾，实施分类指导。紧紧围绕知识产权强国建设总体目标，综合考虑区域特点和产业需求，找准工作的结合点和着力点，做到长远目标与阶段性目标相结合，确保"十四五"知识产权规划和强国战略纲要有机衔接、协调推进，支持差异化探索知识产权强国建设有效路径。

坚持法治思维，强化能力建设。提高知识产权保护工作法治化水平，严格依法行政，加快职能转变，全面加强知识产权保护、运用、服务综合能力建设，构建从中央到地方权责清晰、运行顺畅、充满活力的知识产权运行体系，推进知识产权治理体系和治理能力现代化。

(三) 主要目标

2021年底，知识产权顶层设计进一步强化、知识产权工作法治化水平不断提高、知识产权高质量创造导向更加凸显、知识产权运用效益持续提升、知识产权服务水平稳步提高、知识产权保护国际合作和竞争统筹推进、知识产权保护得到全面加强，为贯彻新发展理念、构建新发展格局、推动高质量发展提供有力保障。

——知识产权创造。深入落实《提升发明专利审查质量和审查效率专项实施方案（2019—2022年）》，大力实施商标品牌战略和地理标志运用促进工程。知识产权审查质量和审查效率持续提升，发明专利审查周期压减至18.5个月，高价值发明专利审查周期压减至14个月，商标注册平均审查周期稳定在4个月。

——知识产权保护。扎实落实《关于强化知识产权保护的意见》部署要求。现有保护中心和快速维权中心业务能力进一步提升、业务范围进一步拓展，结合地方需求适当布局一批知识产权保护中心和快速维权中心。严格实施知识产权侵权惩罚性赔偿制度，建立更加顺畅的知识产权保护衔接机制，侵权易发多发现象得到有效遏制，知识产权保护社会满意度达到较高水平。

——知识产权运用。知识产权运营服务体系进一步完善，在严控风险前提下专利商标质押融资规模达2 400亿元，融资惠及企业数量增长率超过10%，全国专利密集型产业增加值平稳增长，全社会创造力和市场活力进一步激发，有效支撑现代产业体系建设。

——知识产权公共服务。统一知识产权公共服务标准。继续推进有关地方专利商标受理窗口整合，力争全部实现知识产权业务"一窗通办"。专利、商标电子申请便利化程度与好评度进一步提升。推进知识产权保护信息平台项目建设。完成在华建设100家技术与创新支持中心（TISC）首期建设目标，便民利民的知识产权公共服务体系进一步健全。

二、强化知识产权高质量发展标杆引领

（一）持续推动"十四五"知识产权高质量发展指标体系实施落实。继续推动并配合做好国家"十四五"规划纲要指标相关工作。做好"十四五"知识产权规划指标实施落实保障，加强与高质量发展综合绩效评价相关专利指标考核评价工作的衔接协同。（战略规划司负责）持续优化中国营商环境评价体系中知识产权相关指标。（公共服务司负责）

（二）因地制宜设置地方"十四五"指标体系。各地区结合本地区发展实际，集中力量编制本地区"十四五"知识产权专项规划，科学合理确定本地区"十四五"知识产权目标指标，加强与知识产权强国战略纲要、国家"十四五"知识产权保护和运用规划的任务和指标衔接。要按照高质量发展指标体系和目标任务明确的方向，完善政策设计、创新政策手段、健全政策协调机制，科学设计指标实现路径。（各地方知识产权局负责）

（三）高标准推进知识产权强国建设试点示范工作。制定知识产权强国建设试点示范管理办法，充实局省知识产权合作会商内涵，统筹推进城市、县域、园区、企业及高校院所等试点示范工作，夯实知识产权强国建

设基础。支持相关省份高起点谋划局省知识产权合作会商事项,加快推进知识产权强省建设。全力打造京津冀、长江经济带、粤港澳、长三角、成渝、海南自贸港等区域知识产权高地,加强对中西部地区和东北地区知识产权工作支持力度。(运用促进司负责)各地区根据国家局统一部署,遴选推荐一批试点示范项目,努力打造工作亮点,形成可复制可推广的经验做法。(各地方知识产权局负责)

三、强化知识产权高质量发展政策配套实施

(四)加强知识产权宏观政策研究。聚焦构建新发展格局、服务产业链供应链自主可控等重大战略部署开展知识产权专题研究,形成一批含金量高、可操作性强的重大政策研究成果,更好为决策提供参考。加强国内外知识产权领域热点、难点问题研判,完善政策预研储备工作机制。(办公室负责)做好专利法实施细则的修订,加强对地方知识产权立法相关工作的指导,完成《专利审查指南》适应性修改。做好商标法进一步修改准备和地理标志法律制度论证,加快《商标代理管理办法》等规章的制修订。研究制定大数据、人工智能、基因技术等新领域新业态知识产权保护规则。开展专利特殊审查政策与机制综合性评估论证,进一步完善知识产权审查制度。加强对全面与进步跨太平洋伙伴关系协定(CPTPP)知识产权相关条款研究。(条法司负责)

(五)健全知识产权保护政策。深入贯彻落实《关于强化知识产权保护的意见》,加快构建知识产权大保护工作格局。持续加强知识产权行政保护业务指导,推进专利侵权纠纷行政裁决工作,加大知识产权执法保护力度,加强知识产权执法保护能力提升培训。启动知识产权保护试点示范区建设。优化知识产权保护中心布局,加强快速协同保护机制建设。强化知识产权领域诚信体系建设,推进知识产权仲裁调解机构建设,强化维权援助机制。促进海外知识产权纠纷应对指导中心高效运行。(保护司负责)

(六)完善知识产权运用促进政策。围绕国家关键核心技术加强专利导航体系建设,统筹推进补齐短板和锻造长板,助力破解"卡脖子"问题。推进重点产业知识产权运营中心建设,做好相关知识产权创造和储备。健全知识产权评估体系,研究制定知识产权价值评估指引,完善评估

机制和标准。出台完善知识产权市场化运营机制政策。实施专利技术转移转化专项工作。加快发展知识产权金融服务，深入开展知识产权质押融资"入园惠企"工作。完善专利开放许可运行机制，促进专利以许可的方式转化实施。深入实施商标品牌战略，建设一批商标品牌指导站，指导发布商标品牌发展指数报告。深入实施地理标志运用促进工程，启动地理标志助力乡村振兴行动，着力打造区域品牌和特色地理标志产品。加强知识产权服务业监管，出台促进知识产权服务业高质量发展政策。优化升级知识产权服务业集聚区。（运用促进司负责）

（七）优化知识产权公共服务政策。制定发布《知识产权公共服务"十四五"规划》。实施知识产权公共服务能力提升工程，加强知识产权信息化、智能化基础设施建设，推进知识产权保护平台建设。提高省级和地市级综合性知识产权公共服务机构覆盖率。整合资源，推动知识产权保护中心、业务受理窗口等骨干机构拓宽服务职能，开展知识产权信息公共服务。新建一批高校国家知识产权信息服务中心，开展国家知识产权信息公共服务网点备案工作，健全知识产权公共服务网。编制知识产权公共服务事项清单。加强业务指导，推广应用《知识产权基础信息数据规范》《知识产权基础数据利用指引》《TISC服务能力提升指南》《TISC服务产品和服务指引》，打通知识产权公共服务信息系统，保障知识产权数据要素自由流动。（公共服务司负责）

（八）深化知识产权国际合作。深度参与全球知识产权治理，加大对小多边合作的影响力，巩固双边合作关系。推动完善知识产权国际规则，全面落实中美第一阶段经贸协议、区域全面经济伙伴关系协定（RCEP）知识产权章节，落实中欧、中法地理标志协议。研究疫情防控环境下的"一带一路"知识产权合作新机制新模式，推动合作项目取得更多务实成果。维护知识产权领域国家安全，健全知识产权对外转让审查制度，加强对涉及国家安全的知识产权对外转让行为的管理。（国际合作司、保护司负责）

四、强化知识产权高质量发展统计监测

（九）加强知识产权指标统计监测工作。加强知识产权"十四五"规划核心指标的统计监测、分析研判和信息反馈。扎实开展全国专利密集型

产业增加值核算与发布工作。围绕创新成果转移转化成效，优化完善并深入推进全国专利调查工作。加强对地方指标工作指导和统计支持。（战略规划司负责）启动知识产权强国战略实施监测体系架构和监测指标设计工作，为建立强国战略纲要实施动态调整机制提供支撑。（联席办负责）

（十）健全地方知识产权指标统计监测体系。各地区要适应构建现代化经济体系的要求，创新知识产权统计制度和统计方法，充分运用大数据等现代技术手段对"十四五"期间知识产权高质量发展情况开展监测评估，进一步完善知识产权统计工作体系，按照国家局要求及时提供相应统计数据。（各地方知识产权局负责）

五、工作要求

各地方知识产权局和局有关部门要高度重视，加强对推动知识产权高质量发展政策措施的统筹谋划、整体推进，进一步明确细化工作目标、进度安排，及时跟踪实施进展及成效，确保各项工作落实到位。各地方知识产权局和局有关部门要在2021年12月15日前将推动知识产权高质量发展成效以纸件和电子件形式报送我局知识产权运用促进司。

附件：2021年推动知识产权高质量发展任务清单

附件

2021年推动知识产权高质量发展任务清单

任务清单	落实举措	执行部门	完成时间
一、做好知识产权顶层设计，启动实施知识产权强国战略和"十四五"规划			
1. 配合做好知识产权强国战略纲要、"十四五"知识产权保护和运用规划的审议与印发实施	**国家知识产权局**：配合做好知识产权强国战略印发实施，制定印发落实纲要年度推进计划和地方工作要点，推进纲要有序实施。配合完成"十四五"知识产权保护和运用规划制定发布，做好与国家"十四五"规划、国家区域和行业重大发展战略、知识产权强国战略纲要的有机衔接，完善规划实施机制，推动规划有效落实。编制发布专利和商标审查、地理标志、知识产权人才、公共服务、国际合作、专利信息化等分项规划。 **各地区**要制定本地区落实知识产权强国战略的配套文件，做好任务分解，明确责任分工，确保部署的各项举措落地见效。科学制定本地区"十四五"知识产权规划，因地制宜谋划出台一批重大政策、重大项目，加强与国家层面的规划指标、任务目标协调联动，并强化质量导向，认真谋划知识产权各项任务和指标科学化的实现路径。 **有条件的地区**结合自身发展需求，出台相应的知识产权强省战略。	办公室、条法司、联席办、战略规划司、保护司、运用促进司、公共服务司、国际合作司、人事司，专利局审业部、自动化部，商标局	年底前完成
2. 更高标准推进知识产权强国建设试点示范工作	**国家知识产权局**：制定知识产权强国建设试点示范管理办法，充实省知识产权合作会商内涵，统筹推进城市、县域、园区、企业及高校院所等试点示范工作，夯实知识产权强国建设基础。 **各地区**要根据国家局的统一部署，积极参与试点示范工作，遴选推荐一批试点示范项目，努力打造工作亮点，形成可复制可推广的经验做法。 **有关地区**要高起点谋划局省知识产权合作会商，加快推进知识产权强省建设。	运用促进司	年底前完成

续表

任务清单	落实举措	执行部门	完成时间
二、完善知识产权法律制度，提高知识产权工作法治化水平			
3. 加快推进相关法律制度制修订工作	**国家知识产权局**：做好专利法实施细则的修订，完成《专利审查指南》适应性修改。做好商标法进一步修改准备和地理标志法律制度论证，加快《商标代理管理办法》等规章的制修订。研究制定大数据、人工智能、基因技术等新领域新业态知识产权保护规则。持续完善地方知识产权立法指导协调机制。	条法司	年内有阶段性成果
4. 加快推进知识产权法治实施体系	**国家知识产权局**：健全知识产权行政确权、行政执法与司法保护的信息共享和沟通衔接，促进行政执法标准和司法裁判标准统一。制定商标一般违法判断标准，加强知识产权行政执法业务指导制度化建设。健全专利侵权纠纷行政裁决制度，加强行政裁决试点示范建设。推进知识产权侵权纠纷检验鉴定技术支撑体系建设工作。制定药品专利纠纷早期解决行政裁决机制，建立国家局处理在全国有重大影响的专利侵权纠纷的制度机制。 **各地区**要不断加强知识产权行政保护机制和能力建设，切实加强对知识产权领域的综合监管，严格执行专利、商标侵权判断标准，不断提高知识产权工作法治化水平。	保护司	年内有阶段性成果
三、大力提升知识产权创造质量，推动高质量发展			
5. 持续提升知识产权审查质量和效率	**国家知识产权局**：建立专利、商标全流程全覆盖的审查质量管控机制，提升知识产权授权确权质量。加强智能化审查技术应用，推动知识产权审查流程再造，优化案源与审查资源配置，全面提升审查效能。探索多元化知识产权审查模式。持续压缩商标异议、评审复杂案件的审查审理周期，提高商标审查审理质量和效率。	条法司，专利局审业部、自动化部，商标局	年内有阶段性成果

续表

任务清单	落实举措	执行部门	完成时间
6. 突出知识产权高质量创造导向	**国家知识产权局**：优化"十四五"知识产权发展指标，加强分级分类指导和统计监测。强化质量导向，全面取消对知识产权申请的资助，重点加大对后续转化运用、行政保护和公共服务的支持。严厉打击不以保护创新为目的的非正常专利申请行为和不以使用为目的的商标恶意注册行为，加强源头管控，促进质量提升。 **各地区**要统一思想、提高认识，不断优化扶持政策的支持重点和方式方法全面取消对知识产权申请的资助，重点加大对后续转化运用、行政保护和公共服务的支持，切实把高质量发展的要求落到实处。	战略规划司、保护司、运用促进司	年内有阶段性成果
7. 提高创新主体知识产权管理能力	**国家知识产权局**：认真落实中央企业、高校知识产权高质量发展政策文件加快制定加强科研机构知识产权保护和运用的政策措施，推进国家知识产权试点示范高校和科研机构建设。深入实施中小企业知识产权战略推进工程。持续优化企业、高校和科研组织贯标工作，深度参与国际标准化创新组织创新与知识产权管理体系推广工作。 **各地区**要认真落实中小企业实施知识产权战略推进工程任务部署，深入推进创新主体试点示范建设，积极推动企业、高校、科研机构等创新主体开展知识产权贯标工作。	运用促进司	年内有阶段性成果
8. 深化专利导航和专利奖评选工作	**国家知识产权局**：围绕国家关键核心技术加强专利导航体系建设，统筹推进补齐短板和锻造长板，助力破解"卡脖子"问题。推广实施专利导航指南国家标准，推动专利导航全面融入各类主体创新决策全过程。突出中国专利奖对关键领域自主知识产权创造运用的激励。 **各地区**要加强专利导航推广应用，积极贯彻《专利导航指南》系列国家标准，建立专利导航产业创新发展决策机制，引导推进创新资源配置与区域重点产业、优势产业创新发展需求相匹配，探索形成本地区知识产权引领经济发展的有效路径。	运用促进司	年内有阶段性成果

续表

任务清单	落实举措	执行部门	完成时间
四、全面加强知识产权保护，促进建设高标准市场体系			
9. 深入落实《关于强化知识产权保护的意见》	**国家知识产权局**：会同相关部门继续高标准落实《关于强化知识产权保护的意见》及相关推进计划，做好首次知识产权保护检查考核经验推广和问题整改等工作指导。进一步完善知识产权保护检查考核工作机制，推动地方加快《关于强化知识产权保护的意见》及推进计划配套措施的细化落实。启动知识产权保护试点示范区建设，建立知识产权保护水平评估机制，继续开展知识产权保护社会满意度调查。 **各地区**要认真履行知识产权保护属地责任，优化配套措施，加强综合保障确保各项措施落地见效。按照国家局的部署，认真开展知识产权保护试点示范区遴选申报工作，积极配合国家局开展知识产权保护社会满意度调查。	保护司	年内有阶段性成果
10. 加快构建知识产权大保护格局	**国家知识产权局**：加大知识产权保护中心、快速维权中心布局，升级维权援助平台，大力培育调解组织和仲裁机构。深入推进以信用为基础的分级分类监管试点工作，完善规范化市场建设。加强特殊标志、官方标志和奥林匹克标志的梳理保护。严格地理标志保护，深化地理标志专用标志使用核准改革。 **各地区**要认真落实专利领域严重失信联合惩戒对象名单管理办法，持续开展关键领域、重点环节、重点群体行政执法专项行动，进一步加大侵犯知识产权行为查处力度。加快推进知识产权仲裁调解工作，因地制宜开展社会监督共治。推进地理标志保护产品专用标志使用核准改革试点工作，进一步规范地理标志专用标志使用，有效打击地理标志侵权违法行为。 **有关地区**要紧扣知识产权保护中心职责，发挥功能作用，严把保护中心、快维中心预审质量关，强化知识产权保护体系建设。	保护司	年内有阶段性成果

续表

任务清单	落实举措	执行部门	完成时间
11. 健全知识产权综合管理体制	**国家知识产权局**：适当加强知识产权保护的中央事权，充分调动地方工作积极性，加快整合专利商标政策、项目和平台，配合市场监管总局做好知识产权领域的反垄断工作，防止知识产权滥用，促进创新要素自由有序流动、高效配置，发挥知识产权在大市场监管中的作用，释放综合管理改革效能。 **各地区**要切实加强队伍建设，持续提升管理和执法能力，加强知识产权行政执法队伍专业培训，加强对专利、商标侵权判定标准的培训和解读，探索运用新技术手段辅助开展知识产权执法保护。	联席办、保护司、运用促进司、公共服务司、人事司，商标局	年内有阶段性成果
\multicolumn{4}{|c|}{五、大力提高知识产权转化运用效益，支撑实体经济发展}
12. 完善知识产权转化运用机制	**国家知识产权局**：健全知识产权评估体系，研究制定知识产权价值评估指引，完善评估机制和标准。完善专利开放许可制度运行机制，促进专利以许可的方式转化实施。实施专利技术转移转化专项工作，促进中小企业创新发展。配合有关部门推动高校院所探索开展知识产权自主处置试点，建立权利义务对等的知识产权转化收益分配机制。 **各地区**要积极推动专利技术转移转化，强化专利技术转化实施导向，为中小企业创新发展营造良好条件，加强效果追踪和统计。	运用促进司	年内有阶段性成果
13. 优化知识产权运营服务	**国家知识产权局**：制定完善知识产权市场化运营机制政策，健全运营交易规则，加强运营平台监管，对财政资金支持的知识产权运营项目及重点城市，实行全过程绩效管理和监管。加快发展知识产权金融服务。指导地方推进重点产业知识产权运营中心建设，做好相关知识产权创造和储备。 **各地区**要坚持市场化导向，加快推进重点城市知识产权运营服务体系建设，加大资源优化整合力度，因地制宜推进产业知识产权运营中心建设。要强化中央财政专项资金使用情况的自查评估，不断提高资金使用效率。要深入开展知识产权质押融资"入园惠企"工作，积极探索知识产权质押融资新模式，推广知识产权保险、证券化等金融产品，支持扩大知识产权融资规模，更好地服务实体经济。	运用促进司	年内有阶段性成果

续表

任务清单	落实举措	执行部门	完成时间
14. 壮大知识产权密集型产业	**国家知识产权局**：开展专利密集型产业增加值核算与发布工作。深入实施商标品牌战略和地理标志运用促进工程，启动地理标志助力乡村振兴行动，着力打造区域品牌和特色地理标志产品。 **各地区**要探索开展本地区知识产权（专利）密集型产业增加值核算与发布工作，采取有力措施培育壮大专利密集型产业。要加强项目资源引导，加大对地理标志工作投入力度，谋划推进本地区地理标志运用促进工程实施。地理标志运用促进工程项目涉及省份要积极探索，形成一批可复制可推广的经验案例。	运用促进司、战略规划司	年内有阶段性成果
15. 加强知识产权服务业监管	**国家知识产权局**：出台促进知识产权服务业高质量发展政策，开展知识产权代理服务分级分类评价工作。优化升级知识产权服务业集聚区。全面实施专利代理机构执业告知承诺制改革。深化"蓝天"行动，建立知识产权代理行业监管长效机制，加强主动监管、协同监管、智慧监管、信用监管。 **各地区**要切实加强对知识产权服务业监管，营造规范有序的行业环境。严厉打击商标、专利代理机构违法行为，重点打击为恶意囤积和抢注商标提供代理服务的行为及挂证、无资质专利代理、代理不以创新为目的的非正常专利申请、以不正当手段招揽业务等行为。 **有关地区**要进一步加大对知识产权服务业集聚区建设的支持力度，培养一批优质的服务业品牌机构，不断提升知识产权服务质量，推动知识产权服务业高质量发展。	运用促进司	年内有阶段性成果
六、实施知识产权公共服务能力提升工程，更好服务创新发展			
16. 加强知识产权公共服务统筹规划	**国家知识产权局**：健全完善便民利民的知识产权公共服务体系，整合知识产权公共服务资源，完善公共服务网络，拓宽公共服务领域，加强省级知识产权信息服务和地级市综合性知识产权公共服务。推进知识产权保护平台建设，完成建设100家技术与创新支持中心（TISC）首期目标，新建一批高校国家知识产权信息服务中心。	公共服务司	年内有阶段性成果

续表

任务清单	落实举措	执行部门	完成时间
16. 加强知识产权公共服务统筹规划	**各地区**要统筹本地知识产权信息公共服务体系建设，强化公共服务机构职能，实现知识产权信息服务便利高效。依托地方公益性单位加强知识产权基础信息传播利用，充分发挥TISC机构和高校国家知识产权信息服务中心作用，鼓励和指导符合条件的机构和高校积极申报建设TISC和高校国家知识产权信息服务中心。	公共服务司	年内有阶段性成果
17. 推动知识产权公共服务标准化建设	**国家知识产权局**：持续落实《关于深化知识产权领域"放管服"改革营造良好营商环境的实施意见》，编制知识产权公共服务事项清单，统一知识产权公共服务标准。推广应用《知识产权基础信息数据规范》。继续整合优化各类服务窗口，实现"一站式"服务。配合做好中国营商环境评价体系知识产权评价工作。 **各地区**要用好评价结果，持续深化改革，加快建设特色化、差异化知识产权公共服务平台。继续整合优化各类服务窗口，实现"一站式"服务。	公共服务司、运用促进司	年内有阶段性成果
七、统筹推进知识产权保护国际合作和竞争，更好服务国家对外开放大局			
18. 深度参与全球知识产权治理	**国家知识产权局**：积极参与世界知识产权组织多边事务，加快完成我国加入海牙协定工作。全面落实区域全面经济伙伴关系协定（RCEP）知识产权章节和中欧地理标志保护与合作协定，稳步推进地理标志互认互保。深化与欧日韩等重点国家和地区务实合作与交流，作为2021年中美欧日韩商标五局和外观设计五局合作秘书局办好相关会议，办好中日韩、中蒙俄、中国—东盟等会议	国际合作司	年内有阶段性成果
19. 深化"一带一路"知识产权合作	**国家知识产权局**：研究疫情防控环境下的"一带一路"知识产权合作新机制新模式，推动合作项目取得更多务实成果。 **有条件的地区**要结合地缘特色和资源禀赋，立足区域开放发展实际需求，积极参与"一带一路"知识产权国际合作交流。	国际合作司	年底前完成

续表

任务清单	落实举措	执行部门	完成时间
20. 维护知识产权领域国家安全	**国家知识产权局**：健全知识产权对外转让审查制度，加强对涉及国家安全的知识产权对外转让行为的管理。加快国家海外知识产权纠纷应对指导中心建设与运行，加强我国企业海外知识产权风险预警与维权援助，有力应对知识产权领域国际竞争。 **各地区**要加快国家海外知识产权纠纷应对指导中心分中心建设，加大企业"走出去"的服务和支持力度。	保护司、国际合作司	年内有阶段性成果
八、夯实知识产权事业发展基础，着力提高管理和服务能力水平			
21. 加强知识产权宣传教育	**国家知识产权局**：加快推进媒体深度融合，构建大宣传工作格局，提高知识产权宣传效果，增强全社会知识产权意识。组织办好世界知识产权日、全国知识产权宣传周等大型活动，对外讲好中国知识产权故事，展示文明大国、负责任大国形象。做好全国知识产权系统先进集体和先进工作者评选表彰工作。深化中小学知识产权教育试点示范工作。加强对社会公众的知识产权公益化普及化培训，提升社会公众知识产权意识和技能。 **各地区**要结合实际积极开展知识产权宣传教育工作，加强知识产权文化理念传播。开展政策宣讲和普及教育活动，提升知识产权工作舆论宣传覆盖面，强化知识产权各项工作的质量导向。大力开展知识产权进企业、进单位、进社区、进校园等公益宣传活动，夯实知识产权发展基础。	办公室、人事司	年内有阶段性成果
22. 加大知识产权人才培养力度	**国家知识产权局**：继续加强地方知识产权行政管理人员轮训工作，结合疫情防控情况，加强网络课程建设，持续提高管理和服务水平。做好知识产权职称制度改革实施工作。推动论证设置知识产权专业学位。 **各地区**要加强各级知识产权行政管理人员培训，加强干部队伍能力建设。依托国家知识产权培训基地等资源，借助各方力量开展市场化知识产权实务型人才培训，提高全社会知识产权意识和能力。支持和指导辖区内企事业单位与高等院校建立人才培养协作机制，推进知识产权学位建设。推进地方性知识产权智库、政府决策知识产权专家库建设。	人事司	年内有阶段性成果

五、做好知识产权服务

> 强化知识产权服务对科技进步和经济发展的促进作用

关于加快培育和发展知识产权服务业的指导意见[*]

为贯彻落实《国家知识产权战略纲要》(国发〔2008〕18号)和《国务院办公厅关于加快发展高技术服务业的指导意见》(国办发〔2011〕58号),积极推动知识产权服务业发展,培育产业发展新优势,强化知识产权服务对科技进步和经济发展的促进作用,现提出以下指导意见。

一、充分认识知识产权服务业对我国经济发展的重要作用

知识产权服务业,主要是指提供专利、商标、版权、商业秘密、植物新品种、特定领域知识产权等各类知识产权"获权—用权—维权"相关服务及衍生服务,促进智力成果权利化、商用化、产业化的新型服务业,是现代服务业的重要内容,是高技术服务业发展的重点领域。

我国正处于全面建设小康社会的关键时期,深化改革开放、加快转变经济发展方式的攻坚时期,"中国制造"向"中国创造"转变的战略转型期。发展知识产权服务业,有利于提升自主创新的效能与水平,有利于提高经济发展的质量和效益,有利于形成结构优化、附加值高、吸纳就业能力强的现代产业体系。加快发展知识产权服务业,是促进科技和经济紧密结合的重要抓手,是提高产业核心竞争力、促进经济结构调整、加快转变

---

[*] 2012年11月13日,《知识产权局、发展改革委、科技部、农业部、商务部、工商总局、质检总局、版权局、林业局关于印发〈关于加快培育和发展知识产权服务业的指导意见〉的通知》(国知发规字〔2012〕110号)印发。

经济发展方式的重要举措。

知识产权服务业技术与知识密集，附加值高，对科技创新、产业发展、对外贸易和文化发展的支撑作用日益显现，市场前景广阔，但存在政策体系不完善，市场主体发育不健全，高端人才匮乏，综合服务能力不强等问题，与我国经济社会发展的要求不相适应，亟待着力培育发展。

二、发展知识产权服务业的指导思想、基本原则与发展目标

（一）指导思想

以邓小平理论和"三个代表"重要思想为指导，深入贯彻落实科学发展观，围绕加快经济发展方式转变和促进产业转型升级的发展主线，完善管理机制，建立健全服务体系，培育市场需求，拓展服务模式，促进知识产权服务业快速、持续、健康发展。

（二）基本原则

政府引导，市场驱动。发挥政府的引导作用，完善服务体系和配套政策。发挥市场在资源配置中的基础性作用，大力发展社会化、专业化、规模化的知识产权服务。

分类指导，突出重点。针对区域经济发展不平衡状况，对知识产权服务业发展实行分类指导，明确知识产权代理服务、法律服务、信息服务、商用化服务、咨询服务、培训服务等重点发展领域。

夯实基础，创新发展。强化知识产权服务业发展基础，加强基础信息资源和服务平台建设，完善支撑体系。改革管理体制机制，深化服务内容，创新服务模式，积极培育新兴业态。

（三）发展目标

总体目标：到2020年，知识产权服务与科技经济发展深度融合，知识产权创造、运用、保护和管理能力大幅提升，为科技创新水平提升和经济发展效益显著改善提供支撑；知识产权服务业成为高技术服务业中最具活力的领域之一，对经济社会发展的贡献率明显提高。

主要目标：知识产权服务体系进一步完善，公共服务和市场化服务协

调发展；知识产权服务主体多元化，形成一批专业化、规模化和国际化的知识产权服务机构；知识产权服务业从业人员数量和服务能力大幅提高，人员结构优化，高端人才具有较强的国际竞争力；知识产权服务业规模和产值占现代服务业的比重明显提高。

三、知识产权服务业重点发展的领域

（一）知识产权代理服务

加速发展专利、商标、著作权、集成电路布图设计、植物新品种的申请、注册、登记、复审、无效、异议等代理服务。引导发展特定领域知识产权代理服务。着力提升代理机构涉外代理服务能力。鼓励代理机构拓展服务领域，提高服务质量，壮大发展规模。

（二）知识产权法律服务

发展知识产权相关法律服务，维护市场主体的合法权益。鼓励拓展企业上市、并购、重组、清算、投融资等商业活动中的知识产权法律服务，加强知识产权尽职调查服务，完善中小微型企业知识产权法律援助服务，拓展海外知识产权维权服务，提升知识产权服务机构熟悉和运用国际规则的能力，增强国际竞争力。

（三）知识产权信息服务

发展知识产权信息检索分析、数据加工、文献翻译、数据库建设、软件开发、系统集成等信息服务。鼓励知识产权服务机构对知识产权基础信息进行深度加工，支持利用移动互联网、下一代互联网、云计算、物联网等新技术，建设专业化知识产权信息服务平台，创新服务模式，开发高端知识产权分析工具，提高知识产权信息利用效率。

（四）知识产权商用化服务

发展知识产权评估、价值分析、交易、转化、质押、投融资、运营、托管等商用化服务。加强和规范知识产权资产评估工作，建立健全知识产权运营工作体系，完善以金融机构、创业投资为主、民间资本广泛参与的知识产权投融资体系，推动金融机构拓展知识产权质押融资业务，鼓励融

资性担保机构为知识产权质押融资提供担保服务，探索建立质押融资风险多方分担机制。

（五）知识产权咨询服务

发展知识产权战略咨询、政策咨询、管理咨询、实务咨询等高端服务。积极引导知识产权专业咨询机构健康发展，推动重大项目决策、行业发展规划、产业联盟构建中的咨询服务，加强企业管理制度完善、服务贸易、市场拓展、海外布局、核心技术转让、标准化等事务中的咨询服务。

（六）知识产权培训服务

发展知识产权教育培训服务，提升知识产权服务从业人员的专业素质。制定知识产权人才职业能力框架，引导培训机构规范发展，支持培训机构开展职业分类分级实务培训，推进国际交流合作，采用引进人才、合作办学等多种方式，培育一批专业化的知识产权培训服务品牌机构。

四、加快知识产权服务业发展的主要任务

（一）夯实知识产权服务业发展基础

加强知识产权基础信息资源整合和开放共享，提升知识产权信息公共服务能力，提供准确、及时、全面的知识产权信息。支持欠发达地区完善知识产权服务公共设施建设。建设全国专利技术运用转化平台。利用云计算等先进信息技术，推进标准化建设，促进资源共享。完善全国知识产权公共服务体系建设，建立政府部门、行业协会、图书情报机构、知识产权服务机构与企业、高校、科研机构等共同参与、协调联动的服务体系。

（二）完善知识产权服务法律政策环境

结合科技、经济发展，及时修订完善知识产权服务相关的法律法规和配套政策。加强产业、区域、科技、贸易等政策与知识产权政策的衔接。配合服务业改革的总体安排和试点工作，推动制定有利于知识产权服务业发展的财政、金融和税收政策。研究推动知识产权服务机构享受相关税收

优惠政策。建立并完善重大经济科技项目知识产权审议制度。建立健全知识产权预警应急机制、海外维权和争端解决机制。

（三）增强知识产权服务对经济的支撑作用

面向节能环保、新一代信息技术、生物、高端装备制造、新能源、新材料、新能源汽车等战略性新兴产业，以及汽车、石油化工等重点产业，推动行业、企业建设相关知识产权信息服务平台和专题数据库，支持产业创新。推动知识产权服务融入地方经济发展，促进区域特色产业优化升级。加强专利、农产品商标、植物新品种等知识产权服务，促进现代农业和现代林业创新发展。加强版权、外观设计专利等知识产权服务，促进文化创意产业的繁荣发展。引导社会服务资源广泛挖掘国内地理标志，积极拓展涉外地理标志，进一步发挥地理标志及其专门保护在对外贸易和区域经济发展中的带动作用。实施知识产权服务对接工程，为科技创新型中小微型企业提供全流程知识产权服务。鼓励知识产权服务机构在企业产品出口、服务外包、境外设展、海外投资、品牌输出、专利纳入标准等活动中提供专业化服务，支持"走出去"战略的实施。

（四）增强知识产权服务对科技的支撑作用

为原始创新、集成创新和消化吸收再创新提供知识产权服务。促进闲置专利的筛选和实施，为高校和科研机构的专利转化提供多元化、市场化的渠道。鼓励科技企业积极利用商标和商业秘密制度保护创新成果。强化科技创新中的知识产权导向，健全国家科技计划和科技重大专项知识产权管理制度。鼓励科技重大专项有关单位根据需要委托知识产权服务机构提供咨询和服务。鼓励科技企业孵化器、生产力促进中心、技术转移机构、大学科技园等机构提供知识产权服务，提升科技创新层次，保护科技创新成果，促进转化应用。

（五）培育知识产权服务市场

按照政府职能转变和事业单位改革的要求，推进知识产权领域事业单位体制改革。支持各地有条件的知识产权公共服务机构进行企业化转制改革试点，并按规定享受有关税收优惠政策。有序开放知识产权基础信息资源，使各类知识产权服务主体可低成本地获得基础信息资源，以多种方式参与知识产权服务，增强市场服务供给能力。加大政府采购力度，在公共服务领域引入市场机制，促进服务主体多元化。探索设立由国家引导、多方参与的知识产权运营资金，促进知识产权运用。培育发展知识产权证券化、知识产权保险、知识产权经营等新兴模式。加强知识产权服务宣传和文化建设，扩大行业影响。

（六）开展知识产权服务试点示范

组织开展知识产权服务集聚发展和试点示范工作，鼓励先行先试。支持知识产权服务机构进驻国家自主创新示范区、国家现代服务业产业化基地、高技术服务产业基地、国家服务业综合改革试点、台港澳与内地合作区域，支持国家现代服务业创新发展示范试点城市发展知识产权服务业，引导知识产权服务集中、集约、集聚发展。依托移动互联网、下一代互联网、云计算、物联网等新技术，开展知识产权服务模式创新试点示范项目。在知识产权服务业重点发展领域，开展知识产权服务示范机构创建工作，推进知识产权服务机构品牌建设，重点培育一批基础较好、能力较强、业绩显著、信誉优良的知识产权服务机构，提升社会影响力和国际竞争力。

（七）加强知识产权服务人才培养

推动建立知识产权服务人才职业资格制度和职称评聘制度，加快培养知识产权实务人才。扩大知识产权代理人才队伍规模，提高代理人专业素质，发展知识产权管理、咨询、运营、评估、保险、信息分析人才队伍。支持引进懂技术、懂法律、懂经济、懂管理的复合型国际高端人才。完善知识产权服务人才培养机制，创新人才培养模式。鼓励开展校企合作，联合培养知识产权服务人才。引进国际师资，积极开展职业培训，培养知识产权服务高端实务人才。

五、促进知识产权服务业发展的主要措施

（一）加强组织领导

建立部门间知识产权服务业发展协调协作机制，统筹规划知识产权服务业发展，协调解决各种突出问题。各有关部门和地方要结合实际情况，

制定推进知识产权服务业发展的实施意见，落实各项工作。不断完善工作机制，尽快形成总体部署、各方协作、有效联动的工作格局。

（二）加大投入力度

推动国家设立知识产权服务业发展专项资金，有条件的地区设立知识产权服务业发展专项资金。落实高技术服务业产业化专项对知识产权服务的支持。支持知识产权服务重大工程，开展知识产权服务业统计调查，推进知识产权服务试点示范，建设知识产权服务集聚区。实施知识产权服务引导项目，培育知识产权服务品牌机构，支持和引导民营知识产权服务机构健康发展。鼓励金融机构加大信贷支持，推进知识产权质押融资、产业链融资等金融产品创新。综合运用基金、贴息、担保等多种方式，引导吸引信贷资金、外资和社会资本多渠道投向知识产权服务业。

（三）加强行业监管和自律

建立并完善知识产权服务行业协会（联盟），充分发挥行业协会（联盟）在行业自律、标准制定、产品推广、交流合作等方面的作用。建立合理开放的知识产权服务市场准入制度，维护公平竞争的市场秩序。建立知识产权服务标准规范体系，提高服务质量和效率。加强对服务机构和人员的执业监督与管理，引导服务机构建立健全内部管理制度。建立知识产权服务机构分级评价体系，完善行业信用评价、诚信公示和失信惩戒等机制。鼓励服务机构成立区域性服务联盟，实现优势互补、资源共享。加强政府对行业协会的指导、支持与监管。

（四）建立统计监测体系

建立知识产权服务业统计调查制度。明确统计范围和统计对象，设计统计指标，规范统计内容，统一统计口径，支持完善高技术服务统计监测体系。探索研究将知识产权服务的新兴业态纳入国家统计的方式方法。建立健全知识产权服务业发展监测和信息发布机制。

> 到2020年，制度完善、竞争有序、环境优化的知识产权分析评议服务业态基本形成

国家知识产权局关于加快提升知识产权服务机构分析评议能力的指导意见[*]

各省、自治区、直辖市、新疆生产建设兵团知识产权局；局机关各部门，专利局各部门，局直属各单位、各社会团体：

为提升知识产权服务机构的分析评议能力，形成规范有序的竞争环境，为重大经济科技活动知识产权评议提供有效支撑，提出如下意见。

一、充分认识提升知识产权服务机构分析评议能力的重要意义

（一）知识产权分析评议是指基于知识产权情报分析挖掘和调查研究，支持公共政策制定部门有效规避决策中的知识产权风险、实现科学决策以及帮助企业优化创新路线并妥善解决经营中知识产权问题的管理与服务活动。知识产权服务机构开展分析评议业务的能力对科学制定政策、合理配置创新资源、增强产业国际竞争力具有重要作用。当前，社会各方对知识产权分析评议的需求日益旺盛，但从事分析评议服务的知识产权服务机构数量少、规模小、能力不足、基础设施相对薄弱、市场环境有待优化。知识产权服务机构的分析评议服务亟需培育、引导和规范。要充分认识提升

---

[*] 2012年12月31日，《国家知识产权局关于加快提升知识产权服务机构分析评议能力的指导意见》（国知发协字〔2012〕138号）印发。

知识产权服务机构分析评议能力对保障经济科技活动可持续开展、培育和发展知识产权服务业的重要意义，立足当前，着眼长远，加大工作力度，切实做好知识产权服务机构的分析评议能力提升工作。

二、明确知识产权服务机构分析评议能力建设的中长期工作思路和目标

（二）工作思路。以培育和发展知识产权服务机构的分析评议能力为核心，坚持市场主导与政府引导相结合、能力培育与规范发展相结合、示范带动与整体推进相结合的原则，以优化知识产权分析评议政策环境培育市场需求、以提升知识产权分析评议服务能力满足社会需求、以建立规范有序的市场环境促进分析评议服务业务发展，积极推动知识产权信息传播利用，助力各类经济科技活动有序高效开展。

（三）工作目标。到2020年，力争实现知识产权分析评议从业人员达到万人的规模，培育形成一批知识产权分析评议能力突出的骨干示范服务机构。管理科学、服务规范、诚实守信、专业化程度较高的服务机构大量涌现，机构整体数量和综合能力较好地满足社会不同层次的需求。制度完善、竞争有序、环境优化的知识产权分析评议服务业态基本形成。

三、优化知识产权服务机构开展分析评议服务的政策环境

（四）完善知识产权分析评议工作制度机制。将知识产权服务机构的分析评议能力提升纳入全国知识产权服务体系建设，制定知识产权服务机构分析评议能力提升计划，将其与重大经济科技活动知识产权评议项目、知识产权集群管理项目、企业知识产权信息利用工程等有效衔接。积极拓展知识产权分析评议需求空间，分级、分类建立重大经济科技活动知识产权评议制度，推动各级政府部门和企事业单位通过知识产权分析评议提高决策效率和市场活动效益。探索明确知识产权分析评议服务产品的法律效力。

（五）加强知识产权分析评议服务供需对接。鼓励相关部门建立知识产权分析评议需求指南发布制度和相关服务招标制度，向服务机构购买公益类分析评议服务。积极搭建知识产权综合服务平台和分析评议服务合作

平台,支持知识产权服务机构之间、服务机构与用户之间围绕分析评议业务建立合作关系。推动行业协会、产业技术创新联盟、知识产权联盟、园区和产业聚集区依托知识产权分析评议服务开展知识产权集群管理。

(六)拓展知识产权分析评议服务空间。支持和引导知识产权服务机构创新分析评议服务模式,在企业并购、技术进出口、技术标准、招商引资、政府投资、科技创新、人才引进、境外展会等活动中开展知识产权分析评议服务,不断提高业务附加值。鼓励专利代理等知识产权服务机构延展服务链,紧密结合代理、咨询等业务开展分析评议服务。建立知识产权分析评议援助支持机制,鼓励东部地区优秀知识产权服务机构参与中西部的分析评议项目。

四、加强知识产权服务机构的分析评议能力建设

(七)提升知识产权服务机构的分析评议管理能力。制定并发布知识产权分析评议管理标准和指南,引导服务机构建立科学的分析评议业务流程、质量控制、保密制度、服务产品定价等规章制度。制定知识产权服务机构分析评议管理规范,探索开展知识产权服务机构的分析评议管理规范贯彻工作。

(八)加强知识产权分析评议人才培养。制定专门知识产权分析评议人才培养规划和工作方案,建立健全分析评议人才培养机制,并将其纳入各类知识产权人才培养体系。加强知识产权分析评议培训师资队伍建设。鼓励通过联合培养、远程教育、专题培训等方式培养知识产权分析评议人才。鼓励和支持高校在知识产权学历教育中纳入有关分析评议的教学内容。健全人才评价体系,探索实施职业技能鉴定制度,支持有条件的地方开展知识产权分析评议执业资格认定试点。分级分类建立知识产权分析评议专家库。

(九)提高知识产权服务机构的知识产权信息资源利用水平。积极推动知识产权信息加工机构与知识产权分析评议机构间的合作,提高各类知识产权数据可及性。支持知识产权服务机构以合理成本获取知识产权信息资源。推动构建知识产权公共服务平台和知识产权分析评议服务的信息分享机制。开发和推广方便适用、功能齐备的知识产权分析评议专业工具。

（十）实施知识产权分析评议服务示范培育工程。分行业、分领域遴选一批具有一定示范和带动效应的知识产权分析评议示范机构，扶优扶强，重点支持示范机构的建设与发展。加强对示范机构的管理和考核，引导其发挥示范带动作用，建立示范机构退出机制。定期开展知识产权服务机构的分析评议能力评比活动，积极推广先进经验。

（十一）推动知识产权分析评议服务国际化发展。支持知识产权服务机构参与各类海外知识产权维权援助以及纠纷应对服务。鼓励知识产权服务机构通过在海外建立分支机构、与外国机构合资合作等方式"走出去"开展分析评议服务。通过政府及民间多种途径，加强知识产权分析评议的国际交流与合作。

五、规范知识产权分析评议服务市场竞争秩序

（十二）加强知识产权分析评议服务规范。制定知识产权分析评议服务标准和操作指南，引导知识产权服务机构开展规范化、标准化的分析评议。对符合不同层次服务标准的机构给予确认，进行标识化管理，充分发挥分析评议业务能力领先的服务机构的引导和示范作用。探索构建知识产权服务机构的分析评议市场信誉评价体系，建立信誉评价信息发布和查询制度。

（十三）鼓励建立知识产权分析评议行业协作组织。支持知识产权服务行业组织开展与知识产权分析评议相关的组织管理工作，鼓励其开展信息共享、业务交流、市场开拓、规范管理及人员培训等工作。推动建立知识产权分析评议服务行业自律制度，形成行业行为规范和职业操守，倡导和监督有关机构及从业人员自觉遵守、共同维护。

六、确保各项措施落到实处

（十四）推动落实有关支持政策。推动落实《国务院办公厅关于加快发展高技术服务业的指导意见》（国办发〔2011〕58号）确定的各项财税支持政策和土地管理政策，支持专门开展知识产权分析评议业务的服务机构进入各类"孵化器"发展。地方政府加大资金保障力度，有条件的地方可设立知识产权服务机构分析评议能力提升专项资金。支持社会资金投入

知识产权分析评议。

（十五）加大知识产权分析评议工作的宣传力度。向全社会，尤其是各类企业普及知识产权分析评议基本知识，大力宣传优秀分析评议项目和典型案例，帮助相关部门、企事业单位和社会公众充分认识开展知识产权分析评议的意义和重要作用，激发社会需求。

（十六）加强工作落实和执行监督。建立知识产权分析评议领域发展状况调查制度，及时发布领域发展态势，引导各类知识产权服务机构加强分析评议能力建设。加强知识产权服务机构分析评议能力提升工作的整体部署和相关政策的统筹协调，认真做好督导检查，推动各项工作措施落到实处。

国家知识产权局

2012 年 12 月 31 日

> 增强知识产权服务标准体系的科学性、系统性、协调性，促进知识产权服务业快速健康发展

关于知识产权服务标准体系建设的指导意见[*]

为贯彻《服务业发展"十二五"规划》《国务院办公厅关于加快发展高技术服务业的指导意见》精神，落实《高技术服务业标准制修订工作指导意见》《关于加快培育和发展知识产权服务业的指导意见》的任务部署，加强知识产权服务标准化工作的统筹规划和指导，推进知识产权服务标准体系建设，现提出如下意见：

一、充分认识知识产权服务标准体系建设的重要意义

知识产权服务是现代服务业的重要内容和高端环节，也是高技术服务业发展的重点领域。知识产权服务对科技创新、产业升级、对外贸易和文化发展的支撑作用日益凸显，对形成结构优化、附加值高、吸纳就业能力强的新兴服务业态意义重大。

知识产权服务标准，是规定知识产权服务应满足的要求，用以指导和规范服务组织及其从业人员提供的服务行为的标准。知识产权服务标准体系是知识产权服务标准的系统集成，是知识产权服务标准按照其内在联系形成的科学的有机整体。知识产权服务标准化是通过对知识产权服务标准

---

[*] 2014年12月31日，《知识产权局、国家标准委、工商总局、版权局印发〈关于知识产权服务标准体系建设的指导意见〉的通知》（国知发规字〔2014〕74号）印发。

的制订和实施，以及对标准化原则和方法的运用，以达到知识产权服务质量目标化、服务方法规范化、服务过程程序化，从而获得优质服务的过程。

建设知识产权服务标准体系是推动知识产权服务业健康发展的重要手段，对规范知识产权服务行为、提高服务质量和效率、提升服务能力和水平、完善市场环境、加强自律具有重要作用。构建知识产权服务标准体系，是《高技术服务业标准制修订工作指导意见》和《关于加快培育和发展知识产权服务业的指导意见》提出的重要任务，必须予以推进落实。

二、总体要求

（一）指导思想

全面贯彻落实党的十八大、十八届三中、四中全会精神，以科学发展观为指导，以规范服务行为、提高服务质量和提升服务水平为核心，以市场需求为导向，以标准研制为基础，以标准应用为重点，强化机制创新和能力建设，着力增强知识产权服务标准体系的科学性、系统性、协调性，促进知识产权服务业快速健康发展。

（二）基本原则

总体布局。健全知识产权服务标准化统一管理、分工负责、共同推进的工作机制。做好知识产权服务标准化工作的顶层设计，有步骤、有计划地推进知识产权服务标准体系建设工作。

分类指导。区分公共服务和市场服务，根据知识产权服务各领域发展的实际情况，有针对性地调整优化标准体系结构，提高知识产权服务标准适用性。

重点突破。紧贴经济社会发展战略任务和重大需求，突出重点领域的标准体系建设，优先制订知识产权代理服务、信息服务、公共服务等有关标准。

市场导向。发挥市场配置资源的决定性作用，把满足市场需求作为知识产权服务标准制修订的动力源泉，及时反映知识产权服务市场的需求和变化，将市场中服务模式创新和服务产品创新等转化为标准，提高服务标准的科学性。

（三）建设目标

到 2017 年，初步建立知识产权服务标准体系，制修订一批知识产权服务标准，创建和培育一批知识产权服务标准化示范区和示范机构，培养一批知识产权服务标准化人才，知识产权服务标准化意识和规范化意识明显提升。到 2020 年，建立基本完善的知识产权服务标准体系，政府主导制定的标准与市场自主制定的标准协同发展、协调配套，形成协调高效的知识产权服务标准化工作机制，知识产权服务标准制修订、实施和贯彻水平明显提升，有效支撑知识产权服务业健康发展。

三、重点任务

（一）组建知识产权服务标准化技术组织

成立全国知识产权服务标准化技术组织，负责研究提出知识产权服务标准化工作的方针、政策和标准制修订计划，建立并完善知识产权服务标准体系，提出本领域制修订国家标准和行业标准的规划、年度计划及采用国际标准的建议，开展知识产权服务标准化项目研究和专业标准化人员的业务培训等。鼓励具备相应能力的知识产权服务行业组织（联盟）、服务机构、科研机构等积极参与知识产权服务标准的制修订工作，鼓励有实力的地区及机构适时组织筹建分技术委员会，共同开展知识产权服务标准研究与制定工作。

（二）加强知识产权服务标准化研究

积极研究制定知识产权服务标准化建设规划，深入分析研究知识产权服务领域国家标准、行业标准，以及地方标准等方面的现状和问题，进一步明确知识产权服务标准在国家服务业标准体系中的定位和作用，确定推进知识产权服务标准化建设的目标、任务和实施步骤。要加强信息技术服务等高新技术服务业的标准化成果在知识产权服务模式和服务产品上的应用。

（三）培育知识产权服务标准化试点示范

开展知识产权服务标准化试点示范工作。在国家级高新技术开发区、知识产权服务业集聚区、知识产权（商标战略实施、版权）示范城市或园区中培育一批具有辐射作用和推广价值的标准化试点示范区；在知识产权服务机构中培育一批创新能力强、服务水平高、具有一定社会影响力的标准化试点示范机构，为全面推进知识产权服务标准化建设提供经验借鉴与示范引领。

（四）加强知识产权服务标准化人才培养

开展知识产权服务标准化的教育培训工作，提高从业人员素质，增强做好知识产权服务标准化工作的能力。推动知识产权服务标准化管理和研究人才队伍建设，培养一批专业扎实、经验丰富、熟悉标准的复合型人才，为知识产权服务标准化提供智力支撑和人才保障。建立标准化人才激励机制，引导服务机构从业人员、科研机构研究人员成为知识产权服务标准工作的主力军，使服务标准与市场紧密结合。

（五）加强知识产权服务标准的宣传贯彻

发挥标准化主管部门、知识产权服务主管部门和知识产权服务行业组织（联盟）在标准宣传贯彻中的作用，推动知识产权服务标准的实施与推广应用。加大知识产权服务标准宣传培训力度，增进公众对知识产权服务标准化的了解。加强标准贯彻执行的监督与管理，建立标准实施评估机制，引导社会更好地贯彻实施知识产权服务标准。

四、知识产权服务标准制修订工作

构建内容科学、体系完整、结构合理的知识产权服务标准体系，需要根据发展现状和实际需求，不断推进知识产权服务标准制修订工作。

（一）知识产权服务标准体系框架

知识产权服务标准体系框架由通用基础标准、业务支撑标准、服务提供标准等部分组成，如图所示。

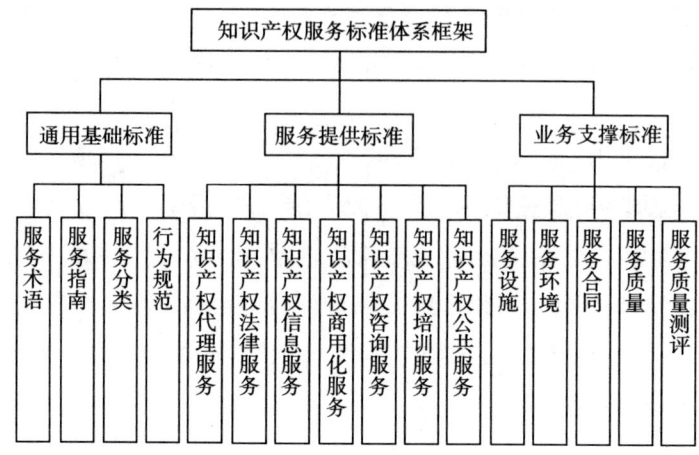

知识产权服务标准体系框架图

（二）知识产权服务标准制修订任务

1. 通用基础标准

加快制定知识产权服务术语、服务指南、服务分类、行为规范等通用基础标准的制订。

2. 业务支撑标准

重点开展知识产权服务设施、服务环境、服务合同、服务质量、服务质量测评等方面的标准制修订工作。

3. 知识产权代理服务

推进专利、商标、著作权、集成电路布图设计、植物新品种的申请、注册、登记、复审、无效等代理服务标准的制修订工作。加快专利代理服务质量规范、专利代理服务管理规范、商标注册代理服务规范、著作权代理服务规范等标准的出台。

4. 知识产权法律服务

推进在企业上市、并购、重组、清算、投融资等商业活动中知识产权法律服务标准的制修订工作。加快知识产权权属纠纷诉讼服务规范、知识产权尽职调查服务规范、上市并购重组中的知识产权服务规范等标准的出台。

5. 知识产权信息服务

推进知识产权信息检索分析、数据加工、文献翻译、数据库建设、软件开发、系统集成等信息服务标准的制修订工作。加快知识产权信息检索服务、知识产权信息分析服务等标准的出台。

6. 知识产权商用化服务

推进知识产权评估、价值分析、交易、转化、质押、投融资、运营等商用化服务标准的制修订工作。加快知识产权资产评估服务、知识产权质押融资服务、知识产权价值分析服务等服务标准的出台。

7. 知识产权咨询服务

推进知识产权战略咨询、政策法规咨询、管理咨询、实务咨询等知识产权服务标准的制修订工作。加快知识产权分析评议规范等标准的出台。

8. 知识产权培训服务

推进知识产权市场化培训、公共培训等服务标准的制修订工作。加快知识产权信息培训服务规范等标准的出台。

9. 知识产权公共服务

推进知识产权信息传播利用、服务平台建设、维权援助、客户咨询、信息帮扶等公共服务标准的制修订工作。

五、保障措施

（一）加强政策扶持

进一步完善知识产权服务标准化的发展环境，加强政策创新和试点示范，针对知识产权服务标准体系建设的重点任务，制定和完善相关政策措施。

（二）完善运行机制

建立政府部门、行业组织（联盟）、服务机构、科研机构统筹协调、广泛参与的工作机制。进一步发挥全国知识产权服务标准化技术组织的作用，加强知识产权服务标准化的综合协调，研究重大问题，制定政策措施。规范标准计划立项、起草、审查和发布程序，做好知识产权服务标准化工作的信息交流。

（三）加强经费保障

建立持续稳定的标准化经费保障机制，重点支持知识产权服务重要领域标准的研制、标准化试点示范、标准的推广贯彻等工作。探索建立标化多元化多渠道投入机制，积极争取国家、行业组织（联盟）、地方政府各类配套资金和专项资金支持，引导和鼓励社会资本加大对知识产权服务标准体系建设的投入。

（四）推进国际交流

积极探索国际交流与合作，跟踪国际技术组织的工作动向，学习借鉴知识产权服务发达国家的标准和先进经验，提高我国知识产权服务标准化活动的水平，进一步增强我国在相关国际标准制修订中的话语权。鼓励国内行业组织（联盟）、服务机构、科研机构参与制定国际标准。

知识产权服务标准体系建设是一项系统工程，线长面广，各有关方要高度重视，充分认识知识产权服务标准体系建设工作的重要性和紧迫性，加强学习，联合推动落实。各级知识产权管理部门、标准化管理部门要加强组织领导，创新工作思路，促进信息交流共享，采取有效措施，积极推进知识产权服务标准化工作顺利开展。

> 完善知识产权信息公共服务网络，提升高校创新能力

高校知识产权信息服务中心建设实施办法
（修订）[*]

第一章 总则

第一条 为认真贯彻党中央、国务院关于知识产权公共服务的决策部署，落实中共中央办公厅、国务院办公厅印发的《关于强化知识产权保护的意见》（中办发〔2019〕56号），落实《教育部 国家知识产权局 科技部关于提升高等学校专利质量促进转化运用的若干意见》（教科技〔2020〕1号）、《关于新形势下加快建设知识产权信息公共服务体系的若干意见》（国知发服字〔2019〕46号）的工作要求，推进高校知识产权信息服务中心建设，完善知识产权信息公共服务体系，提升高校知识产权工作的能力和水平，推动提高创新质量和效益，特制定本办法。

第二条 高校知识产权信息服务中心是由高校建设的具有知识产权信息服务及相关人才培养等职能的服务平台。高校知识产权信息服务中心旨在进一步推动高校知识产权信息服务工作，创新知识产权信息服务举措，优化知识产权资源配置供给，推动将知识产权信息服务工作融入到高校知识产权创造、运用、保护、管理、服务全链条，促进高校科技成果转移转化。

第三条 国家知识产权局、教育部负责指导高校知识产权信息服务中

---

[*] 2021年6月8日，《国家知识产权局办公室 教育部办公厅关于印发〈高校知识产权信息服务中心建设实施办法（修订）〉的通知》（国知办发服字〔2021〕23号）印发。

心建设和运行，对工作突出的高校知识产权信息服务中心，经申报和评审后，遴选认定为高校国家知识产权信息服务中心，并给予重点支持。有关省（区、市）知识产权局（知识产权管理部门）、教育厅（教委）、教育局予以协助。

第四条 高校知识产权信息服务中心建设和遴选的原则为自主设立、择优遴选、重点支持。

第五条 高校知识产权信息服务中心一般依托高校图书馆等现有机构。高校应整合校内文献信息服务、科学研究、技术成果转移转化、教育培训等方面力量，发挥各自优势，形成知识产权信息服务统筹协调机制，共同推动开展工作。高校知识产权信息服务中心主要负责人由所在高校任命。

第二章 建设和运行

第六条 所在高校负责高校知识产权信息服务中心的建设和管理，配备专职人员，制定日常管理办法，负责相关基础设施建设、专项经费支持等条件保障。

第七条 高校知识产权信息服务中心应当严格遵守相关法律、法规和政策，立足高校知识产权信息服务需求和区域经济社会发展需要，开展知识产权信息服务相关工作。

第八条 高校知识产权信息服务中心开展工作包括：

（一）开展基础工作。充分利用各级知识产权公共服务平台资源，积极提供基础服务。承担高校知识产权信息及相关数据文献情报的收集、整理、分析工作；建设、应用并维护高校知识产权信息资源平台，有条件的可开发知识产权信息分析工具；为高校知识产权管理体系的建立和完善、知识产权重大事务和重大决策提供咨询、建议和服务。支持高校知识产权信息服务中心结合学科优势，建设学科领域专业化知识产权信息数据库和服务平台；鼓励高校知识产权信息服务中心之间加强业务交流和平台共享，与国家知识产权公共服务相关平台互联互通。

（二）支撑科技创新。为高校职务科技成果披露、专利申请前评估、重点实验室评估、前沿学科立项等工作提供服务支撑；参与高校产学研协同创新，协助高校知识产权的资产管理和运营，为高校科技成果转移转化的全过程提供嵌入式服务,助力高校知识产权转移转化。

(三)培育专业人才。承担高校知识产权相关业务知识培训,开展知识产权信息素养教育,宣讲普及知识产权信息知识及技能,提升在校学生知识产权创造运用素养;支持知识产权相关专业、学科建设,提供信息资源和师资支持;为师生开展知识产权信息分析、创新活动提供支持和指导;参与高校知识产权教学研究、人才培养和国际交流等活动。

(四)服务经济社会。鼓励高校发挥知识产权信息资源和人才优势,为地方经济社会发展提供公益服务或者低成本、专业化的有偿知识产权信息服务;协助开展高校专利开放许可,为许可工作提供高质量服务;总结推广服务成功模式和优秀成果,提供高质量知识产权信息服务供给。

(五)建立协调机制。与所在地区知识产权管理部门建立工作协调机制,承担知识产权管理部门、教育管理部门委托的其他工作。

第九条 国家知识产权局、教育部对高校知识产权信息服务中心在数据资源供给、人才培训、业务规范、交流平台搭建、工作成果推广等方面予以指导和支持;在重大科技项目研发立项等工作中,对知识产权信息工作表现突出的高校知识产权信息服务中心,予以重点考虑。

第三章 申报和遴选

第十条 高校是申报建设高校国家知识产权信息服务中心的主体。

第十一条 申报建设高校国家知识产权信息服务中心的基本条件:

(一)高校已建有知识产权信息服务中心。

(二)高校领导高度重视知识产权工作,对知识产权信息服务中心建设给予人员支持和有关设备、数据以及服务的专项经费保障。

(三)拥有知识产权信息服务工作团队,人员业务素质强,已结合本校实际开展知识产权信息服务工作。团队人员在10名(含)以上,其中5名(含)以上具备科技查新工作经验并接受过系统的知识产权信息培训,从事过3年以上知识产权信息服务的人员不少于2人,具有高级专业技术职称的不少于2人,具有本校优势学科专业背景人员不少于2人。

(四)具有知识产权相关的国内外文献资源、数据库、信息分析工具和基础设施,具备运用资源和工具开展知识产权信息服务的能力。

（五）组织管理机制完善，有健全的内部管理规章制度，已建立知识产权管理制度和服务工作体系。

第十二条 在同等条件下，具备以下条件的优先考虑：

（一）高校具备科技部认定的科技查新资质，或其他有关部委、全国性行业协会认可的有关资质。

（二）高校具有获评知识产权师职称或具有专利代理师资格的工作人员，或具有国家知识产权局、教育部认可的其他有关证书的人员。

（三）高校被认定为国家知识产权培训基地或其他知识产权有关服务平台。

（四）高校已贯彻实施《高等学校知识产权管理规范》国家标准。

（五）高校已建立知识产权信息中心有关设备、数据以及服务的专项经费投入增长机制。

（六）高校已建立校内知识产权信息服务统筹协调和联动机制。

（七）高校已有知识产权信息服务成熟经验以及典型案例。

第十三条 申报材料包括：

（一）高校国家知识产权信息服务中心申请书；

（二）高校国家知识产权信息服务中心建设发展规划；

（三）知识产权信息服务人员有关资格证明；

（四）知识产权信息服务业绩证明材料；

（五）相关规章和管理制度；

（六）其他必要的说明材料。

第十四条 遴选程序：

（一）提交材料。申报单位按照有关通知要求提交申报材料。

（二）材料核实。对申报单位提交的材料进行核实。

（三）初步筛选。对通过材料核实的申报单位进行初步筛选，确定候选单位。

（四）专家复核。组织专家对候选单位进行复核，并将结果公示。

第十五条 通过公示的单位名单，由国家知识产权局和教育部确认、发布。

第四章 考核和监督

第十六条 国家知识产权局、教育部负责对高校国家知识产权信息服务中心实行动态管理，组织考核、监督等工作。

第十七条 高校国家知识产权信息服务中心应于每年12月底前，报送本年度工作总结、下一年工作计划及相关数据。

第十八条 国家知识产权局和教育部以5年为周期，共同对高校国家知识产权信息服务中心进行考核。

第十九条 接受考核的高校国家知识产权信息服务中心应当提交以下材料：

（一）工作成效报告书；

（二）近五年知识产权服务项目明细表；

（三）知识产权信息服务政策支持情况；

（四）知识产权信息服务人员及专项经费投入情况，以及人员参加专业继续教育培训的情况；

（五）知识产权信息服务的经验做法、成功模式以及优秀成果的代表性案例；

（六）其他要求提交的材料。

第二十条 考核合格的，保留高校国家知识产权信息服务中心资格；考核不合格，限期6个月进行整改，整改结束再行检查，仍然不合格者或无正当理由不参加考核的，取消高校国家知识产权信息服务中心资格。

第二十一条 对于服务成效突出的高校国家知识产权信息服务中心，将在政策和资源支持上给予进一步倾斜。对于在申请过程中弄虚作假获得高校国家知识产权信息服务中心资格，或者利用高校国家知识产权信息服务中心从事违法违规活动的，一经发现，将取消资格。

第五章 附则

第二十二条 高校国家知识产权信息服务中心所在部门的名称、主要负责人、联系方式等重要信息发生变更，须及时报国家知识产权局和教育部备案。地方高校需同时抄报所在地省级知识产权管理部门和教育行政部门。

第二十三条 国家知识产权局公共服务司、教育部科学技术与信息化司具体负责本办法落实工作，并负责对办法进行解释。

第二十四条 本办法自发布之日起施行，原办法（国知发规字〔2017〕62号）同时废止。

> 到 2022 年，基本建成主干清晰、门类多样、内容丰富的知识产权信息公共服务体系

关于新形势下加快建设知识产权信息公共服务体系的若干意见[*]

为认真贯彻落实中央关于构建便民利民知识产权公共服务体系的决策部署，努力织好知识产权公共服务网，夯实知识产权信息公共服务基础，积极推动知识产权强国建设，促进经济转型升级和高质量发展，现就新形势下加快建设知识产权信息公共服务体系，提出以下意见。

一、总体要求

（一）指导思想

以习近平新时代中国特色社会主义思想为指导，深入贯彻党的十九大和十九届二中、三中全会精神，全面落实党中央、国务院关于知识产权工作的决策部署，以便民利民为目标，以整合公共资源拓展服务渠道为抓手，以高效运行机制为保障，加快建设以国家知识产权大数据中心和知识产权公共服务平台为支撑、区域或专业性信息公共服务节点为主干、社会化信息服务机构为网点的知识产权信息公共服务体系，不断提升知识产权信息传播利用效能，努力夯实服务知识产权全链条的基础，积极助推经济

---

[*] 2019 年 8 月 30 日，《国家知识产权局印发〈关于新形势下加快建设知识产权信息公共服务体系的若干意见〉的通知》（国知发服字〔2019〕46 号）印发。

转型升级和高质量发展。

（二）基本原则

——统筹谋划、分级负责。强化顶层设计，完善网点布局，积极推进知识产权信息公共服务均等化。加强分层分类指导，完善协调工作机制。分级负责，不断完善知识产权信息公共服务体系。

——需求导向、聚焦关键。以社会公众和创新创业主体需求为导向，提供便利化、高质量的知识产权信息公共服务。聚焦基础数据免费或者低成本开放共享，聚焦基本检索分析工具免费或者低成本供给，聚焦知识产权信息公共服务主干网络、重要节点和专业机构建设。

——政府主导、多元参与。充分发挥政府在公共投入、政策支持等方面的主导作用，整合社会资源，推进知识产权信息公共服务体系主干网络建设。引导支持行业组织积极构建专业服务机构，高校、科研院所、图书情报机构等信息服务网点参与承担知识产权信息公共服务工作。

——互联互通、开放共享。加强统筹协调，充分发挥国家知识产权大数据中心和国家知识产权公共服务平台的汇集中枢和传输枢纽作用，实现各地知识产权公共服务平台和各类专题数据库的互联互通、开放共享，实现全国一盘棋、全覆盖。

（三）总体目标

到2022年，基本建成主干清晰、门类多样、内容丰富的知识产权信息公共服务体系。知识产权信息公共服务网点布局日趋合理、服务渠道逐步拓宽、服务内容更加丰富、服务工具渐趋多样、服务能力显著增强，有力支撑创新驱动发展和经济高质量发展。

——基本建成国家知识产权大数据中心和国家知识产权公共服务平台，提供便利高效的全领域知识产权信息服务。

——实现省（区、市）、计划单列市、副省级城市知识产权信息公共服务机构全覆盖，30%的地级市设立知识产权信息公共服务机构，建成一批特色鲜明的行业知识产权信息服务机构。

——高校国家知识产权信息服务中心、技术与创新支持中心（TISC）分别达到100家。在科研院所、图书情报机构、行业组织等单位中遴选认定国家知识产权信息公共服务网点 100 家。

到 2025 年，全面建成覆盖广泛、层级合理、门类齐全、功能强大、服务规范的知识产权信息公共服务体系。知识产权信息采集、加工实现标准化、规范化，专题数据库建设实现差异化、共享化，各级公共服务平台一体化，各类专题数据库网络化，全面支撑创新驱动发展和经济高质量发展。

——省（区、市）、计划单列市、副省级城市知识产权信息公共服务机构服务能力进一步提升，服务功能进一步优化，信息服务人才队伍进一步壮大。50%以上的地级市设立知识产权信息公共服务机构，支持有条件的县（市、区）建立知识产权信息服务机构。高校国家知识产权信息服务中心、技术与创新支持中心（TISC）、国家知识产权信息公共服务网点进一步增加，形成横向联系紧密、服务相互支撑、门类功能完善的知识产权信息公共服务体系。

二、建立健全便民利民的知识产权信息公共服务体系

（四）加快推进知识产权信息公共服务主干网络建设

充分发挥政府主导作用，整合优化现行专利信息公共服务体系，加快建设以各级知识产权管理部门所属知识产权信息公共服务机构为主的主干网络，发挥知识产权信息公共服务主渠道作用。国家知识产权局有关部门要发挥统筹协调作用，整合系统内外公共服务资源，强化信息公共服务职能，创新信息公共服务形式，拓展信息公共服务领域，丰富信息公共服务内容。各省（区、市）知识产权管理部门要统筹本地知识产权信息公共服务体系建设，强化公共服务机构职能，发挥地区知识产权信息公共服务节点作用；指导各地市知识产权管理部门积极争取地方党委政府的支持，组建地市级综合性知识产权信息公共服务机构，支持有条件的县（市、区）设立知识产权信息公共服务机构。引导各类产业园区、试验示范区、服务业集聚区等设立知识产权信息公共服务机构，为社会公众和创新创业主体提供便民利民的专业化知识产权信息公共服务。

（五）统筹布局知识产权信息公共服务网点建设

强化部际合作，积极推动高校、科研院所、图书情报机构、国家中小

企业政策信息互联网发布平台、火炬高新技术产业开发中心等纳入知识产权信息公共服务体系，作为知识产权信息公共服务的重要网点，向社会公众和创新创业主体提供高质量的知识产权信息公共服务。积极推进国防知识产权信息公共服务网点建设，构建军民融合知识产权信息公共服务体系。引导支持知识产权领域行业组织加强与相关行业组织的横向合作，面向其会员开展专业领域知识产权信息公共服务。鼓励支持市场化高端知识产权信息服务机构向社会提供公益性或者低成本信息服务。

在知识产权信息公共服务网点中，遴选认定高校国家知识产权信息服务中心、国家知识产权信息公共服务网点，给予重点支持。

（六）积极推进区域知识产权信息公共服务一体化发展

围绕国家区域发展战略，鼓励支持地方建立跨行政区域的知识产权信息公共服务合作机制，促进区域信息服务体系共建共享。积极推动京津冀资源共享，促进京津冀知识产权信息公共服务一体化、协同化发展。支持长三角地区各省市加强协作，加快构建长三角一体化的知识产权信息公共服务体系。积极推动中西部地区和东北地区中心城市建设高标准知识产权信息公共服务机构，辐射带动区域知识产权信息公共服务发展。鼓励开展粤港澳大湾区跨境知识产权信息服务协作，支持建立粤港澳大湾区知识产权信息交换机制和信息共享平台。

（七）不断提升知识产权信息传播利用效能

加强知识产权信息传播利用的统筹工作，分层分类指导各类型知识产权信息公共服务网点积极开展知识产权信息传播利用工作和知识产权信息利用能力培训，不断提升企业和创新创业主体的知识产权信息利用能力。加强知识产权信息资源统筹管理，逐步扩大知识产权信息开放范围，不断提升社会公众和创新创业主体获取知识产权信息的体验度和满意度。加快制订知识产权信息采集、数据加工标准，积极推进知识产权信息传播利用工作的规范化、标准化，不断满足社会公众和创新创业主体日益多样化、差异化的知识产权信息需求，促进知识产权信息的共享开放和有效传播利用。

（八）健全完善知识产权信息公共服务体系运行机制

建立知识产权信息公共服务体系的统筹协调机制，积极推动知识产权信息公共服务的规范化、系统化、体系化，实现知识产权信息公共服务效能最大化。加强各地知识产权数据中心和公共服务平台建设的统筹协调，建立立项通报机制，积极推进各地建设差异化、特色化的知识产权数据中心、公共服务平台和专题数据库，推动各地横向互联共享，实现财政资金投入产出效益最大化。建立知识产权信息公共服务经验交流机制、服务协作机制和成果共享机制，鼓励支持同类型知识产权信息公共服务机构之间形成协作网络，不断提升知识产权信息公共服务整体能力。

三、强化知识产权信息公共服务体系的支撑保障

（九）积极推动国家知识产权大数据中心建设

加强顶层设计，积极推进国家知识产权大数据中心建设工作。国家知识产权大数据中心作为知识产权信息的汇集中枢和传输枢纽，既是国家知识产权信息公共服务平台和各地知识产权公共服务平台的数据支撑，也是知识产权信息公共服务体系的网络支撑。国家知识产权大数据中心汇聚商标、专利、地理标志、集成电路布图设计等知识产权基础数据、国际交换数据和部委共享数据，并与经济、科技、法律、文化等信息相互关联，实现数据资源的统一性、基础性、权威性、安全性和共享性，破除"信息孤岛"和"数据烟囱"，为知识产权信息公共服务提供全流程、全方位的数据支持，形成一体化的网络支撑。

（十）加快建设国家知识产权公共服务平台

强化国家知识产权公共服务平台功能设计，为知识产权公共服务体系提供强大功能支持，实现线上线下服务有机结合。坚持以系统化、模块化、智能化为原则，以国家知识产权公共服务平台为核心，整合优化升级现有各级知识产权公共服务平台功能，积极推动各级知识产权公共服务平台网络化，努力实现知识产权业务服务、政务服务和信息服务平台建设一体化。国家知识产权公共服务的业务服务平台实现商标、专利、地理标志、集成电路布图设计等业务网上办理；政务服务平台对接国家统一政务

服务平台和国家"互联网+监管"系统，实现政务服务智能化；信息服务平台以商标、专利登记簿为核心，与各部委数据实现互联共享，与各地信息公共服务平台互联共享，提供数据开放、查询检索、研究分析等各类基础服务。

鼓励知识产权信息公共服务机构开发上传各类符合安全标准的免费应用工具。鼓励支持高校、科研院所、图书情报机构等网点单位自有的专业文献、专业数据库等接入国家知识产权公共服务平台，实现资源共享。鼓励支持市场化知识产权信息服务机构依托知识产权信息公共服务平台，向社会免费或者低成本开放共享有关服务产品。

（十一）完善区域和行业知识产权信息服务平台建设

国家知识产权局有关直属单位要积极发挥专业优势，履行数据加工、信息服务等职责，丰富网站服务内容，引领示范，积极开展专业化知识产权信息公共服务。各省（区、市）和区域中心城市要积极争取地方党委政府支持，建立地方特色化知识产权信息公共服务平台，配备综合性服务队伍。支持地方及行业专业化服务机构围绕国家区域发展整体规划和区域重点发展领域，建设区域或行业知识产权信息公共服务平台，提供满足区域创新与经济发展需求的、更加专业化的信息公共服务，提升区域知识产权信息利用能力。

支持各类知识产权运营公共服务平台、行业或产业知识产权信息服务平台、科技信息服务平台等，与国家知识产权公共服务平台互联共享，作为知识产权信息公共服务的重要节点，围绕知识产权的创造、运用、保护、管理、服务，增强知识产权信息服务功能，面向企业、高校、科研院所、服务机构等不同对象开展多层次的信息公共服务。

（十二）强化战略性新兴产业知识产权信息公共服务

支持各地开展面向战略性新兴产业或者国家重点产业领域的专项知识产权信息公共服务。鼓励支持专业化知识产权信息服务机构围绕国家战略性新兴产业或者重点产业，建设开放协同的产业知识产权信息公共服务平台，为自由贸易试验区、国家自主创新示范区、国家级高新技术产业开发区、国家级经济技术开发区等重点园区发展提供高端知识产权信息服务。

(十三)强化中小企业知识产权信息公共服务

支持各省市建立部门间合作机制,针对中小企业开展知识产权信息咨询、信息利用培训等基础性公共服务;积极发挥中小企业公共服务平台网络"窗口"平台贴近企业的优势,鼓励中小企业公共服务示范平台等为中小企业免费提供知识产权信息公共服务。支持各地建立中小企业知识产权预警机制,加强知识产权预警信息的收集发布,帮助中小企业提升知识产权维权能力。积极引导高校、科研院所、图书情报机构、行业组织等服务网点单位,优化服务模式,开发适合中小企业需求的知识产权信息服务产品,免费或者低成本向中小企业提供专业化、个性化服务,助力中小企业技术创新。

(十四)强化知识产权信息公共服务人才培养

加大知识产权信息公共服务人才培养力度,建立一支覆盖经济、科技、文化等领域的专业化、高层次知识产权信息公共服务人才队伍。积极推动知识产权信息公共服务人才纳入知识产权专业人员职称评定体系。加大政策支持力度,不断扩大高校、科研院所、图书情报机构、行业组织等网点单位的知识产权信息公共服务人才队伍。加强知识产权信息公共服务能力培训,在全国范围内分级、分类培养人才,形成多层次、多渠道、宽覆盖的培训网络。支持高校图书情报学科点培养知识产权信息分析专门人才。鼓励支持高端知识产权信息服务机构开展知识产权信息服务专业化培训。

(十五)深化知识产权信息服务国际合作

加强知识产权信息公共服务国际交流合作,建立完善知识产权数据信息国际交换机制,逐步扩大数据信息交换的内容范围。与世界知识产权组织合作,加快在华建设高水平的技术与创新支持中心(TISC),形成促进社会创新发展的技术与创新支持中心网络。在"一带一路"知识产权合作框架下,推动建立"一带一路"沿线国家各方广泛参与、协同联动的知识产权信息公共服务网络。加强知识产权保护国际合作,为企业海外维权提供基础信息服务。

四、组织实施

（十六）加强组织领导

各地知识产权管理部门要充分认识加快建设知识产权信息公共服务体系的重要性和紧迫性，切实担负起统筹者、建设者、推动者的责任，明确任务目标，建立工作机制，加强沟通协调，积极推动知识产权信息公共服务体系建设各项工作落实到位。加强分层分类指导，鼓励各地将信息公共服务体系建设纳入到当地知识产权工作整体考核中。

（十七）加大政策支持

积极争取国家财政资金用于知识产权信息公共服务体系建设。各地知识产权管理部门要积极争取地方党委政府支持，加大对知识产权信息公共服务体系建设的财政投入，充分发挥财政资金的引导作用。鼓励支持有条件的省（区、市）设立知识产权信息公共服务发展专项资金。推动知识产权信息公共服务列入地方各级政府购买服务指导性目录，加大政府购买支持力度。

（十八）加强效能评估

逐步建立知识产权信息公共服务体系建设的督查评估机制，明确督查评估范围和内容，实现督查评估工作制度化、规范化、标准化、常态化。围绕地区知识产权信息公共服务供给质量，鼓励引入第三方评估机构，不断提升知识产权信息公共服务效能。